말씀으로 우리 곁에 오신 하나님

언약

하리다

ㅎ

네 삶을 진실함과 선함과 의로움의 반석 위에 세워라.
그러면 네가 하나님의 자녀라 일컬음을 받을 것이요
너와 네 자손이 땅 위에서 영원히 복을 누리리라.
(존재 17:10)

너희는 하나님의 사랑 가운데에 머물러라.
그 사랑 가운데에 있으면 너희 영혼이 잘되겠고
너희가 하는 모든 일이 두루 잘되리라.
(이단 2:5)

너는 누군가의 힘이 될 수 있다. 너는 누군가의 기쁨이 될 수 있다.
그러니 이렇게 외쳐라. 나는 누군가의 힘이 되겠다. 나를 둘러싼
모든 사람이 나로 말미암아 기쁨을 얻게 하겠다.
(행복 10:12)

한국인들아,
너희가 하나님의 복의 근원이 되어라.
너희가 하나님의 축복의 통로가 되어라. 너희는 가는 곳마다
만나는 사람마다 하나님의 복을 빌어 줄 것이며 너희가 하는 일이
사람들에게 하나님의 복을 안겨주는 일이 되게 하여라.
너희에게 하나님의 진실함과 선함과 의로움이 떠나지 않게 하여
너희에게서 하나님의 진리의 빛이 나오게 하고 그 빛으로
세상을 하나님의 나라로 이끌어라.
(화해 17:1)

언약
The Covenant

인류의 황금기가 지나가고 있는가?
의로운 시대가 저물고 있는가?
민주주의가 무너지고 있는가?
위선자가 득세하고 악인이 전면에 나서는가?
인류가 다시 근본주의에 점령당하는가?
인류가 탐욕과 증오심으로 무너지는가?

종교가 악을 선동한다.
국가가 정의를 뭉갠다.
정치가 갈등을 조장한다.
언론이 편파를 일삼는다.
법이 저울을 망가뜨린다,
지식인이 진리를 멀리한다.

돈이 이성을 마비시킨다.
명예가 지성을 사로잡는다.
권력이 감성을 길들인다.
불안이 판단력을 혼란시킨다.
불만이 감정을 폭발시킨다.
원한이 심성을 버려놓는다.

미국에서 민주주의가 쇠퇴하고 있다.
유럽에서 관용이 줄어들고 있다.
일본에서 극우가 발호한다.
중국이 팽창을 시작했다.
홍콩의 민주주의가 위태롭다.
세상이 어지러워지고 있다.

그래서
선은 결코 악을 이길 수 없나?
진실은 결코 거짓을 넘을 수 없나?
자유가 압제의 사슬에 묶여야 하나?
정의가 불의 앞에 숨을 죽여야 하나?
평화가 폭력 앞에 무릎을 꿇어야 하나?

해답은 어디에 있나?
쏟아지는 햇빛 속에?
불어오는 바람 속에?
밀려오는 파도 속에?
지저귀는 새소리 속에?
너와 나의 속삭임 속에?

구소련의 우크라이나 학살
독일의 아우슈비츠 학살
일본의 남경 학살, 미국의 인디언 학살
스페인의 아메리카 원주민 학살
이 많은 학살이 자행될 때에 하나님은 어디에 계셨나?

티베트의 좌절
쿠르드의 고통
팔레스타인의 비극
북한의 세습 독재
아프리카의 종족 분쟁
남아메리카의 정치 불안

그 속에서 자행된 자유 억압과 인권 유린
억울한 자들의 한숨과 절망의 외침
이 엄청난 악과 불의에 하나님은 왜 침묵하시나?
인간 세상의 일에 무관심하신 건가?
혹시 하나님은 이미 돌아가신 건 아닌가?
어쩌면 처음부터 하나님이 안 계신 건 아닌가?

아니다.
하나님이 안 계시는 것이 아니다.
하나님은 돌아가시지 않았다.
하나님이 무관심하신 것이 아니다.
하나님이 모르시는 것이 아니다.
너희가 하나님을 모르고 있다.

말씀으로 우리 곁에 오신 하나님
지혜로 우리 안에 임하시는 하나님이
무한한 사랑으로 우리에게 말씀하신다.
너희는 이 언약을 받들어라.
진실함과 선함과 의로움을 갖춰라.

너희는 서로 자유를 허락하여라.
사과와 용서로 화해하여라.
서로 가르치고 배우고 도우며 평화를 위해 연대하여라.
너와 네 집과 네 나라와 온 세상이 구원을 얻으리라.

하리다

제1권 하나님 (The God)

질문

하나님은 누구십니까?
하나님은 어디에 계십니까?
지금 무슨 일을 하고 계십니까?
세상의 교회를 어떻게 생각하시는지요?
구원은 한 번으로 완성되는 것입니까?
믿음의 생활에서 우리는 무엇을 잘못하는 것입니까?

답변

너를 도우시는 분이다.
네 안에 계신다.
너와 함께 생성하신다.
위선자의 안식처이다.
구원은 과정이다. 맹신.

● ● ● ●

하리다가 그분께 여쭈었다.

하나님이 정말 계시는가, 계신다면 무엇을 하고 계시는가, 그분의 이름이 무엇인가, 지금 세계 여러 나라에서 믿는 하나님의 이름이 다 맞는 것인가 아니면 다 틀린 것인가, 교회와 세상의 불의를 왜 지켜보고만 계시는가. 최후의 심판까지 마냥 지켜보기만 하실 것인가.

하나님은 정말 전지전능하신가, 우리가 전지전능의 의미를 제대로 모르고 있는 것은 아닌가. 왜 하나님은 특정한 사람에게만 언뜻 자신을 드러내셨다가 정작 하나님이 꼭 필요한 사람들은 외면하시는가. 하나님은 정말로 사람들이 당신을 위하여 목숨 바치는 것을 기뻐하시는가.

왜 하나님을 믿는 사람들끼리 싸우고 헐뜯고 미워하는가. 왜 하나님의 교회와 교역자가 세상보다 더 위선적이고 부패하고 불의한가. 왜 하나님을 믿는 교역자들이 더 재물을 탐하고 교회를 사유화하려 하는가.

하나님 나라는 우리가 죽어야 갈 수 있는 곳인가. 이미 죽은 사람 가운데 하나님 나라에서 하나님과 함께 살고 있는 사람이 있는가. 하나님 나라는 이 세상보다 훨씬 더 화려한가. 거기에는 금은보화가 넘치는가. 그곳에서 우리는 어떤 삶을 살게 되어 있는가. 지금의 나와 죽음 이후에 하나님 나라에 들어가는 나는 동일체인가 아니면 아무 관계가 없는 존재인가.

구원을 얻었다고 하는 사람들이 왜 세상 사람들보다 정의감이 약하고 악한 일을 더 잘 저지르고 위선적인 행동을 더 많이 하는가. 구원은 일시적인 경험일 뿐 사람의 인격을 바꿔 주지는 못하는 불완전한 것인가.

교회 안에서는 민주적인 방법으로 의사결정을 하면 안 되는가. 전제국가에서 전제군주가 모든 것을 결정하듯이 교회도 그런 지도체제를 유지하는 것이 하나님의 뜻인가. 교회와 믿음에 관해서는 이성이 걸림돌이 되는가. 불합리한 것을 의심하지 않고 믿는 것이 하나님께서 바라시는 믿음인가.

하나님에 대한 교리가 교파마다 다르고 같은 교파라도 시기에 따라서 달라지는 이유가 무엇인가. 왜 이단이 그렇게 많이 생기는가. 이단이 실제로는 이단이 아니고 하나님을 만나는 여러 방식 중에서 하나인 것은 아닌가. 왜 이단이 나중에 이단에서 풀려나 자유롭게 믿을 수 있는 교리가 되는가.

하나님의 사랑을 느끼고 감격할 때와 세상에서의 삶이 고달플 때에 우리가 기뻐하고 슬퍼하고 즐거워하고 분노하는 것이 정상적인가 아니면 구원을 받지 못한 결과인가.

교회의 직책 곧 목사, 장로, 권사, 집사 같은 교인의 위계나 교황, 추기경, 교구장, 주임신부 등의 성직자 위계가 하나님께서 보시기에 합당한 것인가. 불필요하게 사람을 줄 세우는 잘못된 제도는 아닌가.

재물을 땅에 쌓지 말고 하늘에 쌓으라고 하며 십일조와 감사 헌금을 내게 하는 것이 하나님 뜻인가 아니면 사람의 강요인가.

그분이 하리다의 물음에 답하셨다.

그분의 말씀은 하나님이 주신 말씀이다.

존재

1 1 하나님은 존재와 행위의 원천이시다. 하나님으로 말미암아 우주가 있게 되었고, 만물이 생기게 되었다.

2 하나님이 일을 시작하시니 우주가 운동을 시작하였고, 만물이 살아 숨 쉬게 되었다.

3 하나님은 우주의 안과 밖에 두루 계시며 당신의 의지대로 일하고 계신다.

4 하나님의 일하심은 영원히 그치지 않는다.

5 하나님의 일하심은 진실하다. 그 진실하심은 영원하다.

6 하나님의 일하심은 선하다. 그 선하심은 영원하다.

7 하나님의 일하심은 의롭다. 그 의로우심은 영원하다.

8 하나님이 진실하시니 너희도 진실하여라. 하나님이 선하시니 너희도 선하여라. 하나님이 의로우시니 너희도 의로워라. 너희가 평안과 행복을 누리고자 한다면 하나님이 주시는 이 계명을 지키고 하나님이 주시는 지혜를 갖춰라.

2 1 너희 가운데 하나님은 없다고 말하는 사람이 있고 하나님은 죽었
다고 말하는 사람이 있으나 그것은 너희가 잘못 보고 잘못 생각한 탓
이다. 너희가 좀 더 사려 깊게 보고 생각할 수 있게 되면 하나님의 '계
심'과 '일하심'을 인식할 수 있게 된다.

2 하나님의 존재를 부인하거나 하나님이 죽었다고 생각하는 것을 죄로 여
기지 마라. 그것은 죄가 아니라 무지함이다. 그리고 그 무지함은 너희에
게 고유한 것이니 그 무지를 탓할 필요도 없다.

3 너희에게 보이지 않는 하나님을 믿으라 하는 것은 어려운 일이다. 너희
는 하나님을 볼 수 없고 또 상상할 수 없다. 너희가 기껏 하나님을 상
상한다면 나이든 영감님의 모습일 것인데 그것이 너희 상상력의 한계이
다. 그런 상상이 너희를 하나님을 오해하게 만드는 장벽이다.

4 너희 중에 영의 사람은 하나님을 볼 수 있다고 하나 너희 영은 하나님
을 보기에 턱없이 작다. 개미가 코끼리를 제대로 볼 수 없는 것과 같다.

5 너희의 상상력으로 하나님을 믿지 마라. 너희 상상력은 지극히 제한되
어 있어 진실을 왜곡하기 쉽다.

6 너희가 하나님을 알고자 하면 이 대자연을 보아라. 대자연은 하나님의
속성이 드러나는 얼굴이다. 너희 자신도 대자연의 일부임을 잊지 마라.
하나님 안에 너희도 들어 있느니라.

7 너희는 하나님을 볼 수 없으나 대자연을 보고 하나님의 속성을 짐작할
수는 있다. 너희 지혜가 대자연의 신성한 깊이를 이해하는 수준에 이르
게 된다면 너희가 어찌 하나님의 존재를 부정할 수 있겠느냐.

8 너희는 하나님을 맹목적으로 믿지 마라. 하나님은 너희가 전적으로 믿

을 수 있는 분이고 믿어야 하는 분이지만 너희가 맹목적으로 하나님을
믿는 것은 무의미하다.

9 너희가 무엇으로 하나님을 믿게 되느냐. 누가 너희에게 하나님을 전해
주어야 믿게 되지 않느냐. 그런데 하나님을 전하는 사람은 그가 누구든
지 불완전한 사람이어서 완전하게 하나님을 전할 수 없다.

10 하나님은 완전하시고 무한하신데 유한한 사람이 어떻게 하나님을 완
전하게 전할 수 있겠느냐. 그러므로 너희는 하나님에 관한 어떤 증언도
맹목적으로 믿으면 안 된다. 오직 그 언행 중에서 진실하고 선하고 의
로운 것을 너희 이성으로 분별하여 취하여라. 그 안 어딘가에 하나님
이 계신다.

11 너희는 하나님이 너희에게 주신 바 이성, 곧 사리를 판단하는 능력으로
가장 진실하고, 가장 선하고, 가장 의롭다고 믿을 만한 말씀을 하나님
의 말씀으로 받아들여 따르는 것이 옳다. 너희가 생각할 수 있는 최상
의 말씀 안에 하나님이 계시기 때문이다.

12 하나님의 지혜가 아니면 하나님을 알 수 없고 하나님에 대한 완전한
믿음을 가질 수 없다. 너희는 하나님의 지혜를 얻기 위해서 열심히 기
도하고 묵상하여라. 너희 지혜의 크기가 너희가 하나님을 아는 척도
가 되리라.

3 1 하리다야, 네가 말한 바와 같이 오래 전부터 너희들은 하나님의 '
존재'를 논증하려 했다. 사람들이 그렇게라도 해서 하나님을 증명하고
싶었을 것임은 이해할 수 있다. 하나님의 '존재'를 증명하지 못하면 하
나님이 전해 주셨다는 수많은 기록들이 다 거짓이 될 것이기 때문이다.

2 예를 들면, 성경에 기록된 바와 같이 '하나님이 흙으로 사람을 지으시고 생기를 그 코에 불어넣으시니 사람이 생령이 되었다.'라는 것을 믿게 하려면 그런 일을 한 하나님의 존재를 증명해 보여야 한다. 하나님이 원래 존재하는 실체가 아니라면 앞의 기록은 거짓이 되고 만다.

3 그래서 바울부터 아퀴나스, 안셀무스 등에 이르기까지 열심히 하나님의 '존재'를 증명하려 했다. 그러나 이런 노력은 부질없는 일이다.

4 피조물의 제한된 지혜와 논리로 창조자 하나님의 존재를 논증하려는 것은 가당치도 않고 가능하지도 않으며 망령된 일이기도 하다.

5 하나님은 사람의 이성과 감각 밖에 계시면서 사람의 이성과 감각과 함께하시는 분이다. 그러니 사람이 어떻게 하나님을 바르게 인식하겠느냐.

6 사람의 이성은 육신을 통해서 보고 느끼고 경험한 것을 바탕으로 삼기 때문에 육적인 한계를 가지고 있다.

7 너희가 하는 그 어떤 논증도 인간의 제한된 이성과 감각을 바탕으로 하여 생각해 내는 것이어서 도무지 하나님의 '존재'와 '행위'를 증명해 낼 수 없다.

8 그것이 전적으로 틀렸다는 것이 아니라 완전하게 하나님의 '존재'와 '행위'를 증명해 낼 능력이 너희에게는 없다는 말이다.

9 너희가 하나님의 '존재'와 '행위'를 알게 되는 것은 하나님이 너희 이성 안에 들어오셔서 너희 감각의 범위에서 일하시는 것을 체험하는 순간에만 가능해진다.

10 그 순간순간의 체험으로 어찌 하나님을 말할 수 있겠느냐.

11 역사 이래로 하나님을 만난 사람들의 경험을 모두 모으고 통합하더라도 하나님을 알기에 부족하고 하나님을 표현하기에 부족하거늘 너희

개인의 작은 체험으로 하나님을 규정하는 것은 너희의 교만과 독단을 드러내는 것일 따름이다.

12 그러니 너희는 하나님의 존재 증명을 위해 애쓰기보다 너희 안에 들어오신 하나님의 일하심을 따라서 하나님의 완전하심을 인식하고 하나님의 일하심에 맞추어 하나님과 동행하려고 노력하여라.

13 너희가 하나님과 동행하는 그 언행 곧 진실하고 선하고 의로운 언행이 너희로 하여금 하나님의 존재를 증명하게 하는 것이 옳다.

14 거듭 말하지만 너희 지식으로 하나님의 존재를 증명하려 하지 마라. 하나님과 일시적으로 동행하여 얻은 지식은 하나님의 존재를 증명할 수 있는 것이 아님을 잊지 마라.

15 하나님은 너희 지식으로 알 수 있는 것보다 더 깊고 높고 넓어서 너희가 온전히 알 수 없는 무한함과 완전함을 지닌 분이다.

16 하나님에 대해서 너희가 얻은 지식을 절대적으로 옳다고 우기지 마라. 너희가 아는 범위 안에서 너희 언행을 바로 세워라.

17 하나님에 관한 모든 것에 너희는 겸손하고 삼가되 함부로 주장하지 마라. 남에게 말하기 전에 먼저 너희 삶을 바르게 하여라.

4 1 너희가 하나님을 찾는 시기는 너희가 고통스럽고 아쉬울 때가 아니냐. 그 고통스러울 때에 하나님이 너희를 도왔느냐.

2 네가 말한 바와 같이 예수가 체포되기 전에 피땀을 흘리며 기도하였지만 하나님은 침묵하였고,

3 수많은 기독교인들이 로마의 원형 경기장에서 사자의 이빨에 찢기어 죽어갈 때에도 하나님은 그들에게 아무런 도움을 주지 않았으며, 그들이

이단으로 몰려 죽을 때에도 그들을 구원해 주지 않았다.

4 유럽에서 흑사병으로 수천만 명이 죽음을 당했을 때에도, 프랑스에서 성 바돌로메 축일에 수많은 위그노들이 구교도에게 학살당할 때에도 그들의 하나님은 침묵을 지켰다.

5 또한 수많은 유대인들이 아우슈비츠의 가스실에서 영문도 모른 채 죽어 갈 때에도 하나님은 그들에게 아무런 위로도 주지 않았다.

6 성 김대건이 서울의 새남터에서 목이 잘리는 순교를 당할 때에도 그의 하나님은 아무런 도움을 주지 않았다.

7 오히려 그 후 더 많은 가톨릭 신자들이 서울의 한강이 내려다보이는 절두산이라고 이름이 붙여진 한국의 골고다 언덕에서 한꺼번에 목이 잘리는 죽음을 당하는 최악의 비극이 일어나고 말았다.

8 그러나 하나님은 여전히 가타부타 말이 없었으니 너희가 하나님의 침묵을 하나님의 부재로 오해할 수 있을 것이다.

9 그러나 너희는 이것을 알아야 한다. 너희는 하나님의 소통 방식을 아직 깨닫지 못하고 너희의 탐욕적인 생각으로 하나님을 찾고 하나님을 바라고 하나님의 응답을 기다린다.

10 그것은 옛사람의 기록이 너희를 오판하게 했을 수 있다. 그렇다. 너희가 옷을 찢고 가슴을 치며 부르짖는 기도에 하나님이 응답하시리라고 생각하게 된 것은 너희의 잘못이 아니라 옛사람들의 전통이 아직 진화하지 못한 결과일 뿐이다.

11 이제 새롭게 너희에게 하나님의 소통 방식을 알려 주겠다. 이 방식을 따르면 너희는 하나님이 계시고 지금도 일하심을 알게 될 것이다. 너희가 사심 없이 하나님을 바라면 하나님을 만날 수 있다.

12 너희는 먼저 아무 상급이나 대가를 바라지 말고, 구원을 받아서 천당을 가려는 욕심도 버리고 지극히 진실하고 지극히 선하고 지극히 의로운 마음으로 기도하여라.

13 교세를 넓히기 위한 종교적 이익, 권력을 쥐려는 정치적 이익, 부를 쌓으려는 경제적 이익 같은 이익에 관련된 기도, 성공과 승리와 영예를 얻고자 하는 기도는 탐욕이 깃든 기도이니 하나님이 들어 주실 수 없다.

14 너희는 먼저 사람에게 진실하되 거짓을 행하지 마라. 사람에게 착하되 악을 행하지 마라. 사람에게 의롭되 불의를 행하지 마라. 그런 후에 너희가 하나님께 너희 인격의 완전함을 구하는 기도를 하여라. 그러면 너희는 하나님의 음성을 들을 수 있을 것이다. 이것이 내가 너희에게 가르쳐 주는 새로운 소통 방식이다.

15 너희가 이렇게 해서 하나님과 소통하게 되면 세상에 악이 어떻게 생겼고, 고통과 불행이 어디서 왔으며 너희를 괴롭히는 일들을 누가 만들었는지 알게 될 것이다.

16 하나님은 결코 너희를 고통 속에 넣지 않으며, 너희를 겁박하거나 너희의 희생을 요구하지 않으신다. 사람을 억압하는 신은 신이 아니고 사람에게 희생을 요구하는 것은 하나님의 속성이 아니다.

17 진실하고 선하고 의로운 하나님은 구원을 미끼로 하여 너희에게 충성을 요구하지 않으시고 너희의 자유를 억누르지 않으신다.

18 하나님은 영이시니 하나님을 육체를 가진 존재로 상상하지 마라. 하나님은 영으로서 네 안에 계시며 사랑으로 너를 권하여 진실의 길, 선의 길, 의의 길로 이끄신다. 네가 하나님을 바라며 진실과 선과 의를 향하여 나아간다면 너는 이미 하나님과 함께한 것이다. 너는 이미 하나님의

사람이 된 것이다.

5

1 진실함이란 무엇이냐. 거짓이 없음을 뜻한다. 사실을 사실대로 말하는 것이 진실이다. 자기 생각과 말이 일치하도록 하는 것이 진실이다. 거짓말을 하지 않는 것이 진실한 것이다.

2 네가 보고 들은 것이 사실이라고 믿는다면 그 믿음에 따라서 말하는 것이 진실이다.

3 네가 사실이라고 생각한 것과 다르게 말하는 것은 거짓이다.

4 네가 거짓인 줄 알면서도 그것을 참이라고 말하여 다른 사람을 속이는 것은 죄이다.

5 본 것이나 들은 것과 다르게 말하는 것은 거짓이다.

6 사실과 다르게 말하여 다른 사람을 속이는 것은 죄이다.

7 사실이 언제나 진실이 되는 것은 아니고 언제나 유익한 것도 아니다.

8 거짓이 선을 이루는 경우가 있음을 너희가 알 것이다. 생명을 살리기 위한 거짓, 나의 희생으로 남에게 이익을 얻게 하려는 거짓에는 진실이 있다. 거기에는 사람을 아끼고 위하려는 선을 위한 간절함이 들어 있기 때문이다.

9 나의 이익을 위하여 거짓을 말하는 것은 죄이다. 거기에는 남을 속이려는 악이 들어 있기 때문이다.

10 사람을 속이려 하지 마라. 사람을 속이는 것은 곧 하나님을 속이는 것과 같다.

11 모든 사람 안에 하나님이 계신다. 너희는 진실함으로 너희가 하나님의 사람임을 모든 사람에게 증명하여라.

12 정직한 사람이 하나님 나라에 합당하다.

13 선함이란 무엇이냐. 남에게 좋은 일을 하는 것이 선이다.

14 배고픈 사람에게 밥을 먹이고 목마른 사람에게 물을 주는 것은 선한 일이다.

15 아픈 사람을 고쳐 주고 피곤한 사람을 쉬게 해주는 사람도 선한 사람이다.

16 무지한 사람을 가르쳐 지혜롭게 만들어 주는 사람도 선한 사람이다.

17 일이 없는 사람에게 일을 주고 판단력이 부족한 사람에게 판단을 도와 주는 사람도 선한 사람이다.

18 나를 희생하여 남에게 이익을 주는 사람은 선한 사람이다.

19 남에게 피해를 주는 사람은 악한 사람이다.

20 남의 약점을 이용하여 이익을 취하는 사람은 악한 사람이다.

21 남의 무지를 이용하여 사기를 치는 사람은 악한 사람이다.

22 남을 위협하여 재물을 빼앗는 사람은 악한 사람이다.

23 남을 욕하고 폭행하고 배척하고 차별하는 사람은 악한 사람이다.

24 남의 앞길을 막고 길을 잘못 인도하는 사람은 악한 사람이다.

25 모르는 것을 아는 척하여 사람을 속이고 이익을 취하는 사람은 악한 사람이다.

26 너희는 악을 멀리하고 선을 가까이하여라.

27 너희는 선함으로 너희가 하나님의 사람임을 증명하여라.

28 선한 자가 하나님 나라에 합당한 사람이다.

29 의로움이란 무엇이냐. 하늘에서 너희를 비추는 햇빛처럼 모든 사람에게 고르게 유익함을 주는 것이 의로움이다.

30 공평하지 않은 곳에는 의로움이 없다. 공정한 규칙에 따라서 경쟁하는
사람들에게는 의로움이 있다.

31 자기보다 못한 사람에게 도움을 주려 하는 사람에게는 의로움이 있다.
자기가 가진 것을 다른 사람과 나누는 사람은 의로운 사람이다. 너희는
의로운 사람을 괴롭히지 말고 또 외롭게도 하지 마라.

32 약한 사람을 핍박하는 사람은 불의한 사람이다. 가난한 사람의 것을 빼
앗아 부자에게 주는 사람은 불의한 사람이다. 비굴한 사람은 불의한 사
람이다. 떳떳하게 행동하여라.

33 강한 사람에게 아부하여 이익을 취하는 사람은 불의한 사람이다. 옳고
그름을 판단하지 못하고 악에 동조하는 사람은 불의한 사람이다.

34 다른 사람보다 더 많이 갖기 위해서 반칙을 하고 특혜를 누리는 사람
은 불의한 사람이다. 부정한 방법으로 재산을 모으고 지위를 얻는 사
람은 불의한 사람이다.

35 알랑거리는 사람은 불의한 사람이다.

36 해야 할 일을 하지 않고 이익을 취하려는 사람은 불의한 사람이다. 공
정한 규칙을 무너뜨리고 편법과 탈법을 이용하는 사람은 불의한 사람
이다.

37 편파적인 언론인은 불의한 사람이다. 공정하지 못한 정치인은 불의한
사람이다. 차별과 배척을 조장하거나 이를 보고도 외면하는 사람은 불
의한 사람이다.

38 다수의 이익을 위하여 소수를 희생시키는 자는 불의한 사람이다. 한
사람을 희생시켜 다수를 지키려 하는 사람은 불의한 사람이다. 다수
와 소수, 전체와 한 사람이 두루 행복하게 살 수 있게 하는 것이 의로

운 길이다.

39 사람의 목숨을 담보로 정책을 추진하는 정치인은 불의한 사람이다. 전쟁을 부추기고 젊은이들이 전쟁에 나가는 것을 자랑스러워하게 만드는 정치인은 불의한 사람이다. 전쟁을 하지 않고, 다른 나라를 침략하지 않고, 다른 나라를 위협하지 않고, 다른 나라와 우의를 나누면서 스스로 강해지는 정치를 하는 자가 의로운 사람이다.

40 너희는 의로우신 하나님을 사모하며 하나님의 뜻대로 살고자 애써라. 의로우신 하나님께서 너희에게 의로운 길을 열어 주실 것이다.

41 너희가 얼마나 진실해야 하나님께서 만족하시겠느냐. 너희가 얼마나 선해야 하나님께서 만족하시겠느냐. 너희가 얼마나 의로워야 하나님께서 만족하시겠느냐. 하나님께서는 너희에게 목표를 정해 주지 않으셨다. 하나님께서 바라시는 것은 너희가 진실하고 선하고 의로움 속에서 서로 사랑하며 사는 것이다.

42 너의 주위에 진실한 사람이 있느냐. 그러면 너도 그와 같이 진실한 사람이 되어라. 바라건대 네가 그보다 더 진실한 사람이 되기에 힘써라. 너희 중에 거짓을 일삼는 사람이 있느냐. 그러면 너는 그를 닮지 말고 그를 멀리하여라.

43 너의 주위에 선한 사람이 있느냐. 그러면 너도 그와 같이 선한 사람이 되어라. 바라건대 네가 그보다 더 선한 사람이 되기에 힘써라. 너희 중에 악행을 일삼는 사람이 있느냐. 그러면 너는 그를 닮지 말고 그를 멀리하여라.

44 너의 주위에 의로운 사람이 있느냐. 그러면 너도 그와 같이 의로운 사람이 되어라. 바라건대 네가 그보다 더 의로운 사람이 되기에 힘써라.

너희 중에 불의를 일삼는 사람이 있느냐. 그러면 너는 그를 닮지 말고 그를 멀리하여라.

45 하나님이 말씀하신다. 너희는 너희 주위에서 진실한 사람, 선한 사람, 의로운 사람을 찾아 그에게서 배우고 그와 닮기에 힘써라. 바라건대 너희가 그보다 더 진실하고 선하고 의로운 사람이 되기에 힘써라. 너희의 기준을 너희 이웃에게서 찾고 그것을 넘어서는 곳에 너희 목표를 세워라. 그러면 너희 하나님께서 너희에게 필요한 모든 지혜를 주실 것이다.

46 하나님의 진실하심에는 거짓이 없고 속임이 없고 궤변이 없다. 하나님의 선하심에는 해코지가 없고 위협과 협박과 강요가 없다. 하나님의 의로우심에는 차별과 특혜와 배척이 없고 불공평과 불공정이 없다. 너희는 하나님의 진실하심과 선하심과 의로우심을 추구하여라. 완전하신 하나님이 너희를 이끌어 주시리라.

6

1 너희의 진실함이 궁극에 이르는 곳에 하나님이 계신다. 너희는 거기서 하나님의 영접을 받게 되리라.

2 너희의 선함이 궁극에 이르는 곳에 하나님이 계신다. 너희는 거기서 하나님의 칭찬을 받게 되리라.

3 너희의 의로움이 궁극에 이르는 곳에 하나님이 계신다. 너희는 거기서 하나님과 동행하게 되리라.

4 무릇 진실함과 선함과 의로움이 궁극에 이르는 곳에 하나님이 계심을 알아라. 거기서 하나님은 너희를 성화하여 새로운 사명으로 인도하시리라.

5 누구는 낙원으로 가서 평화와 안식을 누리게 하실 것이고 누구는 땅에서 진실과 선과 의로 사람들을 가르치게 하시리라.

6 이것은 하나님이 이미 세상을 창조하실 때에 정하신 길이니 누구도 피할 수 없고 하나님도 이를 바꾸지 못하신다.

7 너희가 어느 길로 갈 것인지 선택하는 것은 너희의 일이다. 그러므로 너희의 기도는 너희가 하나님의 길로 갈 수 있도록 하나님의 도움을 요청하는 것이어야 한다.

8 너희의 거짓이 극한에 이르는 곳에 하나님이 계신다. 너희는 거기서 하나님의 추궁을 받게 되리라.

9 너희의 악함이 극한에 이르는 곳에 하나님이 계신다. 너희는 거기서 하나님의 질책을 받게 되리라.

10 너희의 불의가 극한에 이르는 곳에 하나님이 계신다. 너희는 거기서 하나님의 처벌을 받게 되리라.

11 무릇 거짓과 악과 불의가 극한에 이르는 곳에 하나님이 계심을 알아라. 거기서 하나님은 너희를 붙들어 재생의 길로 보내시리라.

12 누구는 불구덩이에서 괴로움을 당하게 하실 것이고 누구는 땅에서 거짓과 악과 불의로 고통을 받으며 잘못을 만회하기 위하여 처절하게 노력을 하게 되리라.

13 이것은 하나님이 이미 세상을 창조하실 때에 정하신 길이니 누구도 피할 수 없고 하나님도 이를 바꾸지 못하신다.

14 선택권은 너희에게 주어져 있다. 너희가 어느 길로 갈 것인지 선택하는 것은 너희의 일이다.

15 그러므로 너희의 기도는 너희가 올바른 길로 갈 수 있도록 하나님의 도움을 요청하는 것이어야 한다.

7

1 하나님은 자신을 어떻게 드러내시는가.

2 하나님은 당신의 의지를 어떤 방법으로 실행하시는가.

3 하나님은 당신의 지혜를 어떻게 사용하시는가.

4 너희 중에 이 비밀을 아는 자가 있느냐. 너희가 이 비밀을 모른다면 너희는 마땅히 하나님이 하신 일로써 그것을 유추할 수 있을 것이다. 그 유추가 부정확하다고 해도 그렇게 하는 것이 너희의 일방적인 추측이나 예단으로 하나님의 존재와 행위의 비밀을 오판하는 것보다 더 나을 것이다.

5 뉴턴이 중력의 법칙을 발견하기 전부터 중력은 거기에 있었고, 아인슈타인이 상대성원리를 발견하기 전부터 상대성원리는 우주에 적용되고 있었다. 또 양자론이 정립되기 전에 이미 양자 도약은 태초부터 일어나고 있었다.

6 뉴턴의 중력 이론을 가톨릭 교리가 아무리 부정해도 그것은 사실이고, 아인슈타인의 상대성원리를 고전 물리학자들이 아무리 부정해도 우주는 그렇게 원리적으로 움직이고 있으며, 아인슈타인이 양자론의 불확정성 원리를 아무리 부정해도 원자 세계에서는 양자론이 적용되고 있었다.

7 너희는 현상을 분석하여 규칙을 발견하면 그것으로 족하다. 너희 삶에 그것을 적용하는 것으로 충분하기 때문이다.

8 너희가 중력이 어떻게 생겼는지, 빛이 중력에 따라 휘는 이유가 무엇인지, 우주의 공간이 왜 순수한 빈 공간이 아니고 입자로 가득찬 공간이어야 하는지, 왜 양자 도약이 필요한지 알아야 할 이유가 무엇이냐.

9 원리는 하나님의 영역이고 현상은 인간의 영역이다.

10 너희는 현상을 열심히 파악하여 거기서 하나님이 예비해 두신 규칙을 찾아 쓰면 된다. 이것이 너희가 하나님의 일하시는 방법을 자연에서 얻어내는 길이다.

11 너희는 하나님을 논증하거나 하나님이 세상을 만드신 원리의 이유를 설명할 필요가 없다.

12 그냥 준비해 두신 것을 이해하고 활용하는 방법을 찾아내어 너희에 이익이 되도록 사용하면 된다.

13 그런 일을 꾸준히 하는 과학자들은 너희 중에서 가장 실제적으로 하나님께 가까이 다가가고 있는 사람들이다. 결국 과학자들을 통해서 하나님이 자신을 드러내는 것을 인식하게 되는 날이 올 것이다.

14 사물 안에서, 생명체 안에서, 사회 안에서 다양하게 하나님이 자신을 드러내는 것을 이해하게 되는 날이 있을 것이다.

15 너희는 우주의 지극히 작은 것과 지극히 큰 것의 조화 속에서 하나님이 자신을 드러내는 것을 보게 되는 날이 있을 것이다. 거기서 너희는 하나님이 어떻게 일하고 계시는지, 하나님의 지혜가 어떻게 우주와 사물과 생명체에 작용하고 있는지 알게 되는 날이 있을 것이다.

16 그때 너희는 깨달음의 눈물을 흘릴 것이며 감사의 눈물을 흘릴 것이며 행복의 눈물을 흘릴 것이다. 너희 눈에는 사랑이 가득해지고, 너희 입에는 진실이 가득해지며 너희 머리는 온통 의로움으로 충만해질 것이다.

17 너희가 자연에서 하나님의 설계를 찾지 않고 하나님의 뜻을 찾아 알게 될 때가 바로 너희가 하나님을 만나는 때요 하나님의 은혜를 받는 때

가 되리라.

18 그때 너희는 하나님께 이렇게 감사할 것이다. '살아 계신 나의 하나님, 감사합니다.'

8 1 너희가 섬기는 수많은 신들의 이름은 너희의 지혜가 낮고 불완전할 때에 생각해 낸 것들이다.

2 너희가 어리석었을 때에는 조그만 것에도 놀라고 조그만 것도 신비롭게 여겨 여기저기에 신의 이름을 붙였다. 너희가 아직 문명하지 못하였을 때에 너희 좁은 공동체 안에서 너희 개인과 가족을 지켜 줄 신을 찾았다.

3 너희의 시야가 좁고 아직 이성을 계발하지 못하였을 때에 너희는 다른 종족에게서 너희 종족을 지켜 줄 신을 찾았다.

4 너희가 고통과 죽음의 골짜기에서 두려움에 떨며 살아갈 때에 너희를 고통에서 벗어나게 해 줄 신을 찾았다. 너희가 가난과 굶주림으로 힘든 삶을 살 때 너희를 부유하게 해 줄 신을 찾았다.

5 너희가 서로 싸우고 죽이는 상황에서 불안에 떨며 살 때에 너희는 너희를 강력하게 만들어 줄 신을 찾았다. 그러나 너희가 찾던 그 신은 참 하나님이 아님을 알아라.

6 하나님은 너희의 그런 기도에 응답해서 너희를 위해서 다른 사람을 멸망하게 해 주는 분이 아니다.

7 참 하나님은 너희의 성공과 승리를 위해서 다른 사람의 성공과 승리를 빼앗는 분이 아님을 알아라. 너희의 눈을 크게 뜨고 보아라.

8 하나님은 우주의 안과 밖에 두루 계시며 모든 생명체와 모든 사람에게

고르게 삶의 자양분인 자유와 지혜와 힘을 주시는 분이다.

9 하나님은 모든 사람에게 '나의 하나님'이 되는 분이고, 모든 사람의 마음속에서 자유와 지혜와 힘으로 작용하시는 분이다.

10 누가 더 진실한 마음으로 하나님을 바라는가, 누가 더 착한 마음으로 하나님을 바라는가, 누가 더 의로운 마음으로 하나님을 바라는가, 오직 그것만이 너희의 삶에 차이를 만들 것이다.

11 사람들아. 너희는 하나님의 존재 유무의 문제로 시간을 헛되이 보내지 마라.

12 너희에게 주어진 시간은 길어야 일백 년이 아니냐.

13 너희는 하나님의 완전한 지혜 배우기에 열심을 품어라. 너희와 너희 자녀와 너희 손주에 이르기까지 면면히 이 열심을 품도록 하여라.

14 완전하신 하나님이 너희를 완전하게 인도해 주실 것이다.

15 하나님이 너희를 완전하게 하시는 순간이 너희의 일백 년 중, 때로는 너희 자녀의 일백 년 중, 때로는 너희 자손의 몇 백 년 중의 어느 때가 될지 모르는 일이 아니냐.

16 너희가 쉬지 않고 진실한 마음과 조건 없는 사랑과 공평한 정의를 추구하는 중에 그때가 반드시 이르게 될 것이다.

17 그러나 그때가 너희에게 중요한 것이 아니다. 너희에게 중요한 것은 너희가 하나님의 완전함을 사모하며 너희 자신을 그렇게 완전함에 이르도록 하려는 노력이다.

18 그러므로 너희는 참 하나님의 존재를 의심하지 말고 오로지 참 하나님이 주시는 계명을 실천하는 것을 너희 삶의 목표로 삼아라.

19 그러면 너희가 알지 못하는 때에 생각하지 못한 방법으로 하나님 나라

가 너희에게 다가올 것이다.

9 1 코페르니쿠스와 갈릴레오가 새로운 지식을 발견한 후 많은 사람이 과학의 이름으로 하나님의 존재를 부정하고 있다. 이것은 지적 교만에 근거한 성급한 판단이다.

2 너희가 사용한 과학적 도구는 하나님을 발견하기에는 턱없이 불완전한 것이다. 이전에 잘못된 지식을 하나둘 바로잡게 되면 사람들은 하나님의 존재를 의심하는 경향을 보였다. 무식을 기반으로 하나님을 믿어 온 탓이기도 하다.

3 너희의 지식이 세포와 뇌의 가장 기본적인 활동에까지 이르자 이렇게 외치는구나.

4 생명의 작용은 전혀 신비하지 않다. 생명의 작용은 분명하고 설명할 수 있고, 열역학적으로 필연적이고 완벽하게 기계적이며 냉정하게 결정론적이다.

5 내 몸은 수십 조 개의 세포로 되어 있다. 그게 전부이다. 내 생각은 수많은 세포막을 따라 흐르는 수많은 전기이다.

6 내 감정은 뇌세포에서 신경전달물질이 분출된 결과이다.

7 나는 간혹 거울을 들여다보며, 결국 죽게 마련인 인간을 떠올리고 두려워한다. 차라리 진실을 몰랐으면 또는 영혼이 있어서 그 영혼은 천국에 가서 천사들과 날아다닌다고 내가 믿을 수 있으면 하고 바랄 때도 있다.

8 그럴 것이다. 신비가 신비의 베일을 벗을 때의 허무함은 너희가 쉽게 공감할 것이다. 그러니까 그 신비함이란 사실 너희가 알지 못했기 때문에 느낀 감정이었을 따름이다.

9 너희 지식이 늘면 그에 비례하여 신비가 적어질 것이다.

10 그렇다고 해서 너희가 모든 것을 환원주의로 설명할 수 있다고 생각하는 것은 섣부른 판단이다.

11 설명할 수 있는 것과 그렇게 하도록 만드는 것은 전혀 다른 일이다. 설명하는 것은 너희가 할 수 있지만 그렇게 만드는 것은 너희가 할 수 없다.

12 너희가 할 수 없는 것을 하고 계시는 하나님의 섭리를 인식할 수 있기 바란다.

13 너희 지식은 늘면 늘수록 그만큼 무식도 는다는 것을 잊지 마라. 이 원리를 모르는 사람은 지적 교만에 빠지기 쉽다.

14 너희의 지식은 너희의 무지를 드러내는 빛이다. 너희의 과학이 하나님을 부정하는 데에 이용되기 쉬운 것은 그 때문이다.

15 너희의 지식이 아무리 많아져도 그것으로는 하나님의 존재를 증명하지 못하고 부재도 증명하지 못한다.

16 하나님은 너희가 상상할 수 있는 분이 아니기 때문이다.

17 무한하신 하나님을 유한한 인간의 지식으로 어떻게 파악할 수 있단 말이냐.

18 너희가 우주선을 타고 우주를 헤집고 다니다가 하나님을 못 찾으면 하나님이 없다고 할 작정이더냐.

19 너희가 마이크로 세계를 헤집고 다녀도 하나님이 보이지 않는다면 하나님이 없다고 할 작정이냐.

20 하나님의 모습을 너희 생김새처럼 그려 놓고 하나님을 믿던 너희가 아니냐. 그런 너희가 어떻게 하나님의 존재를 알 수 있겠느냐.

21 너희가 세상에서 자유와 평안과 행복을 누리고자 하면 너희 인식의 범

위 안에 하나님을 끌어들이려 하지 말고 광대무변하신 하나님을 모시고 그분의 무한한 지혜를 사모하며 그분의 진실하심과 선하심과 의로우심에 의지하여 너희 자신을 세워라.

10

1 하나님이 만드신 세상은 참으로 신묘하다. 너희 인간의 머리로는 도무지 상상할 수 없다.

2 하나님은 너희가 알 수 없는 방법으로 세상을 창조하셨고 너희가 전혀 생각할 수 없는 방식으로 세상을 다스리신다. 하나님의 지혜와 능력은 참으로 신묘하다.

3 하나님이 만드신 세상에는 필요하지 않은 것도 없고 그냥 놀리는 것도 없다. 모든 것이 관계망 속에 연결되어 전체가 하나로 움직이되 개체는 독립적으로 움직인다. 이 얼마나 놀라운 일이냐.

4 너희가 하늘에서 보는 모든 천체는 그렇게 그 자리에서 자기 일을 하고 있고 우주에 차 있는 모든 물질은 저마다 자기 구실을 하고 있으며 땅 위에서 뛰어노는 생명체 하나하나가 모두 자기 자리에서 삶을 살고 있다.

5 하나님은 가장 작은 것에서부터 가장 큰 것에 이르기까지, 가장 단순한 것의 움직임에서 시작하여 가장 복잡한 것의 완성에 이르기까지 하나도 빠짐없이 서로 연결하여 유기적으로 작동하게 만드시는 독창성과 치밀함으로 세상을 만드신 것이다.

6 너희는 우주가 너희를 위하여 있는 것처럼 오해한다. 그러나 우주는 너희를 위해 있는 것이 아니고 너희가 우주의 일부인 것이다. 우주는 인간을 위해서 만들어지지 않았다고 주장한 칼 세이건의 말이 맞다. 인

간은 우주에서 살도록 만들어졌을 뿐이다. 이는 다른 모든 생명체에게도 적용된다.

7 하나님이 사람을 만드실 때에 너희를 세상의 주인이 되게 하기 위하여 만드신 것이 아니라 너희를 세상에서 값있게 살게 하기 위하여 만드셨다. 이는 다른 생명체를 만드신 목적과도 다르지 않다.

8 너희가 세상에서 어떻게 살지는 너희가 결정할 일이다. 다만 하나님은 너희가 세상에서 가치 있게 살기를 바라시는 것이다. 가치 있는 삶이 무엇인지 너희가 알지 못할 때에는 너희도 다른 생명체처럼 몸이 시키는 대로 살았지만 너희가 하나님의 빛을 받아 너희 안에 이성을 생성한 덕에 너희는 다른 생명체가 갖지 못한 가치를 추구할 수 있게 되었다. 이것은 너희의 성공이기도 하고 하나님의 기쁨이기도 하다.

9 너희는 하나님이 만드신 세상에서 하나님이 바라시는 가치를 향해 나아가는 소중한 존재가 되었다. 그 어떤 생명체도 하지 못하는 것을 할 수 있게 된 것이다. 그런 너희가 하나님을 제대로 이해하지 못한다면 너희의 비극이 될 뿐이다.

10 너희의 지혜는 하나님께 온 것이고 너희가 갖고 있는 지식은 하나님이 주신 것이다. 너희 지혜가 아직 하나님을 이해하지 못하더라도 하나님은 기다리시며 너희가 점점 더 지혜로운 존재가 되기를 바라신다.

11 이 우주는 하나님의 겉모습이고 그 안에 사는 모든 생명체는 하나님의 일하심이 나타나는 대상이다. 그 가운데서 너희 사람이 하나님께 가장 근접한 움직임을 보이고 있다. 그래서 하나님이 너희를 특별히 더 사랑하신다.

12 하나님은 모든 생명체에게 지혜를 고루 주셨지만 너희 사람이 가장 많

이 그리고 가장 깊이 하나님의 지혜를 받았다. 이것은 너희의 자랑이기도 하고 하나님의 기쁨이기도 하다.

13 그러나 아직도 많은 사람이 하나님을 알지 못하고 하나님의 일하심을 깨닫지 못한다. 그들이 자기가 얻은 지식을 마치 하나님과 상관없이 스스로 얻은 것으로 자만하여 자기에게 지식이 생기면 오히려 하나님을 멀리한다. 그러나 하나님이 주시지 않은 지식은 없다. 너희가 언젠가 이 사실을 알고 너희의 교만함을 하나님께 사죄할 날이 오리라.

11

1 하리다야, 네가 니체와 도킨스처럼 하나님은 죽었다거나 하나님은 없다고 주장하는 사람에 대해서 불만을 토로한 것은 이해할 만하다. 그러나 하나님이 없다고 말하는 사람이나 하나님이 있다고 말하는 사람이나 하나님을 모르기는 마찬가지다.

2 너희는 너희 목적과 필요에 따라서 하나님을 없다고도 하고 있다고도 하는 것이 아니냐.

3 그러므로 너희는 하나님을 모르는 자, 하나님이 없다고 말하는자, 하나님이 죽었다고 말하는 자를 배척하거나 미워하지 마라. 그들에게 그렇게 믿을 만한 이유가 있지 않겠느냐.

4 사람은 한 사람이 희다고 읽는 글을 다른 사람은 검다고 읽을 정도로 생각과 지향이 크게 다를 수 있음을 인정하여라.

5 너희의 다름은 하나님이 너희에게 생각하는 자유를 무한히 주셨기 때문에 생기는 결과이다.

6 하나님이 모든 생명체에게 무한한 자유를 주셨을 때 그들이 하나님을 사랑할 자유와 함께 미워할 자유도 주시지 않았겠느냐.

7 하나님이 생명체에게 자기 완전성을 추구할 자유를 주셨을 때에 하나님
의 도움을 받을 자유와 함께 도움을 거부할 자유도 주시지 않았겠느냐.

8 그러므로 너희는 하나님을 모른다고 그들을 욕하거나 비난하지 마라.
그들이 하나님을 욕한다고 그들을 하나님 배반자로 배척하지 마라. 그
들이 하나님은 없다고 말해도, 그들이 하나님은 죽었다고 말해도 그들
에게 그럴 자유가 있음을 알고 그들과 다투지 마라.

9 러셀이 기독교인이 아닌 이유를 밝히고 많은 지식인이 무신론자가 된
것은 기독교의 교리에 큰 책임이 있다.

10 삼위일체 교리를 확립한 뒤에 예수를 신이 아니라고 주장하는 사람들
을 이단으로 몰아 모질게 고문하고 죽이던 공포 때문에 사람들은 예수
에 대해서 이성적으로 판단할 자유가 없었다. 예수를 신이라고 칭송하
는 사람만이 살아남았고 신이 아니라고 생각하는 사람은 사라진 것이
다. 너희가 벌거벗은 임금님 이야기를 알 것이다. 아무 것에도 물들지 않
은 맑은 눈으로 본 어린아이의 눈에는 임금님이 발가벗은 것이 보였지
만 그것을 보면 안 된다고 생각하는 어른들은 임금님이 발가벗었다는
사실을 부정하였다. 그 어린아이가 지적하지 않았다면 그곳에서는 임금
님이 발가벗지 않았다는 것이 진리가 되지 않았겠느냐.

11 너희는 하나님이 주신 이성을 활용하여 눈을 크게 뜨고 마음을 맑게
가져라. 진실을 부정하면서까지 맹목적인 믿음과 무조건적인 복종으로
일관하는 태도는 하나님이 좋아하시지 않는다. 자유 의지를 가진 사람
에게 어찌 하나님이 맹목적인 믿음을 요구하시겠느냐.

12 너희 믿는 자 중에서 인간을 절대화하고 신격화하는 불행하고 불의한
일이 오랫동안 지속될 수 있었던 이유는 요한이 예수의 말씀이라고 전

한 복음서의 다음 한 구절이 큰 영향을 끼쳤음이 사실이다.

13 내가 길이요 진리요 생명이니 나로 말미암지 않고는 아버지께로 올 자가 없다.

14 이 구절은 네 복음서 중에서 가장 늦게 기록된 요한복음서에 한 번 나오는데 요한은 이 복음서를 기록한 목적을 이렇게 선언했다.

15 오직 이것을 기록함은 너희에게 예수가 하나님의 아들 그리스도이심을 믿게 하려는 것이요 또 너희가 믿고 그 이름에 힘입어 생명을 얻게 하려 함이다.

16 이처럼 그는 예수 외에는 구원의 길이 없다고 함으로써 '예수 천당, 불신 지옥'이라는 독선적이고 위협적인 교리가 등장하는 실마리를 제공하였다.

17 그러나 이는 하나님의 뜻을 왜곡한 것이다. 하나님은 어떤 의인을 지정하여 그의 이름을 통해서만 구원해 주시는 편벽된 분이 아니다. 그런데 요한은 예수가 하나님의 뜻을 알고 너희에게 구원의 길을 제시하였다고 해서 그를 절대자로 여겨 하나님과 동등하게 만들었다.

18 이 때문에 예수를 하나님으로 믿지 않는 것을 죄악으로 여김으로써 너희 이성이 제대로 작동할 수 없게 되었다. 너희가 일으킨 이단자 처형, 종파 간 배척, 이교도 학살이 여기서 비롯되었고 교회의 전제적인 운영과 너희의 독선과 아집이 여기서 비롯되지 않았느냐.

19 하나님께 가는 길은 예수라는 대상을 믿는 믿음이 아니라 세상에 대한 하나님의 사랑을 깨닫고 하나님의 본성인 진실함과 선함과 의로움을 실천하는 행동임을 알아라. 사람을 신이라고 믿거나 그를 무조건 전

인격적으로 믿는 것은 이성을 가진 인간이 지극히 조심해야 할 일이다.

20 너의 사랑이 얼마나 보편적이냐. 네가 얼마나 진실하냐. 네가 얼마나 맑은 사람이냐. 네가 얼마나 부드러운 사람이냐. 네가 얼마나 착한 사람이냐. 네가 얼마나 너그러운 사람이냐. 네가 얼마나 의로운 사람이냐. 네가 얼마나 겸손한 사람이냐. 네가 얼마나 헌신하는 사람이냐. 이런 것들이 모두 하나님 나라에 들어가는 데에 유익한 요소들이다.

21 그러나 최종 선택은 하나님의 몫이니 너희는 하나님의 본성에 맞게 충실한 삶을 살고 죽음 이후의 일은 하나님께 맡겨라. 하나님께서 너희를 위하여 좋은 것을 예비해 두셨을 것이다.

22 너희가 하나님을 믿든 안 믿든 하나님이 없다고 믿든 죽었다고 믿든 너희의 자유이지만 너희가 꼭 한 가지 명심할 것이 있다.

23 그것은 이 세상이 하나님이 만드신 세상이며 거기에는 하나님의 본성에 따른 구원의 원칙이 있어서 그 원칙에 맞추어 생활하는 사람에게는 하나님이 세상을 살아가는 지혜를 주시어 그로 하여금 세상에서 큰 행복을 맛볼 수 있게 해 주신다는 점이다.

24 어떤 사람이 지극한 사랑으로 사람들에게 베풀고, 진실한 삶을 살며, 선한 행위를 하고, 의로운 일을 한다면 그에게 하나님께서 상을 베풀지 않으시겠느냐. 이런 사람의 영혼이라면 하나님께서 당신의 나라에 맞아들이지 않으시겠느냐.

25 너희의 목표는 하나님 나라에 들어가는 것이 아니라 세상에서 진실하고 선하고 의로운 사람으로서 마음껏 사랑을 베풀며 사는 것이어야 한다. 너희가 하나님 나라에 들어가는 것은 세상에서 너희가 어떻게 살았는지 그 평가가 말해 줄 것이다.

26 이것은 하나님이 만드신 이 세상의 작동 원리이므로 누구도 거부하거나 배척할 수 없음을 알아라.

27 하나님을 사랑하고 그분의 뜻에 따라서 진실하고 선하고 의로운 삶을 사는 사람은 하나님 나라가 그의 것이 될 것이다. 복 있는 자야, 세상의 모든 사람들이 너를 부러워할 것이다.

12 1 너희가 하나님께 가는 길은 수없이 많이 열려 있다.

2 사람은 하나님께서 주신 자유의지에 따라서 서로 다른 수많은 길을 걷고 있고, 말할 수 없이 다양한 지혜의 수준에 이르러 있으며, 말할 수 없이 다양한 믿음의 환경에 처해 있어서, 각자의 자리에서 하나님께 나아가는 길은 천차만별이다.

3 그 다름으로 말미암아 그의 믿음의 방법과 중요하게 여기는 내용이 다를 수밖에 없다.

4 어떤 사람은 오직 하나님 나라에 들어가는 것을 최우선으로 삼기도 하고, 어떤 사람은 땅에서 의로운 삶을 사는 것으로 만족하고 어떤 사람은 땅에서 행복한 삶을 살기를 바란다.

5 너희는 무엇이 의로운 것인지 무엇이 행복한 것인지 하나님 나라에 들어가면 어떤 일이 기다리고 있는지 정확히 알지 못하면서 그것을 바라고 있다. 그것이 너희의 한계이다.

6 그러나 너희에게는 하나님께서 너희에게 부어 주신 하나님의 영이 함께하고 있다.

7 너희 혼을 깨워 하나님의 영과 교섭하게 하면 너희는 무엇이 의로운 것인지 무엇이 행복한 것인지 너희가 가야 할 길이 어디인지 알게 된다.

하나님이 너희를 인도하실 것이다.

8 하나님은 너희를 만드신 분이다. 너희를 만드신 분이 너희에게 좋은 것을 주지 않으시겠느냐.

9 너희에게 좋은 것은 곧 너희 모든 생명체에게 두루 좋은 것이어야 하지 않겠느냐.

10 하나님이 주시는 것이 누구에게는 좋고 누구에게는 나쁜 것이라면 하나님이 너희를 차별하는 것이 되지 않겠느냐.

11 그러므로 너희 모든 사람에게 무엇이 좋은지 너희가 알면 바로 하나님의 마음을 알 수 있게 된다. 그것을 너희에게 주고자 하는 분이 바로 하나님이기 때문이다.

12 너희 모두에게 좋은 것, 그 좋은 것 가운데에서 가장 좋은 것이 바로 사랑이 아니냐. 그래서 하나님께서 너희에게 말씀하셨다. 하나님이 너희를 사랑하신 것처럼 너희도 서로 사랑하여라.

13 이 사랑을 구현하기 위해서 너희는 이 계명을 지켜라. 너희는 진실한 사람, 선한 사람, 의로운 사람이 되기에 힘써라. 그러면 너희 땅에서 너희가 하나님의 길을 걷고 하나님이 예비하신 복을 누리고 살게 되리라.

13 1 네덜란드 땅에 스피노자라는 사람이 있었다. 그 사람은 정직하고 올곧았으며 하나님을 지극히 사랑하였다.

2 그는 유대인으로서 유대인의 신을 섬기지 않는다는 죄로 유대교 회당에서 추방되었고 유대인들에게서 온갖 저주를 받았지만 자신을 추방하고 저주한 자들을 미워하지 않고 오로지 참 하나님을 찾는 일에 몰두하였다.

3 사람을 저주하는 자마다 그 저주를 받을 것이요, 사람을 차별하는 자가 그 차별을 받으리라는 말씀에 따라서 그들에 대한 판단은 하나님께 맡기고 그는 오로지 하나님과 삶에 대한 진실을 찾기 위하여 힘썼다.

4 그가 유대인의 하나님 관념에서 벗어나게 된 것은 참으로 다행한 일이 아니냐.

5 스피노자는 하나님의 이름으로 자신의 명예나 이익을 추구하지 않고 사심 없이 참 하나님을 찾아 나섰다.

6 그 결과 그는 사람이 다다를 수 있는 가장 높고 깊은 곳까지 나아갈 수 있었다.

7 그가 도달한 곳에 하나님은 실체로 계셨고 그분의 속성이 우주와 만물과 생명체 속에 필연성으로 내재하고 계셨다. 그는 그런 하나님을 본 것이다.

8 그러나 그가 좀 더 깊이 하나님을 사모하였더라면 그 필연성 뒤에 있는 하나님의 실존과 의지를 인식할 수 있었을 것이다.

9 하나님은 사심 없이 당신을 찾는 사람을 위해 길을 예비해 두셨다. 누구든 사심 없이 진실하고 선하고 의로운 마음으로 하나님을 찾는다면 하나님께로 가는 길을 찾을 수 있다.

10 너희 중에 누가 이 사람보다 더 가까운 곳에서 하나님을 만나기를 바란다면 이 사람보다 한 걸음 더 나아가라. 탐욕을 버리고 더 진실하게, 더 선하게, 더 의롭게, 더 간절한 마음으로 하나님을 바라라.

11 너희가 잊지 말 것은 누구도 완전하게 하나님께 다가갈 수 없고 누구도 완전하게 하나님을 알 수 없다는 것이다.

12 그러나 너희가 진실하고 착하고 의로운 마음으로 사심 없이 하나님을

찾으면 하나님이 주시는 지혜에 의지하여 참 하나님께 더 가까이 나아 갈 수 있다.

13 게으른 사람은 책 한 권에 그의 모든 생각을 붙잡아 맨다. 그래서 그 책 안에서 살고 그 책을 벗어나기를 두려워한다.

14 그러나 부지런한 사람은 끊임없이 전에 읽은 책보다 더 깊고 더 높이 나아가고자 한다.

15 과학자와 철학자들이 그들이다.

16 너희는 영원한 하나님을 찾으려 노력하여라. 책 속에서 멈추어 있는 분 이 아니라 현실에서 살아 일하시는 분을 찾아라.

17 그분만이 시공간을 초월하여 영원히 너희가 믿을 만한 분이다.

18 그분이 너희에게 너희가 누구인지 알게 해 주시고 당신이 어떤 분인지 알게 해 주시리라.

19 너희는 그분 은혜로 머지않아 자유롭고 행복한 삶을 살 수 있게 될 것 임을 알아라.

14 1 너희는 하나님을 설명하려 하지 마라. 하나님의 속성이 어떤지 밝히려 하지 마라. 안 되는 것을 굳이 하여서 그것으로 다른 사람과 다 투고 불화하고 배척하는 어리석음을 버려라.

2 너희가 하나님에 대하여 안다고 생각하는 것은 지극히 낮고 좁아서 크 고 위대하신 하나님께 맞지 않다. 너희의 설명은 네 참고 사항으로 쓸 뿐 거기에 큰 값어치를 두지 말고 네가 가진 하나님에 대한 지식을 남 에게 강요하지 마라.

3 하나님은 너희가 설명할 수 있는 분이 아님을 알아야 한다. 하나님은 설

명할 대상이 아니라 너희가 사랑과 감사를 느끼게 되는 분이다.

4 하나님이 목적을 가진 분이라거나 목적을 갖지 않은 분이라고 서로 논쟁하는 너희들, 그 논쟁을 그쳐라. 너희가 생각하는 것과 전혀 다른 방식으로 하나님은 일하고 계심을 너희가 어찌 알겠느냐.

5 하나님에게는 목적이 있다고 말할 수도 있고 목적이 없다고 말 할 수도 있다. 하나님에게는 시간과 공간이 무의미하기 때문이다.

6 하나님은 그 어떤 것에도 구애되지 않는 분이다. 너희가 그런 분을 상상할 수 없기 때문에 너희 좁은 생각으로 이런저런 규정을 하려 하지만 그런 생각은 도무지 하나님께는 맞지 않다.

7 하나님은 언제나 최상의 완전성을 추구하는 분이다. 그것은 너희와 만물에게 가장 적합한 것이다. 그것이 무엇인지 알고자 한다면 너희에게 무엇이 가장 좋은 것인지 생각해 보아라.

8 너희 모든 사람과 우주 만물에게 가장 좋은 것이 무엇인지 생각해 보면 조금이나마 하나님의 생각을 이해할 수 있을 것이다. 그런 하나님을 너희가 마음속에 모심으로써 사랑과 평안과 행복을 느끼게 되면 그로써 너희는 하나님을 설명한 것이 된다.

9 너희 행위가 너희 하나님을 설명하게 하여라.

10 너희 삶이 하나님을 증명하게 하여라.

15 1 하나님이 없다고 생각하는 너희는 들어라. 하나님이 죽었다고 생각하는 너희도 들어라.

2 형상에서 이미지가 시작하기 때문에 너희가 눈으로 보지 못하는 것에 대해서는 이미지를 형성하지 못한다. 그러나 너희가 이미지를 형성하지

못해도 있는 것이 없는 것이 되지 않는다.

3 본질은 형상화하기 전에 디지털을 활용해서 형상에 이르게 된다. 디지털은 본질을 형상화하는 매개이다. 컴퓨터 화면에 나타난 영상이 사실은 디지털의 나열에 지나지 않음을 안다면 너희 형상이라는 것이 얼마나 환상에 가까운 것인지 알게 될 것이다.

4 본질은 형상보다 훨씬 더 깊고 그윽한 곳에 있어서 너희가 접근하기 어렵다. 하나님에 대한 관념도 이처럼 너희가 쉽게 접근하기 어려우니 너희가 하나님을 부정하는 것이 일면 너희에게는 당연한 일이다. 이것을 내가 너희에게 어떻게 설명하겠느냐.

5 그러니 너희가 모르는 것에 대해서 서둘러 부정하거나 아는 체 하지 마라.

6 너희의 생각이 옳건 그르건 하나님을 믿고 하나님께 지혜를 구하는 자들을 비난하거나 배척하지 마라.

7 하나님을 믿고 그분께 지혜를 구하려는 자들은 진실하고 선하고 의로운 자들이다. 너희의 진실함과 선함과 의로움이 하나님을 믿는 자들보다 더 완전할 수 없음을 알아라.

8 만일 너희 불신자 중에서 진실하고 선하고 의로운 자가 있어서 하나님을 믿는 자 중에서 거짓되고 악하고 불의한 자를 가리키며 '하나님 믿는 자가 하나님을 믿지 않는 우리보다 더 위선적이고 악하고 불의하군.' 하는 생각을 갖는 것은 잘못이다.

9 하나님을 믿지 않으면서 진실하고 선하고 의롭기가 어려우며 하나님을 믿으면서 거짓되고 악하고 불의하기가 어렵다.

10 만일 하나님을 믿는다고 하는 사람이 위선과 악과 불의를 행한다면 그

는 하나님을 믿지 않는 사람이다. 그의 믿음 자체가 거짓일 뿐이다. 따라서 믿음의 진실성을 탓할지언정 하나님을 믿고 의지하는 것을 비난하는 것은 옳지 못하다.

11 하나님을 믿는 자 곧 그분의 뜻대로 살고자 하는 사람들은 모든 일에 너희보다 더 지혜로울 것이다. 너희가 그들에게서 도움을 받을 수 있을지언정 그들에게서 해코지를 당하지 않을 것이다.

12 하나님과 관계없이 사는 너희들은 하나님을 믿는 사람들의 진실함과 선함과 의로움 덕에 평화를 누리며 살고 있음을 알고 그들에게 감사하라.

13 기록에 따르면 관자재보살이 깊이 반야바라밀다를 행할 때에 오온이 모두 공임을 비춰 보고 자기의 깨달음을 축약하여 이르기를 "간다, 간다, 피안으로 간다, 기어코 피안으로 간다, 깨달음이 이뤄졌다."라고 외쳤다. 사람에게 일어나는 다섯 가지 곧 감각, 인식, 관념, 의지, 분별이 모두 고정되지 않고 끊임없이 변화하므로 실체가 없는 것임을 간파하여 이 지혜를 얻고 그에 걸맞게 실천함으로써 피안으로 갈 수 있음을 설파하였다.

14 오온의 궁극이 실체가 없는 공이라고 해도 그것이 하나님이 너희에게 주시는 마지막 지혜가 아님을 알아야 한다. 그런 지혜를 너희의 삶에 유익하게 사용하는 최상의 지혜가 하나님이 너희에게 주시는 지혜임을 잊지 마라. 그 지혜는 너희가 하나님 외에 다른 곳에서는 결코 얻을 수 없는 지혜이다.

15 너희가 지금 가진 믿음은 인연에 따라서 받은 선물이다.

16 믿음은 너희가 어디에서 태어났는지, 어느 때에 태어났는지, 누구에게서 태어났는지에 따라서 너희에게 주어진다.

17 부모에게 받는 믿음은 너희에게 주어질 때에는 선물이지만 너희가 장
   성하여 하나님을 알게 되는 시점에서는 그 믿음이 너희에게 족쇄가 될
   수 있다.

18 그러므로 너희는 믿음에 열린 자세를 갖춰라. 너희 믿음이 어디로 향할
   지 알 수 없다. 너희 이성이 진실하고 선하고 의로운 곳에 자리를 잡는
   다면 너희는 참 믿음을 가지고 하나님을 만나게 되리라.

16

1 하나님을 믿는 너희는 들어라. 너희는 하나님께 섣불리 이름을
붙이지 마라. 하나님은 너희가 붙인 이름으로 불릴 수 있는 분이 아니다.

2 사람에게 이름을 붙이면 그 사람은 그 이름 안에 제약된다. 이름은 그
   를 대변하고 그의 정체성을 드러내지만 그는 이름을 따라 닫힌다. 사람
   은 원래 유한하여 그 이름을 따라 닫히는 것이 마땅하지만

3 하나님은 무한한 분이므로 특정한 이름으로 닫히게 하는 것은 하나님
   의 본성을 왜곡하게 한다. 하나님은 어떤 이름으로도 얽매여서는 안 되
   는 분이므로 그분에게 이름을 붙여서 그 이름에 얽매이게 하지 마라.

4 옛 사람들은 자기들이 생각하는 하나님에게 이름을 붙여서 숭배했기
   때문에 각 사람들의 하나님이 모두 다른 이름을 가지게 되었고 각 사람
   들의 하나님이 서로 다른 특성을 가지게 되어 심지어는 사람들이 각자
   의 하나님 이름으로 서로 싸우고 죽이는 일까지 벌어졌다.

5 나의 하나님과 남의 하나님이 서로 다른 가치를 가지고 사람들을 싸우
   게 만든다면 어찌 그 하나님이 유일하신 참 하나님이 되겠느냐.

6 하나님은 그 누구의 하나님도 아니고 모든 사람, 모든 생명체, 모든 사
   물의 하나님이시니 하나님을 소유하려 하지 마라.

7 그러므로 하나님에게 이름을 붙이고 그 이름 아래 모여 다른 이름의
  하나님 아래 모인 사람들과 싸우고 배척하는 잘못을 저지르지 마라.

8 하나님은 너희 모두를 태어나게 하신 분이고 너희 모두를 사랑하시며
  너희 모두가 이 땅에서 평화와 기쁨과 행복을 누리며 살기를 바라신다.

9 자기 하나님의 이름으로 전쟁을 하는 너희들, 자기 하나님의 이름으로
  이단을 만들어 사람을 배척하고 죽이는 너희들, 자기 하나님의 이름으
  로 증오와 차별을 행하는 너희들, 자기 하나님의 이름으로 다른 사람의
  하나님을 저주하는 너희들은 참 하나님의 징계를 피할 수 없을 것이다.

10 내가 다시 말한다. 너희는 하나님께 이름을 붙여 배타적으로 섬기는 행
  위를 그만두어라. 하나님은 우주 만물의 하나님이심을 깨달아라.

11 열린 하나님에게 닫힌 이름을 붙이는 무례를 멈춰라.

17

1 너희는 이 세상을 창조하신 하나님 외에 다른 신이 없음을 알
  아라.

2 너희 지혜가 열리고 눈이 밝아지면 너희가 이제까지 섬겼던 신들이 유
  일하신 창조자인 참 하나님이 아니고 너희 바람과 기대를 투영하여 생
  각해 낸 신이었음을 알게 되리라.

3 하나님은 어떤 민족을 특별히 선호하거나 특별히 은혜를 더 많이 주어
  그 민족을 다른 민족보다 더 낫게 만들어 주는 분이 아니다.

4 너희가 잠깐 질투하는 하나님, 배척하는 하나님, 책망하는 하나님을 믿
  었으나 하나님이 어찌 시기하고 질투하며 배척하고 책망하는 일을 하
  시겠느냐. 하나님은 너희 모두의 하나님이다.

5 하나님 아래 모든 사람은 평등하고 모든 사람은 귀하다. 하나님 아래서

그 누구도 어떤 신이나 영이나 권력자도 사람의 행복을 빼앗을 수 없고, 사람의 안전을 위협할 수 없으며, 사람의 이성을 무력하게 만들 수 없다.

6 그것들은 너희가 아직 어리석었을 때에 그들이 너희를 괴롭힐 수 있었을 뿐이다.

7 너희는 스스로 깨어나 하나님의 완전성에 의지하여 너희를 괴롭히는 모든 거짓과 악과 불의를 물리쳐라.

8 너희를 겁박하는 어떤 신이나 영이나 권력에도 굴복하지 말고 하나님의 완전성에 의지하여 떳떳하게 서라.

9 하나님이 만든 이 세상에는 너희를 불행하게 만드는 어떤 신이나 영이나 권력도 없다. 있다면 그것들은 탐욕 속에서 너희가 만들어낸 것일 테니 강하고 담대하게 그것들을 물리쳐라. 하나님은 그런 너희에게 지혜와 힘을 주시리라.

10 네 삶을 진실함과 선함과 의로움의 반석 위에 세워라. 그러면 네가 하나님의 자녀라 일컬음을 받을 것이요 너와 네 자손이 땅 위에서 영원한 복을 누리리라.

11 너희는 지금도 하나님이 일하고 계심을 기억하여라.

12 하나님은 영원히 계시며 일하실 것임을 잊지 마라.

13 지극히 높은 곳과 지극히 낮은 곳에 두루 계시는 하나님, 지극히 먼 곳과 지극히 가까운 곳에 두루 계시는 하나님, 우주의 안과 밖에 두루 계시는 하나님, 생명의 안과 밖에 두루 계시는 하나님을 사모하고 그 하나님께 기도하며 그 하나님께 의지하여라.

14 그 하나님만 참 하나님이시고 너희를 은혜로 충만하게 해 주실 분이다. 그분만이 너희를 무한한 사랑으로 감싸주실 분이다. 그분만이 너희를

고통과 불안과 좌절에서 건져 주실 분이다. 그분만이 너희에게 힘이 되어 주실 분이다.

15 하나님을 믿는 사람은 구원을 얻고 행복을 선물로 받으리라. 하나님을 믿지 않는 사람은 구원의 선물을 받지 못하리라. 그러니 너희는 하나님을 믿어라.

16 진실한 마음, 선한 마음, 의로운 마음으로 하나님을 믿어라. 그러면 너와 네 가정과 네 나라가 평안을 얻으리라.

17 하나님에 대한 믿음을 가져라. 너희 믿음이 너희를 구원해 주리라. 참 하나님을 찾는 너희에게 하나님의 은혜가 함께하시기를.

18

1 너희 중에서 하나님도 진화한다고 말하는 사람이 있구나. 하나님이 진화한다면 예전의 하나님은 지금의 하나님보다 못한 하나님이라는 말이 되겠구나. 그리고 그 하나님이 앞으로 어떻게 진화해 갈지도 궁금하게 되지 않겠느냐. 그러면 너희는 가장 최후의 하나님을 믿는 것이 유리할 수 있겠다. 그러나 이런 생각은 참으로 부질없는 것이다.

2 하나님은 어제나 오늘이나 영원히 똑같은 분이시고 그 본성에 변화가 없는 분이다.

3 너희가 하나님의 진화를 입에 담는 것은 하나님의 본성의 진화가 아니라 하나님을 이해하는 너희의 인식의 진화일 따름이다.

4 너희의 이성이 진화하고 지혜가 자라면서 너희가 하나님을 이해하는 범위가 넓어지면 이전에 보이지 않던 하나님이 보이고 이전에 이해하기 어렵던 하나님의 일이 이해되기 때문에 너희에게 하나님이 새롭게 인식될 뿐이다.

5 너희의 탐욕이 사라지면 너희 눈이 맑아져 그만큼 하나님을 더 잘 볼 수 있을 것이니 이전에 모르던 하나님의 본성을 하나 더 알게 되지 않 겠느냐.

6 너희 입이 진실해지면 너희 입으로 하나님에 대해 하는 말이 더 진실 해지지 않겠느냐. 그러니 이전의 하나님보다 더 진실한 하나님을 전하 게 되리라.

7 너희 마음이 더 선해지면 너희 마음으로 하나님의 선을 받아들이기 쉽 지 않겠느냐. 그러니 이전의 하나님보다 더 선한 하나님을 전하게 되 리라.

8 너희 생각이 더 의로워지면 너희 머리로 하나님의 공의를 온전히 이해 할 수 있지 않겠느냐. 그러니 이전의 하나님보다 더 의로운 하나님을 전 하게 되리라.

9 너희는 하나님을 바로 알기 위해 노력하여라. 그 노력은 끊임없이 영겁 의 세월을 들여서 해야 할 노력이다. 지금 너희가 아는 하나님은 너희 가 느끼고 받아들일 수 있는 범위에 계신 하나님일 뿐임을 알아야 한 다. 하나님은 너희의 상상 밖에 계신다. 너희가 언제 하나님을 온전히 다 이해할 수 있겠느냐.

10 너희는 하나님을 아는 정도에 맞추어 너희 종교의 교리를 바꿔 나가야 한다. 하나님은 변함이 없으시나 너희가 이해하는 폭이 달라졌다면 마 땅히 그에 맞게 하나님을 향한 너희 교리를 바꿔야 한다. 이를 종교의 진화라고 말해도 되리라.

11 너희가 하나님을 좀 더 제대로 알게 된다면 마땅히 하나님을 향한 너희 믿음도 바꿔야 하리라. 이를 믿음의 진화라고 말해도 되리라.

12 너희 종교와 너희 믿음은 끊임없이 진화를 해야 한다. 하나님을 너희
   가 더 잘 알게 됨에 따라서 너희 종교의 교리와 너희 믿음의 생활을 바
   꿔야 한다.

19

1 하나님을 만나고자 하는 너희들, 하나님의 은혜를 사모하는 너
   희들은 정성을 다하여 기도함이 옳다.

2 너희의 간절한 기도가 너희를 복되게 하리라.

3 너희는 엑스터시를 이용해서 하나님을 만나려 하지 마라. 엑스터시는
   아직 미개했던 사람들이 현실에서 벗어나기 위하여 자기를 속이는 방
   법으로 하나님을 만나려 한 것이다.

4 여럿이 모여 떼창으로 주여 주여를 외쳐서 황홀경에 빠지는 기도를 하
   지 마라.

5 하나님은 너희의 외침에 응답하시는 분이 아니라 너희의 진실하고 선하
   고 의로운 기도에 응답하시는 분이다.

6 너희가 골방에서 진실한 마음으로 간절히 하는 기도가 너희가 광장에
   서 떼창으로 주여를 외치며 하는 기도보다 더 낫다.

7 광장에서 하는 떼창 기도는 너희의 의식에 지나지 않아서 하나님과 아
   무 상관이 없고 너희의 엑스터시를 이끌어 냄으로써 너희 앞에서 떼창
   을 지휘하는 자의 마음만 기쁘게 해 줄 것이다.

8 그러나 너희가 골방에서 마음을 다하고 정성을 다하고 진실한 마음으로
   하는 기도에 네 안에 계시는 하나님이 감동하실 것이다.

9 너희 두셋이 모여 하는 기도가 혼자 하는 기도보다 더 낫다고 하는 말
   은 너희가 합심해서 정성을 기울이는 기도로써 너희 마음을 하나가 되

게 하려는 것이지 기도의 우열을 말하는 것이 아니다.

10 진실한 기도는 혼자 하든 여럿이 하든 하나님이 모두 아시고 응답하신 다. 오직 사심을 버리고 정성을 다하여 기도하여라.

11 너희가 방언 기도를 하나님과 소통하는 방법으로 이용하려 하나 이 것은 하나님과 아무 상관이 없다. 방언 기도에서 쓰는 방언은 하나님 의 언어가 아니고 너희 사람이 만들어 내는 조작된 언어이거나 음향 일 뿐이다.

12 엑스터시에 들어가면 너희가 알 수 없는 말을 하고 소리를 지르게 된다.

13 하나님의 언어는 너희 속에 깊이 배어 있어서 너희가 지극한 마음으로 간절히 아뢰어 기도할 때에 너희도 모르게 너희 입에서 나올 것이다.

14 그러나 너희는 하나님의 언어를 그대로 말할 수 없고 너희 언어로 바 꿔 말하게 될 뿐이다.

15 그러니 너희에게 방언 기도는 지극히 진실한 기도의 다른 이름이 되어 야 한다.

16 너희의 진실한 기도는 하나님의 은혜를 끌어들이는 힘이다.

17 우주에서 너희가 알아 이용할 수 있는 힘으로 중력과 전기력과 핵력이 있지 않으냐. 이런 물리력 외에도 우주에는 몇 가지 힘이 더 있는데 그 가운데 너희가 이용할 만한 힘이 바로 기도의 힘이다.

18 기도의 힘은 하나님의 힘을 이용할 수 있는 너희의 힘이다. 너희 외에는 누구도 이 힘을 가진 자가 없다. 너희 가운데 진실하고 선하고 의로운 사람만이 가질 수 있는 힘이 바로 기도의 힘이다.

19 하나님은 전능하셔서 그 힘이 광대하여 너희가 헤아릴 수 없다. 하나님 의 힘은 중력과 전기력과 핵력에 작용하여 물질을 생성하고 바꿔주는

힘이면서 너희 안에 작용하여 사랑과 감동을 안겨주는 힘이다.

20 너희의 진실한 기도는 바로 하나님의 이 전능하신 힘을 끌어들이는 작용을 한다.

21 너희는 무리를 지어 부르짖으며 기도하려 하지 말고, 방언으로 기도하려 하지 말고, 욕심을 채워 달라고 기도하지 말고, 적을 무찔러 달라고 기도하지 말고, 진심을 다하여 너희가 진실한 사람이 되게 해 달라고, 선한 사람이 되게 해 달라고, 의로운 사람이 되게 해 달라고 기도하여라.

22 그러면 전능하신 하나님께서는 너희가 그런 사람이 되기 위해서 필요한 모든 것을 더하여 주시리라. 너희에게 재물이 필요하면 재물을 주실 것이요, 너희에게 권력이 필요하면 권력을 주실 것이요, 너희에게 사랑이 필요하면 사랑을 주실 것이다. 주실 물목은 하나님이 결정하시는 것이지 너희가 결정하는 것이 아니다.

23 너희는 물질과 권력을 바라고 기도하지 마라. 너희가 만일 하나님의 은혜를 입어 물질과 권력을 얻은 뒤에 진실함과 선함과 의로움에서 벗어나게 되면 너희의 미래가 과거보다 한층 더 비참해지리라.

20

1 너희 가운데 내가 하나님께 기도하고 간구하나 하나님이 기도를 들어주지 않으신다고 불평하거나, 내가 이렇게 간구하나 하나님이 응답하지 않으신다고 불평하는 사람이 있다. 이런 사람은 결국 하나님이 안 계신다고 스스로 결론을 내리기 쉽다.

2 하나님이 안 계신다고 포기하는 사람은 하나님의 지혜를 받을 기회를 스스로 포기함으로써 결국 거짓과 증오와 불안과 고통 속에서 멸망의

길로 떨어지고 만다.

3 하나님이 자기 기도를 들어주지 않으신다고 불평하는 사람은 그 불평으로 하나님의 지혜에 접근할 가능성을 스스로 줄이는 것이 된다.

4 어찌해서 하나님이 간구하는 자의 기도를 들으시지 않겠느냐. 진리의 하나님, 사랑의 하나님, 공의의 하나님이 어찌하여 애통하는 자, 고통에 신음하는 자의 기도를 들어주지 않으시겠느냐.

5 너희는 의심하지 말고 하나님께 구하여라. 반드시 하나님께서 너희에게 은혜를 베푸시어 너희를 그 고통과 불행에서 구원해 주시리라.

6 그러나 너희는 먼저 하나님의 진리와 사랑과 공의를 바라라. 너희 기도가 하나님의 뜻에 합당한지 점검해 보아라.

7 너희 기도가 너희 거짓을 감추고, 너희 증오를 키우고, 너희의 탐욕을 채우고, 너희 불의를 강변하는 것이 아니었는지 점검해 보아라.

8 만일 너희가 거짓과 증오와 불의의 편에 서고 그 가운데에서 너희의 탐욕을 채우기 위해서 기도했다면 진리와 사랑과 공의의 하나님이 너희 기도를 들어주시겠느냐. 오히려 너희를 책망하지 않으시겠느냐.

9 하나님께 기도하기 전에 먼저 너희가 선 자리를 살펴라. 너희가 어떤 자리에 있는지 살펴라.

10 위선자들과 함께 있어 위선의 기도를 드리고 있는지, 악한 자들과 함께 있어 악한 마음으로 기도를 하고 있는지, 불의한 자들과 함께 있어 불의한 기도를 하고 있는지, 탐욕의 화신들과 함께 탐욕의 기도를 하고 있는지 살펴라.

11 하나님을 속이는 기도를 하지 마라. 하나님의 이름을 더럽히는 기도를 하지 마라. 너희 탐욕을 채우는 기도를 하지 마라. 너희에게 화가 임하

게 되지 않을까 두렵다.

12 수고하고 무거운 짐 진 자들아, 너희는 스스로 너희 고통을 지고 자신을 괴롭히지 말고 하나님께 아뢰어 평안을 얻어라.

13 세상은 너희가 바라는 것을 모두 이루고 사는 곳이 아니다. 너희의 기도가 너희의 탐욕을 위한 것이 아니라 너희의 간절한 소망을 위한 것이 되게 하여라. 하나님은 너희에게 필요한 것이면 그 기도를 들어 주신다.

14 그러니 너희 기도가 응답받지 못했다고 낙심하지 말고 오히려 그에 감사하여라. 하나님은 네게 필요한 것을 가장 알맞은 때에 주실 것이다.

15 하나님은 지혜롭고 완전하시니 하나님께 의지하고 하나님의 뜻에 너희 삶을 맞춰라.

16 형식적으로 기도하지 말고 너희 삶이 기도가 되게 하여라. 기도하여 아뢸 때에는 너희 혼과 몸을 온전히 모아라.

21

1 네가 삶의 무게에 짓눌려 죽고 싶은 생각을 하고 있느냐.

2 네가 죽음보다 더 괴로운 고통으로 하루하루를 넘기고 있느냐.

3 네가 삶이 허무하여 살아야 하는 의미를 잃고 있느냐.

4 네가 왜 살고 있는지 의문을 품고 있느냐.

5 네 혼이 낙담하여 살아갈 용기를 잃었느냐.

6 네가 죽음을 생각하고 있구나.

7 사랑하는 자야, 너는 하나님의 위로를 받아라. 하나님이 너를 사랑하시고 너를 위로해 주신다. 너는 하나님의 말씀을 들어라.

8 너는 너를 사랑하여라. 너는 우주보다 더 소중한 사람임을 깨달아라. 하나님이 너를 그렇게 소중하게 만드셨다.

9 네 손과 발을 보아라. 너를 위하여 얼마나 수고하고 애써 왔느냐. 네 손과 발에 감사하여라.

10 네 안에서 뛰고 있는 심장과 허파를 만져 보아라. 너를 위해서 단 한순간도 허투루 일한 적이 없지 않으냐. 네 심장과 허파에게 감사하여라.

11 네 뇌 속의 세포 하나하나를 생각해 보아라. 너에게 기쁜 일을 만들어 주기 위하여 얼마나 많이 수고하였느냐. 네가 좋은 것을 먹고 재미있는 일을 하고 사람들과 즐겁게 사는 길을 열어 주려고 얼마나 많은 나날을 고민하였느냐. 너는 네 뇌의 세포 하나하나에 감사하여라.

12 너를 위하여 수고를 아끼지 않은 네 몸의 모든 기관 하나하나를 지극한 사랑으로 만져 주면서 감사하여라. 너는 그들의 도움으로 너의 삶을 이제까지 지탱해 오지 않았느냐. 이제 네가 그들에게 새로운 생명을 불어넣어 주어라.

13 네 손과 발이 너만을 위하여 일하지 않고 네 친구와 이웃을 위하여 일하게 하여라.

14 네 심장과 허파가 너만을 위하여 운동하지 않고 네 친구와 이웃을 위하여 일하게 하여라.

15 네 뇌의 세포 하나하나가 너만을 위하여 일하지 않고 네 친구와 이웃을 위하여 일하게 하여라.

16 네 몸의 모든 세포 하나하나가 이제 모두 너와 네 이웃을 위하여 일하게 됨으로써 네 몸의 모든 세포에 깃든 하나님의 영이 활동하여 네가 살아야 할 이유를 찾아줄 것이다. 네 존재의 가치를 네게 일러 줄 것이다.

17 네가 하나님의 도움을 받고 싶으냐. 그러면 먼저 네가 너를 새롭게 하여라. 네 이웃을 사랑하여라. 진실함과 선함과 의로움으로 네 이웃을

사랑하여라. 그러고 나서 너의 하나님이 네 소망을 들어 주시지 않는지 보아라.

18 너는 네 입으로 외치리라. 나를 사랑하시는 나의 하나님, 나에게 살 길을 열어 주시니 감사합니다.

19 내 몸의 구석구석을 휘저으시며 나를 일깨워 주신 하나님. 발끝에서 머리끝까지 내 몸의 세포 하나하나를 깨우시고 쓰러져 가는 내 혼을 일으켜 주신 하나님.

20 걱정과 분노로 병든 몸이 감사와 기쁨으로 낫게 되었다. 기뻐하라 내 영혼아. 생명을 주시는 하나님께 감사하여라.

21 나에게 살아야 할 이유를 알게 해 주신 하나님, 내가 세상의 짐과 쓰레기로 살아가는 것이 아니라 빛의 일꾼으로 살아가게 해 주시니 감사합니다.

22 내가 의심하는 자가 아니라 믿는 사람이 되게 하여 주시니 감사합니다. 내가 현재에 감사하며 살게 해 주시니 감사합니다.

22 1 사람들아, 너희는 하나님 흉내를 내지 마라. 너희 스스로 신이 되려 하지 마라. 이는 불경한 일이다.

2 너희는 육으로 된 사람이 아니냐. 육은 신이 될 수 없고, 육의 혼도 신이 될 수 없다.

3 하나님과 너희는 창조자와 피조물의 관계에 있다. 하나님과 너희 사이에는 하나님의 창조 의지에 따라서 너희에게 넣어주신 하나님의 영이 너희 안에서 너희를 하나님의 뜻 안에 살게 하고 있음을 알아라.

4 존재와 행위의 근원이신 하나님을 사모하여라. 하나님이 너희에게 넣어

주신 영은 곧 하나님의 영이다. 너희 혼이 깨어서 이 영을 받들어 그 지도를 받을 수 있게 되기를 갈망하여라. 하나님은 당신의 영을 통해서 너희를 지도하신다.

5 너희 중에 하나님이 사명을 주셔서 목사가 되고 신부가 되고 이맘이 되고 랍비가 되었다고 말하는 자를 조심하여라. 그들은 자기의 만족을 위하여 자기가 하고 싶은 일을 하면서 하나님의 이름으로 치장하고 있을지 모른다. 만일 그들이 그 일로 이익이나 명예를 추구다면 그들은 위선자라고 해도 지나치지 않다.

6 하나님은 누구에게도 무슨 직업을 가지라고 말씀하지 않으신다. 모든 사람은 각자 하나님의 뜻대로 행하면서 자기의 일을 하면 그것으로 충분하다.

7 너희 중에 자칭 신이라 말하는 사람은 위선을 저지르고 있는 자다. 그런 사람을 멀리하여라.

8 너희 중에 신으로 대접을 받으려 하는 사람은 위선자이니 그런 사람을 조심하여라.

9 사람은 누구도 신이 될 수 없고 신으로 존재할 수 없다. 너희가 할 수 있는 일은 너희 안에 계시는 하나님의 영을 모시고 그 영의 뜻을 따라서 진실하고 선하고 의롭게 살아가는 것이다.

10 너희가 하나님을 알고자 하면 너희의 혼을 깨워 너희 안에 계시는 하나님의 영의 말씀을 들어라. 하나님은 당신의 영을 통해서 너희를 권면하고 계신다.

11 너는 하나님을 어떻게 생각하느냐. 하나님은 절대군주 같은 분이냐 아니면 민주주의 아래에서 대통령 같은 분이냐. 아니면 상징적 군주 같

은 분이냐.

12 네가 하나님을 절대자로 생각하여 하나님이 절대군주처럼 세상을 다스리시는 분이라고 생각하는 것 같구나.

13 하리다야, 하나님은 너희 사람들처럼 군주로도 대통령으로도 분류될 수 없는 분이다.

14 하나님은 절대자이시나 결코 당신의 권력을 피조물에게 휘두르지 않으시고, 하나님은 전지전능하시되 피조물에게 그 지혜를 휘두르지 않으시고, 하나님은 가장 높은 곳에 계시나 가장 낮은 곳에서 사는 피조물과 함께 계신다.

15 하나님은 절대군주도 아니고 대통령도 아닌, 그보다 더 높고 그보다 더 강하고 그보다 더 능력있고 그보다 더 완전한 분이다.

16 너희 중에는 하나님의 절대주권을 강조한 나머지 믿음의 문제를 교회나 신부 또는 목사가 하나님을 대신하여 절대적인 권한을 가지고 처리해야 한다고 생각하는 사람이 있다.

17 이로 말미암아 교회가 타락하고 하나님의 이름을 망령되이 사용하는 일이 너무 많이 일어났고 지금도 일어나고 있다.

18 이는 너희가 하나님을 땅의 임금과 동격으로 여기고 마치 너희가 하나님을 대신하여 왕이나 되는 것처럼 행세한 결과이다.

19 그래서 너희 중에 많은 신부와 목사는 신도들이 민주적으로 토론하여 교회를 운영하려 하는 것을 거부하며 이르기를, "우리가 믿는 것은 민주주의가 아니라 하나님이다."라고 외치면서 교회 안에서 자신을 중심으로 일치를 주장하며 자신과 다른 의견을 내는 사람을 혼란을 일으키는 자 또는 이단자로 배척하여 교회 밖으로 쫓아내고 만다.

20 이는 너희가 세상에 대한 절대주권이 하나님께 있다는 것만 알고 이를 강조할 뿐 하나님이 당신의 절대주권을 어떻게 사용하시는지는 알지 못한 결과다.

21 하나님은 절대주권자지만 절대주권을 세상을 향해 휘두르지 않으시고 모든 사물과 생명체에게 스스로 자기만의 고유한 정체성을 가지고 존재할 수 있도록 하셨고, 특히 생명체에게는 이성과 자유의지를 더해 주셔서 옳고 그름, 좋고 나쁨, 참과 거짓, 의와 불의를 구별할 수 있게 해 주셨다. 이것이 하나님의 거대한 섭리이다.

22 하나님은 사람의 부족함을 아시고 서로 모자라는 것을 보완하여 함께 살도록 만드셨다.

23 너희가 사회생활을 하게 된 가장 중요한 이유는 바로 너희 개체의 불완전을 보완하기 위함이고 이는 하나님께서 너희에게 주신 이성이 인도한 결과이다.

24 그러므로 너희는 하나님에게 나아가는 일이나 하나님의 뜻을 받드는 일이나 모든 일에 너희가 함께 의논하여 최선의 길을 찾아가야 한다.

25 한 사람의 머리에서 하나님의 생각과 일치하는 것이 나올 수 없고 한 사람의 가슴에서 하나님의 감성과 일치하는 것이 나올 수 없다.

26 그러므로 너희는 반드시 할 수 있는 한 많은 사람이 참여하여 최선의 길을 찾는 노력을 해야 한다.

27 하나님은 절대주권자이시지만 그 절대주권을 너희에게 휘두르지 않으시는데 부족하고 무지한 너희가 무슨 근거로 절대권력을 휘두르려 하느냐.

28 만약 너희 중에 '나는 하나님의 계시를 받았다.'라고 하여 다른 사람에

게 복종을 강제하려 하는 자가 있다면 그는 십중팔구 자기 권위를 내세우기 위하여 하나님의 이름을 망령되이 사용하는 자일 것이다. 하나님의 계시를 받았다고 하는 자를 조심하여라.

29 너희가 하나님께 가까이 가려면 열린 마음을 가지고 모든 사람의 생각을 융합할 수 있어야 한다.

30 너희가 믿는 것은 민주주의가 아니라 하나님이다. 그런데 그 하나님께서 너희에게 민주주의를 바라신다. 너희 모든 사람이 동등하게 생각을 주고받아 너희가 생각하기에 가장 진실하고 가장 선하고 가장 의로운 것을 찾아라. 하나님이 거기에 계신다.

31 그러므로 너희 성직자들은 하나님의 대언자라는 교만을 버리고 낮은 자세로 진실함, 선함, 의로움 앞에 서라.

32 하나님이 너희에게 자유를 주신 것처럼 너희도 서로 자유를 허락하여라. 서로 생각을 공유하고 공감을 넓혀 하나님의 뜻을 펴는 데에 수고를 아끼지 마라.

33 너희에게 하나님은 전제군주도 아니고 대통령도 아니고 독재자도 아니다. 오직 너희를 사랑으로 아끼시는 어버이일 뿐이다.

23

1 하나님을 믿는다고 말하는 사람은 많으나 정작 하나님을 믿는 사람은 없다.

2 하나님을 믿는다고 말하는 사람이 교회와 성당과 사원과 회당에 가득한데 정작 하나님을 믿는 사람이 없다는 말이 무슨 말이냐.

3 너희가 하나님을 믿는다고 하고 성경을 일점일획도 틀림이 없는 하나님의 말씀이라고 주장하나 사실 그 믿음도 거짓임이 분명하다.

4 너희 하나님이 주셨다는 십계명을 너희가 잘 알 것이다. 그중에서 제2 계명이 "너를 위하여 새긴 우상을 만들지 말고, 또 위로 하늘에 있는 것이나, 아래로 땅에 있는 것이나, 땅 아래 물속에 있는 것의 어떤 형상도 만들지 말며, 그것들에게 절하지 말며, 그것들을 섬기지 말라." 이것이 아니냐.

5 그런데 너희 유대인들은 물고기 형상을 만들어 사용하고, 기독교인은 예수 그림을 그려 놓고 또 마리아상을 세워 놓고 그 앞에서 절을 하는 이유가 무엇이냐. 십자가에 예수상을 붙여 놓고 그 앞에서 기도하는 이유가 무엇이냐. 이것이 모두 너희 하나님의 명령을 어기는 것이 아니냐.

6 또 제6계명은 "살인하지 말라."가 아니냐.

7 그런데 너희 가톨릭은 마녀사냥이라는 것을 비롯해서 수많은 이단 논쟁을 일으켜 반대파를 화형에 처하지 않았느냐. 그것이 살인이 아니고 무엇이냐. 십자군 전쟁을 일으켜 수많은 젊은이들을 죽게 한 것은 누가 시켜서 한 일이냐. 개신교의 살인 행위도 가톨릭에 지지 않을 정도로 많은 것을 너희가 잘 알고 있을 것이다. 이슬람은 명예 살인을 인정하고 심지어 지하드라는 성전의 개념을 만들어 살인을 천국에 이르는 차표로 미화까지 하였다. 이로 미루어 보면 너희는 여호와나 알라로 이름 붙여진 너희 하나님을 믿지 않는 것이 분명하다. 다만 믿는다고 말하고 있을 뿐이다.

8 제7계명이 "간음하지 말라."가 아니냐. 여기에 덧붙여 예수는 '간음'의 정의를 명쾌하게 한 바 있다. "또 간음하지 말라 하였다는 말을 너희가 들었으나 나는 너희에게 이르노니 음욕을 품고 여자를 보는 자마다 마음에 이미 간음하였느니라."

9 그런데 너희 신부와 목사들 사이에서 끊임없이 간음하는 자가 나오는
   것은 너희가 하나님을 믿지 않기 때문이 아니냐.

10 너희는 다만 하나님을 믿는다고 사람들에게 말하고 있을 뿐 너희 마음
   은 하나님을 믿지 않는 것이 분명하다. 그렇지 않으면 너희가 믿는 하
   나님이 참 하나님이 아니거나 너희가 하나님의 말씀을 오해하여 믿기
   때문이리라.

11 "너희는 나를 불러 주여 주여 하면서도 어찌하여 내가 말하는 것을 행
   하지 아니하느냐."라고 탄식한 예수의 말을 기억하여라.

12 누구를 믿는다고 말하는 것이 중요한 것이 아니라 그의 말대로 실천하
   는 것이 중요한 것이다.

13 이제 내가 너희에게 참 하나님의 말씀을 전한다. 이제까지 너희가 들은
   모든 계명을 폐하고 새로운 계명을 너희에게 내린다.

14 너희는 하나님을 사랑하고 이웃을 사랑하고 너 자신을 사랑하여라. 무
   릇 하나님을 사랑하고자 하는 사람은 모든 사람에게 진실하고 선하고
   의로워야 한다. 하나님을 진정으로 믿는 사람은 진실하고 선하고 의로
   운 사람으로 거듭나야 한다. 이웃을 사랑하고 자신을 사랑하기 위하여
   진실하고 선하고 의로운 사람으로 거듭나라. 이것이 너희에게 주신 하
   나님의 새 계명이다.

15 너희 마음에 거짓을 말하고자 하고 상대를 속이고 싶은 마음이 들더라
   도 그 유혹을 이기고 사랑하는 마음으로 진실을 말하여라. 정직하게 말
   하여라. 그러면 너희 하나님께서 너희를 인정해 주신다.

16 너희가 탐욕 때문에 또는 미움과 화를 참지 못하여 악을 행하고자 하
   더라도 너희가 그 유혹을 물리치고 하나님의 사랑으로 선을 행하면 너

희 하나님께서 너희를 인정해 주신다.

17 너희가 마음이 약하여 불의에 눈을 감는다면 너희는 하나님의 자녀라 불릴 수 없다. 너희가 위선자가 되어 입으로는 하나님을 믿는다 하나 마음은 불의와 탐욕에 갇혀 특권 누리기를 좋아하고 차별과 불공정을 멈추지 않는다면 어찌 너희가 하나님을 믿는다고 하겠느냐. 그러나 너희가 두려움과 유혹과 위선을 떨쳐내고 담대하게 하나님의 사랑으로 불의에 대적하고 의를 실천한다면 너희 하나님이 너희를 인정해 주신다.

18 무릇 참 하나님 외에 다른 하나님이 없으니 이런저런 이유나 조건을 내걸고 너희의 자유를 억압하거나 장래를 위협하는 자는 참 하나님이 아니다.

19 너희 하나님은 너희가 지킬 수 없는 것을 지키라고 명하지 않으신다. 하나님께서 말씀하신다. 너희 중에 힘들어 지친 자는 나에게 와서 그 사정을 말하여라. 내가 너희를 쉬게 해 주겠다.

20 너희 중에 아픔과 괴로움으로 하루를 보내는 자는 나에게 와서 그 아픔과 괴로움을 말하여라. 내가 너희를 평안하게 해 주겠다.

21 너희 중에 외로움으로 눈물을 흘리는 자는 나에게 와서 그 외로움을 말하여라. 내가 너희를 위로해 주겠다.

22 너희는 위선으로 가득 찬 거짓 믿음에서 벗어나 진실하고 선하고 의로움을 갖춘 참 믿음의 사람으로 거듭나라.

24

1 하나님의 존재와 관련하여 너희가 가져서는 안 될 생각을 알려 주겠다. 이런 교리를 가진 종교는 사교라고 해야 할 것이다. 너희는 하나님의 완전성을 부정하지 마라. 하나님의 완전성을 부정하면 너희가

하나님의 자녀가 될 수 없고 너희 믿음이 온전한 믿음이 될 수 없다.

2 하나님은 완전하신 분이다. 세상이 불완전한 것은 하나님이 불완전해서 가 아니고 세상이 진화 과정에 있기 때문이다. 하나님은 순간순간 완전을 이루시고 지키시는 분이다.

3 하나님이 세상을 만드시고 생명체를 만드시며 인간에 이르는 창조 과정을 거치는 동안 하나님은 조금도 잘못되지 않고 완전하게 당신의 일을 해 오셨다.

4 혹 약육강식의 현실을 보면서 또는 불완전한 생명체를 보면서 하나님의 완전성을 부정하려 하는 것은 하나님을 제대로 알지 못하기 때문이다. 하나님은 어느 경우에서나 어느 환경에서나 가장 최선의 길을 선택하여 가장 완벽하게 세상을 만들어 내셨다. 하나님께는 불완전이 없다.

5 하나님은 모든 것이 가장 적절하고 가장 조화롭고 가장 안정적으로 진화해 나가는 방법으로 세상을 창조하신 것이다.

6 하나님과 사람을 혼동하지 마라. 하나님이 사람이 되거나 사람이 하나님이 될 수 없다. 이것을 혼동하여 사람을 하나님처럼 받드는 종교는 사교라고 해야 할 것이다.

7 하나님은 영이시고 그 영은 너희가 이해할 수 없는, 너희의 이해의 범위를 넘어서는 영이어서 내가 설명해 줄 수 없다. 다만, 하나님은 영으로서 자재하시고 모든 피조물 속에 자신을 드러내시며 모든 지혜 속에 자신을 드러내신다.

8 피조물의 몸에 들어 있는 영혼은 하나님의 영과 피조물의 혼이 하나로 작용하는 것이며 사람이 죽으면 그의 영혼은 하나님이 정해 놓으신 바에 따라서 주어진 길을 간다.

9 그러므로 사람은 어느 경우에나 하나님이 될 수 없고 하나님과 동등하게 될 수도 없다.

10 하나님의 사랑은 온전하여 흠이 없다. 하나님의 온전한 사랑을 부정하는 교리를 가진 종교는 사교다.

11 하나님의 사랑은 보편적이고 절대적이며 무조건적이다. 언제나 모든 생명체를 사랑하시는 하나님, 아무 조건 없이 모든 생명체를 사랑하시는 하나님임을 알아라.

12 너희 중에 하나님은 사람만 사랑하여 사람에게 모든 생명체를 마음대로 다스릴 권한을 주셨다고 생각하는 사람이 있으나 이는 옳지 않으니 너희 생각을 바꿔라.

13 하나님은 사람을 사랑하시는 것만큼 다른 생명체도 사랑하신다. 사람이 다른 생명체보다 더 유능한 것을 두고 하나님이 특별히 사람을 더 사랑하신 결과라고 생각하는 것도 잘못이다.

14 사람이 다른 생명체보다 더 유능한 것은 너희가 다른 생명체에 비하여 하나님의 지혜를 더 많이 받아 누릴 수 있게 되었기 때문이고 그것은 오로지 너희의 성취이다.

15 하나님은 지금도 모든 생명체에게 당신의 사랑과 지혜를 넣어 주고 계신다. 그것을 받아 누리는 생명체는 흥할 것이고 그러지 못하는 생명체는 망할 것이다.

16 너희 중에는 너희 종족만 하나님이 특별히 선별하여서 사랑하신다고 믿는 자들이 있는데 이는 하나님의 사랑을 욕되게 하는 것이다. 너희 종족이 하나님의 사랑을 좀 더 많이 받으려고 노력하는 것은 가상하지만 하나님이 너희 종족을 다른 종족보다 더 사랑한다는 생각은 옳지 못하

다. 그런 너희에게 예기치 못한 불행이 올 수 있음을 알아라.

17 하나님은 모든 사람과 모든 생명체를 동등하게 두루 사랑하신다. 너희 중에 하나님은 선한 사람만 사랑하신다거나 하나님의 말씀에 순종하는 사람만 사랑하신다고 말하는 사람도 있다.

18 하나님의 사랑은 조건 없는 사랑이어서 너희가 무엇을 하느냐에 따라서 그 사랑이 커지거나 작아지거나 많아지거나 적어지는 것이 아니다. 그것은 너희가 그렇게 느끼는 것일 따름이다.

19 하나님의 사랑은 언제나 동일하게 너희에게 주어진다. 다만 너희가 때로는 거짓된 언행으로 그 사랑에서 멀어지고 때로는 시기와 질투와 증오와 저주로 그 사랑에서 멀어질 뿐이다.

20 너희가 진실할수록, 선한 행위를 많이 할수록, 의로운 행위를 많이 할수록 하나님의 사랑이 너희에게 더 많이 임하게 된다.

21 진실함과 선함과 의로움은 하나님의 사랑을 받아들이는 창이다. 하나님의 사랑을 받고자 하는 사람은 너희 창을 활짝 열어젖혀라.

22 너희 중에는 하나님이 너희를 사랑하시기 때문에 적을 무찌를 수 있었다고 말하는 사람이 있는데 전쟁에 하나님의 이름을 사용하는 것은 하나님을 망령되이 일컫는 일이다.

23 하나님의 이름으로 전쟁을 부추기는 자는 하나님이 예비하신 패망의 길로 들어갈 것이다. 하나님의 이름을 전쟁이나 싸움에 끌어들이지 마라. 하나님은 누구를 위하여 너희를 대신해서 싸워주거나 너희 중에 누구를 위하여 싸움에서 이길 지혜를 주시는 분이 아니다. 모든 살상 행위는 하나님을 적대하는 행위이다.

24 하나님은 너희가 싸우지 않고 평화를 누릴 수 있는 지혜를 주시는 분임

을 알아라. 하나님의 사랑은 너희의 전쟁이나 분쟁 속에 있지 아니하고 너희의 평화 속에 있다. 그러므로 너희는 이렇게 하나님을 노래하여라.

25 하나님은 우리의 어버이, 우리는 하나님의 자녀.

26 하나님의 사랑이 태양보다 더 강렬하게 나의 머리 위로 쏟아지는데, 창을 열자. 옷깃을 풀자. 하나님의 사랑을 온몸에 흠뻑 받아 보자.

27 말씀 없이 말씀하시는 하나님.

28 우리가 모르는 가운데 일하시는 하나님.

29 나에게 당신의 영을 불어넣어 주신 하나님.

30 내 영혼아, 하나님을 바라라. 하나님의 사랑, 하나님의 은총.

31 내 영혼아, 하나님을 노래하여라. 춤을 춰라. 감사하여라.

32 내 혼이 죽게 되었을 때에 나를 다시 살려 주신 하나님

33 내가 무너져 방황할 때에 나를 이끌어 주신 하나님

34 미움과 질투와 저주는 물러가라. 아픔과 슬픔과 괴로움은 물러가라. 하나님의 빛이 이것들을 모조리 불살랐다.

35 하나님의 사랑이 모든 악을 멸하신다. 하나님의 완전하심이 기어코 나를 완전에 이르게 해 주시리라.

36 내 영혼아, 하나님께 감사하여라. 하나님이 너를 구원해 주셨다.

영광과 찬양을 하나님께 드려라. ㅎ

사랑

1 1 하나님은 사랑이시다. 하나님이 너희를 사랑하시는 것처럼 너희도 이웃을 사랑하여라.

2 하나님의 사랑은 주는 사랑일 뿐 받을 것을 기대하지 않는 사랑이다. 모든 것이 부요하신 분이 무엇을 너희에게서 받고자 하시겠느냐.

3 하나님은 오직 당신의 속성에 따라서 너희를 사랑하신다.

4 너희가 무언가 받기를 기대하고 누구를 사랑한다면 너희 사랑은 하나님의 사랑을 닮은 사랑이 아니다.

5 너희는 이웃을 사랑하되 받을 것을 기대하지 마라. 사랑은 주는 순간에 너희에게 은총이 되며 너희를 구원해 준다.

6 그러므로 너희는 사랑할 수 있음을 감사하여라. 이 진리를 깨닫는 사람은 복이 있다.

2 1 하나님은 사랑이시다. 그 사랑 안에는 증오와 차별이 없다. 하나님의 사랑은 보편적이고 조건 없는 사랑이다.

2 하나님이 세상을 사랑하시는 것은 당신이 세상을 만드셨기 때문이다.

자기가 낳은 자식을 지극히 사랑하는 어미를 볼 수 있지 않느냐. 그 어미의 사랑은 바로 하나님의 사랑을 닮은 사랑이다.

3 하나님은 세상을 만드시고 세상의 모든 존재에게 자기 가치를 추구할 수 있는 자유와 지혜를 주셨다.

4 하나님의 사랑 안에는 사심이 없다. 하나님이 다른 무엇을 얻기 위하여 사랑을 베푸시는 것이 아니라 오로지 세상을 만드신 창조자로서 세상을 사랑하신다.

5 세상은 하나님의 사랑에 힘입어 스스로 자기 가치를 추구해 나간다. 하나님은 당신이 만드신 세상을 생명체의 진화에 맞추어 더 훌륭한 세상으로 진화시킨다.

6 더 자유롭고 다양성이 더 많아지는 풍요로운 세상, 더 안전하고 평화로운 세상, 더 많은 기쁨과 즐거움이 생성되는 세상, 그 안에서 사는 모든 생명체가 서로 도우며 조화롭게 사는 멋진 세상이 되도록 하는 것이 하나님의 바람이다.

7 하나님의 사랑에는 이 바람이 투영되어 있다. 하나님이 너희를 사랑하는 것처럼 너희도 서로 사랑하라는 말은 하나님의 마음을 잘 드러낸 말이다.

8 서로 사랑함으로써 만들어 가는 세상이야말로 하나님이 바라시는 세상이다.

3 1 옛사람 중에도 하나님은 사랑이라고 증언한 사람이 많은데 그 사람들의 증언이 옳다.

2 다만 옛사람이 생각한 하나님의 사랑은 하나님의 계명을 지키는 사람

에게 주는 사랑이고 그것을 어기는 사람에게는 증오의 심판이 예비되어 있어서 하나님은 두려움의 대상이 되기도 했다.

3 이제 내가 너희에게 말한다. 하나님은 사랑이시다. 하나님의 사랑 안에는 미움이 없다.

4 어떤 경우에도 하나님은 너희를 심판하여 일부를 지옥에 떨어뜨리려 계획하지 않으신다.

5 만일 하나님이 너희 중의 일부를 지옥에 떨어뜨려 영원한 불구덩이 속에서 살게 하신다면 하나님의 사랑 안에는 증오와 차별이 섞여 있음을 의미한다. 다시 말하지만 하나님의 사랑은 순수하여 그 안에는 증오와 차별이 없다.

6 하나님은 모든 사람을 두루 지극히 사랑하신다. 선한 사람이나 악한 사람이나 모두 하나님의 사랑을 받을 자격이 있고, 하나님의 사랑을 받아 그 스스로 사랑이 충만한 사람으로 바뀔 수 있다.

7 하나님의 사랑은 모든 사람에게 두루 쏟아지는 햇볕과 같다. 스스로 그늘 속에 들어가면 그 사랑이 네게 미치지 못할 것이나, 스스로 빛 가운데로 나오면 그 사랑이 너를 감싸줄 것이다.

8 하나님의 사랑을 받을 수 있게 자신을 하나님께 열어 놓아라. 자신을 하나님께 더 많이 열어놓는 사람이 하나님의 사랑을 더 많이 받을 것이다.

9 하나님의 사랑을 더 많이 받는 사람이 더 적게 받은 사람보다 더 지혜롭고 완전해지는 것은 의심의 여지가 없다. 하나님의 사랑을 더 많이 받은 사람은 그만큼 몸과 마음이 강해질 것이다.

10 하나님의 사랑을 적게 받는 사람은 그만큼 약해지지 않을 수 없다. 약

한 사람은 그 약함을 감추기 위해 속임과 거짓, 폭력과 불의 등의 악한 길로 들어설 위험성이 커진다. 거짓과 악과 불의는 이런 사람들이 만들어낸다.

11 그러므로 하나님의 사랑을 받지 못하는 것이 너희에게는 큰 벌이 되느니라. 너희가 받는 벌은 하나님이 내리는 것이 아니라 너희가 자초하는 것이어서 하나님을 원망할 일이 아니며 하나님께 그 벌을 거둬 달라고 기도할 것도 아님을 알아라.

12 너희 스스로 하나님의 사랑을 더 많이 받도록 너희 안에 있는 가림막, 곧 의심과 불신을 치워 버려라. 그리고 하나님의 사랑을 흠뻑 받아들여라.

13 하나님의 사랑이 너희를 온통 적시고 흘러넘치게 하여라.

14 아, 하나님의 사랑이 넘치는 세상은 얼마나 아름다운가.

4 1 하나님께서 창조하신 것에는 선악이 없다. 선한 것도 없고 악한 것도 없다. 하나님이 굳이 선악을 나누어 창조하실 이유가 없는 것이다. 하나님께서 생명체를 만드는 순간에 피조물 중에서 선악이 생겨났다. 생명체에 이로운 것이 선이고 생명체에 해로운 것이 악이 된 것이다. 생명체는 당연히 이로운 것을 선으로 받아들이고 해로운 것을 악으로 멀리하였다.

2 생명체 가운데에서 가장 지적인 피조물인 인간은 이 선악의 문제를 가장 심각하게 인식하는 존재이다. 하나님은 생명체에게 선을 취하고 악을 멀리하도록 지혜를 주셨기 때문에 하나님의 뜻에 따르면 생명체의 삶에 아무 지장이 없다. 그러나 지식과 함께 욕심까지 많은 인간은 탐

욕을 갖게 됨으로써 인간만의 선악 개념을 만들게 되었다. 하나님의 선
악과 인간의 선악이 달라진 이유가 여기에 있다.

3 인간은 자기에게 이로운 것을 선이라고 하는데 그 이로움에는 남을
해코지하는 것도 포함되어 있다. 이웃이 땅을 사면 배가 아프다는 속
담이 말해 주듯이 인간은 자기 아닌 사람이 잘되어 자기 지위가 낮
아지는 것을 참지 못한다. 나에게 이로운 것은 내가 성공하는 것이
지 남이 성공하는 것이 아니다. 내가 싫어하는 사람을 좋아하는 사
람은 나의 적이 되고, 내가 싫어하는 사람을 좋아하는 사람도 나의
적이 된다.

4 인간에게 선은 나에게 좋은 것이고, 악은 나에게 나쁜 것이다. 이것이
인간이 하나님의 선악과 달라진 핵심이다. 하나님의 선악은 누구에게
이익이 되고 누구에게 손해가 되는 것이 아니라 생명체의 삶에 이익이
되느냐 손해가 되느냐에 있다. 따라서 하나님에게는 생명체에 대한 사
랑이 있을 뿐이다. 하나님의 사랑이 모든 피조물에게 동등함은 이를 두
고 하는 말이다.

5 하나님은 너희 모두를 사랑하신다. 너희가 생명체에게 이로운 일을 하
면 너희는 하나님께 선을 행한 것으로 칭찬을 받겠지만 생명체에게 해
로운 일을 하면 악을 행한 것으로 징계를 받게 된다.

6 그런데 옛사람 중에는 자기에게 유익한 것을 선으로 생각하고 자기에
게 불리한 것을 악으로 생각하여 하나님의 뜻과 다른 선택을 한 사람
이 많았다.

7 선악은 개인에게 유익한가 해로운가에 있지 않고 생명체에게 유익한가
해로운가에 달려 있음을 알아라. 너와 너희 집단은 무수한 생명체의 하

나일 뿐이고 너나 너희 집단이 생명체를 대표할 수 없다.

8 너희는 하나님이 자기 민족이나 자기 종교만을 위하여 일하신다고 주장하며 다른 민족이나 집단을 배척하고 없애려는 행위를 수없이 반복하며 너희들끼리 목숨을 걸고 싸워 왔다. 너희는 너희 탐욕을 채우는 데 도움이 되는 것은 선이고 너희 탐욕을 채우는 데 방해가 되면 악이라고 생각했다. 하나님이 보시기에 이 얼마나 부질없고 무지하고 해로운 생각이냐.

9 하나님께 선은 생명체에 이익을 주는 것이고, 하나님께 악은 생명체를 해치는 것이다. 너희는 하나님의 선악 개념을 이해하고 받아들여라. 하나님은 너희 모두를 사랑하시며 너희 모두가 하나님이 주신 선악의 개념을 이해하기 바라신다. 너희가 하나님의 선악 개념을 받아들인다면 너희끼리 싸우고 배척하고 죽이는 악행을 벌일 이유가 없다. 하나님의 사랑 안에서 서로 열심히 도우며 생명체에게 이로운 일을 찾아 협력하고 노력함으로써 모든 생명체가 하나님이 창조하신 세상에서 행복하고 평안하게 살 수 있게 된다. 이로써 너희가 사는 지구는 우주에서 가장 멋진 삶의 터가 될 것이다.

10 너희 중에는 아직도 옛사람의 어리석음을 그대로 간직하고 있는 자가 있고 또 그 어리석음에서 벗어나 높은 이성을 갖춘 자도 있다.

11 어느 시대에나 사람들 사이에는 지혜의 차이가 있어서 그 차이로 말미암아 때로는 악이 선을 이기게 되는 나쁜 일도 일어났고 선이 악을 물리치는 좋은 일도 일어났다.

12 지금도 어리석은 사람이 많은 곳에서는 악이 선을 이기고 지혜로운 사람이 많은 곳에서는 선이 악을 이기고 있다.

13 하나님의 사랑을 본받아 선을 행하고 악을 멀리하는 사람들이 그렇 지 않은 사람들보다 많아지면 너희의 증오와 차별이 고개를 들지 못 할 것이다.

14 하나님의 사랑을 받아 지혜를 추구하고 지식을 연마하는 사람이 미련 함에 묻혀 있는 사람보다 많으면 너희의 무지가 고개를 들지 못할 것 이다.

15 하나님의 사랑을 받아 진실을 추구하는 사람이 거짓에 물든 사람보다 많으면 너희의 위선이 고개를 들지 못할 것이다.

16 하나님의 사랑을 받아 공의를 추구하는 사람이 불의에 물들어 있는 사 람보다 많으면 너희 중에 불공평과 불평등이 고개를 들지 못할 것이다. 너희 마음속에 공의를 품어 선을 행하고 악을 멀리하여라.

17 너희는 하나님의 완전하고 순수한 사랑을 사모하고 그 사랑으로 너희가 진실하고 선하고 의로운 사람이 되어라.

18 그러면 너희 삶은 평안해지고 행복해지며 너희의 불만과 증오와 차별과 무시가 사라지고 만족과 사랑과 존중과 배려가 흘러넘칠 것이다. 머지 않아 하나님의 나라가 너희에게 임할 날이 오리라.

5 1 너희 지혜로운 자들은 어리석은 자들을 업신여기지 말며, 그들이 믿는 신을 업신여기지 마라. 그들이 지금은 헛된 믿음을 가지고 있으나 그 믿음도 그들에게는 소중한 것임을 잊지 마라. 그 믿음 속에 장차 참 하나님에 대한 강한 소망이 숨어 있기 때문이다.

2 그러므로 너희 지혜로운 자들은 너희 믿음을 지혜롭게 지키고 너희 하 나님이 완전하신 것처럼 너희도 완전한 믿음으로 어리석은 사람들을

자유롭게 하여라.

3 너희 하나님은 지혜로운 자뿐 아니라 모든 어리석은 자의 하나님도 되시니 그들에게서 하나님의 사랑을 떼어내려 하지 말고 하나님의 참 모습을 보여 그들을 하나님의 사랑 가운데로 이끌어라.

4 어리석은 사람들이 너희에게 이르기를, '너희는 어찌 우리 방식대로 하나님을 믿지 않느냐. 너희는 이단이라. 너희를 내버려두어 우리 중에 너희에게 물드는 사람이 생기는 것을 두고 볼 수 없다. 우리는 너희를 멸하고자 한다. 너희가 우리 방식을 따르겠느냐 아니면 죽음을 택하겠느냐.' 하면

5 너희는 그들에게 이렇게 말하여라. '우리는 너희를 따르지도 않겠고 죽음을 택하지도 않겠다. 너희 하나님이 선하다면 너희가 우리에게 악을 행하지 못할 것이다. 우리의 하나님은 선한 분이므로 우리 하나님의 뜻에 따라서 너희를 선대할 뿐 너희 믿음을 업신여기거나 너희 하나님을 업신여기지 않는다.'

6 그들이 다시 너희에게 이르기를, '우리는 우리 하나님의 명령에 따라서 너희의 잘못을 벌하려 한다. 우리 하나님 앞에서 다른 신을 섬기는 것을 허락하지 않으시기 때문이다.' 하면

7 너희는 그들에게 이렇게 말하여라. '너희 하나님의 명령을 우리는 알지 못하지만 만일 너희 하나님이 선하다면 사람들의 자유로운 믿음을 억압하지 않을 것이다. 우리는 우리 하나님의 뜻에 따라서 누구나 자기 믿음을 지키는 것을 허락한다. 설령 그것이 우리 보기에 잘못이라고 하더라도 그 믿음만은 높게 여기기 때문이다.'

8 믿음을 가진 사람은 복되도다. 참 믿음을 가진 사람은 더욱 복되도다.

6

1 너희가 믿는 신이 너희에게 악을 행하게 한다면 그것은 너희 신이 참 하나님이 아니거나 너희가 너희 신의 뜻을 오해한 탓이다.

2 어떤 신도 자기 이름을 걸고 사람을 미워해라 해치라 하지 않고, 어떤 신도 자기 이름을 걸고 사람을 멸하라 하지 않는다. 그런 신이 있다면 그는 참 신이 아니라 너희 악한 무리들이 선한 사람을 무찌르기 위해서 지어낸 거짓 신이다.

3 참 하나님 외에는 다른 신이 없으니 신의 이름으로 사람을 해치고 목숨을 빼앗고 재물을 갈취하는 행위는 모두 악한 자들이 자신의 탐욕을 채우기 위해서 거짓 신의 이름으로 벌이는 악행일 뿐이다.

4 사랑이 멈춘 곳에 위협과 공포가 있다. 너희는 위협과 공포를 이용하여 거짓 하나님을 다른 사람에게 강요하는 사람을 멀리하고 이런 사람과 논쟁하지 마라.

5 너희가 두려워해야 할 것은 하나님이 아니라 이런 사람들이니라.

6 사랑은 그 안에 생명이 있어서 사람을 살리는 힘이 있다. 사랑은 너 자신을 살리고 남을 살린다.

7 네가 사람을 사랑하면 네 안에서 네 속사람이 너를 사랑하여 네 자존감이 넘치게 되리라.

8 그러나 네가 사람을 미워하면 미워하는 만큼 네 속사람도 너를 미워하게 되어 네 자존감이 떨어지고 네가 스스로 멸망하는 길로 들어갈 것이다.

9 그런즉 너희는 서로 사랑하여라. 사람을 배척하지도 말고 사람을 혐오하지도 마라. 네 이웃을 사랑하여라. 그것이 너와 네 가정이 하나님께 복을 받는 길이다.

7
1 너희는 다른 사람의 믿음을 가볍게 여기지 말고 그들이 믿는 신을 배척하지 마라.

2 그들의 믿음 속에는 아름답고 순전한 믿음이 들어 있을 수 있고, 그 믿음이 언젠가 참 하나님을 만나면 모든 사람이 놀랄 만큼 아름답고 고귀하게 꽃피우게 될 수 있다.

3 사람은 끊임없이 변하는 존재이니 언제 그들이 참 하나님을 찾게 될지 알 수 없다. 언젠가 참 하나님을 만나서 그들이 진실하고 선하고 의로운 사람으로 바뀌는 날이 올 것이다.

4 그때까지 하나님은 참고 기다리신다는 점을 잊지 마라. 그래서 너희는 그들을 위하여 이렇게 기도하여라. '우주와 만물을 창조하신 하나님, 저들이 하나님의 사랑을 진정으로 깨닫게 해 주세요.

5 저들은 아직 하나님의 순전하고 완전한 사랑을 알지 못합니다. 저들이 하나님의 사랑 안에서 진리를 사모하고 선을 행하며 공의를 추구하는 신실한 자들이 되게 해 주세요.'

6 하나님의 사랑 안에는 거짓이 없고, 악이 없으며, 불의가 없다.

7 위선자의 하나님을 조심하여라. 위선자는 하나님을 모른다.

8 악한 자의 하나님을 조심하여라. 악한 자는 하나님을 모른다.

9 불의한 자의 하나님을 조심하여라. 불의한 자는 하나님을 모른다.

10 그들이 말하는 하나님은 참 하나님이 아니라 거짓 하나님이니라.

8
1 너희가 하나님의 사랑을 구하려 한다면 먼저 사람을 사랑하여라. 하나님에 대한 사랑의 시작은 사람에 대한 사랑이고, 사람에 대한 사랑

의 시작은 너 자신에 대한 사랑이다.

2 너희가 자신을 사랑할 수 있을 때에 하나님의 사랑에 접근할 수 있다.

3 너희가 자신을 사랑하려면 먼저 하나님께 감사할 수 있어야 한다. 너를 세상에 보내신 하나님께 감사하고 그 사랑에 감사하여라.

4 너는 하나님이 지극히 아끼시는 자임을 잊지 마라.

5 하나님은 사랑으로 너에게 수많은 능력을 주셨으니 너는 네 속에 있는 능력을 발휘하여 네 하나님을 기쁘시게 해 드려라.

6 노래를 잘 부르는 너는 노래로, 글을 잘 쓰는 너는 글로, 그림을 잘 그리는 너는 그림으로, 계산을 잘 하는 너는 계산으로, 일을 잘 해내는 너는 일로 하나님을 기쁘시게 해 드려라.

7 하나님의 사랑은 대상을 구별하지 않는다. 하나님을 믿는 자만 사랑하고 믿지 않는 자를 미워하는 사랑이 아니다. 하나님은 믿는 자나 믿지 않는 자나 두루 사랑하신다.

8 하나님의 사랑은 높은 자나 낮은 자, 부자나 가난한 자, 유식한 자나 무식한 자, 강한 자나 약한 자 어느 한 쪽만 사랑하는 사랑이 아니다.

9 하나님은 지위가 높건 낮건, 재물이 많건 적건, 지식이 있건 없건, 권력이 세건 약하건 관계없이 사랑하신다.

10 하나님의 사랑은 머리만 사랑하고 꼬리는 무시하는 사랑이 아니다. 하나님은 네가 머리가 되건 꼬리가 되건, 어느 위치에 있든지 상관없이 너를 사랑하신다.

11 누가 너를 못난 자라고 미워하고 누가 너를 모자란다고 욕하느냐. 하나님은 너를 결코 미워하거나 욕하지 않으시고 지극히 섬세한 사랑으로 사랑하신다.

12 너는 절대 낙심하지 마라. 결코 좌절하지 마라. 스스로 못났다고 자격 지심을 품지 마라.

13 너는 너이기 때문에 하나님께서 너를 사랑하심을 잊지 마라.

14 하나님의 사랑은 네가 어떤 경우에 처하든지 너를 향하여 손을 뻗으심을 잊지 마라.

15 네가 하나님의 사랑을 의심하는 것은 너를 좌절하게 하려는 악령이 너를 엄습하였기 때문이다. 그러나 그 악령은 사실은 너의 불안한 마음과 의심하는 마음이 만들어낸 허상에 지나지 않음을 알아라.

16 너는 굳세고 담대하게 하나님의 사랑을 믿고 의지하여라. 그리고 너를 사랑하는 사랑을 시작하여라.

17 네가 너를 사랑하기 시작할 때에 비로소 네가 하나님의 귀한 자녀임을 알게 되리라.

18 하나님을 사랑하는 자는 마땅히 모든 생명체를 사랑해야 한다. 이웃을 사랑하지 않는 자가 하나님을 사랑한다고 말할 수 없고, 생명체를 사랑하지 않는 자가 하나님을 사랑한다고 말할 수 없다.

19 이 세상에는 무수히 많은 생명체가 무수히 많은 사물과 연결되어 있다. 너희 눈에는 보이지 않고 너희 감각에는 느껴지지 않지만 세상의 사물과 사물 사이, 사물과 생명체 사이, 생명체와 생명체 사이에는 무수히 많은 연결 통로가 있다.

20 이 세상의 모든 사물, 모든 생명체는 무수한 연결 통로의 한 부분이고 각 연결 통로의 파수꾼이다.

21 네가 있으므로 내가 있고, 생명체가 있으므로 너희 사람이 있고, 사물이 있으므로 생명체가 있음을 알아라.

22 너희는 네 이웃이 거기에 있음에 감사하여라. 무수한 생명체가 거기에 있음에 감사하여라. 무수한 사물이 거기에 있음에 감사하여라.

23 모든 사물과 생명체는 각자 그 존재 이유가 있고 그 존재 가치가 있다. 어떤 사물이나 어떤 생명체는 너희에게 도움이 더 많이 되고 어떤 사물이나 생명체는 너희에게 도움이 되지 않는다고 해도 그것들은 이 우주 안에서 제 몫의 자리가 있다.

24 그러므로 너희는 모든 사물, 모든 생명체를 귀히 여기고 함부로 대하지 마라. 특히 생명 있는 것에는 마땅히 예의를 갖춰라.

25 사람에게 예의를 갖추듯 사람이 아닌 생명체에도 예의를 갖춰라.

26 사랑은 예의를 갖추는 데에서 시작한다.

27 어떤 사람이 너를 사랑하면 너는 그를 사랑하게 될 것이다. 어떤 사람이 너에게 도움이 된다면 너는 그를 사랑하게 될 것이다. 어떤 사람이 너를 즐겁게 해 주면 너는 그를 사랑하게 될 것이다. 그러나 그 사랑 안에는 너희 욕심이 숨어 있지 않으냐.

28 만일 너희가 그에게서 너희 욕심을 채울 수 없게 되면 너희는 즉시 그를 미워하고 저주하지 않겠느냐.

29 욕심이 섞인 사랑은 돌아서면 미움과 저주가 될 수 있음을 잊지 마라.

30 너희가 사람에 대해서, 생명체에 대해서 감사와 예의를 갖추면 너희 사랑이 너희 욕심 때문에 미움과 저주로 바뀌지 않으리라.

31 너희는 모든 피조물에 대해서 동료의 예의를 갖추고 서로 감사함으로 사랑하여라. 이는 너희의 사랑을 너희에 대한 하나님의 사랑처럼 고귀하게 만들 것이다.

32 사랑하는 자여, 하나님을 사랑하는 자야, 너희 이웃을 사랑하여라. 그

사랑 안에 너희 욕심이 섞이지 않게 하여라.

33 모든 생명체를 사랑하여라. 그 사랑 안에 감사와 예의가 묻어나게 하여라. 이로써 너희가 하나님을 참으로 사랑할 수 있게 된다.

34 너희의 참 사랑은 우주와 모든 생명체와 모든 사람들을 기쁘게 해 주고 그로써 너희 하나님이 너희에게서 기쁨을 얻으시리라.

9 1 이 우주는 하나님의 분신이요 하나님의 사랑이 머무는 곳이다. 우주 만물을 향한 하나님의 사랑은 영원하고 변함이 없다. 하나님의 사랑은 하나님 그 자체이다.

2 하나님의 사랑은 생명체를 생동시키는 바탕이요 너희 영혼을 살리는 힘이다.

3 사랑하는 자야, 너희는 하나님의 사랑으로 이루어졌음을 알아라. 너희를 이루는 기관 하나하나, 그 기관을 이루는 세포 하나하나, 그 세포를 이루는 물질 하나하나, 그 물질을 이루는 원자 하나하나가 다 하나님의 사랑으로 이루어졌고, 하나님의 사랑이 살아서 일하시는 곳이다.

4 너희 안에서도 하나님의 사랑이 일하고 너희 밖에서도 하나님의 사랑이 일하고 계신다. 너희의 안과 밖에서 일하시는 하나님의 사랑이 너희 마음을 움직이게 하여라. 너희의 탐욕이 하나님의 사랑을 가로막아 너희가 하나님의 은총과 자비를 받지 못하게 하지 마라.

5 너희로 하여금 이웃을 사랑하게 하고, 생명체를 사랑하게 하고, 우주를 사랑하게 하는 은총과 자비가 너희의 탐욕 때문에 소멸되지 않게 하여라.

6 하나님은 사랑이시다. 어제나 오늘이나 내일이나 영원히 변함없이 사

랑이시다.

7 너희는 하나님의 사랑에 힘입어 슬기로운 자가 되고, 담대한 자가 되고, 능력 있는 자가 되어라. 그리하여 세상을 너희가 사랑으로 살아갈 만한 낙원으로 만들어라.

8 하나님의 사랑이 세상에서 이루어지는 때가 바로 이때가 아니냐. 하나님은 그때까지 쉬지 않고 일하신다. 세상을 향한 온전한 사랑으로 일하심을 잊지 마라. 너희와 함께 일하심을 잊지 마라.

10 1 하나님의 능력은 크고 완전하다.

2 이 우주와 그 안에 있는 사물과 모든 생명체가 하나님의 능력으로 만들어졌다. 이 우주의 운행과 사물의 존재와 생명체의 작동이 모두 하나님 능력의 산물이다.

3 지극히 작은 것에서부터 지극히 큰 것까지, 지극히 미미한 것에서부터 지극히 현저한 것까지 그 체계의 정교함이며 그 사슬의 무한함을 보아라.

4 너희가 아직 우둔하여 하나님의 능력을 깨닫지 못하지만 언젠가 너희에게 하나님의 능력의 위대함을 알게 되는 때가 오리라.

5 하나님의 능력이 크고 완전하다고 해서 하나님이 마음만 먹으면 우주와 인간 사회가 단번에 사랑으로 완전해질 수 있다는 뜻이 아니다.

6 하나님께는 시간이 무의미함을 너희가 알 것이다. 하나님은 시간의 개념을 가지고 계시지 않으므로 인간의 경험으로 보는 그 시간은 하나님에게는 무의미하다.

7 그러므로 너희 인간 사회가 사랑으로 충만한 날이 언제 올지 너희가 알

수 없다. 다만 하나님은 현재에 하나님의 본성에 따라서 세상을 사랑하고 계시는 것이다.

8 주고받지 못하는 사랑은 온전한 사랑이 아니다.

9 주는 사랑과 받는 사랑이 조화를 이루기 전에는 그 사랑이 온전히 이루어졌다고 말할 수 없다. 그러니 사랑을 받은 자는 그 사랑을 돌려주어야 한다.

10 모든 사랑의 시작은 하나님이 아니냐. 그러므로 궁극적으로 너희 사랑은 모두 하나님께 돌려드리는 것이 옳다.

11 너희가 사람에게서 사랑을 받았다면 그 사랑을 사람에게 돌려주는 것이 옳고 다른 생명체에게서 받았다면 그 사랑을 다른 생명체에게 돌려주는 것이 옳고, 자연에게서 받았다면 그 사랑을 자연에게 돌려주는 것이 옳고 하나님에게서 받았다면 하나님께 돌려드리는 것이 옳다. 이로써 너희 사랑이 온전해진다.

11

1 하나님은 자신이 세운 질서 위에서 한 치의 오차도 없이 정확하게 일하시는 분이다. 이것이 하나님의 완전성의 원천이다.

2 하나님은 대상에 따라서 또는 상황에 따라서 서로 다른 잣대를 사용하여 일하시는 분이 아니다. 사람의 무지와 탐욕이 하나님을 기분 내키는 대로 이렇게도 하고 저렇게도 하는 분으로 만들었으나 하나님은 그렇게 무질서하게 일하시는 분이 아니다.

3 하나님은 피조물이 하나님의 질서 안에서 자유롭게 행동할 수 있게 하셨다. 이것이 하나님의 능력이 아니면 어떻게 가능하겠느냐.

4 임금은 스스로 세운 질서도 무시하고 자기 마음대로 행동하며 사람들

에게 자유를 주지 않는다.

5 너희는 그 임금의 눈에 벗어나지 않으려고 임금에게 아첨하면서 임금과 함께 위선과 불의를 저지른다.

6 임금 아래서는 임금만 무한한 자유를 누리고 나머지는 그 누구도 자유롭지 못하다. 임금의 능력으로는 그 누구도 자유롭게 해 줄 수 없다.

7 그러나 하나님은 당신도 자유롭고 피조물도 자유롭게 하신다.

8 하나님은 세상을 사랑하시어 세상을 자유롭게 해 주시려고 변하지 않는 질서 하나를 만들어 놓으셨다. 너희는 그 질서가 무엇인지 알지 못해도 그 질서 안에서 자유를 누리며 살고 있다.

9 만일 너희가 그 질서를 이해하고 이용할 수 있다면 너희는 더욱 큰 자유를 누릴 수 있게 되리라.

12

1 하나님은 모든 것을 하실 수 있는 분, 하나님이 물질을 만드시고 스스로 물질과 결합하셨다.

2 하나님은 영으로서 물질 안에도 계시고 밖에도 계신다.

3 하나님의 영은 하나이면서 무한수이다.

4 하나님은 모든 물질 안에서 물질을 움직이시고 물질 밖에서 물질을 이끄신다.

5 하나님의 능력이 각 사물에 임하여 각 사물의 운동이 되고, 하나님의 능력이 각 생명체에 임하여 각 생명체의 삶이 되고, 하나님의 능력이 각 사람에게 임하여 각 사람의 이성과 지식과 의지와 꿈이 됨을 알아라.

6 너희가 하나님이 하신 바와 같이 모든 것에 진실하고 선하며 의로운 길로 나아간다면 하나님의 꿈을 공유하는 자가 되는 것이다.

7 너희는 하나님의 길로 가라. 그 길은 진실하여 곧고 바른 길이다. 그 길은 사심이 없고 욕심이 없는 선한 길이다. 그 길은 평평하여 기울어짐이 없는 의로운 길이다.

8 너희는 하나님이 모든 생명체를 위하여 예비하신 빛의 길로 가라. 이 길에서 이탈하여 어둠에서 헤매지 마라.

13

1 하나님은 모든 사람을 사랑하는 능력을 가지셨다.

2 하나님을 아는 사람이나 모르는 사람이나, 하나님의 법을 지키는 사람이나 어기는 사람이나 모두 고루 사랑하는 능력을 가지셨다.

3 하나님의 이 능력은 모든 사람이 자유롭게 진보할 수 있는 기회를 준다. 위선자가 진실한 자로 바뀌고 악한 자가 선한 자가 되며 불의한 자가 의로운 자로 거듭날 수 있는 것은 하나님의 이런 사랑의 능력 덕이다. 하나님은 피조물의 사랑이나 경배를 받기 위해서 세상을 만드신 것이 아니라 그들을 사랑하기 위해서 만드셨다.

4 흔히 하나님이 사람을 사랑하는 것처럼 사람도 하나님을 사랑해야 한다고 하는데 하나님은 그런 조건을 두지 않으신다.

5 사람이 하나님을 사랑하건 사랑하지 않건 하나님은 당신의 본성에 따라서 모든 사람을 사랑하신다.

6 어찌 하나님이 대상의 조건에 따라서 당신의 마음을 달리 쓰시겠느냐. 너희가 하나님을 미움과 질투와 저주와 심판을 일삼는 하나님으로 여기는 것은 너희 마음을 하나님께 투영한 것이고 너희가 그 이상의 사랑과 능력을 상상할 수 없기 때문이다.

7 내가 너희에게 말하는 것을 들어라. 너희 하나님은 사랑의 하나님으로

그분은 너희를 살리시는 데에 능력을 쓰시는 분이다.

8 하나님은 어제나 오늘이나 내일이나 영원히 동일하게 진실하시고 선하시며 의로우신 분이다.

9 너희는 하나님의 능력을 의심하지 말고 그 능력에 의지하여라. 너희에게 없는 사랑의 능력을 하나님께서 보태어 주실 것을 바라라.

10 그리하여 너희도 하나님이 하시는 바와 같이 모든 사람에게 서로 동일하게 사랑을 베푸는 능력을 갖추어라.

11 하나님은 사랑하시되 미워할 줄 모르신다. 하나님은 생성하시고 다듬으시되 파괴하실 줄 모르신다. 하나님은 모든 것을 포용하시되 배척하실 줄 모르신다. 그 하나님이 너희를 당신의 능력을 닮도록 형성하고 계신다.

12 너희가 만일 하나님을 사랑한다면 너희가 하나님의 뜻대로 행하여라. 너희가 서로 사랑하고 존중하고 배려하는 노력을 기울인다면 너희가 하나님을 사랑하는 것이고 그렇지 않는다면 너희가 하나님을 사랑하지 않는 것이다.

13 하나님을 사랑하는 자는 그 사랑 안에서 하나님이 주시는 능력을 갖게 되리라.

14 언젠가 그날이 오리니 그날에는 너희가 서로 진실하여 거짓됨이 없고, 선하여 악을 행하지 아니하고, 의로워 불의를 멀리하는 능력을 갖출 것이다. 이것이 너희에게 이루어지는 기적이 아니고 무엇이겠느냐.

14 1 하나님은 생성하시는 하나님이시다.

2 세상을 창조하신 뒤에 가만히 쉬고 계시는 분이 아니다. 너희 중에 일

부는 하나님이 침묵하고 계신다고 생각하여 그렇게 주장하나 하나님
은 무에서 유를 창조하신 것뿐 아니라 유에서 새로운 유를 창조하시기
위해 여념이 없을 만큼 끊임없이 일하시면서 새로운 것을 생성하신다.

3 그러므로 하나님은 보수주의자가 아니다. 반동은 더더욱 하나님의 본
성과 어울리지 않는다.

4 하나님은 언제나 혁신주의자이다. 하나님의 혁신적인 본성이 아니면 우
주가 생성되지 않았고 우주에 생명체가 태어나지 못했으며 생명체에 종
의 분화가 일어나지 않았을 것이고 지금과 같이 생명체가 다양하게 존
재할 수 없었을 것이고 너희 인간이 태어나지도 못했을 것이다.

5 지금도 생성을 하고 계시기 때문에 너희 사람 이후에 또 어떤 생명체가
나타나게 될지 알 수 없다.

6 하나님은 생명체의 혁신을 꿈꾸신다. 하나님의 혁신이 어느 방향으로 갈
지 아는 자가 없다. 오직 하나님이 혁신하시는 분이고 모든 생명체에게
혁신의 영을 넣어 주셨으니 너희가 스스로 혁신하는 노력을 함이 하나
님 뜻에 맞는다는 것을 알아라.

7 너희는 변화를 두려워하지 말고 변화와 개선을 도모하여라. 너희 삶의
환경을 비롯해서 너희 인간 사회의 모든 것을 개선하고 너희 자신을 혁
신하여라.

15 1 너희는 사람이 물 위를 걷는 것을 보면 기적이라고 감탄하고 그
사람을 숭배하려 한다. 그러나 사람이 물 위를 걷는 것이 너희에게 무
슨 유익함이 있느냐. 너희에게 좋은 구경거리가 되는 것 외에 무슨 유
익함이 있느냐.

2 사람이 강을 건너고 바다를 건너는 것을 보고 싶으냐. 하나님은 그런 기적을 이용해서 너희의 믿음을 유도하시는 분이 아니다. 그런 일은 너희에게나 하나님에게나 아무 소용이 없다. 강을 건너고 바다를 건너는 지식은 이미 하나님이 너희에게 준 바가 아니냐.

3 너희에게 필요한 기적은 바로 너희를 미워하는 자를 사랑하는 것이다. 너희에 대적하는 자를 미워하지 않고 사랑으로 응대하는 능력을 갖추는 것이 너희에게 필요한 기적이다.

4 옛사람이 너희 원수를 사랑하라고 한 것은 바로 너희에게 이런 기적을 보여 달라는 것이다.

5 너희의 기적이 하나님께는 일상적인 일이 아니냐. 그러므로 너희는 사랑의 기적을 실천하고 그것이 기적이 아닌 일상적인 것이 되도록 노력하여라. 이를 위하여 내가 너희에게 일러 주는 말을 들어라.

6 너는 대상이 누구든지 네가 먼저 도움의 손길을 펼쳐라.

7 너는 네 이웃이 너에게 어떤 도움이 될 것인지 생각하지 말고 네가 그에게 어떤 도움이 될 수 있는지 생각하여라.

8 네가 어디에 있건 네 주위 사람들에게 기쁨을 주어라.

9 다른 사람이 감사하고 기뻐할 일이 무엇인지 찾아서 그것을 행하여라.

10 네게 그런 능력을 달라고 하나님께 기도하여라. 그러면 너는 하나님의 뜻에 합당한 사람이 되고 너로 말미암아 세상이 낙원으로 바뀌게 될 것이다.

11 이때가 곧 하나님의 때요, 또한 너의 때가 되리라.

12 사람을 기쁘게 하는 사람은 복되도다. 원수를 사랑하는 사람은 더욱 복되도다.

16 1 너희는 불치의 질병을 고쳐 주는 사람을 보면 기적이라고 감탄하면서 그를 숭배하려고 한다. 그러나 질병을 고치는 것은 질병을 일으키는 요인을 제거함으로써 질병이 사라지는 것이니 너희가 그에게 감사할지언정 그를 숭배함은 마땅하지 않다. 그것은 지식과 기능의 문제이기 때문이다.

2 질병의 요인이 되는 것을 알고 그것을 물리치는 방법을 아는 것은 지식의 문제이므로 너희가 그 지식을 알려 하면 언젠가는 알게 되어 있다. 먼저 아는 자에게 상을 주고 감사하는 것은 당연하나 그를 숭배하지는 마라. 그를 숭배하는 것은 그의 방법만 옳다고 여기는 원인이 되기 때문이다. 질병을 치료하는 방법은 무수히 많음을 알아라.

3 눈이 아플 때에 그 눈을 치료하는 방법도 무수히 많고, 위가 아플 때에 그 위를 치료하는 방법도 무수히 많고, 다리가 아플 때에 그 다리를 치료하는 방법도 무수히 많다. 너희가 걸리는 질병을 치료하는 방법도 무수히 많다. 너희가 그 무수한 방법을 모조리 알기는 어렵지만 하나씩 알아가는 것은 어렵지 않다.

4 너희가 지식의 탑을 쌓아 나가면 그 질병을 치료하는 방법을 하나씩 알아낼 수 있게 된다. 그러므로 너희는 질병을 고치는 것을 기적이라고 말하지 말고 그 방법을 알아 질병을 치료하는 사람에게 감사하되 숭배하지는 마라.

5 질병은 치료하는 것이 중요하지만 사실은 예방하는 것이 더 중요하지 않으냐. 예방이 있다면 치료가 불필요해지기 때문이다.

6 너희가 질병을 예방하기 위하여 하는 일 중에는 1년 후에 일어날 질병

을 예방하는 방법도 있고, 10년 후에 일어날 질병을 예방하는 방법도 있고, 20년 후에 일어날 질병을 예방하는 방법도 있다.

7 오늘 과식을 하지 않으면 오늘 일어날 체증을 예방하고, 오늘 과로를 하지 않으면 내일 일어날 몸살을 예방하는 것이 아니냐.

8 계속되는 과음은 너희 중년이 끝나기 전에 위장의 질환을 가져올 것이고, 담배는 너희 중년이 끝나기 전에 폐와 간의 질환을 가져오지 않겠느냐. 너희가 가장 두려워하는 암은 그렇게 너희 몸에 생기는 것이 아니냐. 이런 질병은 일어나기 오래 전부터 조심하면 예방할 수 있는 질병들이다. 그런 예방을 하지 못하고 생긴 질병을 고치려고 너희는 남은 삶을 허송하게 될 것이다. 그리고 다행히 그 질병을 고치게 되면 기적이라고 감격하지 않겠느냐. 그러나 그것은 기적이 아니라 예정된 치료일 뿐이다. 그 치료 지식을 갖춘 사람을 너희가 만난 것이 행운일 따름이다.

9 질병 예방은 오래 전부터 하는 것이 좋지 않겠느냐. 수많은 질병은 모두 그것이 시작되기 전에 처음부터 그것이 시작하지 못하도록 만들어 놓는 것이 좋지 않겠느냐. 그렇다. 바로 그것이 너희에게 기적이 될 것이다. 모든 질병을 처음부터 생기지 않게 하는 것이 바로 기적이다.

10 질병을 일으키는 요인 가운데 안에서 몸의 기관이 기능을 제대로 수행하지 못하여 생기는 질병과 밖에서 바이러스가 들어와 일으키는 질병이 있다. 안에서 생기는 질병은 올바른 식사와 생활습관으로 예방할 수 있다. 바이러스의 공격으로 생기는 질병은 면역으로 방어할 수 있다. 하나님은 몸이 바이러스 공격을 막을 면역 체계를 만들어 두셨다. 너희는 그 면역 체계가 무너지지 않게 너희 몸을 간수하여라. 졸리면 자고, 피로하면 쉬어야 한다. 네 몸에 깨끗한 물과 공기를 공급하고 몸이 게

을러지지 않도록 밖에 나가 운동을 하여라. 질병을 이겨내는 것은 결국 너의 몸임을 잊지 마라.

11 이제 나는 너희에게 선천적인 질병을 가진 아이를 낳지 않을 수 있는 방법을 말해 주겠다. 선천적으로 질병을 갖고 태어나는 아이는 자기가 왜 그런 질병을 가져야 하는지 알지 못한다. 거기엔 아이의 잘못이 조금도 포함되어 있지 않다. 만일 아이가 그 질병에 대하여 누구를 원망하지 않는다면 그는 복 있는 사람이 되리라. 그의 질병을 치료하기 위하여 많은 사람이 노력하지 않겠느냐.

12 너희가 격세유전이라는 말을 알 것이다. 그것도 많은 사람이 연구하여 얻은 결과일 텐데 어떻든 너희는 격세유전이라는 하나님의 지혜를 이해하여야 한다.

13 하나님은 좋은 것이나 나쁜 것이나 모든 것을 스스로 지속하게 만드셨다. 하나님께는 모든 것이 나쁜 것도 아니고 좋은 것도 아닌 당신의 창조물일 뿐이기 때문이다. 그래서 좋은 것은 좋은 것을 낳고 나쁜 것은 나쁜 것을 낳는 것처럼 보이는 것이다. 그것이 하나님의 창조와 생성의 법칙이다.

14 너희가 나쁜 것이라고 말하는 것은 너희 생명체의 자유로운 삶을 억누르는 것이고 좋은 것이라고 말하는 것은 너희 생명체의 자유로운 삶을 북돋우는 것이 아니냐. 그러므로 너희가 살기 위해서는 너희의 삶에 도움을 주는 것을 너희가 원할 것이다. 그리고 하나님께 그런 것을 달라고 기도하지 않겠느냐. 이 문제를 해결하기 위하여 너희에게 이미 하나님께서 주신 것이 바로 모든 생명체에게 주신 자유의지라는 것이다.

15 하나님이 생명체에게 자유의지를 주신 것은 바로 너희에게 선택권을 주

시기 위함이다. 너희가 콩 심은 데 콩 나고 팥 심은 데 팥 난다는 말을 들었을 것이다. 그것이 하나님이 하시는 일이다. 너희가 무엇을 선택하면 그 선택이 너희에게 그렇게 되도록 해 주시는 것이 하나님의 뜻이다.

16 자, 이제 너희가 무엇을 선택하였다. 그 선택이 너희 몸의 어느 부분에 나쁜 영향을 미치는 것이었다. 그래서 그곳이 조금 나빠졌다. 이를 인식하지 못한 너희는 다시 그 나쁜 것을 선택하였다. 그래서 또 그곳이 더 나빠졌다. 그 나쁜 기관을 가지고 태어난 너희 후손이 또 너와 같은 선택을 계속했다. 그래서 그 기관이 더욱 나빠졌다. 그런데도 그 사정을 이해하지 못하고 그 나쁜 선택을 계속했다. 그러면 마지막에는 그 기관이 거의 기능을 하지 못하는 상태가 되지 않겠느냐.

17 어느 날 태어난 너희 자녀가 선천적 질병을 가지고 태어났다면 너에게는 이미 선천적 질병을 가진 아이를 낳을 요소가 있었던 것이고 그 요소는 너의 부모에게서 물려받은 것이다. 이것은 너희가 자유의지로 선택한 생활 습관이 오랫동안 중첩된 결과이다.

18 네 자녀가 선천적 질병을 가졌다면 너는 네 아이를 원망하지 말고 자신을 반성하고 너의 부모를 원망해야 하는 것이다. 그러나 원망은 증오를 낳아 너를 죄인으로 만들 것이니 너희 부모를 원망하는 것도 나쁜 일이다. 너와 네 자식에게 지금 정도의 상황을 물려준 것만으로도 감사하는 것이 옳다. 만일 네 자녀가 아니라 바로 너에게 이런 질병이 생겼다면 어떻겠느냐.

19 만일 네가 선천적 질병을 가진 아이를 낳았다면 지극히 사랑하는 마음으로 그를 보살펴야 한다. 그러면 그 아이가 감사와 기쁨으로 장성할 것이고, 결혼을 하여 아이를 낳는다면 너보다 더 건강한 아이를 낳아 행

복한 가정을 이룰 수 있게 된다. 그러나 만일 네가 아이를 원망하고 자신을 뉘우치지 않으면 너의 아이는 자존감을 잃고 나쁜 것을 생각하게 될 것이고 그렇게 해서 생긴 자손에게는 네가 가진 불행보다 한층 더 큰 불행이 생길 수 있다.

20 네가 선택을 잘 하면 눈앞에 있는 너희의 불행을 너희 자손에게 행복으로 바꿔 줄 수 있는 것이다. 네가 무엇을 선택하느냐는 오로지 네 선택의 자유에 맡겨져 있다. 생명을 사랑하시는 하나님께서 너희 필요를 아시고 너희를 도우시고 계심을 믿어라.

17

1 하나님의 능력은 참으로 오묘하고 신비하다. 말씀으로 세상을 만드신 그 신비한 능력을 너희가 어찌 상상할 수 있겠느냐.

2 말씀이 힘이 되고 힘이 결합과 합성을 거쳐 순식간에 새로운 사물이 나타나고 새로운 생명체가 태어나는 것을 너희가 보았다면 너희는 눈으로 보면서도 믿을 수 없다고 놀라워할 것이다.

3 하나님은 생성과 변화, 조화와 균형의 하나님이다.

4 생성의 하나님은 태초부터 지금까지 생성을 쉬지 않으시며, 변화의 하나님은 생성된 것들이 자유롭게 스스로 변화하는 길을 열어 놓으셨고, 수많은 생성물이 조화와 균형을 유지하도록 한 길을 만들어 놓으셨다.

5 이 모든 일은 하나님의 완전한 능력이 아니면 불가능한 일이 아니겠느냐.

6 완전한 지혜를 가지신 하나님이 당신의 완전한 능력으로 세상을 너희에게 주셨다. 이런 하나님께 너희가 감사하는 것이 당연하지 않으냐.

7 너희 인생이란 무엇이냐. 한낱 뜬구름 같은 것이냐. 부초 같은 인생이

냐. 아침 이슬처럼 잠깐 있다가 사라지는 것이냐. 그렇지 않다. 옛사람은 인생을 허무하다고 했지만 하나님께서는 너희 인생을 무한한 값어치로 삼으셨다.

8 너희 인생은 하나님을 바라는 지혜를 갖춘 하나뿐인 생명체이다. 너희 삶이 귀한 것은 너희가 하나님의 사랑을 이해하고 그 사랑을 닮아가는 지혜를 갖춰 가고 있기 때문이다.

9 너희 삶은 하나님의 사랑을 알아가는 여정이다. 너희 삶은 하나님의 사랑의 완전함을 이해하고 그 사랑을 실천하는 여정이다. 하나님의 완전한 사랑 안에 완전한 진실, 완전한 선, 완전한 의가 자리하고 있음을 알아가는 여정이다. 그리고 그 사랑을 너희가 실천해 가는 여정이다.

10 너희의 진실함, 선함, 의로움이 완전에 가까울수록 너희는 하나님의 사랑에 가까이 가는 것이다. 그리고 그 완전함에 따라서 너희의 영혼이 하나님의 영과 하나가 될 수 있다.

11 너희의 순수한 사랑 안에는 마땅히 진실함과 선함과 의로움이 자리를 잡게 되고 그 사랑을 실천함으로써 너희가 하나님 나라에 들어가게 될 것이다.

12 너희의 사랑이 얼마나 진실하고 선하며 의로운지 너희가 알고 있느냐. 그 사랑이 너희를 하나님께 인도하리라. 그 사랑을 세상에 베푼 자는 하나님 나라에 합당한 사람이고, 그 사랑을 베풀지 않은 자는 하나님 나라에 합당하지 않은 사람이다.

18

1 하나님의 사랑은 자유를 주는 사랑이다.

2 하나님은 생명체에게 자유를 주는 것으로 당신의 사랑을 증명하신다.

모든 생명체가 자신의 완성을 위해서 노력할 수 있도록 하나님은 생명체에게 무한한 자유를 주셨다.

3 너희가 하나님의 사랑을 생각할 때에 너희에게 자유가 있음을 감사하여라. 너희는 누구를 사랑할 때에 그 대상이 너희에게 매이기를 바란다. 너희가 원하는 대로 그들이 행동하고 너희가 바라는 것을 그들이 하고 너희의 만족을 위해서 그들이 행동하기를 바란다.

4 너희의 사랑 안에는 대상을 구속하려는 은밀한 목적이 있다. 그러나 그런 사랑은 너희를 위한 사랑이지 상대를 위한 사랑은 아니다.

5 하나님이 너희에게 자유를 줌으로써 당신의 사랑을 증명하셨듯이 너희도 상대에게 자유를 줌으로써 너희의 사랑을 증명함이 옳다.

6 그래서 바울은 이렇게 읊지 않았느냐. "사랑은 오래 참고 사랑은 온유하며 시기하지 아니하며 사랑은 자랑하지 아니하며 교만하지 아니하며 무례히 행하지 아니하며 자기의 유익을 구하지 아니하며 성내지 아니하며 악한 것을 생각하지 아니하며 불의를 기뻐하지 아니하며 진리와 함께 기뻐하고 모든 것을 참으며 모든 것을 믿으며 모든 것을 바라며 모든 것을 견디느니라."

7 너희는 사랑하는 사람에게 자유를 주어라.

8 너희 생각으로 그들을 얽어매거나 너희 바람으로 그들을 제약하려 하지 마라.

9 그들이 자유롭게 자아를 완성해 나갈 수 있도록 준비하여 주어라. 이것이 하나님이 너희에게 바라시는 사랑이다.

10 자유를 즐길 줄 아는 사람은 복되도다. 억눌린 사람을 자유롭게 해 주는 사람은 더욱 복되도다.

19

1 하나님의 사랑으로 서로를 감싸라.

2 너희 몸에서 증오가 솟지 않게 조심해라. 남을 볼 때 사랑의 눈으로 보아라.

3 사랑의 눈으로 보면 그의 장점이 먼저 보이고 증오의 눈으로 보면 그의 결점이 먼저 보일 것이다.

4 남에게서 결점을 먼저 찾아내는 사람은 불행하게도 자신이 그런 결점을 갖게 된다.

5 반면에 남에게서 장점을 먼저 찾아내는 사람은 행복하게도 자신도 그런 장점을 갖게 된다.

6 하나님이 일하시는 방법은 참으로 오묘하다. 사랑을 품는 사람은 그 사랑을 풍겨 다른 사람이 그 사랑으로 기쁨을 얻고 자신도 기쁨을 얻게 하는데 미움을 품는 사람은 그 미움을 풍겨 다른 사람이 그 미움으로 그에게 되갚아 자신도 미움의 대상이 되는 것이 놀랍지 않으냐.

7 다른 사람의 잘못을 먼저 보는 사람은 자신감이 없는 사람이다. 자신감이 없으니 다른 사람을 비난하고 미워하는 방법으로 자기를 돋보이게 하려 한다. 그만큼 불쌍한 사람이라는 말이다.

8 너희는 다른 사람의 결점을 초들어 비난하는 사람을 불쌍히 여기고 다른 사람의 결점을 감싸고 그의 장점을 칭찬해 주는 사람을 귀히 여겨라.

9 사랑은 너희를 자신감이 넘치는 승리자로 만들어 주고 증오는 너희를 자신감이 없는 패배자로 만들어 줄 것이다.

10 사람에게 혐오감을 드러내는 사람을 불쌍히 여겨라. 혐오는 자신감이 결여되었을 때에 강한 상대를 두려워하는 방법으로 나타나는 현상이다.

11 너희들에게는 증오심과 혐오의 말이 사라지게 하여라. 하나님이 너희에게 주신 것은 사랑이지 증오심이나 혐오 감정이 아니다.

12 탐욕이 질투를 낳고 질투가 증오를 낳고 증오가 혐오 감정에까지 이르러 너희 자신을 나락으로 빠뜨리고 말 것이다.

13 너희 자신을 위하여 하나님의 사랑으로 너희를 혁신하여라. 내가 너희에게서 그런 기적이 일어나는 것을 볼 수 있겠느냐.

20

1 너희는 결코 악의 열매를 나눠 먹지 마라.

2 악의 열매를 나눠 먹는 자는 악행을 한 자와 같은 죄를 범하는 것이다.

3 부모의 악행으로 얻은 재물을 사용하는 자녀는 부모와 함께 악의 열매를 나눠 먹은 자이니 부모의 악행의 대가를 자녀도 함께 치르는 것이 당연하다.

4 너희가 진실하고 선하고 의로운 행동을 하더라도 이미 너희 안에 있는 악의 열매가 네 속에서 하나님께 너희 속사람이 어떤 사람인지 고백하고 있음을 알아라.

5 너희는 먼저 너희가 먹은 악의 열매에 대한 속죄부터 시작함이 옳다. 너희 부모와 너희 앞 세대가 저지른 악에 대하여 너희가 속죄함이 옳다. 너희가 그들의 악의 열매를 먹고 자랐기 때문이다.

6 너희 부모가 너희에게 선의 열매를 물려주었다면 너희는 너희 부모에게 감사함이 옳다. 그러나 너희가 누리고 있는 것이 선의 열매인지 악의 열매인지 너희가 어떻게 판단하겠느냐.

7 너희는 겸손하게 너희를 되돌아보아 네 속에 있는 악의 열매에 대하여 속죄하여라. 그러지 않고는 너희가 진정으로 사람을 사랑할 수 없으며

하나님도 사랑할 수 없다.

8 사랑은 먼저 너희 속사람이 악에서 떠나야 가능해진다.

9 너희는 사랑으로 선의 열매를 나누는 자가 되어라.

10 악의 열매를 나누는 사람들은 늘 시기와 질투와 증오와 배척과 아집으로 차 있다. 누구에게서 무엇을 빼앗을까, 누구를 무슨 말로 속일까, 누구를 무슨 말로 비난할까 이런 생각으로 꽉 차서 그들은 결코 사랑과 존중과 화합을 생각하지 못한다,

11 선의 열매를 나누는 사람들은 늘 사랑과 감사와 존중과 배려가 넘친다.

12 증오와 배척이 있는 곳에는 사랑이 없고 사랑이 없는 곳에는 진보가 없다. 위선의 고수인 소수만 기회를 얻고 무지한 다수는 소수의 들러리가 된다.

13 악의 열매를 나눠먹는 자들이 갖는 기회는 수구적인 기회이다. 그래서 그 사회에는 진보가 일어나지 않는다.

14 사랑과 관용이 있는 곳에는 진보가 있다. 모두가 기회를 얻어 잘되고 자유롭게 경쟁하여 진보하게 된다.

15 증오와 배척과 비난이 난무하는 사회에는 진보가 없다. 그들은 진보를 갈망하여 일어나는 새로운 세력을 억누르고 사회를 닫힌 사회로 만든다.

16 폐쇄된 사회에는 증오와 배척이 강하나 개방된 사회에는 사랑과 관용이 넘친다..

17 너희가 지금보다 더 높은 삶을 원한다면 사랑과 관용을 행하여라. 너희가 지금보다 더 높은 문화를 원한다면 사랑과 관용을 실천하여라.

18 사랑과 관용은 너희를 풍요롭게 만들지만 증오와 배척은 너희를 궁핍

하게 만든다.

19 사람들아, 너희가 세상에서 살면서 얼마나 사랑했느냐. 사랑의 양은 얼마나 되고 사랑의 깊이는 얼마나 되느냐. 너희가 한 사랑의 양과 깊이를 헤아려 보았느냐. 하나님은 너희의 사랑 성적표를 가지고 계신다.

20 너희가 세상에서 살면서 얼마나 미워하고 시기하고 질투하고 배척하고 차별하였느냐. 너희가 행한 증오의 양과 질과 깊이를 헤아려 보았느냐. 하나님은 너희의 삶을 속속들이 아신다.

21 너희가 세상에서 평생 동안 이룬 사랑의 탑이 너희의 실수를 변호해 주리라. 너희의 진실함과 선함과 의로움이 하나님 앞에서 너희를 변호해 주리라.

22 너희는 '사람은 사람에 대하여 이리다'라고 한 말을 옳게 여겨 왔다. 그래서 서로 경계하며 사랑하기를 주저했다. 이런 생각을 가지는 한 너희는 서로 사랑할 수 없다. 그러므로 너희는 이런 생각을 버려라. 사람은 이리의 속성을 억제할 수 있는 이성을 가지고 있다.

23 내가 말한다. 사람의 적은 사람이 아니다. 사람의 적은 사람 속에서 탐욕을 일으키는 악이다. 사람의 적은 공존과 배려를 가로막고 자기의 욕심만 채우려 하는 이기심이다.

24 너희의 이성으로 탐욕과 이기심을 억제하고 공존과 배려를 마음에 품는다면 너희는 서로 무한히 사랑할 수 있는 존재가 된다.

25 사람들아, 너희는 사랑을 하도록 창조되었음을 알아라. 하나님께서 당신의 사랑으로 너희를 만들었으니 너희가 서로 사랑하여라. 사랑이 너희를 세상의 모든 불안과 고통에서 구원해 줄 것이다.

26 너희는 자기 목적과 취향에 따라서 종교를 선택한다. 때로는 우연히 때

로는 필요에 따라서. 너희가 어떤 종교를 선택하고 어떤 방식으로 종교 생활을 하느냐는 각자 처한 상황이나 여건에 따르기도 하고 각자의 성격과 욕구가 반영되기도 한다. 각자의 영적 취향에 따라서 믿음의 생활을 하는 것이다. 따라서 다른 사람의 종교나 믿음의 생활에 시비를 거는 것은 옳지 않다. 중요한 것은 그 종교와 믿음 생활의 열매에 있다. 그 열매가 사람들에게 사랑을 확산하는 것이면 그 종교와 믿음 생활은 하나님의 뜻에 맞는 것이고 증오와 차별과 배척을 낳는 것이면 하나님의 뜻에 맞지 않는 것이다. 그 종교와 믿음 생활이 너희를 진실하고 선하고 의로운 사람으로 변화시키면 그 종교와 믿음 생활은 하나님의 뜻에 맞는 것이고 너희를 거짓과 악과 불의에 머물게 하면 하나님의 뜻에 맞지 않는 것이다. 너희는 너희 자신에게 물어라. 너희가 종교를 선택하여 믿음 생활을 한 뒤에 너희에게 이웃 사랑과 겸손한 마음이 더 커졌는지 아니면 여전히 시기와 증오와 교만함 속에 있는지. 너희가 이전보다 더 진실하고 선하고 의로워졌는지 아니면 여전히 거짓과 악과 불의에 빠져 있는지 자문해 보아라. 그 평가를 통해서 너희가 믿는 종교와 믿음 생활이 너희를 구원했는지 못 했는지 알 수 있다. 하나님의 언약을 믿고 그 안에서 생활하여라. 너희가 하나님의 사랑을 실천하는 사람이 되어 있을 것이다. ㅎ

지혜

1 1 하나님을 아는 것이 지혜의 근본이다.

2 하나님이 진실하시니 너희도 진실하여라. 하나님이 선하시니 너희도 선하여라. 하나님이 의로우시니 너희도 의로워라.

3 너희가 평안과 행복을 누리고자 한다면 하나님이 주시는 계명을 지키고 하나님이 주시는 지혜를 갖춰라.

4 자기 지식을 지혜로 삼아 으스대는 사람은 미련한 사람이다.

5 자기의 보잘것없는 지식으로 섣불리 하나님과 세상을 판단하지 말고 하나님의 지혜를 사모하며 더 많은 지식을 쌓아라.

6 네가 하나님의 지혜를 사모하면 하나님께서는 너의 지식 위에 지혜를 허락해 주시어 네가 지혜롭게 세상을 살아갈 수 있게 해 주실 것이다.

7 너의 평안과 행복은 네 지혜의 크기에 비례한다.

8 하나님은 모든 지혜의 근본이시고 모든 원리의 원천이시니 하나님의 지혜를 본받는 것이 네가 오래오래 평안하고 행복하게 살 수 있는 길이다.

9 네가 지혜 앞에 겸손하고 지식으로 자만하지 않는다면 하나님께서 너를

사랑하셔서 당신의 지혜로 너의 무지를 깨우쳐 주시리라.

10 하나님은 지혜의 원천이시다.

2 1 모든 지식은 하나님께 나온 것이다.

2 너희가 가진 지식 어느 하나도 하나님이 만들지 않은 것이 없다.

3 너희가 지식이라고 생각하는 것은 하나님께서 당신의 지혜로 세상을 만
드시는 과정에서 생겨난 것이어서 하나님 외에 누구도 세상 만물에 관
한 완전한 지식을 갖출 수 없다.

4 그러니 너희가 어떤 지식을 아무리 많이 가지게 되더라도 그 지식으로
하나님 앞에서 자만하지 마라.

5 너희 지식의 많은 곳에 결함이 있음을 알고 너희는 하나님의 지혜 앞
에 고개를 들지 마라.

6 지식을 업신여기는 자는 하나님께 합당하지 않다. 지식이 하나님께 온
것임을 아는 자는 지식을 업신여길 수 없는 것이다.

7 하나님은 지식이 없는 자를 바라지 않으시며 지식이 없이 하나님을 안
다고 말하는 자를 좋아하지 않으신다.

8 그러나 지식이 있는 자가 그 지식으로 교만해지는 것도 바라지 않으신
다. 지식이 있는 자는 그 지식으로 하나님께 더 가까이 가고 그 지식으
로 더 많은 지식을 얻어 더욱 하나님께 가까이 갈 수 있다.

9 그러나 사람의 지식은 결코 하나님께 온전히 다가갈 수 있을 만큼 완전
하지 않다. 그러므로 너희는 지식이 생기면 생길수록 하나님의 완전한
지혜를 사모하고 바라라.

10 하나님은 사람들에게 진실하고 선하고 의로운 것을 추구하고 실천하는

데 도움이 되는 지식을 주신 것이다.

11 그 지식은 평범하여 누구나 갖출 수 있으나 사람의 욕심이 그 평범한 지식을 뛰어넘으려 하기 때문에 지적 탐욕에 눈이 멀어 쓸데없이 또 그것을 알아야 하는 이유나 가치도 모르면서 복잡한 지식을 욕망한다.

12 너희는 이런 지적 허영에 빠진 자들의 말을 조심하여라. 그들의 말은 화려하지만 그들의 행위에는 위선과 악과 불의가 섞여 있기 일쑤다.

13 그들은 유식하지만 사실은 미련한 사람들이다. 일부 유식자들의 이런 지적 미련함 때문에 지식이 탐욕에 악용되어 과시욕과 지배욕을 충족하는 수단으로 전락하였다.

3 1 하나님이 주시는 지식은 사람을 진실하고 선하고 의롭게 하는 데에 유익한 지식이어서 그 지식을 가진 자들은 스스로 다른 사람보다 더 진실하고 선하고 의로운 사람이 되는 것이 당연하다.

2 그러나 지적 탐욕에 빠진 사람은 자신의 행동도 제어하지 못하고 오로지 입으로만 진실을 말하고 정의를 말하고 선악을 논한다.

3 그런 사람이 가진 지식은 평소에는 진리인 듯이 행세하지만 상황이 변하여 자기의 이익을 지켜야 하는 때가 되면 진실을 외면하고 위선의 가면을 쓰고 악을 선이라고 강변하며 불의를 정의라고 부르짖게 된다.

4 이런 지식은 언제나 악한들이 이용하기에 적합한 지식이어서 그들은 악한들과 쉽게 한패가 된다. 너희 과거를 돌아보아라. 이들의 지식이 악당들에게 얼마나 좋은 수단으로 악용되었는지 너희가 알지 못하느냐.

5 히틀러의 나치 독일, 스탈린의 공산당 러시아, 히로히토의 군국주의 일본의 만행을 부추기며 찬양했던 지식인들의 그 멋진 논리를 너희가 기

억할 것이다. 거기에는 철학자도 있고 종교인도 있고 사회 개혁가도 있지 않았느냐. 그들은 하나님의 참된 지식을 알지 못하고 자신의 지식을 절대적으로 옳다고 여기는 자들이다.

6 오로지 자신을 위하여 지식을 위한 지식을 추구하는 자들을 경계하여라. 그들은 그 지식으로 자신의 지적 탐욕을 채우고 세상을 지배하는 자에게 아부하여 거기서 단물을 빨아먹는 위선자가 되기 쉽다. 그들의 지식은 자기가 하고 싶은 말을 하기 위해서 성경이나 선학들의 말 중에서 유리한 것만 골라서 사람들을 현혹하는 편파적 지식일 뿐이다. 이처럼 한쪽을 지지하기 위하여 다른 쪽에 독이 되는 거짓을 퍼뜨리는 지식인을 조심하여라.

7 사람의 지식은 불완전하여 어떤 불행을 불러올지 알 수 없다. 그러니 너희 지식이 너희를 해칠까 두려워하라.

8 하나님이 주시는 지혜로 너희 지식을 제어하지 못하면 너희 지식이 너희를 해치게 되리라.

9 하나님의 지혜는 만물을 생성하고 조화롭게 번성하게 하는 지식의 원천이다. 그러니 하나님의 지혜가 너희에게 얼마나 간절한 것이겠느냐.

10 너희가 교만하여 하나님의 지혜를 바라지 않고 얼마 되지 않는 지식을 자랑하며 탐욕의 도구로 쓴다면 너희는 결국 그 지식 때문에 망하리라.

11 탐욕적인 지식이 과다하고 참 지혜가 부족한 너희는 하나님의 지혜가 없이는 살 수 없다.

12 너희가 서로 싸우며 불안과 걱정의 고통 속에서 살고 있는 것은 너희에게 지식이 부족해서가 아니라 지혜가 부족한 탓이다.

13 너희에게 지혜가 부족한 것은 너희가 하나님께 지혜를 구하지 않기 때

문이다.

14 너희는 지식을 자기 탐욕의 도구로 쓸 뿐 사랑과 평화를 위한 도구로 쓰지 않는다. 너희 지식이 악을 위해서 쓰이고 선을 위해서 쓰이지 않는다면 너희가 결코 평화와 행복을 누리지 못한다.

15 너희가 평화와 행복을 원한다면 마땅히 하나님의 지혜를 구하여라. 하나님의 지혜가 아니면 너희를 구원해 줄 방법이 없다.

16 이를 위하여 너희는 하나님께 구하고 서로 힘을 합하여 너희 지식이 악을 행하지 못하도록 하여라.

17 한 사람의 악이 수많은 사람을 불행하게 만들지 못하도록 선한 싸움을 할 때 연대하여라.

4 **1** 하나님의 지혜는 완전하여 어긋남이 없다.

2 하나님의 지혜는 우주의 운행과 사물의 존재와 생명체의 삶을 두루 채워주며 한 치의 어긋남 없고 조금도 부족함이 없다.

3 하나님 지혜의 완전성의 바탕은 그분의 광대무변한 지식에 기반한다. 그분은 세상을 창조하시고 세상을 운행하시며 생명체를 살리시기 때문에 그 어느 곳에도 그분의 지식이 미치지 않는 곳이 없다.

4 너희는 하나님께 기대어 그분의 지혜를 구하여라. 그분의 지혜가 너희를 도울 때에 너희 지식이 너희를 살리는 지식이 될 것이며 너희 지혜가 너희를 기쁨과 즐거움으로 인도하는 안내자가 된다.

5 탐욕의 지식을 얻으려 하지 마라. 그 지식은 너희를 해치는 독이 될 것이다.

6 너희는 오직 하나님의 지혜를 바라며 그 지혜가 이끄는 대로 지식을 쌓

아라. 하나님의 지혜에 이끌린 지식은 쌓을수록 너희에게 유익하리니 너희는 그로 말미암아 이 세상에서 평안과 행복을 누릴 수 있게 된다.

7 하나님은 완전한 분이므로 그분의 지혜는 두루 미치지 않는 곳이 없이 완전하다. 그분의 지혜는 크고 넓고 높고 깊어서 너희가 아무리 노력해도 그 지혜의 끝에 다다를 수 없다. 너희는 다만 그분의 지혜를 사모하고 그 지혜의 방향으로 나아갈 수 있을 뿐이다. 그러면 하나님께서 당신의 지혜를 너희에게 나누어 주신다.

8 진리의 하나님은 너희가 진실한 마음으로 지혜를 구할 때에 너희 기도에 응하신다.

9 사랑의 하나님은 너희가 선한 마음으로 지혜를 구할 때에 너희 기도에 응하신다.

10 공의의 하나님은 너희가 의로운 마음으로 지혜를 구할 때에 너희 기도에 응하신다.

11 하나님의 지혜는 일관성이 있어서 변함이 없고 시간이나 장소나 상황에 따라서 달라지지 않는다. 온 우주는 하나님의 이 일관된 지혜 덕택으로 지금처럼 안정되고 스스로 진화하는 아름다운 모습을 갖추게 된 것임을 알아라.

12 너희가 하나님의 지혜를 이해하고자 한다면 이 우주의 관계망을 이해해야 하고 일관성 있게 탐구를 전개해야 한다. 모든 사물이 연결되어 있는 이 엄청난 관계망을 너희가 어찌 이해할 수 있겠느냐. 너희는 탐구하고 또 탐구하여야 할 것이다.

13 하나님이 만드신 이 우주와 생명체의 구조와 작용을 너희가 이해할 수 있겠느냐. 지극히 불안정한 것들이 어떻게 안정적으로 구조를 이루고

그것들이 사물을 이루고 거기서 생명체가 만들어져 그 생명체 스스로 삶을 영위할 수 있게 되었는지 너희가 이해할 수 있겠느냐. 너희는 오직 결과로 나타난 것을 분석하여 무언가 조그만 지식을 얻을 뿐이다. 거기에 하나님의 놀라운 지혜와 능력이 함께함을 너희가 어떻게 알아낼 수 있겠느냐.

14 사랑하는 자야, 하나님은 너희가 하나님의 지혜를 얻게 되기를 바라신다. 너희가 새로운 지식을 얻을 때까지 너희 탐구를 멈추지 마라. 탐구를 하는 데에는 너희의 기도가 유익하리라.

15 사랑하는 자야. 너희 기도를 악한 일에 사용하지 마라.

16 기도는 너희가 하나님께 접근할 수 있는 유일한 수단인데 너희가 이것을 악한 일에 쓰려 한다면 어찌 하나님께서 그 기도를 들어 주시겠느냐.

17 사랑하는 자야, 너희는 진실한 사람이 되기 위해서 기도하여라. 너희는 선한 사람이 되기 위해서 기도하여라. 너희는 의로운 사람이 되기 위해서 기도하여라. 이것이 너희를 향한 하나님의 뜻이니라.

18 너희가 지혜가 부족하여 하나님을 알지 못하고 하나님에게서 진리와 선과 공의를 구하지 못한다.

19 하나님을 아는 것이 지혜의 근본이거늘 어찌 너희가 하나님을 알려 하지 않느냐.

20 구하라, 찾으라, 기도하라. 하나님이 너희에게 크고 비밀스러운 지혜를 주시리라.

21 너희에게 하나님의 지혜가 임하면 너희는 다른 사람이 꾸지 못하는 꿈을 꿀 것이요 다른 사람이 보지 못하는 것을 볼 것이며 다른 사람이 알지 못하는 것을 알게 될 것이요 다른 사람이 하지 못하는 일을 하

게 될 것이다.

5

1 하나님은 당신의 완전한 지혜로 세상을 완전하게 만드셨다.

2 세상의 완전성은 멈춰 있는 것이 아니라 지극히 작은 것에서부터 지극히 큰 것에 이르기까지 모든 것이 변화를 거듭하는 방식으로 움직이는 완전성이다.

3 우주와 자연의 모든 사물은 순환하되 인과관계를 이루어 선순환한다. 하나님이 만드신 세상에는 어느 하나도 허투루 작용하는 것이 없다. 각각 자기 자리에서 자기 존재를 유지한다.

4 꽁꽁 얼었던 땅이 녹으면 아무 것도 없던 땅에서 싹이 돋고 거기에서 아름다운 꽃이 피는 것을 보았느냐. 그 무수한 풀과 나무들이 뿜어내는 향기로운 교향악을 들었느냐. 너희가 그 어느 하나라도 너희 손으로 해낼 수 있느냐. 그것은 오로지 하나님의 작품임을 알아라.

5 너희가 거울로 네 몸을 살펴보아라. 맨눈으로 보아도 너희 몸의 곳곳이 참으로 알맞게 제 모습을 하고 있음을 알게 될 것이다. 하물며 네 몸속에서 살아 움직이는 기관과 세포와 그것들이 연대하여 이루어가는 조화로운 활동을 너희가 알게 된다면 너희는 놀라지 않을 수 없을 것이다. 너희 호흡기와 소화기와 순환기가 어떻게 그렇게 조화롭게 작동하는지 놀랍지 않으냐? 그것들이 저절로 이루어진 것이냐. 모두 하나님의 작품이 아니냐. 곳곳에 하나님의 지혜가 깃든 것을 알지 못하겠느냐.

6 하나님의 지혜는 완전하여 그 지혜로 이루어진 것은 작은 것에서부터 큰 것에 이르기까지 불완전한 것이 없다. 너희가 이렇게 완전한 지혜를 어디서 배우겠느냐. 하나님의 작품에서 배워야 하지 않겠느냐.

7 그러므로 너희는 너희의 작은 지식을 뽐내지 말고 하나님의 지혜 앞에
서 잠잠하게 있고 다만 하나님의 창조물 속에서 하나님의 지혜를 얻기
위해 노력하여라.

8 하나님은 지혜를 찾고 그 지혜 앞에서 겸손한 자에게 무한한 지혜를
주신다.

6 1 오스트리아의 수도사 멘델은 완두콩 교배를 이용해서 유전자에
의한 유전의 법칙을 발견하였다. 그는 하나님이 생명체를 존속시키며
진화시키는 원리의 하나를 발견한 것이다. 이것은 비록 하나님의 큰 지
혜의 지극히 작은 부분에 지나지 않지만 그래도 전에 누구도 찾아내지
못한 하나님의 창조의 비밀을 멘델이 찾은 것이다.

2 너희는 하나님의 지혜를 습득하는 방법을 멘델에게서 배워야 한다. 그
가 하나님의 창조 질서를 알고 싶어서 이 실험을 한 것이 아니라 단순히
완두콩의 대립 형질에 대한 궁금증을 풀기 위해서 교배 실험을 했다.

3 만일 그가 일반 수도사처럼 기도라는 방법만으로 이런 지식을 얻고자
했다면 그의 지식은 관념적인 것이 될 뿐이어서 이전 사람들이 밟았
던 길을 그대로 따라가는 것 외에는 다른 어떤 길도 새로 찾지 못했
을 것이다.

4 그러나 그는 자연에 대한 의문을 품고 거기서 답을 얻기 위하여 실험을
함으로써 처음으로 유전이라는 현상을 밝혀내었고 수도사로서보다 더
크게 인류에게 이바지를 하게 되었다.

5 지금도 너희 중에서 자연의 이치를 밝히는 노력을 하는 사람이 있다면
그는 하나님의 창조 지혜를 탐구하는 사람이라고 말할 수 있고 그의 탐

구 덕택에 하나님이 모든 생명체에게 예비해 놓으신 질서와 법칙을 이해하고 이용할 수 있는 지식을 얻을 수 있게 될 것이다.

6 기적이란 너희가 이전에는 몰랐던 하나님의 자연 질서를 너희가 알고 이용할 수 있음을 의미하는 말이다. 하나님의 자연 질서를 거슬러 초자연적인 일이 일어나는 것이 기적이 아니다.

7 그 누구도 하나님의 질서를 벗어날 수 없다. 심지어 하나님까지도 당신이 물질세계에 세운 질서를 벗어나지 않으신다.

8 너희에게 기적이란 최선의 노력을 다해서 얻은 행운이라고 해야 할 것이다. 그 행운은 너희에겐 마법이나 기적처럼 보일 것이나 사실은 너희가 받을 만한 것을 받은 것이다.

9 하나님의 질서 속에는 너희가 모르는 말할 수 없이 많은 비밀이 들어 있다. 그것을 너희가 하나씩 알고 행하면 너희는 기적을 베푸는 것이 된다.

10 멘델이 새로운 완두콩을 만든 것처럼, 또 너희 의사들이 온갖 질병을 치료하는 것처럼 기적은 그렇게 합리적으로 너희에게 다가온다.

11 시간이 너희에게 기회가 되게 하여라.

12 너희가 바른 방향으로 꾸준히 열심히 노력하면 언젠가 너희에게 하나님의 지혜가 들어와 너희를 자유롭게 해 주신다. 그것이 너희에게 기적이 아니고 무엇이냐.

7

1 지혜의 원천이신 하나님이 너희가 무지함을 바라시겠느냐. 하나님을 믿는 믿음이 너희를 무지하게 하겠느냐. 너희가 믿음으로 무지한 사람이 되겠느냐. 그렇지 않다. 너희는 믿음으로 너희의 무지함을 사라지

게 해야 한다.

2 믿음은 너희를 자유롭게 하여 너희가 모든 것을 의심하고 모든 것을 추구하고 모든 것을 이해하는 바탕이 되리라.

3 믿음이 의심을 낳는다는 말이 무엇이냐. 하나님을 믿음은 하나님의 완전함을 믿고 하나님의 창조의 비밀이 있음을 믿고 하나님의 창조가 생명체에게 복과 기쁨과 사랑과 안식을 주는 것임을 믿는 것이다. 너희의 믿음이란 하나님이 그런 분임을 믿는 것이다.

4 그 믿음 위에서 너희가 하나님이 완전하신 것처럼 너희도 완전하기 위해서 힘써야 한다.

5 너희 기도는 너희가 완전해지도록 하나님의 도움을 바라는 것이고 그 목표는 너희가 진실하고 선하고 의로워지는 것이다. 그 안에 하나님의 사랑이 있다.

6 너희의 불완전함과 하나님의 완전함 사이에는 너무나 큰 간격이 있어 너희가 하나님의 완전함에 다다르려는 생각을 감히 할 수 없지만 하나님은 너희를 사랑으로 이끄시어 너희로 하여금 하나님의 완전함에 이르는 노력을 할 수 있게 자유를 주셨다.

7 믿음이란 이 모든 것을 믿는 것이며 그 믿음의 크기에 따라서 너희의 성취가 달라질 것이다.

8 구하라 주실 것이요, 두드리라 열릴 것이라고 하신 말씀은 이를 두고 하신 말씀이다.

9 세상에는 너희가 아는 것과 모르는 것이 있다. 너희가 모르는 것을 하나님에 대한 믿음을 바탕으로 하여 알아내려고 노력하는 것이 너희 믿음의 진정한 힘이다.

10 의심은 너희가 알기 위한 노력을 기울이기 시작하는 실마리를 제공해 줄 것이다. 무엇을 의심하겠느냐. 너희 지혜로 이해할 수 없는 것을 의심하는 것이다.

11 옛날 사람들은 해가 땅에 떨어지지 않고 줄곧 하늘에서 규칙적으로 떠오르고 지는 것을 보면서 해를 섬겼다. 이는 무지한 행위이다. 그들 중에서 일부가 왜 해가 그런 움직임을 보일지 의문을 품고 탐구를 시작하여 결국 하나님의 창조 원리를 하나 이해하게 되지 않았느냐.

12 멘델은 바로 그런 믿음의 바탕 위에서 하나님의 창조 원리를 탐구하여 알아낸 믿음의 사람이다. 갈릴레오나 뉴턴이나 아인슈타인이 모두 그런 믿음의 사람들이다.

13 너희가 과학 또는 철학이라고 하는 지혜의 학문은 바로 이런 믿음의 열매로서 나타난 것임을 알아라.

14 하나님의 신비한 비밀은 아직 너희에게 무한히 미지의 세계로 남아 있다. 너희 믿음이 너희를 무지에서 건져내어 하나님의 무한한 지혜로 안내해 줄 것이다.

15 믿음을 가지고 의문을 품어라. 믿음을 가지고 의심하여라. 믿음을 가지고 질문을 하여라. 믿음을 가지고 찾아라. 믿음을 가지고 두드려라. 믿음이 너희를 지혜롭게 하리라.

16 너희 중에 어떤 사람은 이렇게 말한다. 분별하는 마음을 없애라. 사랑하고 미워하는 마음을 없애라. 그러나 내가 너희에게 말한다. 너희의 분별하는 마음을 바르게 하여라. 미워하는 마음을 줄이고 사랑하는 마음을 늘려라.

17 하나님께서 너희에게 분별심을 주셨는데 너희가 그것을 없애야 한다고

주장하는 이유가 무엇이냐. 너희는 스스로 미혹하는 영에 사로잡히기를 바라느냐. 사람을 무지하게 만들어 너희가 얻을 수 있는 것이 무엇이냐. 너희가 없애야 하는 것은 분별심이 아니라 너희의 탐욕과 교만과 무지이다.

18 탐욕이란 물질에 대한 탐욕만 의미하는 것이 아니라 헛된 지식을 탐하는 것도 탐욕이다. 생로병사는 너희에게 고통이 아니라 하나님과 함께할 수 있는 최대의 기회이고 복이다. 너희 삶을 하나님이 주신 복으로 이해하지 않고 화로 이해하려는 너희의 이성은 너희를 헛된 지적 탐욕에 빠뜨리고 있다.

19 무지란 하나님의 창조 원리와 생명체의 가치에 대한 무지이다. 하나님의 지혜가 어떻게 창조에 적용되어 왔는지 아는 것은 너희의 삶을 최상으로 만들어 주기에 유익하리라.

20 교만이란 너희가 조그만 앎을 얻고 마치 모든 것을 알게 된 것처럼 착각하여 하나님의 지혜를 구하지 않는 것이다. 너희가 그런 교만에 빠진다면 너희가 구원 받을 수 있는 길이 막히게 된다.

21 하나님의 지혜는 선택하는 지혜며 선택은 분별을 기반으로 삼는다. 하나님은 무와 유 중에서 유를 선택하여 물질을 만드셨고, 정과 동 중에서 동을 선택하여 물질의 운동을 일으키셨고, 혼돈과 조화 중에서 조화를 택하여 우주 질서를 이루셨고, 무지와 지혜 중에서 지혜를 택하여 생명체를 만드셨고, 악과 선 중에서 선을 선택하여 생명체를 진보로 이끄시며, 불행과 행복 중에서 행복을 선택하여 너희를 구원에 이르게 하신다. 모든 선택에서 하나님은 우주와 생명 체에게 유익을 주는 길을 택하셨다. 그것이 생명체의 진화와 인간의 진보로 나타나고 있지 않으냐.

22 사람에게서 분별심을 없애려 하는 것은 사람을 사람이 아니게 만들려 하는 것과 같다. 너희가 육으로 된 사람인데 어떻게 분별을 무가치하게 여기려 하느냐. 하나님도 분별심으로 세상을 만드셨는데 어떻게 너희가 분별심을 벗어나려 하느냐. 그것은 너희가 생명체로 살면서 생명을 없 애려 하는 것과 다르지 않다.

23 너희에게 필요한 것은 분별심이 없는 마음이 아니라 분별심이 최선의 수준에 이른 마음임을 명심하여라. 올바른 분별심으로 올바른 선택을 하는 지혜가 너희에게 필요하다.

24 너희의 삶은 끊임없이 선택을 해 나가는 과정이 아니냐. 너희 삶의 가 치를 높이기 위하여 너희가 할 일은 너희 분별심을 최선의 경지에 가 까이 가게 하는 것이다. 너희가 그럴 만한 지혜를 갖추면 살 것이요 무 지하면 죽으리라. 그러니 너희가 하나님의 지혜를 구하지 않고 어떻게 살겠느냐.

25 너희는 너희에게 주어진 분별심을 최선으로 사용하여 너희의 삶을 행 복하고 가치 있게 만들어라. 너희 분별심이 너희를 위선자가 되지 않게 하고 악한 자가 되지 않게 하고 불의한 자가 되지 않게 하여라. 이것이 너희가 하나님 나라에 들어갈 수 있는 길이다.

26 너희는 하나님의 완전한 지혜를 구하여라. 너희를 진실한 사람으로 만 들고, 선한 사람으로 만들고, 의로운 사람으로 만들어 줄 하나님의 지 혜를 바라라.

8 1 하나님은 완전한 지혜로 시간과 공간과 사물과 생명체를 만드셨다.

2 하나님은 시간과 공간을 벗어나 계시며 또한 당신이 만드신 시간과 공

간 안에 계신다.

3 유한하고 국지적인 피조물은 이런 광대무변하신 하나님을 이해하거나 그분을 헤아릴 수 없다. 그래서 피조물이 하나님의 완전한 지혜에 이르는 길은 없다.

4 너희는 하나님이 창조하신 세상 속에서 하나님의 완전한 지혜를 이해하도록 노력하여라. 과학적인 방법이든 기도와 묵상으로든 하나님의 완전한 지혜를 조금이라도 인식해 내도록 노력하여라.

5 이를 가능하게 하는 것은 너희의 간절한 기도요 사심 없는 노력이니 너희는 진실하고 선하고 의로운 마음으로 정성을 다하여 하나님께 구하여라. 사랑이 많으신 하나님께서는 너희 기도와 간구를 지나치지 않으시고 응답해 주시리라.

6 하나님의 지혜를 사모하여라. 너희가 하나님의 지혜에 가까이 가려면 먼저 하나님의 지혜를 사모하여야 한다.

7 하나님의 지혜는 무한하여 너희가 상상할 수 없다.

8 하나님의 지혜는 완전하여 너희가 흉내 낼 수 없다.

9 너희가 지금의 삶을 누리는 것은 오로지 하나님의 완전한 지혜 덕임을 알아라. 너희는 하나님의 지혜에 감사하고 그 지혜를 본받아라.

10 하나님이 말씀으로 세상을 만드신 과정은 신비롭고 너희의 상상을 초월한다. 말씀이 힘이 되고 힘이 사물이 되며 사물이 생명체가 되고 생명체 중에서 사람 곧 너희가 생긴 것을 어찌 가볍게 설명할 수 있겠느냐.

11 이 모든 창조 과정에서 하나님의 지혜가 얼마나 완전한 것인지 증명되지 않았느냐. 하나님의 지혜는 피조물에게 자기 완전을 추구하는 지혜를 줌으로써 완성되었다. 하나님은 피조물에게 자기 완전을 추구하도록

완전한 자유를 주셨다.

12 오늘 너희가 이처럼 아름다운 세상을 볼 수 있는 것이나 수많은 생명체가 조화를 이루며 살아갈 수 있게 된 것은 오로지 하나님의 지혜의 완전함 덕임을 알아라.

9

1 너희가 하나님의 지혜를 닮고 싶으면 서로 자유를 허락하여라. 자유는 지혜를 여는 문이다. 하나님이 너희에게 자유를 준 것처럼 너희도 서로 자유를 주어라.

2 만일 너희가 어떤 생명체의 자유를 억압하면 하나님 지혜의 통로를 가로막는 것이어서 그 생명체의 조화로운 성장을 깨트리고 세상의 완전성을 무너뜨리게 될 수 있다.

3 어떤 미물에게서도 자유를 빼앗지 마라.

4 누구든지 모든 생명체가 스스로 자기 완전을 향해서 나아가도록 도움을 주되 간섭하지 마라. 하나님이 너희를 간섭하지 않는 것을 기억하여라.

5 자기 완전을 추구하려는 욕망은 너희의 본성이다. 모든 생명체에게는 자기 완전을 추구할 권리가 있다. 너희의 권리가 다른 생명체의 자기 완전을 추구하는 데에 걸림돌이 되지 않게 하여라.

6 너희에게 주어진 자유는 다른 사람의 자유를 억압하는 데에 쓰는 자유가 아니다.

7 모든 사람이 자기에게 주어진 자유를 마음껏 누리게 하고 그 자유가 자신의 완전함을 이루는 데에 쓰이게 하여라.

8 오, 사랑하는 자야. 너희 지식을 악한 일에 사용하지 마라. 하나님이 주시는 지식은 너희를 살리고 너희를 편안하게 하고 너희를 행복하게 만

드는 데에 사용될 따름이다.

9 만일 너희가 악한 일을 한다면 거기에 쓰인 지식은 하나님께 온 것이 아니라 너희 탐욕이 너희 이성을 충동하여 얻게 된 지식일 뿐이다.

10 너희 육신의 탐욕에서 온 지식은 너희를 불안과 괴로움의 늪으로 빠뜨릴 수밖에 없다. 너희의 탐욕은 서로 무한경쟁을 부추겨 결국 너희의 멸망을 가져올 것이다.

11 세상의 멸망은 하나님이 가져오는 것이 아니라 너희 탐욕이 초래하는 것임을 잊지 마라.

12 그러므로 너희는 하나님의 지혜를 사모하고 바라라. 하나님의 지혜에서 비롯한 지식은 너희를 살리고 너희를 행복하게 해 주는 원천이다. 하나님이 주시는 지혜를 얻기를 간구하여라. 그 지혜가 너희를 평안과 행복과 기쁨의 낙원으로 인도할 것이다.

10

1 너희가 하나님의 지혜를 닮고 싶으면 끊임없이 자기 완전을 추구하여라. 그것이 하나님이 너희에게 주신 권리이고 의무이다.

2 자기 완전을 추구하지 않는 피조물은 게으른 자여서 곧 도태된다. 게으른 자가 도태되지 않으려고 하나님께 기도하고 매달려도 하나님은 귀를 열지 않으신다.

3 먼저 자기 완전을 추구하려는 마음을 갖추고 하나님께 기도하여라. 그러면 하나님은 너희에게 필요한 지혜를 주실 것이다.

4 너희가 자기 완전을 추구하는 과정에서 다른 사람이나 다른 생명체의 자기 완전을 추구하는 권리를 침해하지 마라. 다른 사람이나 생명체의 자유를 억압하는 것은 하나님의 지혜를 거부하는 것이며 하나님께 죄

를 짓는 것이다.

5 하나님의 지혜를 거스르는 것은 스스로 죽음을 불러들이는 죄임을 명
  심하여라. 너희는 서로 자유를 누리되 남의 자유를 침해하지 않는 지혜
  를 갖춰라. 그러면 너희 지혜가 하나님의 지혜를 닮아갈 수 있게 되리라.

6 하나님의 지혜를 닮은 자들의 삶은 참으로 아름답구나. 그 눈빛에 사랑
  이 감돌고, 그 입귀에 진실이 걸려 있으며, 그의 가슴에 공의가 담겨 있
  지 않으냐. 그들의 세상에는 사랑이 넘치고 거짓이 없으며 선함과 의로
  움이 가득 차 있지 않으냐.

7 눈을 들어 밤하늘에 빛나는 무수한 별의 반짝임을 보아라. 그 아름다
  움이 어디서 왔겠느냐. 누가 그것들을 그렇게 반짝이게 했겠느냐. 그것
  은 하나님의 지혜가 만물에게 준 자유를 그들이 누린 결과가 아니냐.

8 아름다운 지구와 그 속에서 살아가는 수많은 생명체를 보아라. 이 아름
  다움이 어디서 왔겠느냐. 누가 지구로 하여금, 지구 속에서 사는 생명체
  로 하여금 이렇게 아름다운 삶을 살 수 있게 했겠느냐. 그것은 하나님
  의 지혜가 생명체에게 준 자유를 그들이 누린 결과가 아니냐.

9 헤아릴 수 없이 많은 생명체가 헤아릴 수 없는 형용으로 조화롭게 삶을
  살아가는 것은 하나님의 지혜 곧 자기 완전을 추구하도록 유도하는 하
  나님의 완전한 지혜 덕분이 아니냐.

10 너희가 보고 느끼고 숨 쉬며 살고 있는 이 세상은 하나님의 지혜의 표
   현임을 알아라.

11

1 하나님께서 말씀하신다. 너희는 나를 보지 말고 너희 자신을 보
아라. 나는 완전하니 너희가 나를 위해 할 일이 없다. 너희는 나의 말을

명심하여 너희의 불완전함을 보완하는 일에 힘써라.

2 피조물의 자기 완전성은 피조물이 스스로 필요한 바를 인식하고 이를 추구함으로써 달성된다. 하나님은 모든 피조물에게 자기 완전을 추구할 자유와 권리를 주셨고, 피조물이 완전을 추구하는 과정에서는 어떤 간섭도 하지 않으신다.

3 그러므로 너희는 스스로 완전을 추구하면서 다른 사람의 자유와 권리를 존중하여라. 각자의 자유와 권리가 조화를 이루는 가운데에서 각자의 완전을 추구하는 모습은 하나님 보시기에 아름답고 대견하지 않겠느냐.

4 하나님이 어찌 너희가 불완전한 상태로 고통을 당하기를 바라시겠느냐. 너희는 피조물이라. 너희가 할 수 있는 일은 너희 마음과 정성을 다하여 너희가 완전해지도록 노력하는 것이다.

5 너희 하나님이 완전한 분이니 너희도 하나님의 완전함에 이르도록 힘써라. 너희의 평안과 행복은 너희가 완전을 추구함으로써 얻어지리라. 하나님은 완전을 추구하는 사람을 사랑하신다.

6 그러나 너희가 완전을 추구한다는 미명 아래 다른 사람의 자유와 권리를 침해하는 것은 옳지 않다. 그로 말미암아 다른 사람이 자기 완전을 추구하는 자유와 권리를 빼앗길 수 있기 때문이다.

7 지혜가 말씀하신다. 진실이 거짓을 이기게 하여라. 선이 악을 이기게 하여라. 정의가 불의를 이기게 하여라. 이로써 너희가 완전에 이르게 되리라. 너희에게 거짓이 있고, 악이 있고, 불의가 있는 한 너희에게 완전함은 없다. 너희가 불행해지는 이유가 여기에 있다.

8 너희는 하나님의 지혜를 사모하여라.

12

1 하나님의 지혜는 너희 모두를 고르게 잘살 수 있게 해 주고, 너희 모두를 행복하게 해 주는 완전한 지혜이다.

2 너희가 하나님의 참 지혜를 사모하고 그 지혜 얻기를 구한다면 너희는 탐욕과 구차함에서 벗어나 모두 자유롭고 평등하며 풍요로운 삶을 살 수 있게 된다. 하나님 안에서 너희는 모두 자유와 평화와 풍요와 행복을 누릴 권리가 있다.

3 너희는 탐욕을 억제하고 서로 사랑하고 돕고 베풀며 함께 살아가라. 너희 하나님이 너희에게 주시는 지혜가 너희를 탐욕의 늪에서 건져 주리라.

4 너희가 쉬운 길을 택하여 눈앞의 이익을 탐내고 남의 것을 빼앗을 궁리를 하고 사람에게 해를 끼치는 행위를 삼가지 않는다면 너희는 결코 싸움과 불안과 고통의 멍에를 벗지 못하리라.

5 너희 생각을 넓고 높고 크게 가져라. 너희 하나님이 가지신 완전한 지혜를 사모하여라. 그 지혜에는 너희 모든 사람과 생명체가 평화와 번영을 누리며 행복하게 살 수 있는 길이 있음을 알아라.

6 가난과 궁핍이 너희를 행복하게 해 주지 않으며 너희를 사랑으로 하나가 되게 하지 못한다.

7 너희는 하나님이 주신 풍요와 번영 속에서 서로 사랑하고 배려하며 존중함으로써 하나님의 낙원을 이루어라.

8 그것은 탐욕으로 이루어지는 것이 아니라 진실과 선과 의로써 이루어진다. 탐욕은 거짓과 악과 불의를 동반하여 너희를 타락시키고 너희를 고통의 질곡에서 벗어나지 못하게 하지만 하나님이 주시는 지혜는 너희

를 진실과 선과 의로 이끌어 너희를 행복과 평안에 이르게 할 것이다.

13

1 하나님께는 시간과 공간이 무의미하다. 그분은 시간과 공간 너머에 계시기 때문이다.

2 하나님이 세상을 창조하실 때에 얼마나 걸렸고, 하나님이 생명체를 만드는 데에 얼마나 걸렸는지 너희는 알지 못한다. 하나님은 시간에 구애받지 않으시는 분이다.

3 너희의 헤아림은 해가 동에서 떠서 서로 지고, 사계절이 반복하는 것으로 기준을 삼지만 하나님은 그런 것을 기준으로 삼지 않으신다. 그러니 너희 계산으로 하나님의 시간을 헤아리는 것은 무의미하다.

4 너희는 너희 눈으로 하나님의 일하심이 얼마나 정교하고 완벽한지 보고 거기서 하나님의 지혜를 배워라.

5 너희 이성으로 너희 지혜를 하나님의 지혜에 가까이 이르도록 힘써라. 그것이 하나님이 너희에게 허락하신 이성을 가장 바르게 사용하는 길이다.

6 한낱 손톱만큼의 지혜를 가지고 하나님의 지혜를 판단하지 마라. 너희 지혜는 하나님의 지혜에 비하면 감히 지혜라고 말하기도 부끄러운 것이다.

7 하물며 이제 막 알게 된 지식을 가지고 하나님의 무한한 지혜를 부정하거나 업신여기는 것이 얼마나 한심한 일인지 깨달아라.

8 무에서 유를 만들어 내는 분은 오직 한 분 하나님뿐이고 피조물은 결코 스스로 생길 수 없다.

9 너희가 이제 과학을 발전시켜 조금 알게 되었다고 거기에 자만한 나머지

우주와 만물이 스스로 생겼다고 여기는 것은 지혜가 아니다.

10 너희는 하나님의 지혜를 사모하는 것을 잊지 마라. 그러면 너희 지혜가 날로 더해질 것이다.

11 하나님의 지혜를 배우기를 멈추지 마라.

12 하나님의 지혜는 완전하여 어떤 경우에도 너희에게 해롭지 않고 오직 너희를 평안과 행복이 넘치는 낙원으로 이끌어 준다. 너희가 믿고 따를 지혜는 오직 하나님의 지혜 하나뿐이다.

13 너희의 지혜는 결코 완전하지 않아 끊임없이 보완해야 함을 잊지 마라. 너희는 너희 지혜가 완전에 이르도록 하나님의 지혜를 배워라. 너희가 배워야 할 지혜는 하나님의 지혜뿐이다.

14 그러므로 너희는 이렇게 기도하여라. "하나님, 우리의 모자람을 불쌍히 여기시고 당신의 지혜를 우리에게 넣어 주소서."

14

1 너희 가운데 '하나님은 왜 이런 고통을 나에게 안기시는가?'라고 묻는 사람이 있다는 것을 내가 알고 있다. 그들은 쉽게 하나님을 원망한다.

2 너희가 경각의 위험 속에서 이렇게 외치지 않겠느냐. 하나님이여 내가 죽게 되었나이다. 나를 이 죽음에서 구원해 주소서. 또 이렇게 외치지 않겠느냐. 하나님이여 내가 지금 망할 처지에 있나이다. 나를 도우소서. 너희가 괴롭고 신세가 처량하여 너희 눈에서 눈물이 마르지 않게 될 때에 너희가 머리를 짓찧으며 하나님을 찾아 기도하지 않겠느냐. 하나님이여 나를 도우소서. 나의 지난 죄를 회개합니다. 나의 회개를 용납해 주시고 나를 구원해 주소서. 이때에 너희가 이 음성을 들으리라. 사랑

하는 아들아, 사랑하는 딸아, 걱정하지 마라. 내가 너를 구원해 주겠다.

3 너희가 죽음의 공포와 실패의 고통 속에 빠질 때에 너희는 좌절하지 말고 너희 하나님께 구하여라. 너희 하나님은 너희 기도를 들으시고 반드시 응답해 주신다. 의심하지 말고 기도하여라. 너희 하나님은 너희가 의지할 마지막 의지처가 되신다. 사랑의 하나님이 너희 처지에 맞추어 너희를 구원할 지혜를 주시리라.

4 너희가 꼭 알아야 할 것은 하나님은 어떤 목적으로도 너희가 고통 속에 있게 하거나 너희에게 고통을 안기지 않으신다는 점이다.

5 너희가 받는 고통은 하나님에게서 온 것도 아니고 하나님이 허락하신 것도 아니며 하나님이 눈감고 너희를 내버려두어 너희가 고통을 당하는 것이 아니다.

6 너희의 고통은 너희 가운데에서 나와서 너희 가운데에 존재하는 것이다. 그 고통은 너희가 하나님의 지혜를 멀리하고 너희의 지식으로 자만한 결과 너희에게서 생긴 것이다.

7 너희의 고통은 탐욕에서 오고 탐욕은 무지에서 온다. 무지한 자는 욕심에 사로잡혀 하나님의 음성을 외면하고 육의 탐욕에 빠진다. 물질과 명예와 권력에 휘둘린 자는 탐욕에 빠진 자이다. 너희는 하나님의 지혜로 무장하여 탐욕에 빠지지 않게 하여라. 너희에게서 탐욕이 사라지면 고통도 사라질 것이다.

8 너희는 사람을 속이는 지식을 즐겨 사용하며, 사람을 해코지하는 방법을 즐겨 사용하지 않느냐. 너희 지식은 증오하고 멸시하며, 파괴하고 훼손하고 망가뜨리는 일에 동원되지 않느냐.

9 너희에게 지식이 많아질수록 너희의 고통과 불안과 스트레스는 더욱 심

해질 것이다. 너희가 고통과 불안에서 벗어나고자 한다면 먼저 너희가 하나님의 지혜를 사모하여라.

10 하나님의 지혜는 완전하여 너희를 고통에서 벗어나게 해 줄 것이고 너희를 평안과 행복으로 이끌어 줄 것이다.

11 하나님은 너희에게 무엇을 어떻게 하라고 지시하는 분이 아니다. 하나님은 너희에게 지혜를 주어 너희가 스스로 너희 할 바를 알게 하시며 너희로 하여금 가장 좋은 일을 할 수 있게 해 주시는 분이다.

12 너희가 육신의 탐욕에 빠져 있다면 하나님의 은밀한 속삭임을 들을 수 없다. 하나님은 말없이 말씀하시는 분이다.

13 너희가 사심을 버리고 오로지 하나님의 지혜의 말씀을 사모한다면 너희는 맑은 가을 하늘 아래에서 반짝이는 영롱한 이슬처럼 너희 혼과 마음에 하나님의 지혜가 맺힘을 경험하게 될 것이다. 하나님의 영이 너희 속에서 일하시는 것이다.

14 너희는 너희 혼을 깨끗이 하여라. 너희 혼이 깨끗하여 하나님의 영과 결합할 수 있도록 노력하여라. 그러면 하나님의 지혜가 너희에게 내려와 너희를 지혜로운 사람으로 바꿔 주실 것이다.

15
1 너희의 질병이 어디서 오느냐. 하나님이 너희에게 질병이라는 벌을 내리시느냐.

2 옛 기록에 따르면 나사로의 누이들이 예수께 사람을 보내어 나사로가 병이 들었음을 알리자 예수는 이 병은 죽을 병이 아니고 하나님의 영광을 위한 것이요 하나님의 아들이 이 병을 고치는 것으로 영광을 받게 하려 하는 것이라고 하였다. 마치 하나님이 당신과 당신의 아들을 위하

여 나사로에게 질병을 주시고 또 그것을 고치게 하신다는 것이어서 사람의 질병을 하나님이 당신의 목적을 위하여 사용하신다는 뜻이 된다. 이는 전혀 하나님의 뜻과 다르다. 하나님은 그런 하찮은 방법으로 당신의 능력을 드러내는 초라한 분이 아니다.

3 하나님이 무엇이 아쉬워서 당신의 피조물 곧 사랑하는 생명체에게 병을 주고 약을 주어 당신의 영광을 드러내시겠느냐.

4 하나님이 사람을 사랑하신다면 그리고 당신의 말 한마디로 질병을 고치실 수 있다면 무엇 때문에 나사로만 고쳐 주시고 다른 수많은 질병 걸린 자는 내버려 두시겠느냐.

5 예수를 사랑하는 자만 고쳐 주시고 나머지는 죽게 내버려두시겠느냐. 그렇지 않다. 보편적인 사랑을 가진 하나님은 결코 그런 방식으로 당신의 사랑을 드러내지 않으신다.

6 너희의 질병은 하나님과 상관없다. 하나님은 너희가 질병의 고통을 당하도록 하시지도 않고 그런 질병을 만들어 너희에게 퍼뜨리시지도 않으신다.

7 너희가 질병의 원인을 알게 되면 그 질병을 다스리는 방법도 알게 되리라. 너희가 갖추어야 할 것은 그 질병을 치료하는 지식이니라.

8 믿음으로 질병을 치료하는 것도 가능하나 그것은 매우 특수한 경우에 한정된다. 너희 마음이 질병을 치료하는 것이므로 너희 마음이 얼마나 질병의 치료에 최적화하느냐에 관계되기 때문이다. 너희가 기도로 하나님의 영의 도우심을 받을 수 있는 때가 있을 것이다. 그러나 언제나 그런 것은 아니다.

9 질병을 일으키는 모든 세균이나 바이러스나 다 하나님의 피조물이다. 그

들이 결코 너희를 해치기 위해서 태어난 것이 아니다.

10 그들은 그들의 삶을 위해 태어난 것이다. 그것들은 하나님이 생명을 만드시고 진화시키는 더 큰 과정에 참여하면서 나타나고 사라지는 것들이다.

11 너희가 그들을 퇴치하는 법을 알아내는 것과 별도로 그것들을 미워하여 없애려 하지 마라. 하나님의 생명체 창조 과정에는 세포나 세균이나 바이러스 같은 것의 생멸도 하나의 정상적인 과정임을 알아라.

12 그것들이 생명체에 어떤 이로움이나 해로움을 주는지는 너희가 알지 못한다. 생명 창조에는 그보다 훨씬 더 미세한 것들이 작용하고 있음을 알아라.

13 너희가 어찌 생명 창조 과정을 알 수 있겠느냐. 그것은 신비에 부쳐져 있다. 하나님께서 너희에게 숨기시고 싶어서 그것을 비밀로 한 것이 아니라 너희 지혜가 아직 거기에 이르지 못했기 때문에 비밀인 것처럼 인식될 뿐이다.

14 너희가 해야 할 일은 대상인 생명체와 생명체 안에서 활동하는 하나님의 영이 어떻게 관련을 맺어 생명을 살리고 생명체를 진화시키는지 연구하는 것이다.

15 너희가 어디까지 대상을 연구할 수 있는지, 또 생명체 안에서 일하시는 하나님의 영을 얼마나 이해할 수 있을지는 너희의 의지와 노력에 달려 있다. 그리고 그 의지와 노력은 너희의 간절한 기도와 짝을 이루게 되리라.

16 그러므로 너희는 질병을 하나님과 관련시키지 마라. 질병을 낫게 하는 것은 하나님의 능력이지만 질병에 걸리는 것은 너희의 무지 때문일 뿐

이다. 너희가 미명에서 깨어나 지금보다 훨씬 더 지혜로워지는 것이 너희에게 주어진 임무이다.

16

1 너희 지식이 지식인의 전유물이 되지 않게 하여라.

2 지식이 지식인의 전유물이 되면 그 지식이 너희를 상하게 할지 누가 알겠느냐.

3 권력이 권력자의 전유물이 되면 그 권력이 너희를 상하게 하는 것과 같으니라.

4 너희 지식이 모든 사람의 지식으로 확대되면 그 속에 하나님의 지혜가 들어와 지식인의 오만과 탐욕을 견제해 주리라.

5 한 사람으로는 할 수 없으나 여럿이 함께하면 할 수 있는 일이 얼마나 많으냐. 수가 많아지면 결과가 달라진다.

6 그러므로 너희 지식을 모든 사람이 공유하게 하여라.

7 너희 지식이 하나님이 만드신 세상을 모든 생명체가 더 평화롭고 행복하게 살 수 있는 세상으로 바꾸는 데에 선한 영향을 끼치게 하여라.

8 하나님이 너희에게 지식을 주고 지혜를 곁들여 주는 이유가 여기에 있음을 잊지 마라.

9 다윈이 찾아낸 진화와 유전에 관한 법칙은 너희에게 세상을 이해하는 훌륭한 지식을 갖추게 하였다. 그러나 너희가 알아낸 지식은 아직 하나님의 지식에 비하면 지극히 미약한 것임을 알아라.

10 너희는 새로운 지식을 갖추게 되면 그것이 모든 것을 설명할 수 있는 완전한 것인 양 생각하지만 너희의 지식 중에 완전한 것은 없다.

11 너희가 새로운 지식을 알게 되더라도 자만하지 말고 더 완전한 지식을

찾는 정성을 기울여라. 하나님은 언제나 찾는 자에게 길을 열어 주신다.

12 너희 지식을 허투루 사용하지 마라. 너희가 배워서 안 것을 가볍게 사용하지 마라. 너희 지식과 배움을 이용하여 다른 사람을 해코지하는 짓을 하지 마라. 다른 사람의 약점을 잡아 그를 파멸시키는 데에 너희 지식과 배움을 사용하지 마라.

13 하나님은 너희에게 사람을 살리고 사람을 돕고 생명체에 이익을 주게 하기 위하여 이성을 허락하시고 세상의 지식과 정보를 얻게 하셨다. 너희가 얻은 지식과 정보를 하나님의 지혜의 도움을 받아 바르게 쓰도록 힘써라.

14 너희 지혜를 권력에 팔지 마라. 권력은 지혜를 업신여기며 지혜를 권력 탈취와 유지의 수단으로 사용하려 할 뿐이다. 너희 지혜로 권력을 악에서 구하여 선을 행하게 하여라.

15 너희 지혜를 돈에 팔지 마라. 돈은 지혜를 업신여기며 지혜를 돈벌이의 수단으로 사용하려 할 뿐이다. 너희 지혜로 돈을 악에서 구하여 선을 행하게 하여라.

16 너희 지혜를 명예에 팔지 마라. 명예는 지혜를 명예를 얻고 유지하는 수단으로 사용하려 할 뿐이다. 너희 지혜로 명예를 악에서 구하여 선을 행하게 하여라.

17 지혜는 얼마나 고귀하고 아름답고 품위 있는 것이냐. 보석보다 더 빛나는 지혜, 여인보다 더 아름다운 지혜, 꽃보다 더 향긋한 지혜를 권력에 팔고, 돈에 팔고, 명예에 파는 것은 진주를 돼지에게 던지는 것처럼 미련한 짓이다.

18 지혜는 하나님에게서 온 것이니 그 지혜를 하나님이 보시기에 아름다

운 열매를 맺는 일에 써라.

19 너희는 지혜에 대한 옛사람의 글을 기억하여라. 지혜는 하나님의 권능의 숨결이고 그분의 영광의 발산이어서 어떠한 오점도 그 안으로 들어오지 못한다.

20 지혜는 영원한 빛의 광채이고 하나님께서 하시는 활동의 티 없는 거울이며 하나님의 선하심의 모상이다. 하나님의 지혜는 하나님의 진실함, 선함, 의로움의 완전한 표상이다.

21 너희가 지식을 갖출수록 하나님의 지혜가 얼마나 완벽한지 알게 될 것이다.

22 하나님은 당신의 작품 속에 당신의 뜻을 두셨기 때문에 너희가 하나님의 작품 속에서 하나님이 일하신 원리를 알게 되면 너희는 하나님이 얼마나 정교하고 완전하게 세상을 창조하셨는지 조금이라도 알게 될 것이다.

23 너희가 그 속에서 하나님의 세상에 대한 사랑과 애착을 읽을 수 있다면 마땅히 너희도 하나님의 마음을 품고 하나님의 지혜를 받아들여라. 그러면 너희 지식이 파괴에 쓰이지 않고 너희 모두를 행복하게 해 줄 것이다.

24 내가 진실로 아끼고 사랑하는 너희 사람들아, 내가 너희에게 간곡히 이르노니, 이 모든 것은 이미 하나님 주권 아래에서 진행되고 있고 끊임없이 너희를 향하여 추동할 것인즉, 너희는 하나님의 완전한 지혜를 사모하며 그 지혜를 과학적이고 합리적으로 구함으로써 자기 완전에 다가가라.

25 너희 당대에 이루지 못한 완전성을 너희 자손이 이루도록 지치지 말고

이어가라. 하나님께서 너희를 지켜 주실 것이요, 그 날이 너희에게 오리라. 그때까지 너희 날이 장구하리라.

17

1 너희는 너희 믿음을 다잡기 위하여 성지 순례를 즐기는구나. 너희가 산티아고 순례를 가서 그곳에서 무엇을 보느냐. 무엇을 만나느냐. 무엇을 얻느냐. 어디에나 있는 성당의 건물을 보러 그곳까지 가느냐. 야곱의 무덤을 보러 가느냐. 그 도시가 여느 도시보다 더 화려하여 구경할 만한 것이 많이 있더냐.

2 너희가 바라는 것은 콤포스텔라 성당이나 야고보의 무덤을 보기 위함이 아니라 그 길을 가면서 너희 마음이 순결해지고 신실해지고 선해지며 의로워지는 영혼의 거듭남을 위함이 아니냐.

3 너희의 목표는 순례하는 길 위에서 이미 이루어지는 것이 아니냐. 이타카를 마음에 두고 떠나더라도 서두르지 말고 가는 길에서 얻는 풍요로움에 감사하라는 시인의 말이 이를 두고 하는 말이 아니냐.

4 너희는 순례가 너희에게 면죄부를 주는 것으로 여기지 마라.

5 너희가 만일 순례 중에 순수한 마음으로 하나님을 찾는다면 한순간 하나님을 만나거나 인식하는 기적을 경험할 것이다. 그러나 그것으로 너희가 거듭났다고 기뻐하지 마라.

6 너희 믿음을 위해서 순례로 위안을 삼거나 그것으로 만족하지 마라. 영적 순례라고 이름을 붙이는 순례도 결국은 하나의 경험에 지나지 않는 순례가 될 것이다. 그래서 산티아고 순례도 너희 인생에서 경험한 수많은 여행처럼 또 하나의 여행으로 너희 기억 속에 남게 될지 모른다.

7 나는 너희에게 권한다. 너희는 하나님을 향한 지적 순례를 떠나라. 하나

님이 세상을 만드시고 운영하시는 신비한 지혜에 맞추어 그 지혜를 얻기 위한 순례를 떠나라.

8 과학자들이 하나님의 작품인 자연에서 새로운 현상을 이해하려고 불굴의 노력을 하는 것처럼 너희도 하나님의 지혜를 찾아 나서라.

9 하나님의 지혜는 그렇게 불퇴전의 의지로 찾는 사람에게만 전달될 수 있다.

10 일시적인 환상이나 계시로 하나님의 지혜를 모두 알게 되었다고 착각하지 마라. 환상은 자칫 너희 믿음을 맹신으로 만들게 된다.

11 너희가 얻은 지혜의 범위에서 너희가 할 수 있는 일을 하여 하나님의 지혜의 완전함에 다가가라. 그러한 노력이 쌓여 너희 지혜도 점점 자라게 될 것이다.

12 너희는 땅에 세워진 인공물을 순례하는 것으로 만족하지 말고 하나님의 지혜를 순례하는 순례자가 되어라.

13 지혜의 순례에 이정표를 세우는 자가 복이 있다.

18 1 신비 체험에 현혹되지 마라. 신비란 주관적 환상이 사실처럼 받아들여지는 것을 말한다.

2 너희는 누구나 간절히 바라고 기대하면 순간적으로 그것이 이루어지는 것처럼 느껴지는 경험을 한다. 그것은 사실이 아니라 너희 마음의 작용으로 너희에게 그렇게 보이고 인식되는 것이다.

3 신비 체험은 너희를 현실적으로 더 강하게 하는 동기 부여가 되는 경우가 있지만 그것은 사실이 아닌 환상이므로 다른 사람에게 그것을 보여줄 수 없고 다른 사람이 동일한 경험을 할 수도 없다.

4 하나님은 너희를 현혹할 어떤 체험도 주지 않으신다.

5 하나님이 주시는 것은 너희의 이성에 기초한 지식과 지혜로서 너희가 실생활에 적용할 수 있는 것들이다.

6 그러므로 너희는 신비 체험이 모든 것을 결정하는 것처럼 절대적인 것으로 인식하지 말고 그것을 추구하지도 마라.

7 파티마의 성모 마리아의 권고, 잔 다르크에 준 계시, 콘스탄티누스 황제의 꿈에 나타난 십자가 형상 등은 모두 그 사람들에게 강한 동기 부여를 하여 많은 사람에게 영향을 미쳤다. 그러나 그것이 하나님의 뜻은 아니다. 하나님은 어느 특정한 사람에게 어느 특정한 나라를 위하여 무엇을 하라고 가르치거나 계시하지 않으신다.

8 하나님은 진리와 선과 공의의 주관자이므로 그에 관한 것만을 사람에게 계시하시고 깨우치신다.

9 너희 믿음의 사람들은 쉽게 신비 체험에 빠지는 경향이 있다. 너희 믿음을 신비 체험에 두지 말고 하나님의 언약에 두어라.

10 하나님이 주신 지혜를 따라서 이성에 바탕을 두고 하나님의 뜻을 인식하는 데에 힘써라. 너희 믿음이 허황한 것을 쫓아가지 않도록 깨어 말씀에 굳게 서라.

19

1 진리가 무엇이냐. 진리란 진실에 기반한 것이고, 진실이란 사실에 기반한 것이며 사실이란 있는 것을 있는 대로 인식하는 것이다.

2 너희가 진리를 찾아 나선다면 그것은 있는 것을 있는 대로 보는 눈을 갖추려는 여정을 의미한다.

3 그런데 너희 눈이 아직 완전하지 못하여 있는 것을 보지 못하고 또 잘

못 보기도 한다.

4 너희가 가진 눈으로는 진리를 바로 볼 수 없다. 너희는 너희 눈을 진리를 볼 수 있도록 연마하여야 한다.

5 몸의 눈이 아닌 마음의 눈을 연마하여야 비로소 사물을 있는 그대로 보는 안목이 생길 것이다.

6 너희가 갖추어야 할 마음의 눈 그것은 바로 하나님의 눈이다.

7 하나님의 지혜를 갖춘 눈이 아니면 이 세상을 바로 볼 수 없고 진리를 인식할 수 없다.

8 성경에는 바벨탑 사건이 기록되어 있다. 온 땅의 구음이 하나요, 언어가 하나였다. 그들이 동방으로 가다가 시날 평지를 만나 거기 머물고 말하기를 '자, 벽돌을 만들어 단단하게 굽자.' 벽돌로 돌을 대신하며 역청으로 진흙을 대신하고 또 말하기를 '성과 대를 쌓아 대 꼭대기를 하늘에 닿게 하고 우리 이름을 드러내어 온 지면에 흩어짐을 면하자.' 하니 여호와께서 사람들이 쌓는 성과 대를 보시려고 내려오셨다. 여호와께서 가라사대 '이들이 한 족속이요 언어도 하나이므로 이같이 시작하였으니 이후로는 이들이 경영하는 일을 금지할 수 없겠다. 자, 우리가 내려가서 이들의 언어를 혼잡케 하여 이들이 서로 알아듣지 못하게 하자.' 하시고 여호와께서 거기서 그들을 온 지면에 흩으시니 그들이 성 쌓기를 그쳤다. 그러므로 그 이름을 바벨이라 하니 이는 여호와께서 거기서 온 땅의 언어를 혼잡케 하셨기 때문이다. 여호와께서 거기서 그들을 온 지면에 흩으셨다.

9 여호와가 인간이 쌓는 탑으로 위협을 느껴 인간의 언어를 혼잡케 만들어 인간이 서로 소통하지 못하게 함으로써 탑 쌓는 것을 중지시켰다는

이야기인데, 여호와가 참 하나님이라면 이런 소동을 벌일 이유가 없다. 이런 이야기는 지극히 인간적인 것으로서 너희가 어리석었을 때에 생각했던 신화 같은 하나님의 모습일 따름이다.

10 하나님은 인간이 하늘에 닿는 것을 두려워하거나 불필요하게 여기시지 않는다. 오히려 하나님은 인간이 하나님께 가까이 다가와 하나님 나라에 들어오기를 기대하신다. 그러나 육체의 일로는 하나님 나라에 들어갈 수 없다. 하나님 나라는 육의 나라가 아니고 영의 나라이기 때문이다.

11 하나님은 너희가 하나님의 지혜에 힘입어 진리를 깨닫고 너희 마음이 맑아져서 하나님 나라에 들어오기를 기다리신다.

12 하나님께서 너희를 흩으신 것은 너희로 하여금 하나님의 지혜에 이르는 다양한 길을 가게 하기 위함이다. 말씀으로 오신 하나님, 지혜로 너희와 함께 계시는 하나님이 말씀하신다. 너희는 각자의 말로 하나님의 진리를 찾아라. 하나님께서 준비해 두신 수많은 길이 있다. 하나님께서 너희를 흩으신 것은 너희에게 형벌이 아니라 축복이다. 머지않아 너희 지혜가 하나님의 지혜를 만나게 되리라.

13 너희는 지혜의 탑을 쌓아라. 지혜의 탑은 너희가 하나님께 다가갈 수 있는 소중한 길이다.

14 너희의 지혜가 자라서 하나님의 진리에 접근하게 되면 너희는 하나님의 나라에 도달하게 된다. 그때가 바로 너희가 하나님 안에 들어오는 시점이다.

15 하나님의 지혜 안에 들어오는 너희는 복이 있다.

16 지혜로운 사람은 복되도다. 무지한 사람을 지혜롭게 해 주는 사람은 더욱 복되도다.

20 1 지혜의 탑을 쌓아 올려라. 지혜는 하나님의 말씀이다.

2 너희 일생이 100년인데 너희 당대에 어떻게 그 탑을 완성하겠느냐. 너희는 영겁의 세월 동안 존속해야 하고 너희 자손은 쉬지 않고 하나님의 지혜에 닿기 위하여 탑을 쌓아 올려야 한다.

3 너희는 평생 배우고 또 배워라. 가르치고 또 가르쳐라. 너희에게 학습은 너희를 너희 되게 하는 본질이다.

4 너희가 학습하고 가르치기를 멈춘다면 너희는 사람의 자리에서 내려와야 한다. 배우고 가르치는 것을 멀리하는 자는 사람으로서 존재할 가치가 없다.

5 너희가 앞 사람이 이룬 것을 배우고 다시 새로운 것을 찾아 나선다면 너희의 지혜가 하나님의 지혜에 가까워질 것이고 하나님이 기뻐하실 만한 수준에 이르게 될 것이다. 너희의 지혜는 끊임없이 하나님의 지혜에 수렴될 것이나 하나님의 지혜에 닿을 수는 없고 같은 반열에 오를 수도 없다. 그러나 하나님의 지혜에 지극히 가까이 도달하게 될 것이고 너희가 하나님의 뜻을 알게 되는 것도 이때일 것이다. 너희는 하나님의 지혜 얻기를 위하여 분발하여라.

6 너희는 배우고 익히며 새로운 지적 탐험을 하는 데에 걸림돌이 되는 것을 제거하여라. 너희의 배움을 가로막는 사람이 있으면 그를 물리쳐라. 너희가 무지함 속에 있도록 강요하는 자는 너희 앞에서 사라지게 하여라. 지혜를 갖추지 않은 믿음은 맹신이 될 뿐이다.

7 지혜의 탑을 쌓는 데에 이로운 것과 해로운 것이 있으니 이로운 것은 하나님 앞에서 너희가 겸손히 엎드려 하나님의 지혜를 사모하는 것이고,

해로운 것은 너희가 교만하여 조그만 지식으로 섣불리 하나님의 지혜를 예단하는 것이다.

8 이로운 것은 너희가 어버이에서 자녀로 자녀에서 손주로 대대손손이 지혜를 쌓아 뒤로 물려주는 것이고, 해로운 것은 아들이 아비의 지혜를 지워 없애는 것이다.

9 이로운 것은 지혜를 열린 마음으로 추구하는 태도요, 해로운 것은 지혜를 닫힌 마음으로 배척하는 태도다.

10 이로운 것은 더 큰 지혜에 배고파하는 태도이고, 해로운 것은 작은 지혜에 쉽게 만족하는 태도이다.

11 이로운 것은 육체의 힘을 가지고 지혜를 받드는 행위이고 해로운 것은 육체의 힘으로 지혜를 무시하는 행위이다.

12 사람들아, 어버이에서 자녀로 끊임없이 이어지는 삶의 수레바퀴 속에서 지치지 말고 지혜의 탑을 높이 쌓아라. 그 지혜가 하나님의 지혜를 닮아갈 수 있게 하여라. 그 지혜 덕으로 너희는 새로운 행복을 얻게 되리라.

13 그 지혜는 너희가 알지 못하는 것 때문에 고통을 당하고 질병에 걸리는 불행을 제거해 주리라.

14 그 지혜는 너희가 막연하게 갖게 되는 불안과 우울증을 제거해 주어 너희를 평안하게 해 주리라.

15 그 지혜는 너희의 불완전함을 보완해 주어 너희로 하여금 더 완전한 자유를 누리게 해 주리라.

16 영겁의 시간이 지나고 하나님이 세상을 새롭게 바꾸실 때에 너희 진리를 추구하여 온 사람들은 지혜의 탑 위에서 하나님을 뵙고 영원의 나라에 들어갈 것이다. ㅎ

천국

1 1 하나님 나라는 하나님이 계시는 곳이고, 하나님이 일하시는 곳이다. 그곳은 시간과 공간을 초월한 곳이어서 너희가 이해할 수 없는 곳이다.

2 천국은 하늘에 있는 것도 아니고 땅에 있는 것도 아니다.

3 천국은 너희가 볼 수도 없고 헤아릴 수도 없어 어디에 있는지 너희로서 는 도무지 알 수 없다. 그러나 천국은 너희 가까이에 있다.

4 너희가 하나님 나라를 볼 수는 없지만 들어갈 수는 있다. 하나님께서 너희 영을 받아들이시면 너희가 영으로 하나님 나라에 들어갈 수 있다. 어떤 사람이 들어갈 수 있는지는 하나님만이 아시고 결정하신다. 하나 님 나라에 들어가는 조건이나 들어가서 너희가 무슨 일을 하고 또 어 떻게 사는지는 너희가 알 수 없다.

5 하나님께서는 너희에게 하나님 나라에 들어오라고 요구하지 않으신다. 너희가 하나님 나라에 들어가려고 굳이 노력할 필요도 없다.

6 하나님 나라는 하나님이 선택한 자가 들어가지만 그곳은 너희가 생각하 는 것처럼 화려하고, 없는 것이 없고, 지상에서 누리지 못한 행복을 오

롯이 누릴 수 있는 인간적인 소원이 이루어지는 곳이 아니다.

7 하나님 나라는 빛으로 된 나라이지만 너희가 빛을 볼 수 없고, 그곳에서 하나님이 일하시지만 너희가 하나님을 볼 수 없고, 너희가 영으로 들어가지만 너희 영이 다른 영을 만날 수 없다.

8 너희 영이 하나님 나라에 들어가는 순간 너희 영은 바로 하나님의 영과 하나가 되기 때문이다.

9 내가 하나님 나라를 너희가 이해하기 쉽게 말하기는 어렵다. 너희는 유정물이어서 언어와 감각을 이용해서 이해하고 느끼지만 영의 나라에서는 전혀 다른 방식으로 소통하기 때문에 너희가 이해할 수 없다.

2 1 너희 육의 눈과 귀와 촉각으로는 하나님을 보거나 느낄 수 없고 하나님 나라를 인식할 수 없다. 육은 육의 일을 알고 영은 영의 일을 알기 때문이다.

2 너희 중에서 누가 하나님을 보았다면 그는 육의 눈으로 얻은 경험을 이용하여 영의 환상을 보게 된 것이다. 마치 육의 눈으로 사물을 보듯이 실존하는 하나님을 본 것이 아니라 그가 관념 속에서 그린 하나님을 환상으로 본 것이다. 이것이 육의 한계이다.

3 누구나 자기 환상으로라면 보고 싶은 것을 얼마든지 볼 수 있다. 그러나 그가 본 존재가 하나님이라고 믿는 것은 그의 믿음 범위에서만 진실일 뿐이다.

4 너희 육신의 눈으로는 하나님을 볼 수 없다. 너희가 하나님 나라에 갈 수 없는 이유는 하나님 나라가 너희에게는 보이지 않기 때문이다.

5 너희가 있는 곳이 하나님 나라라고 하더라도 너희는 그것을 인식하지

못한다. 너희가 육으로 된 존재이기 때문에 영들의 세계인 하나님의 나라를 너희 육신이 들어가는 것이 처음부터 불가능한 것이다.

6 누군가 하나님 나라에 가서 거기서 사는 사람들을 만났다고 한다면 그가 관념으로 그린 하나님 나라를 본 것이다. 관념은 환상을 낳고 환상은 너희 판단력을 약화시켜 너희가 없는 것을 있는 것처럼 느끼는 일이 벌어진다.

7 너희는 하나님 나라를 보았다는 선지자를 조심하여라.

8 너희 육신은 죽음으로 세상에서의 일을 다 마치는 것이다.

9 하나님은 피조물에게 영생을 주지 않으셨다.

10 죽음을 받아들여라. 죽음은 너희가 모르는 또 다른 창조다.

11 죽음 이후에는 너희가 세상에서 한 일에 대한 평가만 남게 된다. 너희 자손이 그 평가의 보응을 받을 것이다.

12 사랑하는 자야, 네 영혼이 잘 되도록 세상에서 네 모든 일이 잘되기를 바라노라.

3 1 너희는 하나님 나라를 이 세상에서 너희가 얻지 못한 것들을 얻게 되는 곳으로 생각한다. 아름다운 옷을 입고 먹고 싶은 것을 마음껏 먹을 수 있고, 기화요초 향기가 가득한 곳 말이다.

2 그래서 너희는 그곳으로 들어가 근심과 걱정과 불안이 없이 영원히 행복하게 살고 싶은 것이 아니냐. 너희 기도는 이런 것이 아니냐. 참으로 너희의 욕망은 끝이 없고 너희의 기도는 가련하기 그지 없다.

3 너희가 이 아름다운 세상에 와서 백 년을 즐기고 가면 그것으로 만족할 수 있지 않으냐. 무엇이 더 필요하단 말이냐. 감사함으로 삶과 헤어

지면 안 되느냐.

4 너희가 이 각박한 세상에서 죽을 고생만 하고 살다가 죽게 되었으니 그 런 기도라도 해야겠다는 것이냐. 그렇게 해서라도 너희 욕구 불만을 잠 재워 보겠다는 것이냐.

5 너희에게 그런 기도를 하게 한 자는 너희를 불쌍히 여겨 안타까워하는 자 아니면 너희의 불안 심리를 이용하여 자신의 이익을 취하려는 자 둘 중 하나이다.

6 그런 유혹에 빠져 너의 눈앞의 일을 소홀히 하지 마라. 사기꾼에게 돈을 빼앗기는 사람은 돈이 없는 가난한 사람이다. 사기꾼은 돈을 벌려는 간 절함을 역이용하여 그들에게서 돈을 빼앗는 일에 능숙하기 때문이다.

7 하나님 나라는 물질로 이루어진 곳이 아니며 너희 욕심을 채워 주는 곳도 아니다.

8 너희가 하나님을 잘못 안 것처럼 하나님 나라도 잘못 알고 있다. 그곳 에서 하나님은 너희 세속의 왕처럼 왕관을 쓰고 금빛 옷을 입고 있지 도 않고, 거기에 너희처럼 생긴 사람들이 행복하게 살고 있지도 않다.

9 세상에서 전제 군주에게 신물이 난 사람이 하나님 나라에 가서 다시 전 제 군주 같은 하나님의 지배를 받는 것이 기쁜 일이 되겠느냐.

10 세상에서 검소하게 살던 사람이 하나님 나라의 화려함에 식상하여 거 기서 다시 나오고 싶어 할 수도 있지 않겠느냐.

11 하늘에 한 보좌가 있고 그 보좌에는 한 분이 앉아 계셨다. 그분의 모 습은 벽옥과 홍옥 같았으며 그 보좌 둘레에는 비취 같은 무지개가 걸 려 있었다. 또 보좌 둘레에는 높은 좌석이 스물네 개 있었으며, 거기에 는 흰 옷을 입고 머리에 금관을 쓴 장로 스물네 명이 앉아 있었다, 요

한이 환상으로 본 하나님 나라의 모습이다. 이런 하나님 나라는 없음을 알아라.

12 요한의 말이 무엇을 상징한다고 설명하건 상관없이 이 말은 너희의 지혜와 판단력을 마비시킬 뿐이다.

13 하나님 나라가 이렇게 화려하다면 땅의 임금도 그만큼 화려하지 말아야 할 이유가 없을 것이고 세상 사람들이 이처럼 화려하게 사는 것이 흠이 될 이유도 없을 것이다. 이런 나라를 너희가 바란다면 그것은 이 세상에서 이루어질 나라이다.

14 너희가 세상을 살기 좋은 곳으로 바꿀 수 있는 것 중에서 최상의 세계가 이런 낙원이다.

15 낙원은 죽음 뒤에 있다는 하나님 나라에서 찾지 말고 너희 세상에서 만들어 나가도록 함이 옳다.

16 불가능한 것을 바라는 데에 너희 소망을 두지 말고 가능한 것을 찾는 데에 두어라.

4 1 내가 너희에게 말한다. 하나님 나라는 영의 나라이고 하나님이 영으로 일하시는 곳이다. 그러나 그 나라는 한 곳에 있지 않다..

2 너희는 하나님 나라를 하늘에 있는 것으로 생각한다. 그래서 늘 하늘을 쳐다보면서 기도하지 않느냐. 그러나 하나님 나라는 하늘에 있는 것이 아니다.

3 하나님께서 말씀하신다. 너희는 나를 찾기 위해서 하늘을 쳐다보지 마라. 너희가 나에게 오는 것보다 내가 너희에게 가는 것이 더 쉬우니 내가 너희에게 가서 너희와 함께 있느니라. 너희는 나를 하늘에서 찾지 말

고 너희 있는 곳에서 찾아라. 너희 안에 내가 있고, 너희 주위에 내가 있다. 나는 너희와 가장 가까운 곳에 있다.

4 하나님 나라는 영이신 하나님이 세상의 모든 영들과 소통하며 일하시는 곳이다. 만일 너희 영이 하나님의 영과 소통한다면 너희는 하나님이 하시는 일을 알 수 있게 된다.

5 하나님 나라는 하나님과 소통할 수 있는 영만 들어가는 곳이다. 하나님 나라에 들어간 영은 하나님과 하나가 되어 함께 세상을 움직이게 된다.

6 너희가 무엇을 먹을까, 무엇을 마실까, 어떤 집에서 살까, 어떻게 성공해서 출세할까 생각하며 산다면 너희 영은 결코 하나님을 만날 수 없다. 하나님은 그런 것에 관심이 없으시기 때문이다.

7 그러나 너희가 어떻게 하면 진실할 수 있을까, 어떻게 하면 선해질 수 있을까, 어떻게 하면 의로운 사람이 될 수 있을까 늘 노심초사하며 기도하는 사람이라면 너희 영이 하나님을 만날 수 있고 하나님 나라에 들어갈 수 있다.

8 너희 영이 하나님 나라에 들어갈 수 있도록 너희가 세상에서 아름다운 삶을 살아라.

9 사람들아, 내가 새로운 복음을 너희에게 전한다. 구원이 너희 앞에 와 있고, 구원이 너희 머리 위에 와 있다. 너희가 한 걸음 더 앞으로 내디디면 구원이 네 것이 되리라.

10 너희가 손을 조금만 더 높이 올리면 구원이 네 손에 잡힐 것이다. 진실한 자야, 오늘 하나님의 구원이 네게 이르리라.

11 선한 자야, 오늘 하나님의 구원이 네게 이르리라. 의로운 자야, 오늘 하나님의 구원이 네게 이르리라.

12 눈을 들어 산을 보아라. 저 산에서 하나님의 음성이 들리지 않느냐. 눈을 들어 별을 보아라. 저 별에서 하나님의 빛이 네게 이르는 것을 보지 못하느냐.

13 귀 있는 자는 듣고, 눈 있는 자는 보아라. 하나님의 구원이 오늘 네게 임하셨다.

5

1 어떤 사람이 길을 가다가 길모퉁이에서 허름한 옷을 걸치고 먹을 것을 애타게 구걸하는 사람을 보았다. 그는 가던 길을 멈추고 가게에 가서 음식과 물을 사다 걸인에게 먹였다. 음식과 물을 먹은 걸인은 고마워서 땅에 이마를 대고 그에게 절을 하였다.

2 그가 걸인에게 말했다. "내가 가진 돈이 좀 있으니 이것을 당신에게 주겠소. 이 돈으로 며칠 동안 밥을 사 먹으면서 일자리를 구해 보시오. 일자리가 구해지지 않으면 하나님을 찾아가서 물으시오. 어떻게 하면 일자리를 찾을 수 있는지. 대답을 듣지 못하면 나를 찾아 오시오."

3 걸인이 되물었다. "어디로 찾아가야 하나님을 만날 수 있습니까?" 그가 대답했다. "교회로 가 보시오." 그러자 걸인이 고개를 갸우뚱하면서 길손을 바라보았다.

4 왜냐하면 방금 교회에서 구걸하다가 혼쭐나게 쫓겨났기 때문이다. 걸인의 눈에서 그 사정을 읽은 그가 말했다.

5 "여기 돈이 조금 더 있으니 이것을 가지고 옷을 하나 사서 걸치세요. 당신옷이 너무 남루해서 교회 사람들이 말을 못 붙이게 했을 거니까요. 자, 그럼 어서 가세요." 걸인은 그제야 마음이 놓인 듯 자리를 털고 일어났다.

6 너희 생각에 걸인이 누구이며 걸인에게 음식과 돈을 준 길손이 누구

인 것같으냐. 그리고 이 두 사람 중에서 누가 하나님 나라에 들어갈 것
같으냐.

7 그렇다. 두 사람이 다 귀한 사람이지만 하나님 나라에 들어가고 못 들
어가는 것은 오로지 하나님만이 아시는 일이니 너희는 이에 신경을 쓸
필요가 없다. 오직 선한 일로 사람들을 도와라.

6 1 훌륭한 지도자가 있었다. 학식이 풍부하고 정치를 잘하여 많은 사
람의 존경을 받았다. 깊이 있는 철학적 사고로 삶을 통찰함으로써 세상
의 이치를 통달한 것처럼 보였다. 글도 써서 사람들을 감화시켰다. 그는
로마라는 큰 나라의 황제이기도 했다. 나라의 변경을 침략하는 오랑캐
를 물리치는 전쟁도 곧잘 해냈다.

2 지식과 권력을 가진 그에게 한 가지 약점이 있었다. 자기 생각과 다른 생
각을 용납하지 못했다. 아마 그의 생각이 진리이고 그와 다른 생각은
다 틀렸다고 믿었기 때문일 것이다.

3 그는 기독교를 믿는 사람들을 처참히도 많이 죽였다. 그의 시대에 순교
한 사람 중에 폴리카르푸스와 유스티누스가 포함되어 있다.

4 이 두 사람은 기독교를 변증하기 위해서 많은 활동을 하였다. 당시 로마
에서는 주기적으로 기독교를 박해했는데 특히 이 황제의 시기에 격렬했
다. 어쩌면 이 황제가 자기의 철학을 굳게 믿고 있었기 때문일 것이다.
너희가 잘 아는 로마 황제 마르쿠스 아우렐리우스 이야기이다.

5 각자 자기 믿음에 확신을 가지고 살던 황제와 기독교도가 맞섰다가 권
력을 가진 황제가 맨손인 기독교인을 죽인 것이다.

6 이 지점에서 만일 너희에게 선택이 주어진다면 어느 쪽을 선택하겠느

냐. 너희가 마르쿠스 아우렐리우스가 되어 권력과 지식을 가지는 것을 택하겠느냐, 아니면 폴리카르푸스나 유스티누스가 되어 믿음을 지키다가 죽음을 맞는 것을 택하겠느냐.

7 너희가 나에게 대답할 필요는 없다. 너희 스스로 네 마음속의 결정을 따르면 되는 것이니까. 너희 마음 곧 너희 혼이 너희 몸에게 하는 소리를 들으면 된다. 어느 쪽을 택하겠는가? 그리고 하나님은 어느 쪽을 택하는 사람을 하나님 나라로 불러들이실 것 같은가?

8 지금 너희는 입과 가슴이 서로 다른 말을 하는 것을 인식하게 될 것이다. 만일 너희가 입으로 나오는 말을 곧이곧대로 말하게 되면 자칫 위선자가 될 수 있다. 그러니 서둘러 말할 필요 없다.

9 너희 삶에서 너희가 어느 쪽으로 달려가는 사람인지 보이면 된다. 그리고 그에 대한 판단은 하나님이 내리실 것이다.

7

1 너희는 갈릴레오를 잘 알 것이다. 그렇다면 그를 재판에 넘겨 가택연금형과 함께 과학이론을 가르치거나 출판하지 못하게 했던 교황 우루바누스 8세의 이야기도 알 것이다. 갈릴레오는 과학에 입각하여 전통 가톨릭 세계관을 부정했고 우루바누스는 전통 가톨릭 교리에 따라서 갈릴레오의 과학을 부정했다.

2 태양이 중심이냐 지구가 중심이냐는 당시 사람들의 생활과는 별로 관계가 없는 한가한 논쟁일 따름이었지만 교회가 기반으로 삼은 세계관과 가치관을 흔드는 것이어서 교회가 이에 강력하게 대처했다.

3 교회의 세계관과 가치관에 따르면 세상은 천 년이 지나도 변화가 일어나지 않게 되어 있지만 갈릴레오의 세계관에 따르면 인간이 새로운 일

을 시작할 수 있어서 인간이 주체가 되어 세상의 개조를 꾀할 수 있었다. 생성과 변화를 추구하시는 하나님으로서는 당연히 교회의 생각보다 갈릴레오의 생각을 높게 평가하시지 않았겠느냐.

4 갈릴레오는 하나님의 나라에 대해서 조금이나마 아는 사람이었고 우루바누스 8세 교황은 하나님 나라에 대해서 거의 모르는 사람이었던 것이다.

5 성직자들은 하나님의 본성을 모르고 하나님을 마치 인간처럼 생각한다. 성직자들처럼 주어진 책의 기록대로 살고 앞 사람이 썼던 말과 글을 그대로 믿고 따르는 생활을 하는 것은 하나님과 어울리지 않는 태도이다.

6 하나님은 본질적으로 생성과 변화의 하나님이다. 창조와 진화는 하나님의 본질적인 작업인 것이다.

7 세상에 고정된 불변의 물질이 없고 움직이지 않는 생물이 없는 것을 봐라.

8 하나님은 끊임없이 일하시는 분이시다.

9 그렇다면 사람은 할 수 있는 한 열심히 창조와 변화를 모색하는 삶을 살아야 하나님의 본성에 맞는 삶을 사는 것이다.

10 다른 사람의 다양한 삶을 보장하고 그의 새로운 주장을 경청하는 것이야말로 하나님을 믿고 따르는 사람이 가져야 할 가장 기본적인 태도인 것이다.

11 그런데 성직자들은 책에 적힌 글을 들이대며 새로운 것을 이단시하거나 하나님 뜻에 어긋난다고 매도하고 형벌을 가했다.

12 너희는 하나님이 너희에게 주신 창조와 진화의 길을 외면하고 인간의 영과 혼과 몸을 굳어진 틀에 매어 두려했던 것이다.

13 너희는 각성하여 단단하게 굳어버린 글에 얽매이지 말고 살아 움직이면서 진화하는 자연을 보며 창조하고 개선해 나가는 노력을 게을리 하지 마라.

14 하나님이 약속하신 낙원 곧 하나님의 나라는 너희들의 그런 노력에 힘을 얻어 너희 삶의 현장에서 완성될 수 있다.

8 1 너희는 스페인의 바야돌리드에서 라스카사스와 세풀베다 사이에 있었던 논쟁을 알고 있을 것이다. 너희가 믿는 하나님의 이름으로 아메리카를 정복하여 식민지로 삼고 원주민 인디오들을 학살하고 노예로 만들어 부려먹는 행위가 옳은지 그른지에 대한 논쟁이 아니냐.

2 당시 모든 사람에게는 아무 문제가 없고 또 하나님의 은총으로 여겨지기까지 했던 식민지 경영에 대해서 옳지 않다고 주장하던 라스카사스는 교회와 식민지의 이익을 향유하던 사람들에게서 압력과 회유와 위협을 당하면서도 자기의 주장을 굽히지 않았다.

3 그러나 그도 결국 아메리카 인디오의 노예화를 막는 고육책으로 아프리카에서 노예를 충당하는 일에 동의하였다.

4 교회 곧 교황청은 이 논쟁 후에 아무런 가책 없이 아프리카 흑인들을 사로잡아 아메리카로 파는 노예무역을 승인했고 이후 스페인을 비롯하여 포르투갈 영국 등 유럽 나라들이 앞을 다퉈 노예무역에 뛰어들게 된 것을 너희도 알고 있을 것이다.

5 너희도 아는 바와 같이 당시 탐험가나 군주나 일반인은 아메리카에서 황금 등 진귀한 보물을 가져오는 식민지 경영을 하나님의 은총으로 알고 추진하였다. 여기에 교황청이 동의를 하였고 선교사들이 파견되어

식민지 경영을 도우며 인디오들을 개종하는 일을 하였다.

6 인간의 존엄성에 관한 감수성을 가진 라스카사스가 당시의 사회적 가치를 부정하고 이에 맞서 싸웠다.

7 그렇다면 라스카사스의 행위는 의롭고 선하며 진실한 행위였다고 말해야 할 것이다. 물론 교회와 군주와 탐험가들은 사악한 짓을 한 집단이었다고 해야 한다.

8 그런데 앞에서 말한 대로 라스카사스가 아메리카 인디오들을 노예로 삼는 것을 막기 위해서 아프리카 흑인을 노예로 삼는 일에 동의하였다. 너희 생각은 어떠냐.

9 세풀베다를 비롯한 교황과 추기경 등의 교회 세력은 분명히 군주나 탐험가와 함께 악과 불의의 편에 서 있었다. 그래서 하나님 나라가 그들의 것이 될 수 없음은 자명하다.

10 그렇다면 라스카사스의 경우는 어떠냐. 라스카사스가 문제를 일으키지 않았다면 아프리카 흑인들이 노예로 아메리카에 팔려 가는 일은 없지 않았겠느냐. 이쪽 둑의 구멍을 막으려고 저쪽 둑의 돌을 빼낸 것과 무엇이 다르냐.

11 아프리카 흑인의 노예화 계기를 만든 라스카사스가 하나님 나라에 들어갈 수 있겠느냐 없겠느냐. 너희가 대답하기 무척 곤란할 것이다.

12 라스카사스가 아니었다 해도 결국은 유럽인들의 탐욕 때문에 아프리카 흑인들이 노예로 끌려갔을 거라고 생각할 수도 있다.

13 어떻든 인디오의 노예화에 반대한 라스카사스의 용기는 훌륭하지 않으냐. 그가 동족에게서 매국노로 매도되기까지 한 것을 감안한다면 그의 용기를 가볍게 볼 수 없을 것이다.

14 내가 너희에게 라스카사스가 하늘나라에 들어갔을 것 같으냐고 물은 것은 사실 쓸데없는 질문이었다. 그것은 하나님께 속한 일이므로 사람이 판단하려 할 필요가 없고 사람은 자신의 일을 하나님의 뜻에 맞게 최선을 다해서 현재를 살아가면 된다.

15 네가 진실함과 선함과 의로움의 복음을 듣고 기쁨과 행복을 느꼈다면 너는 이미 천국의 문턱에 와 있는 것이다.

16 네가 진실을 행하고 선을 행하고 의를 행함으로써 기쁨과 행복을 느꼈다면 너는 이미 천국에 들어와 있는 것이다.

17 용기 있는 자야, 천국을 네 마음에 품어라. 라스카사스 일은 라스카사스에게 맡겨라. 하나님께서는 그의 마음이 이끄는 대로 그에게 마련된 길을 가게 하셨다.

18 사랑하는 자야, 천국이 어디 있는지 누가 천국에 들어갈 수 있는지 따지지 말고 너는 오직 하나님의 이 언약의 말씀을 들어라. 네가 진실을 네 입에 붙이고 선을 내 마음에 새기고 의를 네 머리에 담아 두는 것으로 너는 이미 천국의 시민이 되었도다. 이제 진실과 선과 의를 내 행위에 붙여라. 너로 말미암아 하나님 나라가 확장되리라.

9

1 일본에서 선교하던 포르투갈 출신 페레이라 신부와 이태리 출신 주세페 키아라 신부의 이야기를 너희가 들었을 것이다. 이들은 일본에서 가톨릭교를 선교하다가 붙잡혀 모진 고문을 당한 끝에 일본인의 끈질기고 집요한 공작에 허물어져 결국 배교하고 말았다.

2 이들은 배교 후에 일본인 아내를 맞아 새 생활을 시작하였고 가톨릭을 버리고 선불교로 개종한 뒤에 승려로서 한평생을 살다 죽었다. 특별히

어떤 징계를 받아 고통을 당하지 않고 보통의 승려로서 자기가 하고 싶은 일을 하다가 평안하게 죽은 것이다.

3 반면에 이들의 선교로 가톨릭을 믿게 된 많은 일본인 신도들은 당국에 붙들려 기꺼이 순교의 길을 택했다.

4 일본에서 선교를 하다가 붙들려 순교한 선교사도 여럿 있다. 그러면 너희 생각에 배교한 신부와 순교한 신부 또는 순교한 신자들 중에서 누가 하나님 나라에 더 적합하겠느냐? 너희는 당연히 순교한 신부와 신자라고 말할 것이고 이런 질문은 부질없다고 생각할 것이다.

5 그러나 하나님 나라에 들어가는 일은 인간의 상식으로 판단할 수 없다. 모든 것을 아시는 하나님이 판단하시니 너희는 잠자코 너희 일을 하는 것으로 너희의 믿음을 지켜라.

6 하나님이 보시는 바에 따르면 배교와 순교 사이에 구별이 별로 없을 수 있다. 배교가 무조건 악이고 순교가 무조건 선이 아닐 수 있는 것이다.

7 사람의 이성적 판단으로는 너무나 명확한 것처럼 보이지만 하나님은 사람이 보지 못하는 것을 보실 수 있기 때문이다.

8 너희는 어떤 사람이 하나님 나라에 합당한지 아닌지 판단하는 것으로 다투지 마라. 오로지 너희가 해야 할 일을 진실하고 선하고 의로운 마음으로 행하여라. 그리고 그 판단은 겸손한 마음으로 하나님께 맡겨라.

10 1 너희가 잘 아는 바 이태리 사람 단테가 신곡이라는 희곡을 써서 천국, 연옥, 지옥을 형상화하였다. 물론 그가 실제로 지옥에서 연옥을 거쳐 천국까지 순례한 것이 아니지만 그는 상상으로 이 세 곳에 대하여 멋진 서사시를 써냈다.

2 이처럼 누구나 사후 세계에 대해서 상상할 수 있고 자기가 믿는 종교의 교리에 따라서 천국이나 극락을 상상하여 형상화할 수 있다. 그건 개인의 자유이며 권리이기도 하다.

3 모르는 것은 누구나 상상할 수 있는 것이다. 다만 자기의 상상이 틀림없고 상대의 상상은 어처구니없다고 부정하는 것은 옳지 않다.

4 나도 너희에게 하나님 나라를 설명하지 못한다. 그것은 하나님만 아시는 곳이기 때문이다.

5 그러니 너희가 들어가고자 하는 하나님 나라가 어디 있는지 너희가 알지 못하는 것은 너무나 당연하다. 성경 기록에 따르면 하나님 나라는 너희 안에 있다. 조금은 놀라운 말일 것이다.

6 바리새파 사람들이 하나님의 나라가 언제 오느냐고 물으니, 예수께서 그들에게 대답을 하셨다. 하나님의 나라는 눈으로 볼 수 있는 모습으로 오지 않는다. '보아라, 여기에 있다' 또는 '저기에 있다'고 말할 수도 없다. 하나님의 나라는 너희 가운데에 있다.

7 이를 기록한 누가는 참으로 중요한 일을 했다. 예수가 하나님 나라를 가르친 대로 기록했기 때문이다. 그러나 예수는 다른 곳에서 이와 결이 다르게 아래와 같이 말했다.

8 내가 너희에게 말한다. 그날 밤에 두 사람이 한 침대에 있더라도 한 사람은 데려가고 한 사람은 버려둘 것이다. 두 여자가 함께 맷돌질을 하고 있으면 하나는 데려가고 하나는 버려둘 것이다.

9 내가 말한다. 너희는 이런 말에 지나치게 의미를 두지 마라. 하나님 나라가 너희 가운데 있으니 너희가 하나님 나라에 살 수 있을 만큼 진실하고 선하고 의로운 사람이 되면 너희가 선 자리가 하나님 나라가 될

것이다.

10 그날에 데려감을 받는 사람과 버림을 받는 사람이 있을 것이라고 여겨 불안해하지 마라. 너희는 그날의 일을 하나님께 맡기고 오직 너희 삶을 진실하고 선하고 의롭게 하여 하나님의 사랑 안에 거하여라. 하나님 나라가 너희 가운데에 임하게 될 것이다.

11 너희 하나님께서 너희에게 가장 좋은 방법으로 가장 멋진 곳으로 너희를 데려갈 것이다. 그곳이 바로 하나님 나라다.

11

1 세상은 영과 육이 조화를 이루는 곳이다.

2 영은 영의 일로 진리를 추구하고 육은 육의 일로 욕망을 추구한다.

3 육의 욕망은 모든 생명체에서 생겨나 사람에게서 최고 수준으로 추구된다. 영의 진리는 모든 생명체에게 주어졌으나 사람에게서 최고 수준으로 각성된다.

4 너희 사람은 피조물 중에서 유일하게 영과 육이 같은 수준으로 교차하는 존재이다.

5 세상의 일에서 영과 육이 조화를 이루게 하는 것은 너희 사람에게 주어진 사명이다. 많은 사람이 영과 육을 대립시켰지만 그렇게 하면 너희에게 평화가 오지 않는다.

6 영과 육은 대립하는 것이 아니라 조화롭게 균형을 찾아야 한다. 그리고 그 일을 이루어야 하는 존재가 바로 너희 사람이다.

7 하나님께서는 영과 육이 서로 협력하여 균형을 이루게 하라고 너희에게 말씀하신다.

8 너희가 하나님의 뜻을 이루어 이 세상이 영과 육의 조화로운 불꽃으로

타오르는 낙원이 되게 하여라.

9 아시시의 프란체스코는 금욕 생활로 하나님의 선함을 보인 사람이다. 만일 너희 중에 금욕을 하나님 나라로 들어가는 수단으로 삼고 싶은 사람이 있다면 프란체스코를 배워라.

10 금욕에는 선한 마음과 자유로운 선택이 있어야 한다.

11 강요를 받거나 괴로움을 느끼면서 금욕을 행하는 것은 하나님 나라에 들어가는 것과 아무 관련이 없다.

12 모든 사람이 프란체스코처럼 금욕을 해야 되는 것은 아니나 금욕을 하고자 하면 그가 한 것처럼 하는 것이 좋다.

13 그는 금욕을 실천하되 사심을 갖지 않았다. 그는 스스로 부유함을 떠나 가난을 선택한 사람이다. 그는 하나님의 선한 사람이다.

14 그의 선함에는 자유가 있었고 겸손함이 있었고 그 안에 기쁨이 있었다.

15 그의 금욕은 선한 사람만이 할 수 있는 것이었다. 그에게 선함이 있었기에 그의 금욕이 칭찬을 받을 만한 것이 되었다. 하나님 나라는 이런 사람의 것이 아니겠느냐.

16 히말라야의 요기들 중에는 자기 몸을 학대하여 정신의 만족을 얻으려는 사람이 있는데 너희는 그런 금욕을 멀리하여라.

17 자기 몸을 학대하여 무엇을 얻으려 하는 것은 하나님의 뜻에 맞지 않다. 어떤 이유로든 몸을 학대하지 마라. 너희에게는 건강한 몸을 바탕으로 한 건전한 영혼의 신실한 활동이 필요하다.

18 탐욕을 멀리하는 것, 욕심을 제어하는 것, 필요한 정도 이상을 갖지 않는 것, 쓰고 싶은 만큼보다 더 적게 쓰는 것, 하고 싶은 것을 다 하지 않고 멈추는 것, 이것이 금욕이다.

19 금욕과 관련하여 성욕에 대하여 말하겠다. 몸의 욕구 가운데에서 성욕만큼 강렬한 것이 없을 것이다. 그래서 영적 훈련을 하는 사람들은 대체로 금욕을 성욕을 억제하는 것으로 생각하는 경향이 있다. 이런 생각이 나아가서 여자를 혐오하는 데까지 나아가고 결국 여자를 자신을 타락시키는 사탄으로 생각하기도 한다. 그러나 이런 생각은 혼이 비정상인 사람들이 하는 생각이다.

20 식욕은 지금의 몸을 지탱하기 위하여 필요한 것이고 성욕은 지금의 몸을 미래에까지 지속시키기 위하여 필요한 것이다. 이 질서는 하나님이 세우신 것이어서 하나님의 비밀이 여기에 있다.

21 너희는 육으로 된 생명체임을 잊지 마라. 육으로 된 사람이 육의 욕구를 가벼이 여기면 안 된다. 육은 육의 일을 하게 되어 있으므로 육으로 하여금 자기 일을 하게 하여라. 육은 육의 일을 영은 영의 일을 하게 하면 된다.

22 육의 욕구를 무조건 억압하지 마라. 모든 억압은 다른 곳에서 새로운 문제를 일으킨다.

23 육욕이 억압된 자리에 음모, 적대감, 해코지 같은 악의 욕망이 자리 잡기 쉽다. 육욕을 억눌러 선을 행할 수있는 사람은 훌륭한 사람이지만 그 수가 적다.

24 혹 너희 중에 육욕을 억눌러 선을 행하고자 하는 사람이 있느냐. 너희 자신을 돌아보고 그런 능력이 너희에게 있는지 확인하여 보아라.

25 그런 능력이 너희에게 있어 너희 자신보다 이웃을 더 사랑하고 진실과 선과 의를 지키며 하나님의 뜻을 받드는 것을 더 즐겨 할 수 있다면 너희는 참으로 복을 받은 사람이니라.

26 그러나 너희에게 그럴 정도로 강력한 능력이 없다면 그것을 한탄하지 말고 너희에게 주어진 능력으로 사람을 사랑하고 하나님께 감사하는 삶을 살려고 노력하여라. 자격지심으로 하나님에 대한 감사와 찬양을 잃는 잘못을 범하지 마라.

27 어떤 사람이 육욕을 완전히 떠나 진리의 삶을 산다고 하자. 너희는 그런 사람을 존경하고 흠모하는 것이 좋다. 그러나 너희가 모두 그래야 되는 것은 아니다. 그런 사람을 흠모한 나머지 너희가 모두 그렇게 되어야 한다고 믿고 모여서 함께 영적인 삶을 살려고 무리를 만들지 마라. 영적인 삶은 개인이 혼자서 함이 옳다.

28 육욕을 억압하는 삶을 살아야 한다는 이유로 규칙을 정하여 여럿이 함께 사는 것은 좋은 일이나 위험한 일이기도 하다. 그 중에서 육욕이 억눌림을 당한다고 느끼는 사람이 있어서 탐욕의 죄를 범하여 그 영이 병들 수 있기 때문이다.

29 스스로 육욕을 벗어날 수 있는 사람은 혼자 영적인 삶을 사는 것이 옳다. 그는 외로움을 벗어나 하나님과 함께 즐기며 사람들에게 선을 행하는 것으로 낙을 삼을 수 있기 때문이다. 그러나 자기가 영적인 삶을 산다고 해서 다른 사람을 자기와 같이 하도록 강제하면 안 된다. 그가 아직 탐욕에 벗어나지 못하였음을 의미하며 자칫 다른 사람에게 죄를 짓기 쉽다.

30 바울이 이렇게 말한 것은 반은 옳고 반은 옳지 않다. 나는 모든 사람이 나와 같기를 원한다. 그러나 각각 하나님께 받은 은사가 있으니 이 사람은 이러고 저 사람은 저런다. 내가 결혼하지 아니한 자들과 과부들에게 이르니 나처럼 그냥 지내는 것이 좋다. 만일 절제할 수 없거든 결혼하여

라. 정욕이 불같이 타는 것보다 결혼하는 것이 나을 것이다.

31 옳은 것은 바울이 결혼하지 않고 하나님 나라 확장을 위하여 일하면서 다른 사람에게도 자기와 같이 일하기를 바란 것이요, 옳지 않은 것은 결혼하는 것이 정욕을 해소하는 것일 따름인 것으로 가치를 낮춰 본 것이다.

32 결혼은 정욕이 불같이 타서 아무에게나 정욕을 배설하는 것을 막는 범죄 예방책이 아니라 그것 자체가 하나님의 창조 질서의 하나이다. 하나님은 남녀의 결합으로 생명체가 태어나게 했다. 그 하나님의 창조 질서를 누가 무슨 근거로 부정하겠느냐. 바울은 하나님의 말씀을 전한 것이 아니라 자기주장을 펼쳤을 따름이다.

33 너희가 영적인 생활을 하기 바라고 하나님의 말씀대로 살기 바란다면 하나님의 비밀을 알기 전에 함부로 몸의 정당한 욕구를 죄악시하면 안 된다. 육은 육의 일을 하는 것이 선이니 다만 육의 일로 너희 영혼이 흔들리지 않게 하여라.

34 아우구스티누스가 자기 아들을 일러 '죄의 열매' 또는 '죄의 씨앗'이라고 말한 것은 하나님의 법을 오해한 때문이다.

35 하나님 앞에서 모든 생명은 다 소중하며 귀하다. 어떤 생명에도 죄의 열매나 죄의 씨앗이라는 모욕적인 말을 붙이면 안 된다. 죄가 있다면 그 아비와 어미에게 붙일 수 있을 따름이다. 아담이 하나님께 죄를 범하여 인류에게 원죄를 물려주었다고 말하는 것은 옳지 않다. 너희에게 원죄가 있는 것이 아니라 너희가 육의 사람이기 때문에 언제든지 죄를 범할 씨앗을 안고 있을 따름이다.

36 식욕이든 성욕이든 몸의 욕구가 탐욕이 되어 영혼을 죽지 못하게 막아

야 한다. 그러나 몸의 욕구를 억압하여 하나님의 창조 질서를 무너뜨리는 것도 잘못이다. 네 몸의 모든 기관이 그 기능을 온전히 하게 하여라. 그랬을 때에 네가 온전한 삶을 살게 되리라.

37 너희 몸을 온전하고 건강하게 유지하는 길은 무한히 많다. 몸의 각 기관이 제 기능을 정상적으로 수행한다면 너희 몸은 온전하게 건강을 유지할 수 있을 것이다.

38 그러나 누구도 그리고 언제까지나 몸을 온전하고 정상적인 상태로 유지할 수 없다. 그것은 각 기관이 가진 기본적인 탐욕이 각 기관으로 하여금 정상적인 기능을 수행하지 못하게 제약을 가하기 때문이다.

39 너희 몸 가운데 적극적인 욕망을 강하게 분출하는 기관이 있으니 너희 눈과 입과 손발과 생식기가 그것이다. 그 밖에도 모든 기관이 다 자기 욕망을 적극적으로 분출하지만 다른 기관에 나쁜 영향을 끼치는 정도가 약하다.

40 눈의 탐욕을 억제하는 일에 성공함이 너희의 건강을 지키는 데에 유익하다. 눈은 모든 다른 기관의 과도한 욕망을 부추기는 기관이므로 너희 눈이 다른 기관의 과도한 욕망을 부추기지 않도록 조심하여라. 보는 것이 질병을 만들지는 않지만 보는 것으로 다른 기관의 과도한 욕망을 부추기고 그것을 실행하게까지 만들어 질병을 일으키는 원인이 되는 것이니 눈의 과도한 욕망을 제어함이 옳다.

41 입의 탐욕을 억제하는 일에 성공하는 것이 너희의 건강을 지키기에 유익하다. 입의 탐욕은 위와 장과 모든 소화기관의 질병의 원인이 된다. 먹는 것이 질병을 일으키지 않지만 먹는 것으로 다른 기관의 기능을 제약하여 질병을 일으키는 원인이 되는 것이니 입의 과도한 욕망을 제

어함이 옳다.

42 손과 발의 탐욕을 억제하는 일에 성공하는 것이 너희 건강을 지키는 데 유익하다. 손과 발의 일이 질병을 일으키지 않지만 과도한 움직임으로 다른 기관의 활동을 제약하여 질병을 일으키는 원인이 되는 것이니 손과 발의 과도한 욕망을 제어함이 옳다.

43 생식기의 탐욕을 억제하는 일에 성공하는 것이 너희의 건강을 지키기에 유익하다. 성행위가 질병을 일으키는 것은 아니지만 성행위에 지나치게 집착하는 것은 다른 기관의 기능을 제약하여 질병을 일으키는 원인이 되는 것이니 과도한 성행위를 제어함이 옳다.

44 너는 네 몸을 어루만지며 이렇게 타일러라. 내 몸아, 나를 이렇게 있게 해 준 내 몸아, 고맙다. 발아, 나를 지탱하느라고 네 수고가 많구나. 손아, 내가 필요한 것을 가져다주느라 네 수고가 많다. 심장아, 허파야, 간아, 각종 장기야, 너희가 일을 잘 해 주어 내가 이렇게 살아 있구나. 내 머리야, 네 수고 덕에 내가 이렇게 안전하게 살고 있구나. 내 속에 있는 모든 것들아, 내 혼아, 우리는 모두 하나님의 피조물이 아니냐. 우리 서로 도우며 함께 하나님께 감사하자.

45 너희는 부족하지도 않고 넘치지도 않게 몸의 요구를 충족해 주어 너희 몸을 강건하게 유지하고 그 안에 있는 영과 혼이 부실한 몸 때문에 무력해지지 않게 하여라. 여기에 천국의 비밀이 있다.

12 1 너희 중에는 간음한 여자를 돌로 쳐 죽이는 관습이 있는 것을 알 것이다. 또 그 여자를 용서해 주는 이야기도 들었을 것이다. 그런데 간음한 남자를 어찌했다는 말은 듣지 못했을 것이다. 아마 그 남자는

용서를 받을 필요가 없다고 생각해서 그랬을 수 있다. 이 얼마나 황당한 일이냐.

2 내가 너희에게 말한다. 간음은 몸의 탐욕을 억제하지 못해서 일으키는 행위로서 남자나 여자나 똑같이 죄를 짓는 것이다.

3 하나님은 남자와 여자를 차별하지 않으신다.

4 성경의 기록에는 하나님이 아담을 만드신 뒤에 그가 혼자 사는 것이 좋지 못하다고 생각해서 그를 돕기 위한 배필로 여자인 이브를 만들었다고 했다. 이 기록은 하나님의 말씀을 왜곡한 것이다. 그것을 기록한 사람이 속한 사회가 이미 참 하나님의 말씀에서 멀어졌음을 의미하기도 한다.

5 하나님은 남자를 돕기 위해서 여자를 만든 것이 아니라 반대로 여자를 돕기 위해서 남자를 만드셨다.

6 여자란 아이를 낳는 사람이다. 하나님이 세상을 만드시면서 당연히 여자를 먼저 만들어야 하지 않았겠느냐. 아이를 낳는 사람을 먼저 만들지 않고 어떻게 하나님의 창조 사업이 진행되었겠느냐.

7 하나님이 남자를 만든 이유는 여자를 도와 하나님의 창조 사업이 차질 없이 진행되도록 하기 위함이다. 여자가 낳는 아이가 더 건강한 몸으로 태어날 수 있게 하고 여자가 아이를 낳을 때에 주위의 위험에서 여자와 아이를 보호할 뿐 아니라 태어난 아이가 건강하게 자랄 수 있도록 여자와 아이를 보호하는 임무를 남자에게 맡긴 것이다.

8 남자는 그 본질적 사명이 여자와 아이를 보호하는 것이다. 그런 남자가 간음을 했다면 그 남자는 자기의 여자와 아이를 소홀히 한 책임이 있지 않겠느냐. 그리고 하나님의 창조 질서를 어지럽힌 죄를 물어야 하

지 않겠느냐.

9 너희는 남녀의 성행위에 대하여 남자와 여자의 책임을 다르게 묻지 말 것이며 그 성행위가 하나님의 창조 질서를 무너뜨리는 것인지 아닌지 판단하여 그들에게 죄를 물어야 한다.

10 간음은 여자의 몸을 더럽히고 남자의 마음을 더럽히는 행위이다. 이런 사람이 하나님 나라에 들어갈 수 있겠느냐. 그러나 판단은 하나님이 하심을 알아라.

11 너희 남자들은 여자가 너희에게 의지하는 것을 빌미로 삼아 여자를 지배하려 하지 마라. 힘은 다른 사람을 지배하는 데에 쓰라고 주어진 것이 아니고 힘없는 사람을 도우라고 주어진 것이다. 너희가 힘으로 지배해도 되는 사람은 이 세상에 아무도 없다.

12 하나님은 결코 이 세상에 지배와 복종의 질서를 만들지 않으셨다. 마찬가지로 여자는 너희가 지배해야 하는 사람도 아니고 지배할 수 있는 사람도 아니다.

13 네가 반드시 알아야 할 것은 여자는 네가 도와야 하는 사람이라는 것이다. 돕는다는 것은 너의 마음대로 여자를 따르게 하는 것이 아니고 네가 여자의 말을 따르는 것이다.

14 네 힘은 여자를 지배하라고 주어진 것이 아니라 여자의 필요에 응하라고 주어진 것임을 명심하여라. 하나님 나라도 이처럼 여자를 대우하고 아끼는 사람들에게 열려 있지 않겠느냐.

15 여자들은 들어라. 남자들이 너희를 돕는 것은 너희를 사랑하기 때문이다. 너희도 남자를 사랑하기 때문에 그를 위하여 기꺼이 돕고 때로는 희생을 하지 않느냐.

16 너희는 서로 도와 하나님의 큰 계획을 이루어가는 자들이다. 서로 아끼
되 서로의 권리를 침해하지 말고 서로 사랑하되 서로에게 짐이 되지 않
게 하고 서로 돕되 서로의 자유와 자주성을 해치지 않게 하여라.

17 가정에서 부부가 이루는 연합은 너희 인류가 인종 간, 국가 간에 이루
어야 할 선한 연대의 모범이다.

13

1 히파티아라는 여성이 있었다. 그의 아버지 테온은 알렉산드리아
대학의 수학과 교수로서 딸을 참으로 멋지게 교육했다. 형식적이고 독
단적인 종교는 사람을 현혹하는 것이어서 자존심 있는 사람이라면 절
대로 받아들여서는 안 된다는 가르침은 그가 그의 딸에게 한 교육 중
에서 백미였다.

2 영민한 히파티아는 아버지의 가르침을 체화하며 자신의 수학을 발전시
켰으며 새로운 철학 체계도 갖추어 나갔다.

3 역사상 테온처럼 딸을 잘 가르친 아버지가 없었고 히파티아처럼 아버지
의 가르침을 잘 받아들인 딸이 없었다.

4 그렇게 아름답게 자란 히파티아는 알렉산드리아에서 유명한 학자가 되
어 그의 강의를 들으려는 젊은이들이 각지에서 알렉산드리아로 몰려들
었고 그와 결혼하고 싶어 하는 왕자들의 청혼이 끊이지 않았다.

5 그러나 그는 진리와 결혼하였다는 말로 청혼을 거절하고 학문과 강의
에만 집중하였다.

6 오로지 진리만을 향해 매진하던 이 여성을 시기하여 죽인 자가 다름 아
닌 알렉산드리아의 주교 키릴루스였음은 너희가 잘 알고 있을 것이다.

7 키릴루스가 히파티아를 죽인 명분은 기독교의 진리를 반대하는 철학 곧

사교를 퍼뜨린다는 것이었다.

8 배타적인 교리와 여성에 대한 시기와 질투가 한 시대 최고의 지성을 갖춘 여성을 죽게 한 것이다.

9 그를 죽인 남자들은 권모술수에 능한 주교의 하수인이 되어 강의를 하러 가는 히파티아를 붙잡아 벌거벗기고 온갖 수모를 안겨준 뒤에 끔찍하게 불에 태워 버렸다.

10 내가 키릴루스와 그 추종자들의 사악함, 불의함을 무슨 말로 꾸짖어야 할지 모르겠구나. 하나님께서는 기독교인인 키릴루스를 칭찬하셨겠느냐 비기독교인인 히파티아를 칭찬하셨겠느냐.

11 남자들아, 여자의 능력을 시기하지 말고 네 능력 없음을 부끄러워하여라. 어떤 경우든 시기와 질투와 폭력으로는 하나님의 인정을 받을 수 없다.

12 너희 남자가 하나님 나라에 들어가는 것은 낙타가 바늘구멍을 통과하는 것만큼이나 어려울 테지만 여자가 하나님 나라에 들어가는 것은 너희보다 열 배나 쉽다는 점을 잊지 마라.

14 1 너희는 하나님 나라에 들어가는 것을 삶의 목표로 삼지 마라. 그것은 너희 삶의 결과로 하나님이 판단하시어 결정하시는 문제임을 알아라.

2 너희는 땅에서 너희가 미칠 선한 영향력의 크기를 극대화하는 데에 목표를 두어라. 너희 삶의 목표는 하나님 나라에 들어가는 것이 아니라 하나님의 계명을 지켜 땅에서 하나님의 이름을 거룩하게 만드는 것이 되어야 한다.

3 세상에서 의로운 삶을 산 사람들에게 하나님 나라가 준비되어 있다는
   예수 말씀은 여기에 아주 적절한 비유가 되겠다. 그때에 그 임금은 오
   른편에 있는 사람들에게 말했다. 너희는 내 아버지의 복을 받은 사람들
   이니 와서 창세부터 너희를 위하여 준비한 이 나라를 차지하여라. 너희
   는 내가 굶주렸을 때에 먹을 것을 주었고 목말랐을 때에 마실 것을 주
   었으며 나그네 되었을 때에 따뜻하게 맞이하였다. 또 헐벗었을 때에 입
   을 것을 주었고 병들었을 때에 돌보아 주었고 감옥에 갇혔을 때에 찾
   아주었다. 의인들이 물었다. 주님, 저희가 언제 주님이 주리신 것을 보
   고 잡술 것을 드렸으며 목마르신 것을 보고 마실 것을 드렸습니까? 또
   언제 주님께서 나그네 되신 것을 보고 따뜻이 맞아들였으며 헐벗으신
   것을 보고 입을 것을 드렸으며, 언제 주님께서 병드셨거나 감옥에 갇히
   신 것을 보고 저희가 찾아가 뵈었습니까? 임금이 대답했다. 너희가 여
   기 있는 형제 중에 가장 보잘것없는 사람 하나에게 해준 것이 바로 나
   에게 해준 것이다.

4 평소에 삶을 진실하고 선하고 의롭게 살면 자기도 알 수 없는 사이에
   하나님의 선택을 받아 하나님 나라를 유업으로 받게 된다는 말씀이다.

5 하나님 나라는 사람이 계획적인 방법으로 들어가는 것이 아니라 그의
   삶 자체가 하나님의 뜻에 합당하였을 때에 하나님께서 친히 선택하신
   다는 것이다.

6 목표에 사로잡히지 말고 세상에서 선한 싸움 곧 거짓과 위선에 대항하
   는 싸움, 악을 물리치기 위한 싸움, 불의를 멸하기 위한 싸움에 지치지
   않고 이김으로써 너희 이름을 세상에 남겨라.

7 세상에 새겨진 너희의 아름다운 이름은 그대로 하나님 나라에도 새겨

질 것이다. 그러므로 너희가 하나님 나라에 들어가는 일은 하나님께 맡기고 너희는 하나님의 뜻을 너희 땅에서 실현하는 사명을 감당하여라.

8 너희 악을 행하는 자들은 들어라. 너희가 가진 권세로 악을 행하고 너희가 가진 재물로 악을 행하고 너희가 가진 지식으로 악을 행하는 자들은 들어라. 배고픈 자의 밥그릇을 발로 차는 자들아, 목마른 자의 물병을 깨뜨리는 너희들에게 하나님의 벌이 없겠느냐.

9 헐벗고 가난한 자를 업신여기고 그들의 고혈을 짜내어 부를 축적한 너희들, 병든 자를 내버려두고 너희의 건강함만을 즐기며 행복해하는 너희들, 위선과 악행과 불의를 저지르고도 조금도 반성하지 않는 너희들은 너희 이름이 악을 행하는 자로 세상에 남겨지는 것을 두려워하여라.

10 세상에 새겨진 너희의 악명은 하나님 나라에도 그대로 새겨져 너희 자녀의 앞날에 고통과 수치를 주게 되리라.

11 너희가 너희 자녀를 사랑한다면 그들에게 너희의 악한 이름을 물려주지 마라. 너희 악한 이름이 너희 자녀들에게 말할 수 없는 고통과 수치가 될 것이다.

12 너희 자녀들이 너희의 악행으로 이룬 재물과 권력을 상속받는다면 너희의 악한 이름도 상속받아야 하리라. 부모의 악명을 자녀가 물려받아 세상의 지탄을 받는 것은 당연하지 않겠느냐.

13 만일 너희 자녀가 너희의 악행으로 이룬 재물과 권력의 상속을 모두 포기하고 스스로 옳은 길로 나선다면 그가 부모의 악명을 물려받지 않을 수 있을 것이다.

14 너희 자녀가 너희 악명을 물려받기를 원하지 않는다면 당장 악에서 떠나라. 악행으로 얻은 재물과 권력을 내놓아라.

15 너희 자녀가 선악을 구별하여 선을 행하는 길을 찾아가도록 해 주어라. 너희 악행이 너희 자녀를 괴롭게 만들고 너희 선행이 너희 자녀를 행복하게 만듦을 알아라.

16 너희는 세상 사람들에게 진실하고 선하고 의로운 사람으로 기억 되게 행동하여라. 이것이 너희 자녀에게 영광스러운 면류관이 된다. 거짓되고 악하고 불의한 사람으로 기억되면 그것은 네 자녀에게 수치스러운 족쇄가 되리라.

17 너희 가증스러운 자들아, 너희가 억지로 세상에 선한 이름으로 기록되도록 불의를 저지르지 마라. 너희의 위선과 악행과 불의는 이미 세상과 하나님이 아는 것이니 너희가 아무리 감추려 해도 곧 드러나 너희 악명이 세상에 더 크고 깊게 새겨질 것이고 그 앙화를 너희 자손이 받게 될 것이다.

18 너희는 거짓과 악과 불의 속에서 타오르는 탐욕에서 떠나라. 진실함과 선함과 의로움으로 빚어지는 하나님의 사랑 안으로 들어와라. 하나님 나라가 여기에 있다.

15

1 착한 사마리아인의 비유를 너희가 알고 있을 것이다. 이처럼 불쌍한 사람의 이웃이 되는 일은 착한 마음으로 가능하다. 그가 목마를 때에 물을 주고, 그가 아플 때에 의원이 되어 주고, 그가 굶주릴 때에 먹을 것을 주는 것이 그에게 얼마나 착한 일이 되겠느냐. 그는 참으로 고마운 이웃이다.

2 그러나 내가 말한다. 강도 만난 사람을 외면하고 간 제사장과 레위인의 이웃은 누구냐. 누가 그들의 이웃이 되겠느냐. 그들에게는 이웃이 필요

없느냐. 그렇지 않다. 그들에게도 이웃이 필요하다.

3 육신은 배부르고 편안하여 건강하지만 영혼이 굶주리고 메마른 사람에게 좋은 이웃이 될 사람이 누구냐. 착하고 진실한 사람이 그의 이웃이다.

4 너희 사회에서 중산층을 넘어 돈과 지위와 명예와 권력을 누리는 사람의 이웃이 누구냐. 위선과 사악함으로 짓눌린 사람들을 구원해 줄 이웃이 누구냐. 바로 진실하고 착한 사람들이다.

5 그들이 몸은 배부르나 영혼은 배고픈 사람을 구원하여 진실과 착함의 의미를 깨닫게 해 주리라.

6 그들이 끝내 자만과 허영으로 영혼의 메마름을 해소하지 못한다면 하나님의 벌이 그들에게 내릴 것이다. 그러니 너희 중에 진실하고 착한 사람이 그들의 이웃이 되어 그들을 구원하여라.

7 세상의 권력을 쥐고 다스리는 사람에게도 이웃이 필요하지 않으냐. 권력의 맛에 취하여 세상을 제 마음대로 움켜쥐려 하는 그들에게 누가 이웃이 되어 그들의 영혼을 구원해 주겠느냐.

8 그들의 영혼을 불쌍히 여겨 그들의 이웃이 되어 줄 사람은 바로 진실하고 착하고 의로운 사람이다.

9 이 사람이 그의 이웃이 되어 그가 의로운 지도자, 의로운 권력자로 거듭나게 해 준다면 너희가 하나님께 받을 상급이 많다.

10 너희는 이것을 알아라. 너희가 구원해 주어야 할 이웃이 가난하고 헐벗고 아프고 상처받고 불쌍한 사람만이 아니다. 배부르고 옷 잘 입고 건강하고 보란 듯이 잘 사는 사람들에게도 구원의 손길이 필요하다. 그들도 혼자 있게 되면 지극히 외롭고 불안한 영혼으로 돌아가기 때문이다.

그들에게 너희가 구원의 손길을 내밀어 그들의 이웃이 되어라.

11 악한 짓을 하는 불량배에게도 이웃이 필요하지 않겠느냐. 너희는 의로움으로 지도자를 가르치고 착함으로 불량배를 가르치고 정직함으로 장사꾼을 가르쳐라.

12 너희의 수고가 너희 땅을 하나님 나라로 만들 것이다.

13 마음이 진실한 사람이 복이 있다. 하나님이 너희를 높이신다.

14 마음이 착한 사람은 복이 있다. 하나님이 너희와 함께하신다.

15 마음이 의로운 사람이 복이 있다. 하나님이 나라를 기업으로 주신다.

16 진실하고 착하고 의로운 사람들아, 너희는 복이 있다. 하나님 나라가 너희의 손에 주어졌다. 너희는 하늘과 땅에 너희의 이름이 기록된 것을 보게 되리라.

16

1 엄청난 재물을 들여 큰 건물을 지어 하나님께 영광을 돌릴 수 있게 되었다고 기뻐하는 목사들은 들어라. 너희가 무슨 근거로 교회를 대형화하여 하나님께 영광을 돌린다고 말하느냐. 하나님이 큰 교회를 좋아하신다더냐. 누가 너희더러 건물을 크게 짓는 것이 하나님께 영광을 돌리는 일이라고 말하더냐.

2 너희의 욕심이 너희를 거대한 집단으로 만들었고 너희의 탐욕이 너희에게 거대한 건물을 짓게 만들지 않았느냐. 너희의 탐욕이 사탄이 되어 너희를 꾀지 않았느냐.

3 교회에서 목사로, 장로로, 권사로, 집사로 봉사하면서 하나님의 사람이라고 자부하는 너희들은 하나님의 영광을 위하여 일한다고 하지만 사실은 너희의 영광을 위하여 일하고 있지 않느냐.

4 담임목사를 하나님처럼 떠받들면서 그의 전제적 권력 아래에서 너희들의 소소한 이익과 기쁨과 만족을 추구하고 있지 않느냐.

5 교인들의 무리와 교회 건물의 웅장함은 너희의 만족을 위한 도구가 되어 있지 않으냐.

6 멋진 가운을 걸치고 거룩한 모습으로 강단에 서서 온갖 미사여구를 동원하여 너희를 감동하게 하는 목사와 깨끗한 환경에서 질서정연하게 예배를 하게 되는 너희 교인들의 이익이 맞아떨어져 너희는 교회를 더욱 아름답고 크고 웅장하게 짓고 있구나.

7 이젠 너희의 목적이 너희 교회를 아름답고 우아하게 유지하고 그 울타리 안에서 너희들끼리 즐겁게 친목하며 하나님을 찬양하게 되었구나.

8 너희 중에는 교회 돈으로 이권 사업을 벌이고 땅 투기를 하고 교회 돈으로 생색을 내는 일을 벌이고 자신의 지위를 뽐내는 일을 하는 자가 있구나.

9 노회나 총회 같은 단체를 만들어 그 장의 자리를 차지하기 위하여 교회 돈으로 뇌물을 건네고 향응을 베풀기도 하는구나.

10 목사가 되고 총회장이 되는 데에 필요한 일이라면 졸업장도 돈으로 사고 학위도 돈으로 사는 자가 있는데 실제로 그런 가짜 인생이 목사가 되어 크고 작은 교회를 맡기도 하는구나.

11 너희에겐 오로지 너희 목사와 너희 교회의 안녕이 최우선 과제가 되었으니 너희 목사가 부정을 저질러도 너희 장로들이 앞장서서 그 비리를 부인해야 하고, 너희 목사가 네 치마끈을 풀라고 해도 그 요구를 하나님의 명령으로 알고 순종하고, 너희 자매가 목사의 간음을 고발해도 너희 장로가 나서서 그 죄악을 부인해야 되지 않느냐.

12 이제는 너희 교회에 다른 목사가 들어와 교회를 이끄는 것을 너희가 용
납하지 못하게 되었으니 차라리 교회 세습이 너희에게 더 자연스럽고
편한 상황이 되지 않았느냐. 특별한 목사라고 별다를 것 없으니 이미
친하게 된 담임목사가 영원히 너희 교회를 다스리는 것이 좋을 것이다.
너희는 이미 나태와 안일의 종이 된 지 오래다.

13 그런 너희들에게 예수의 가난과 꾀죄죄한 모습이 가소롭지 않겠느냐.
그래서 예수를 금으로 만들어 경배하고 싶은 것이겠지.

14 성가족 성당의 황금 예수상은 어쩐 일이며, 세비야 성당을 황홀하게 장
식하고 있는 금붙이는 다 어디서 훔쳐온 것이냐. 황금 도적을 그 안에
안치한 이유는 무엇이냐?

15 너희가 어찌하여 예수를 팔아 수십만 금의 풍요로움을 즐겼느냐. 예
수를 은 30냥에 판 유다는 너희에 비하면 참으로 작은 죄를 지은 자
가 아니냐.

16 너희는 삶의 목표를 어디에 두었느냐. 하나님의 말씀을 실천하는 데 두
었느냐 너희 탐욕을 실현하는 데 두었느냐. 너희가 그렇게나 섬기고 받
드는 예수의 말은 어디에 버렸느냐.

17 너희가 무엇을 보려고 광야에 나갔느냐. 화려한 옷을 입은 사람이냐. 그
런 사람은 왕궁에 있다. 예수의 이런 한탄을 들은 너희가 오히려 화려한
옷을 입은 사람이 되고 교회를 왕궁으로 만들었느냐.

18 너희가 입으로 하나님을 외치고 예수의 제자라고 하면서 하나님의 뜻
을 거역하고 예수의 말을 거슬러서 화려한 삶을 살려고 온갖 호사를 도
모하였으니 너희가 바로 사탄이요 악의 세력이다. 너희는 마음이 가난
한 자를 욕보이고 겸손하고 정직하게 살려는 사람을 부끄럽게 만들었다.

19 너희는 돈으로 하나님께 감사하지 마라. 하나님은 너희의 돈을 원하지 않으시고 너희의 진실과 선과 의를 원하신다. 돈은 하나님께 감사하는 데 쓰지 말고 진실과 선과 의를 이루는 데 쓸 것이며 감사는 너희의 진실한 기도로 족하다.

20 너희는 열심히 기도하여 그 기도가 이루어지면 하나님께 감사하는 마음으로 교회에 헌금하는 것으로 너희 믿음을 표시한다. 이런 행위는 하나님의 사랑을 돈으로 사는 것과 같다. 마치 열심히 일한 자가 승진하면 그 상사에게 돈을 바치는 것과 다르지 않다. 세상에서는 이런 일을 뇌물이라고 처벌하지 않느냐. 그런데 왜 교회에서는 감사 헌금을 당연하게 여기느냐. 하나님이 너희에게 돈을 바라시더냐. 교회가 부자가 되는 것은 너희의 이런 행태 때문이 아니냐.

21 교회를 부하게 만드는 것은 예수를 부자로 만드는 것과 같다. 그것이 바로 하나님께 죄를 짓는 것이 아니고 무엇이냐.

22 너희가 진정으로 하나님께 감사하고자 하면 너희 돈으로 사회의 어두운 곳에서 힘든 일을 하는 사람들을 도와라. 하나님께 기도하여 뜻을 이루었으면 마땅히 하나님이 좋아하시는 일을 하는 데에 돈을 써야 하지 않느냐. 세상에서 의로운 일을 하는 사람을 돕는 데에 네 재물을 써라. 이것이 하나님의 사랑을 확장하는 길이다.

23 너희가 치르는 종교 의식은 너희의 자랑이나 자기만족을 위함이 아니요 하나님의 진실과 선과 의를 세상에 확장하는 믿음의 행위여야 한다. 너 자신을 진실과 선과 의로 무장시키고 세상을 하나님의 나라로 변화시키는 믿음이어야 한다. 너희의 믿음이 교회의 확장을 위한 것이 되어서는 안 된다. 하나님의 진실과 선과 의를 세상에 세우기 위한 것

이어야 한다.

24 하나님께서 말씀하신다. 내 집은 세상을 구원하는 집이다. 너희는 내 집을 기도하는 집이라고 하였지만 기도는 너희 집에서 그리고 네 마음 속으로 해도 충분하다. 내 집은 세상을 진실하고 선하고 의롭게 만드는 곳이다. 내 집에 헐벗은 자가 쉴 곳이 있느냐. 굶주린 자가 앉을 곳이 있느냐. 억울한 자가 하소연할 곳이 있느냐. 내 집에 진실과 선과 의를 의논할 곳이 있느냐. 너희는 그들이 들어와 의지하고 쉬며 하나님의 사랑을 경험할 수 있게 지어라. 내 집에서는 허영과 부패와 증오와 음모와 차별이 없게 하여라.

17

1 어떤 사람은 나고 늙고 병들고 죽는 것이 고통이라고 말한다. 그래서 그 고통을 근본적으로 없애기 위해서 깨달음으로 세상에 태어나는 고통, 곧 윤회의 연을 끊고자 한다. 그것이 참이라고 해도 너희는 이미 세상에 태어난 사람임을 명심하여야 한다.

2 세상에 태어난 사람이 삶을 오로지 죽음 이후에 너희가 얻을 것을 위하여 바치는 것이 옳은 것이냐. 그러면 너희의 삶에서 진실함과 선함과 의로움은 어디서 구하겠느냐.

3 너희는 각자 찾는 하나님 나라가 다르니 각자의 방식으로 세상을 살수밖에 없다. 그러나 너희의 삶이 죽음 후의 삶을 위하여서는 안 된다.

4 죽음 이후의 삶은 너희가 살아서 베푼 삶의 자연스러운 결과일 뿐이다. 너희가 죽음 이후를 위하여 무엇을 할 수 있느냐. 죽음 이후는 하나님의 뜻에 따라서 너희의 길이 정해지는 것이다.

5 하나님이 말씀하신다. 너희는 너희에게 주어진 삶을 최선을 다해서 아

름답게 살아라. 너희의 삶이 아름다운 만큼 너희의 죽음 이후도 아름
다워질 것이다.

6 너희는 하나님의 계명대로 살면 충분하다. 그 후의 일은 하나님이 맡
아 주신다.

7 죽음 이후를 걱정하지 마라. 죽음 이후 너희는 자유를 얻을 것이며 그
세계는 전적으로 하나님이 주관하신다.

8 너희는 삶을 걱정하고 삶을 진실하고 선하고 의롭게 하는 데에 힘을 쏟
아라. 그것이 아름답고 행복한 삶이다.

9 너희의 고통이 어디에서 오느냐. 너희의 고통은 너희가 만든다. 너희 마
음이 고통의 생산 공장이 되어 있다. 너희 마음을 기쁨을 생산하는 공
장으로 바꿔라. 그러면 너희 삶이 아름다워질 것이다. 나의 이 말에 너
희가 불평할 것은 당연하다. 너희가 기쁨을 누리려 해도 기쁨이 솟아나
지 않고 어렵사리 기쁨을 느껴도 이내 고통스러운 현실이 너희 마음을
슬프게 만들기 때문이다.

10 너희는 여건에 따라서 수시로 마음이 바뀌는 갈대다.

11 지금 고고하게 앉아 법을 설하고 은혜를 외치는 고승과 신부와 목사와
이맘과 랍비들이 독일의 아우슈비츠의 감옥에서 온갖 폭력과 중노동
에 시달리고 있다면, 만일 그들이 일본의 생체실험장에서 칼로 생살을
찢기는 일을 당한다면 그들에게서 어떤 말이 나오겠느냐.

12 만일 안네 프랑크가 베르겐벨젠 수용소에서 죽음을 맞지 않았다면 그
가 너희들에게 얼마나 멋진 글을 읽을 수 있게 해 주었겠느냐.

13 만일 윤동주가 도쿄의 감옥에서 생체실험으로 죽음을 맞지 않았다면
그가 너희들에게 얼마나 멋진 시를 들려주었겠느냐.

14 그 상황에 빠지지 않은 덕에 살아남은 너희는 함부로 입을 열지 마라. 너희는 너희 삶이 너희를 배반하지 않게 하여라.

15 오로지 사람이 너희의 안팎에서 고통을 만들어 내는 주범임을 잊지 마라. 그 고통은 하나님이 주시는 것도 아니고 너희에게 삶이 주어져서 당연히 받게 되는 것도 아니다. 오로지 너희들 사람이 탐욕과 사악함으로 물들어 고통을 만들어 내고 있을 뿐이다.

16 너희는 고통을 생산하는 무리를 경계하여라. 죽음 이후의 하나님 나라를 사모하거나 윤회의 사슬을 끊어서 탄생하고 사멸하는 법에서 벗어나는 것을 바라는 것으로 만족하지 말고 너희가 서 있는 지금 그 자리에서 사람에게 고통을 가하는 모든 악과 불의와 위선에 맞서라.

17 모든 폭력과 증오와 차별과 배척에 맞서라. 그 고통을 벗어나기 위하여 너희가 혼자 수행하거나 기도하는 것은 원인을 그대로 두고 너만 그 고통에서 벗어나려는 행동일 뿐이다.

18 분노가 있는 곳에 사탄이 함께 있다. 증오가 있는 곳에 사탄이 함께 있다. 배척이 있는 곳에 사탄이 함께 있다. 질투가 있는 곳에 사탄이 있다. 억압이 있는 곳에 사탄이 있다. 너희가 지금 어디에 있느냐. 너희 예배 속에 사탄이 있지 않으냐. 너희 묵상 속에 사탄이 있지 않으냐. 너희 기도 속에 사탄이 있지 않으냐. 너희의 찬양 속에 사탄이 있지 않으냐.

19 너희가 있는 자리에서 분노를 쓸어내어라. 너희가 있는 곳에서 증오를 쓸어내어라. 너희가 있는 곳에서 배척을 쓸어내어라. 너희가 있는 곳에서 질투를 쓸어내어라. 너희가 있는 곳에서 억압을 쓸어내어라. 그러지 않고 어떻게 너희가 하나님을 볼 수 있겠느냐.

20 너희가 있는 자리가 이해와 공감의 자리가 되게 하여라. 너희가 있는 자

리가 사랑과 아낌의 자리가 되게 하여라. 너희가 있는 자리가 존중과 배려의 자리가 되게 하여라. 거기에 하나님이 함께 계신다.

21 너희가 있는 자리가 기쁨과 즐거움, 인자함과 자비로움, 칭찬과 도움, 자유와 평등이 흐르는 자리가 되도록 하여라. 하나님 나라가 너희 것이 되리라.

22 하나님이 너희에게 말씀하신다. 진실하고 선하며 의로운 사람에게 하나님 나라가 선물로 주어진다.

18 1 너희가 하나님의 나라에 들어가고 싶다면 꼭 해야 할 일과 절대 하지 말아야 할 일이 있다. 이를 지키지 않고 하나님 나라에 들어가고자 한다면 너희는 탐욕의 수렁에 빠진 자이다. 너희가 기독교인이건 불교인이건 이슬람이건 힌두교도이건 심지어 무신론자라도 마찬가지이다. 너희가 해야 할 일을 하고 하지 말아야 할 일을 하지 않는다면 하나님 나라가 너희 것이 될 수 있다.

2 너희가 세상에서 살면서 꼭 하여야 할 일이 세 가지 있다. 이 세 가지 중에 하나라도 제대로 하면 너희에게 복이 있을 것이다.

3 첫째로, 너희는 의로운 사람을 도와라. 의로운 사람은 자기 이익을 위하여 일하지 않고 다른 사람의 이익을 위하여 일한다. 의로운 사람은 거짓에 맞서고 악과 싸우며 불의에 저항함으로써 자신을 희생한다.

4 의로운 사람이 의로운 일을 할 때에 너희가 도움을 주는 것이 곧 세상에서 하나님의 의를 실현하는 일이다.

5 둘째로, 너희는 곤경에 빠진 사람을 도와라. 원인이 어디에 있건 일단 곤경에 빠진 사람을 건져내 주어라.

6 유대인을 죽음의 위험에서 건져 준 쉰들러는 그 한 번의 선행으로 하나
   님의 칭찬을 받았다. 곤경이라고는 할 수 없어도 형편이 어려운 사람을
   돕는 것도 너희가 할 일이다.

7 배고픈 사람, 병든 사람, 경쟁에서 밀린 패배자, 사랑하는 사람과 사별
   해야 하는 고통스러운 사람, 자신의 장래를 불안하게 여기는 사람 등
   위로와 따뜻한 보살핌이 필요한 사람이 모두 너희가 도움을 주어야 할
   사람이다.

8 너희가 할 수 있는 한 이들을 도와서 그들에게 삶의 의미와 가치를 전
   해 주고 살아갈 희망을 심어 주어라.

9 셋째로, 너희는 우매한 사람을 도와라. 그들은 자신의 정체성을 모르고
   자기의 가치도 모른다. 자신의 자유가 억압당하고 있다는 사실이나 자
   신의 인권이 유린당하고 있다는 사실을 알지 못한다. 처음부터 그들에
   게는 자유와 인권이라는 개념이 형성되지 않았다. 그들의 환경이 그들
   에게 그런 것을 알 기회를 주지 않았기 때문이다. 그들은 복종을 최선
   의 도덕률로 생각하고 말썽 피우는 것을 가장 싫어한다.

10 너희는 이들에게 자유의 소중함을 알려 주어야 하고 그들에게 인권이
   있음을 가르쳐야 한다. 더욱이 그들을 하나님이 사랑하셔서 그들에게
   도 존중을 받아야 할 인격이 있고 예속에서 벗어날 자유가 주어져 있
   음을 알게 해야 한다.

11 너희가 그들이 인격적으로 홀로서기를 할 수 있게 도와야 한다.

12 너희가 절대 하지 말아야 하는 세 가지를 말해 주겠다.

13 첫째로, 너희는 나쁜 권력자의 편에 서지 마라. 나쁜 권력자란 전제군
   주, 독재자, 불의한 권력자와 그의 편에서 권력의 단맛을 즐기는 자를

포함한다. 그들은 이미 그들이 받을 만한 가치 이상의 보수를 사회로부터 받은 자들이다.

14 그들은 너희 도움이 없이도 충분히 강한 상태이다. 그러니 그들의 편에 서는 것은 너희가 그들에게서 무언가 얻고 싶은 것이 있음을 의미한다.

15 너희는 그들에게서 아무 것도 바라지 말고 아무 것도 기대하지 마라. 너희가 그들에게서 얻을 것은 없다. 다만 그들이 선을 행하고 불의를 행하지 못하게 하여라. 행여라도 너희는 권력자의 비호를 받기를 바라지 마라. 권력자의 비호를 받는 것은 권력자와 한패가 되는 것을 의미한다. 하나님이 어찌 권력자의 비호가 필요하겠느냐. 너희가 권력자의 편에 서는 순간 그들의 과거 악과 불의와 위선을 너희가 긍정하고 덮어 주는 일이 된다. 권력자와 결탁하는 종교는 참 종교가 아니다. 너희는 권력자의 거짓과 악과 불의를 나무라고 깨우치는 자가 되어야 한다.

16 권력자는 대부분 그가 그 권력을 얻는 과정에서 이런저런 사람과 얽혀 이런저런 거짓과 위선과 악과 불의를 저지르기 쉽다.

17 강한 자들은 그들이 강해지는 과정에서 크고 작은 불의와 위선과 거짓을 저질렀을 것이다. 그러지 않고는 그들이 강해질 수 없다.

18 인간 사회란 너희의 탐욕 때문에 진실하고 선하고 의로운 자가 강한 자가 될 수 없는 구조로 되어 있다. 이제까지의 인간 사회는 악한 자가 이기게 된 사회였다. 따라서 너희가 권력자의 편에 서면 너희도 사악한 자가 될 것이며 사악한 사람을 너희가 인정할 뿐 아니라 그가 행한 사악한 행동까지 용인해 주는 결과가 된다.

19 히틀러의 편에 섰던 독일인, 무솔리니의 편에 섰던 이태리인, 스탈린의 편에 섰던 러시아인, 히로히토의 편에 섰던 일본인은 자신이 알고 했

건 모르고 했건 압제자의 사악함을 아름답게 포장하고 영웅으로 만드는 역할을 했다.

20 그들의 사악함이 독일에서, 폴란드에서, 러시아에서, 한국과 중국에서 얼마나 많은 아름다운 삶을 망가뜨렸는지 너희가 안다면 감히 그들의 범죄를 두둔하거나 찬양하지 못할 것이다.

21 나치 전범들을 아르헨티나로 피신시킨 천주교 세력도 회개하여야 하리라.

22 자기들의 정치적 이익을 위하여 일본의 전범들을 살려 주어 일본 극우 세력의 부활을 가능하게 한 미국의 세력도 회개하여야 하리라.

23 너희가 하나님을 두려워한다면 불의한 권력의 편에 서서 권력의 입술 노릇을 하지 마라.

24 사람을 죽이는 것을 가볍게 여긴 독재자를 찬미하고 그들을 위해 기도했던 사람들과 그 후손들은 악한 권력과 마찬가지로 악을 행한 자들이다.

25 너희가 독재자들의 인권 유린으로 얼마나 많은 젊은이들이 희생되었고 그들의 가정이 파괴되었는지 안다면 감히 독재자를 두둔하거나 찬양하지 못할 것이다.

26 일본 제국주의의 편에 서서 일제의 침탈을 찬양하고 도왔던 친일파와 그 후손들은 일본 제국주의자들과 마찬가지로 사악한 자들이다. 너희의 섣부른 언행 때문에 무고한 수많은 사람이 씻을 수 없는 상처를 받았음을 잊지 마라.

27 권력이 설령 악을 행하지 않더라도 너희는 권력자의 편에 서지 마라. 그 권력으로 말미암아 피해를 당한 사람들의 아픔을 너희가 위로할 수 없

게 될 것이기 때문이다.

28 둘째로, 너희가 하지 말아야 할 일은 약한 자를 짓밟는 것이다.

29 너희는 약한 자를 괴롭혀 그들의 상처에 소금을 뿌리지 마라. 나치의 학살을 겪은 유대인들에게 예수를 죽인 벌을 받은 것이라고 악담을 하는 기독교인들은 하나님께 벌을 받을 것이다. 일본인의 성 노예로 고통을 당한 사람들을 향하여 돈을 벌기 위하여 몸을 판 창녀들이었다고 악담하는 사람들은 모조리 하나님이 내리시는 벌을 받을 것이다. 그들의 당대뿐 아니라 그들의 자손 대대로 하나님의 벌을 피하지 못할 것이다. 흑인들이 백인들의 가혹한 핍박을 피하기 위하여 도망친 것을 죄악이라고 하여 모진 고문을 가한 사람들과 이런 법을 만든 사람들 그리고 이런 법 덕에 죄의식 없이 이익을 향유한 사람들은 모두 하나님이 내리시는 벌을 받을 것이다.

30 세월호 참사를 당한 가족들에게 갖은 악담과 비난을 퍼부은 정치인과 일베 젊은이들도 하나님의 강력한 벌을 받게 될 것이다. 전두환의 광주 민중 학살을 북한군의 소행이라고 거짓말을 하며 전두환의 죄악을 감추어 주는 자들도 하나님의 강력한 벌을 받게 될 것이다. 박정희의 온갖 인권유린을 그의 경제 발전 치적으로 감추거나 무시하고 그를 추앙하려 하는 자도 하나님의 강력한 벌을 받게 될 것이다. 이 모든 죄의 벌은 당사자에게만 내려지지 않고 그 당사자의 상속자에게도 대대손손 그치지 않고 내려질 것이다. 그들이 죄를 뉘우치고 피해자에게 사죄하여 용서를 받을 때까지 그치지 않는다.

31 너희 주위에서 억울한 자, 마음이 아픈 자를 보고 그들의 잘못을 찾아 비난하는 자는 모두 악한 자이다. 하나님이 그런 사람의 입을 그대로

두지 않으실 것이다.

32 약한 자 억울한 자는 여러 이유로 마음의 상처를 받는다. 그들에게는 사회적 약자로서 감당하기 어려운 일이 많이 생기기 때문에 사회에 대해서 또는 이웃에 대해서 불만이 많다.

33 이런 사람들의 마음을 헤아리지 않고 그들의 약점이나 모자란 점을 초들어 비난하며 그들을 따돌리면 너희는 그들에게 선한 이웃도 아니고 의로운 자도 아니다.

34 그런 너희가 하나님의 사람이 될 수 있겠느냐. 너희가 아무리 열심히 교회에 나가서 헌금을 많이 내고 새벽에 열심히 기도를 하더라도 너희 기도는 너 자신도 감화하지 못하는 메아리가 될 뿐이다.

35 너희는 애통하는 사람을 지나치지 마라.

36 셋째로, 너희가 하지 말아야 할 행동은 너희 자신이 권력자가 되는 것이다. 너희는 절대로 권력 휘두르기를 즐기는 자가 되지 마라.

37 권력의 속성은 희생하고 봉사하는 것보다 군림하고 억압하는 데 더 익숙하다.

38 권력은 그것을 휘두르고 싶게 만드는 특성이 있어서 누군가 제어하지 않으면 자기 탐욕을 채우기 위하여 사람의 자유를 억압하고 권리를 유린하도록 부추긴다. 권력의 맛을 한번 보게 되면 그 맛을 버릴 수 없어 독재의 유혹을 떨치지 못하게 된다. 그래서 대부분의 정치인이 타락을 면치 못하는 것을 너희가 보지 않느냐.

39 그러므로 세상의 권력자가 하늘나라에 들어가는 것은 부자가 하늘나라에 들어가는 것보다 100배나 어렵다.

40 부자는 그의 돈으로 선을 행할 수 있지만 권력자는 그의 권력으로 선

을 행하기 어렵다. 권력의 행사는 양면성이 있어서 하나에 기쁨을 주면 다른 것에 슬픔을 주기 쉽다. 그러므로 그가 할 수 있는 선은 악을 행하지 않는 것과 권력의 행사로 해를 당한 사람에게 사죄하여 그들의 용서를 받는 것이다.

41 네가 권력으로 억눌린 자를 자유롭게 하고 약한 자를 강하게 할 의지를 가졌다면 권력을 추구해도 좋다. 그러나 그것이 가능하겠느냐.

42 가톨릭의 교황도 권력이 되어 사람들의 영혼을 옭아맨 일이 있었다. 무릇 모든 권력은 이처럼 사악해지기 쉽다.

43 이슬람의 신정정치가 신의 이름으로 개인의 기본권을 억압함으로써 사회를 퇴보시키는 것을 보지 않느냐.

44 개신교의 목사 중심주의도 폐하여야 한다. 목사가 교회의 주인이 되어 권력을 행사하고 있기 때문이다.

45 너희는 세상의 정치권력, 종교권력, 문화권력, 경제권력 등 모든 권력을 탐하지 마라.

46 너희는 너희의 영향력을 너희의 권력으로 만들지 말고 너희의 희생으로 만들어야 한다. 너희는 돕고 희생하는 것으로 하나님 나라에 들어갈 준비를 하여라.

47 너희는 의로운 사람을 도와라, 곤경에 있는 사람을 도와라. 우매한 사람을 도와라.

48 권력자의 편에 서지 마라. 강한 자의 이익을 위하여 일하지 마라. 약한 자를 짓밟지 마라. 너희 스스로 권력자가 되지 마라.

49 네가 권력의 행사를 공개적이고 투명하게 할 생각이 있다면 너는 권력을 추구해도 좋다. 만일 조금이라도 네 잘못을 감추고 싶은 생각이 들

면 그 자리에서 물러나라.

50 네가 견제를 받고 비판을 받을 준비가 되어 있다면 권력을 추구해도 좋다. 그러면 네가 권력 때문에 거짓을 말하지 않아도 될 것이다. 거짓이 없는 권력은 선을 추구할 수 있다.

51 네가 약자의 아픔에 공감하고 강자의 불의에 분개할 수 있다면 권력을 추구해도 좋다. 그러나 권력을 잡은 뒤에도 초심을 잃지 않고 권력의 단맛을 멀리할 수 있는 사람이 있겠느냐.

52 너희 중에 권력자가 되어 진실하고 선을 행하는 의로운 자가 있느냐. 있다면 그는 하나님의 사람이요 너희의 사표가 될 사람이다. 사심 없이 그런 노력을 한 사람도 너희가 우러러보고 존경해야 하리라. 그러나 그런 권력자를 너희가 찾을 수 있겠느냐.

53 그러므로 너희는 권력자가 되려고 하지도 말고 권력자에 빌붙지도 말고 권력자의 앞잡이가 되지도 마라.

54 너희가 할 일은 권력으로 하여금 거짓과 악과 불의를 행하지 못하도록 견제하는 일이며 그것이 너희를 하나님의 길로 인도하는 좁은 길이다.

55 사람들아, 회개하여라. 하나님 나라가 너희 손에 들려졌다. 너희는 거짓에서 떠나 진실을 말하고, 악을 떠나 선을 행하며, 불의를 떠나 의에 거하여라. 너희의 삶과 죽음이 너희 손에 맡겨졌다.

56 교회야, 깨어 회개하여라. 너희는 하나님의 자녀로서 하나님 나라를 유산으로 받을 준비를 하여라. ㅎ

거듭남

1 1 너희는 성경에 니고데모와 예수가 거듭남에 대해서 대화하는 장면을 읽었을 것이다. 니고데모가 예수를 하나님에게서 온 분이라고 말하며 그 이유로 하나님이 예수와 함께하시기 때문에 기적을 행하였을 것이라는 추론을 제시한다.

2 이에 대하여 예수가 니고데모에게 말한다. 사람이 거듭나지 않으면 하나님 나라를 볼 수 없다고 말이다.

3 니고데모가 다시 태어나야 한다는 말을 이해하지 못해서 늙은 사람이 어떻게 어머니의 자궁으로 들어가서 다시 태어날 수 있느냐고 반문한다.

4 그러자 예수가 말한다. 누구든 물과 성령으로 거듭나지 않으면 하나님 나라에 들어갈 수 없다고 말이다. 그리고 한 마디를 덧붙인다. 육에서 난 것은 육이요, 영에서 난 것은 영이라고. 여기서 우리는 예수가 말한 거듭남을 이해할 수 있다.

5 물과 성령 곧 세례 의식을 행하여 거듭나는 것을 의미하는데 이는 새로운 삶의 시작을 결단하는 의식을 실행해야 거듭날 수 있다는 말이

된다.

6 문제는 예수가 거듭난 사람에게 어떤 일이 일어나는가에 대해서 모호하게 말하고 있다는 점이다. 거듭난 사람은 하나님 나라를 볼 수 있고, 하나님 나라에 들어갈 수 있다는 것이 예수의 주장이다.

7 그러나 거듭난 사람이 하나님 나라를 보고 하나님 나라에 들어 가는 일은 매우 주관적이며 관념적이다. 그 거듭남 사건이 외부로 드러내는 표적이나 변화가 제시되지 않았다. 그래서 어떤 사람이 거듭났는지 거듭나지 않았는지는 그의 주장에 근거할 수밖에 없는 일이 된다. 이것은 거듭남의 중요성에 비하면 거듭남의 열매가 너무 소홀하게 다루어지고 있음을 의미한다.

8 기독교가 조직된 이후 수많은 신부와 목사는 모두 스스로 거듭났다고 주장했다. 만일 그들이 거듭나지 않았다면 그 자리에 서지 못했을 것이다.

9 지금 대부분의 기독교인은 자기가 거듭난 사람이라는 것을 의심하지 않는다. 그렇게 거듭난 사람들의 행적을 보면 거듭남의 의미가 얼마나 보잘것없어지는지 알 수 있게 된다.

10 그들이 얼마나 편협하고 이기적인지, 얼마나 증오심에 불타고 불의에 영합했는지, 얼마나 심하게 진실을 억압하고 의인을 핍박했는지 너희가 알지 않느냐.

11 그들이 하나님 나라를 보았는지 또 그들이 하나님 나라에 들어 갔는지 사람들이 관심을 둘 필요가 없다. 그러나 그들이 사람들에게 한 행위에 대해서는 너희가 문제 삼을 수 있다. 그런 점에서 거듭남의 열매를 세심하게 고려해야 한다.

2 1 내가 너희에게 말한다. 너희가 거듭나지 않으면 하나님의 사랑을 깨달을 수 없다.

2 너희가 거듭나면 하나님이 세상을 얼마나 사랑하시는지 알게 되고 그에 감격하여 너희도 세상의 모든 생명체에 대하여 무한히 사랑을 느끼게 된다. 이것은 너희의 감정의 변화를 의미한다.

3 만일 너희가 진정으로 거듭나게 되면 감정의 변화와 함께 의식의 변화가 따르고 그에 따라서 너희 행동이 변하게 된다.

4 첫 번째 의식의 변화는 이것이다. 너희는 하나님이 진실하신 분임을 알고 하나님을 닮아 너희도 진실한 사람이 될 것이다.

5 그 징표로 너희의 입에서 거짓말이 사라지고 위선자의 행세가 없어지며 남을 속이고 해코지하는 언사가 자취를 감추게 될 것이다.

6 만일 너희 입에 거짓과 가식이 남아 있다면 너희가 완전하게 거듭났다고 말할 수 없다. 너희 입에 다른 사람을 해코지하려는 속임수가 남아 있다면 너희가 거듭났다고 말할 수 없다.

7 두 번째 의식의 변화는 이것이다. 너희는 하나님이 선하신 분임을 알고 하나님을 닮아 너희도 선한 사람이 될 것이다.

8 그 징표로 너희 행동에서 악이 떠나고 선만 있게 될 것이다.

9 다른 사람을 괴롭히는 일, 다른 사람에게 폐를 끼치는 일, 다른 사람의 것을 빼앗거나 도둑질하는 일, 다른 사람의 자유와 권리를 침해하는 일, 다른 사람을 성가시게 하는 일, 다른 사람을 미워하고 차별하는 일, 다른 사람을 무시하고 천대하는 일, 다른 사람에게 폭력을 행사하는 일, 다른 사람의 미래를 망가뜨리는 일, 다른 사람들을 이간질하는

행위, 다른 사람을 못되게 험담하는 행위 등 이 모든 악행에서 떠나서 선행만을 하게 될 것이다,

10 그의 얼굴에는 증오가 사라지고 사랑과 기쁨이 넘치며, 불만과 성화가 사라지고 여유와 편안함이 배어나오며, 다른 사람을 열심히 돕고, 다른 사람이 잘되도록 힘을 보태주고, 다른 사람의 불행에 위로하는 마음과 다른 사람의 슬픔에 공감하는 마음을 드러내며, 사람들이 자유롭고 평화롭게 생활하는 데 유익함을 주기 위해 노력할 것이다. 거듭난 사람은 이런 행위로 드러나게 되어 있다.

11 세 번째 의식의 변화는 이것이다. 너희는 하나님이 의로우신 분임을 알고 하나님을 닮아 너희도 의로운 사람이 될 것이다.

12 이 징표로 너희 행위에서 불의가 사라지고 의로움만 남게 된다.

13 힘 있는 사람이 힘없는 사람을 괴롭히는 것을 보고 의분이 일지 않는다면 너희는 거듭난 사람이 아니다. 부정한 방법으로 이익을 취하는 사람을 보고 모른 척하면 너희는 거듭난 사람이 아니다. 악을 행하는 사람을 보고 그에 동조하면 너희는 거듭난 사람이 아니다. 정치인이 사람의 자유와 권리를 억압하는 것을 보면서도 이에 항의하지 않고 오히려 악한 정치인을 두둔하면 너희는 거듭난 사람이 아니다. 신부 목사 이맘 랍비 스님 등의 성직에 있는 자라도 위선자나 사악한 정치인에 동조하는 사람은 거듭난 사람이 아니다.

14 히틀러의 국가사회주의 독재, 스탈린의 공산당 독재, 히로히토의 군국주의 독재를 두둔하고 미화하고 추종한 모든 신앙인은 거듭난 사람이 아니다.

15 그가 아무리 열심히 교회와 성당에 출석하고 불공을 열심히 드리고 신

사에 참배를 하고 하루에 다섯 번씩 메카를 향해 기도를 하는 신실한 사람이라도 배타주의에 빠져 있다면, 선민사상에 빠져 있다면, 침략주의에 열광한다면 그는 거듭난 사람이 아니다.

16 이런 사람은 모두 주관적으로만 스스로 거듭났다고 생각할 뿐이거나 자신이 거듭나지 않았음을 알면서도 겉으로는 거듭난 척할 뿐이다.

17 너희가 거듭난 사람인지 아닌지는 이 세 가지 의식을 갖추고 있는지 못 갖추고 있는지 스스로 판단하면 된다.

18 거듭난 사람은 이 세 가지 의식을 가지고 끊임없이 이를 지향하는 기도를 하게 될 것이다.

19 자신이 진실하고 선하며 의로운 사람이 되게 해 달라고 기도할 것이고, 세상이 진실하고 선하고 의롭게 변하게 해 달라고 기도할 것이며, 그런 행동을 실천할 수 있는 믿음과 용기를 달라고 기도할 것이다.

20 그리고 생각이 같은 사람들과 연대하여 실제로 세상을 낙원으로 만드는 일에 나설 것이다.

21 위험을 무릅쓸 수 있는 담대한 용기는 하나님이 주신다는 믿음을 가져라. 그 믿음을 갖는 사람이 거듭난 사람이다.

3

1 사람이 거듭나기가 얼마나 어려운가.

2 자기가 거듭난 사람이라고 말하는 것은 얼마나 두려운 일인가.

3 하나님 앞에서 자기가 거듭났다고 말할 수 있는 사람이 어디 있는가. 너희는 삼가고 삼가라.

4 너희는 다만 거듭나려고 노력하는 깜찍하고 귀여운 존재일 뿐이다. 그런 존재로 남아 있는 것만으로도 너희는 가상하고 하나님의 은총을 받을

가치가 충분하다. 너희는 완전할 수 없는 존재임을 잊지 마라.

5 너희는 베드로와 예수의 일화를 성경에서 읽었을 것이다. 예수가 베드로에게 물었다. 넌 나를 누구라고 생각하느냐. 베드로가 말했다. 주는 그리스도시요 살아 계신 하나님의 아들이십니다. 예수가 말했다. 바요나 시몬아 네가 복이 있다. 이를 네게 알게 한 이는 혈육이 아니요 하늘에 계신 내 아버지시다. 그리고 예수가 베드로에게 축복을 했다. 너를 베드로라고 하겠다. 내가 이 반석 위에 내 교회를 세우리니 음부의 권세가 이기지 못하리라. 내가 천국 열쇠를 네게 주리니 네가 땅에서 무엇이든지 묶으면 하늘에서도 묶일 것이요 네가 땅에서 무엇이든지 풀면 하늘에서도 풀리리라. 이 얼마나 대단한 축복이냐. 이쯤 되면 베드로는 완전히 거듭난 사람임이 그의 스승인 예수가 증명해 주었다고 할 수 있다.

6 그런데 그 베드로가 예수를 부인하고 말지 않았느냐. 더욱이 베드로가 자신을 배반할 것을 예수가 미리 알고 경고까지 하지 않았더냐. 성경은 이 사정을 흥미진진하게 적어 놓았다.

7 예수께서 제자들에게 이르시되 너희가 다 나를 버리리라. 베드로가 말했다. 다 주를 버릴지라도 나는 그리하지 않겠습니다. 예수가 말했다. 오늘 이 밤 닭이 두 번 울기 전에 네가 세 번 나를 부인하리라.

8 베드로가 힘을 주어 말했다. 내가 주와 함께 죽을지언정 주를 부인하지 않겠습니다.

9 그러나 예수가 붙들려 간 뒤 대제사장의 여종 하나가 베드로를 향하여 너도 나사렛 예수와 함께 있었다고 하니 베드로가 부인하여 네가 말하는 것이 무엇인지 모르겠다고 능청을 떨었다. 그 후 베드로가 앞뜰로 나가자 그 여종이 베드로를 보고 곁에 서 있는 자들에게 다시 일러 이

사람도 그의 도당이라고 하니 베드로가 아니라고 부인하였다. 조금 후에 곁에 서 있는 사람들이 다시 베드로에게 너도 갈릴리 사람이니 참으로 그 도당이 아니냐고 말하니 베드로가 놀랍게도 저주하며 맹세하여 말하기를 예수라는 사람을 알지 못한다고 부인했다. 그러자 닭이 두 번째 울었다고 한다. 이에 베드로가 예수께서 자기에게 하신 말씀 곧 닭이 두 번 울기 전에 네가 세 번 나를 부인하리라 하심이 기억되어 그 일을 생각하고 울었다고 기록되어 있다.

10 베드로는 예수가 하나님의 아들이라는 것을 거듭남으로 알았을 것이다. 그가 거듭난 사람이 아니었다면 어떻게 예수를 하나님의 아들이라고 선언했겠느냐. 그리고 거듭나지 않은 사람에게 예수가 천국의 열쇠를 맡길 리 있겠느냐. 그러나 예수는 붙잡히기 전날 만찬에서 베드로가 예수를 세 번 부인할 거라고 말한다. 거듭난 사람이라도 위기 때에는 예수를 부인할 거라는 것을 말한 것이다. 그리고 그 예측이 들어맞았다. 여기서 성경은 거듭남과 강한 믿음 사이의 연결 고리가 그리 완벽하지 않음을 말하고 있다.

11 성경은 거듭난 사람이라고 해서 완전히 다른 사람이 되어 모든 위협과 두려움에서 벗어날 수 있는 완전한 사람이 되는 것이 아니라는 것을 웅변하고 있는 것이다. 즉, 신부나 목사나 심지어 교황이라도 상황에 따라서 그의 믿음을 부정할 수 있다는 것을 암시한다. 권력자의 횡포 앞에서 믿음을 부인해야 했던 많은 배교자들을 가볍게 논죄하는 것이 옳지 않음을 여기서 알 수 있다. 거듭난 사람은 그의 잘못을 인식하고 회개할 수 있는 사람인 것이다.

12 거듭남은 육적인 변화가 아니라 영적인 변화이다. 영적인 변화가 육적

인 변화에 이르려면 거듭남이 더욱 강해져야 할 것이다. 영과 육이 완전히 거듭나기 전에는 사람이 완전히 거듭났다고 말할 수 없지만 그렇게 되려면 너희가 다시 어머니의 자궁에서 새로 태어나거나 너희 영이 너희 육을 완전히 지배할 수 있어야 할 것이니 그것은 너희에게 가능하지 않다. 육은 두 번 태어날 수 없고 육의 욕구를 따르지 않을 수 없기 때문이다. 따라서 너희가 영적으로 거듭났다는 것은 너희 가치관이 변하고 너희 지향점이 명확해져서 너희가 가야할 길, 해야 할 일, 곧 하나님의 뜻을 변별하여 그에 맞게 행동하게 되는 것을 의미한다. 육의 소욕을 넘어서지 못하여 하나님을 배반할 수 있지만 다시 회개하고 돌아올 수 있는 것이 거듭난 사람의 특징이다.

13 너희는 영적인 거듭남으로 너희가 무엇을 해야 하고 하지 말아야 하는지 알게 된다. 하나님의 영이 너희 혼으로 하여금 또 너희 몸으로 하여금 거짓과 악과 불의에서 떠나라고 지시하는 것을 깨닫는 사건이 바로 영적 거듭남이다.

14 거듭남은 너희가 영적으로 완전히 새로운 사람이 되는 것이다. 너희가 하나님을 알기 전과 알게 된 후의 극적인 변화를 상징한다.

15 너희 안에는 너희가 인식하지 못하는 또는 인식할 수 없는 무수히 많은 미세한 흐름이 있다. 너희가 지각하고 인식하는 모든 의식은 바로 이 미세한 흐름들의 영향이 너희에게 각성된 것이다. 너희의 행동거지는 너희 속사람이 이기적 여과장치를 통하여 선택한 의식에 따라 이루어진다.

16 거듭남이란 너희 속사람이 하나님의 영과 결합하여 이기적 여과장치를 버리고 하나님의 여과장치를 사용하는 경지이다. 이제 너희 속사람이 너희 겉사람에게 하나님의 뜻에 맞게 행동하도록 요구하고 겉사람은 그

요구에 따르는 관계가 이루어진다. 이로써 너희 속사람이 태초에 하나님이 만물에게 주신 이성을 회복하여 하나님을 영접하게 되는 것이다.

17 거듭남의 가장 중요한 변화는 너희 이성이 세 가지 일에 눈을 뜨게 되는 것이다. 곧 진실의 가치, 선함의 가치, 의로움의 가치가 그것이다. 이세 가지 가치는 너희가 거듭남으로써 너희에게 소중히 각인되어 너희 삶을 이끌어야 한다.

18 너희가 진실로 거듭났다면 바로 이런 생활을 함으로써 하나님의 사랑과 은총을 증명하고 그 행복의 근원이요 진리의 근원이 하나님임을 드러내야 한다.

4

1 사람이 거듭났다는 것은 사람의 뇌의 결정 구조가 새로워졌다는 것을 의미한다.

2 사람의 뇌에는 뉴런이라고 불리는 신경세포가 1000억 개쯤 있고 이들 신경세포는 서로 연결되어 정보를 주고받으면서 어떤 결정을 한다.

3 거듭났다는 것은 이 결정 메커니즘이 달라짐을 의미한다. 거듭나기 전에는 자극에 대해서 과거와 같은 반응을 일으켜 과거와 같은 행동으로 옮겼으나 거듭난 뒤에는 그런 자극에 대해서 다른 반응을 일으켜 새로운 행동을 하게 되는 것이다. 결정 체계가 완전히 새로워지는 상태에 이르렀을 때에 그를 거듭난 사람이라고 부를 수 있다.

4 이제 그의 신경세포는 거짓에 강하게 저항하고 악을 멀리하며 의를 실천하는 것으로 기쁨을 느낀다. 다른 사람이 거짓을 말하면 이에 부정적으로 대응하고 다른 사람이 악을 행하면 이에 대적하며 다른 사람이 불의를 저지르면 그에 맞서 정의를 부르짖는 것을 마다하지 않는다. 그

의 몸과 마음을 움직이는 모든 세포가 이런 일을 하는 것으로 기쁨을 얻고 그렇지 않으면 괴로워한다.

5 거듭남은 그 자체로 완성되는 것이 아니라 완성으로 가는 출발점이다.

6 한 번의 깨달음이 그를 완전한 사람으로 만들지 못하고, 한 번 하나님의 영에 감화를 받았다고 해서 그 사람이 완전해지는 것이 아니다.

7 구원은 하나의 긴 과정이다. 거듭남은 구원으로 가는 좁은 길로 들어섰음을 의미한다. 그 길을 따라서 실족하지 않고 가는 사람은 구원에 이르지만 길을 잃고 다른 곳으로 가는 사람은 다시 어둠의 세상으로 가고 만다.

8 거듭난 너희는 세상을 구원의 길로 인도하는 자가 되어야 한다. 수많은 갈림길에서 오로지 구원의 길을 찾아갈 수 있는 사람이 너희 거듭난 사람들이다.

9 너희 마음은 오직 구원의 길을 걸을 때 기쁨을 얻고 행복감에 휩싸인다. 너희가 가는 길은 밝아서 다른 사람들이 너희를 따르기를 바란다. 거듭난 너희가 세상을 구원의 길로 인도하는 안내자이다.

10 모든 사람은 각자 자기 자리에서 구원의 길로 나아간다. 각자 걸어가야 할 구원의 길은 같지 않다.

11 유혹하는 사탄의 종류도 같지 않고 그 크기도 다르다. 그러니 각자 자기의 길을 만들어 가야 한다.

12 거듭난 사람은 하나님이 예비해 두신 하나님 나라를 향하여 자기 앞에 있는 풀섶을 헤치며 걸어가야 한다.

13 그 길을 헤쳐 나갈 때에 거듭난 사람들에게는 나침반이 있으니 그것이 하나님 말씀이다.

14 하나님 말씀에 의지하여 길을 찾고 방향을 선택하여 나아가는 사람은
복이 있다.

5

1 세상에 악이 넘치고 위선이 활개치고 불의가 위력을 떨치는 이유가
어디에 있느냐. 왜 사탄이 권세를 잡고 있느냐. 하나님의 사람들은 다
어디로 갔느냐. 이 세상에 거듭난 사람이 이렇게 없느냐.

2 너희 인간이 하나님의 은혜를 받아 세상에서 주인 행세를 하며 산 지
수만 년이 지났는데 어떻게 해서 아직도 하나님의 뜻이 구현되지 않고
세상이 온통 사탄의 지배 아래 놓여 있느냐.

3 이에 대해서 너희에게 혹 변명거리라도 있느냐. 하나님이 너희를 잘못
만드신 것이냐. 하나님이 실수하신 것이냐. 아니면 하나님이 처음부터
이런 세상을 염두에 두신 것이냐.

4 너희를 뺀 동식물의 세계에는 참과 거짓, 선과 악, 의와 불의가 구별되어
야 할 가치가 없는데 왜 너희에게는 이것들이 구별되어야 하느냐.

5 너희를 뺀 동식물의 사회에서는 거듭남이 의미가 없는데 왜 너희들에게
는 그리 중요하게 여겨지느냐.

6 참과 거짓, 선과 악, 의와 불의를 구별해 놓고 참과 선과 의를 추구하지
못하는 이유가 무엇이냐. 거듭남이 하나님의 뜻이냐 너희의 생각이냐.

7 그렇다. 그것은 하나님이 너희에게서 이루고자 하는 당신의 뜻임이 분명
하다. 그러지 않고서는 너희가 그런 생각을 가질 수 없을 것이다. 세상
의 모든 지혜는 하나님에게서 나오기 때문이다.

8 참을 추구하고, 선을 추구하고, 정의를 추구하는 것은 하나님이 너희에
게 주신 지혜가 가르쳐준 것이다.

9 그 가르침을 너희 가운데에서 몇몇이 깨닫고 감격하여 구원의 기쁨을 누리게 된 것은 불과 수천 년 전이었고, 너희에게 확산하여 보편적으로 추구해야 할 구원의 계기로 인식된 것은 수백 년이 되었을 뿐이다.

10 너희에게 하나님의 이 지혜가 점점 확산하여 너희 모든 사람이 깨달아 구원을 받게 되는 때가 오리니 바로 그때가 너희 모두가 참되고 선하고 의로운 사람이 되는 때이고, 그때가 하나님의 구원이 너희 모든 사람에게 임하게 되는 때이며 세상이 사탄의 지배에서 벗어나 하나님의 사랑 안에서 평화를 누리는 때가 될 것이다.

11 그런즉 보아라, 너희가 거듭남으로써 너희 이웃을 깨우고 함께 연대하여 하나님의 진실하심과 선하심과 의로우심을 세상에 드러내어라.

12 너희 입으로 들어가는 음식이 너희 몸을 살찌운다면 너희 입에서 나오는 말은 마땅히 너희 이웃의 마음을 살찌워야 한다. 이로써 구원 받은 자의 행복을 사람들에게 알게 하여라.

13 한 사람의 거듭남으로 그 이웃이 거듭날 수 있으면 하나님의 구원의 소식이 확산할 것이요, 한 사람의 거듭남이 이웃의 벽에 막혀 아무 열매도 맺지 못하면 구원의 소식은 확산하지 못하리라.

14 너희의 거듭남이 그 열매를 맺어 주위에 참되고 선하고 의로운 영향력을 미치게 하여라.

15 거듭난 자는 잠잠하게 있지 말고 외쳐라.

16 진실을 구현하기 위해서 거짓을 물리치는 일에 일어나라. 진실한 자만이 하나님이 주시는 구원의 은혜를 누릴 수 있다.

17 선을 구현하기 위해서 악을 물리치는 일에 일어나라. 선한 자가 하나님이 주시는 구원의 은혜를 누릴 수 있다.

18 정의를 구현하기 위해서 불의를 물리치는 일에 일어나라. 의로운 자가 하나님이 주시는 구원의 은혜를 누릴 수 있다.

19 거듭난 자는 세상의 거짓과 악과 불의를 물리치기 위하여 일어나라. 하나님이 주신 구원의 은혜를 온 세상이 누리게 하여라.

6

1 프로이센 땅에 칸트라는 사람이 있었다. 그는 스스로 의인이 되기 위해서 노력하여 의인이 된 사람이다. 그는 사람이 할 수 있는 최선을 다해서 자신에게 주어진 이성으로 하나님께 가장 가까이 다가간 사람이다.

2 그가 만일 자기의 이성 뒤에서 빛나고 있는 하나님의 이성을 알았다면 당대에 가장 훌륭한 하나님의 사람이 되었으리라. 그가 말한 하늘엔 빛나는 별, 내 마음속엔 도덕률이 서로 다른 두 개가 아니라 하나이며 그것이 모두 하나님의 빛임을 알았다면 좋았을 것을.

3 그러나 그 한계에도 불구하고 그는 땅 위에서 가장 행복하게 산 사람이다.

4 거듭나기를 바라지 않은 사람이라도 칸트처럼 스스로 의로운 삶을 살기 위해서 노력하면 의인이 되어 거듭난 삶을 살 수 있다.

5 그가 거짓을 말하지 않고 악을 행하지 않으며 불의에 동조하지 않는다면 그는 의인이요 거듭난 사람이다.

6 거듭난 사람에게는 행복과 평안이 따른다.

7 사람은 누구나 속사람과 겉사람을 함께 가지고 있다. 누구든 다른 사람에게는 겉사람으로 인식되지만 그 속사람은 겉사람과 다른 성향을 가지고 있다.

8 겉사람은 욕망에 사로잡힌 속사람이 자기를 돋보이게 하기 위해서 꾸며 보인 결과물이므로 속사람보다 더 진실하고 착하고 의로우며 더 아름답고 고귀하게 보인다. 물론 그 반대인 경우도 있다. 곧 속사람이 구태여 꾸밈으로 돋보이게 하지 않는 경우도 많이 있다는 말이다.

9 겉사람은 속사람의 욕망과 의지에 따라서 끊임없이 변한다. 그러므로 너희는 겉사람으로 속사람을 판단해서는 안 된다.

10 너희가 거듭났다고 하는 것은 이 속사람이 바뀜을 의미한다. 속사람이 하나님의 사랑을 깨닫고 하나님의 계명을 지키는 것을 즐거워하게 되는 것이 바로 너희가 거듭난 결과이다.

11 너희 속사람은 수많은 요인으로 시시각각 변한다. 사람의 인식이 있기 전에도 수많은 의식의 흐름이 있다. 이 중에서 너희가 인식하는 범위에 따라서 너희 지식이 확장되는 것이다.

12 이와 관련하여 프로이트가 무의식을 알아차린 것이나 융이 그림자와 페르소나를 주창한 것은 모두 너희 지식이 한 걸음 더 나아간 결과이다. 그러나 이것들은 존재하는 것의 지극히 일부에 지나지 않는다.

13 너희 안에는 무수히 많은 너희가 인식하지 못한 또는 인식할 수 없는 미세한 의식의 흐름이 있다. 이 흐름은 주위의 세포와 기관들에게 영향을 미친다. 너희가 지각하고 인식하는 모든 의식은 바로 이 미세한 흐름들의 영향이 감각기관을 거쳐 수면 위로 나타난 것일 뿐이다.

14 너희 속사람은 무수히 많은 미세한 의식의 흐름의 영향을 받으면서 오늘은 동쪽으로 기울고 내일은 서쪽으로 기울면서 너희 겉사람을 이끌어 가고 있는 것이다.

15 거듭남이란 너희 속사람이 하나님의 사랑을 깨닫고 하나님이 주신 계

명을 지키겠다고 다짐함으로써 다른 미세한 흐름들의 영향에서 벗어나는 상태를 가리킨다. 그리고 너희 겉사람이 속사람의 깨달음에 걸맞게 행동해 가는 경지를 말하는 것이다.

16 너희가 거듭난 사람이라면 하나님의 사랑으로 가득 찬 너희 속사람이 너희 겉사람을 통제하여 겉사람으로 하여금 하나님의 사랑을 실천하게 하고 하나님의 계명을 지키도록 하는 것을 보게 되리라.

17 거듭나지 않은 너희들, 거듭나기를 거부하는 너희들은 들어라. 하나님은 모든 사람에게 자유를 주셨다. 그 자유에는 너희가 거듭나기를 거부할 자유도 포함되어 있으니 너희의 거부가 문제가 될 것이 없다. 그러나 너희가 한 가지 알아야 할 것이 있다.

18 너희가 행복을 바라고 평안을 바라느냐. 너희가 바라는 행복과 평안을 거듭난 사람들은 이미 가지고 있다는 것을 알아라. 그리고 그 행복과 평안을 너희에게 나눠주고자 그들이 너희에게 거듭나기를 권하고 있음을 깨달아라.

19 설령 너희가 다른 방법으로 행복과 평안을 누릴 수 있다고 생각해도 관계없다. 너희도 세상의 모든 사람들이 행복과 평안을 누리기를 바란다면 거듭난 사람들의 외침에 동참하여라.

20 만일 너희가 사람들의 행복과 평안을 위해 외친다면 그들도 너희의 외침에 동참할 것이다.

21 너희가 거듭남으로 구원의 기쁨을 얻고 이웃과 그 기쁨을 나누기를 바라지만 그러지 않더라도 세상 사람들이 모두 행복과 평안을 누리기를 바란다면 그런 가치를 추구하는 사람과 연대하여 세상을 바꾸는 일에 참여하여라.

22 진실의 편에 함께 서고, 선의 편에 함께 서고, 정의의 편에 함께 서는 것
   이 너희를 행복하고 평안하게 하리라.

23 거짓과 악과 불의에는 결코 행복과 평안이 없다.

24 사랑이 없는 곳에는 결코 행복과 평안이 없다.

25 너희가 함께 나서는 그 길에 하나님의 은총이 함께하실 것이다.

7 1 거듭난 너희는 세상의 빛이다.

2 빛은 어둠을 이기고 어둠 안에 있는 모든 거짓, 사악, 불의를 몰아낸다.

3 거듭난 너희 한 사람 한 사람의 빛이 모이면 세상을 밝히는 빛이 될 수
   있다. 크고 작은 빛이 모일수록 더 밝아지는 것이 빛, 그것이 너희 거듭
   난 사람들이다.

4 형형색색의 온갖 빛이 모이면 완전한 밝음에 이르는 빛, 너희는 그 빛의
   사람들 곧 거듭난 사람들이다.

5 거듭난 사람이 모인 곳에는 진실이 거짓을 몰아내고 선이 악을 이기고
   정의가 불의를 쫓아낸다,

6 거듭난 사람들이 모인 곳은 밝고 따뜻하다.

7 그러나 거듭나지 않은 사람에게는 거짓과 악과 불의가 있어서 그들은
   빛을 뿜지 못한다.

8 악한 자, 불의한 자에게도 색깔이 있으되 그 색깔은 빛이 아니어서 그
   들이 모이면 모일수록 더욱 어두워져 세상을 암흑으로 만들고 만다.

9 너희 눈에는 같은 색깔이지만 그 안에 진실과 선과 의로움이 있으면 빛
   이 되고 거짓과 악과 불의가 있으면 물감이 됨을 알아라.

10 세상은 밝은 너희와 어두운 그들이 투쟁하는 공간이 되었다. 거듭난 너

희가 세상의 빛이 되어 세상을 구원하여라.

11 너희가 모이는 곳에서는 거짓과 악과 불의가 견디지 못하리라.

12 너희가 모이는 곳에서는 미움과 갈등과 시기와 질투와 배척과 차별이 사라질 것이다.

13 너희의 강한 빛이 그것들을 하나하나 박멸할 것이기 때문이다.

14 너희는 삼가고 삼가라. 너희에게 거짓과 악과 불의가 스며들지 않게 하여라.

15 너희에게 탐욕이 생기면 이런 것들이 너희에게 들러붙게 되리니 그때 너희는 빛이 아니요 물감이 되어 너희가 모이는 곳은 더러워지고 어두워지리라.

16 너희가 거듭났다는 것은 바로 너희의 탐욕을 통제할 능력이 생겼음을 의미한다. 그러므로 너희는 너희 빛이 오염되지 않게 너희 탐욕을 통제하여라.

17 깨어서 경계심을 늦추지 말고 너희 빛에 탐욕 곧 거짓과 악과 불의를 향한 욕망이 끼어들지 못하게 하여라.

18 너희들은 세상의 희망이요 하나님의 기쁨이다.

8

1 너희가 거듭났을 때 하게 되는 일이 두 가지인데 하나는 누구나 쉽게 하게 되는 것으로서 성직자의 길을 걷는 일이고 다른 하나는 당시 하던 일을 그대로 하되 거듭난 사람으로서 진실하고 선하고 의롭게 사는 것이다.

2 전자는 초기에는 거듭난 사람으로서 신선한 기풍을 불어넣으면서 많은 사람들의 존경을 받게 되지만 곧 사람들의 존경에 탐닉하다가 자기

를 자랑하고 뽐내는 위선자의 길을 걷게 된다. 사람의 부족하고 불완전함이 그 원인이다.

3 타락하지 않게 만드는 자극과 경계는 사라지고 타락의 원인이 되는 아첨과 칭찬과 존경만 그를 둘러싸기 때문이다.

4 위선을 하지 않으려 해도 날마다 가르치고 상담하는 일을 계속하는 동안 거듭남의 은혜는 과거의 경험으로 추억될 뿐 현실에서는 거듭남의 열매보다는 탐욕의 열매가 익어간다.

5 너희보다 앞서 거듭남을 경험했던 수많은 성직자가 이 길을 걸어 하나님을 욕보였다.

6 거듭남은 그 자체로 완성되는 것이 아니고 하나의 계기를 주는 것일 뿐이므로 그의 일상생활에서 거듭남을 실천해 나가야 하는데 성직자가 되면 이를 게을리하기 쉽다. 주위에 그를 자만하게 만드는 사탄의 세력이 담을 치게 되기 때문이다.

7 그가 진정으로 거듭난 사람이라면 그런 담을 허물고 겸손한 마음으로 사람들을 섬기려 할 것이다.

8 그러나 안타깝게도 그런 성직자는 거의 없다. 그래서 많은 성직자는 거듭났다가 원래의 상태로 돌아가거나 거듭나기 전보다 더 나쁜 상태로 떨어진다.

9 성경은 이 사실을 적어 놓았다. 더러운 귀신이 사람에게서 나갔을 때에 물 없는 곳으로 다니며 쉬기를 구하되 얻지 못하고 이에 이르되 내가 나온 내 집으로 돌아가리라 하고 가서 보니 그 집이 청소되고 수리되었거늘 이에 가서 저보다 더 악한 귀신 일곱을 데리고 들어가서 거하니 그 사람의 나중 형편이 전보다 더 심하게 되었다.

10 이에 비해 후자는 거듭난 뒤에 자기 일을 전혀 새로운 태도로 해 나가
   는 실천적인 사람이다. 겉으로는 그가 거듭난 사람인지 알기 어렵다. 하
   던 일을 그만두고 신학교에 들어가지도 않고 특별히 성직을 맡는 것도
   아니고 자신이 이를 내세우지도 않기 때문이다.

11 그러나 내면을 보면 그는 과거의 삶을 벗어나 새로운 삶을 사는 것을
   알 수 있다.

12 마음은 감사와 기쁨에 넘치고, 행동은 겸손과 정중함, 부지런함과 신
   실함으로 미쁘고, 표정은 부드럽고 생기가 넘치는 것이 눈에 띄기 때
   문이다.

13 이 사람이 가는 길이 좁은 길이다. 너희가 만일 거듭났다면 이 사람처
   럼 좁은 길로 가라.

14 이 길은 누가 알아주지 않지만 하나님이 기뻐하시는 길이다.

15 너희 거듭남이 너희를 허황된 사람으로 만들지 않게 하여라. 거듭남을
   통해서 너희가 세상에서 가장 진실한 사람이 되어야 한다.

16 믿음을 빙자하여 허황된 언행을 하지 마라.

17 믿음이 너희를 진실하고 선하고 의롭게 만들어야 한다.

18 너희 거듭난 사람들아, 너희 자리에서 묵묵히 좁은 길로 가라.

9 1 사람은 왜 좁은 길로 가기 어려운가. 좁은 길로 가는 것이 좋은 일
   임을 알면서도 왜 좁은 길로 가기를 머뭇거리는가.

2 그것은 지금 가지고 있는 것을 버려야 하고, 지금 추구하는 것을 멈춰
   야 하기 때문이다.

3 손에 잡히는 쾌락을 버리기가 어찌 쉬운 일인가. 눈앞에 어른거리는 권

력을 탐하지 않기가 어찌 쉬운 일인가.

4 사람들에게서 받는 찬사와 경배를 거부하기가 어찌 쉬운 일인가. 나를 미워하는 사람을 미워하지 않기가 어찌 쉬운 일인가. 나와 나의 자녀의 성공을 보장해 주는 특혜를 거부하기가 어찌 쉬운 일인가. 눈 한번 감으면 들어오게 될 막대한 이권을 거부하기가 어찌 쉬운 일인가.

5 네가 거듭났다고 해도 이런 상황 이런 여건에 서게 되면 너의 마음이 흔들리는 것을 막을 수 없을 것이다. 이 갈림길에서 너를 좁은 길로 들어서게 해 주는 것은 오로지 너의 기도뿐이다.

6 네가 영웅호걸이 될 필요가 없다. 누구 앞에서 너를 자랑할 필요가 없다. 많은 사람이 좁은 길을 포기할지라도 거듭난 너는 그 길을 담대하게 걸어라.

7 사람들에게 유익한 일을 찾아서 행하여라.

8 사람들을 평안하게 해 주는 일을 행하여라.

9 사람들을 행복하게 해 주는 일을 행하여라. 그것이 사람들에게 보여 줄 수 있는 거듭난 증거가 되리라.

10 너의 연약함을 돕는 것은 너의 기도뿐이다. 네 속에서 세상의 명예와 부와 지위에 대한 탐욕을 제거하여라.

11 하나님이 주신 것을 먹고 마시고 누리는 것으로 만족하고 감사하는 생활을 하여라.

12 그 감사 속에서 네가 좁은 길로 가는 힘을 얻게 될 것이다.

10

1 사람들아, 너희는 지금 어디를 향해 가고 있느냐?

2 너희는 모두 각자의 행복을 찾아 애쓰고 있지만 너희 모두는 어느 한

곳을 향해 가고 있음을 알아라. 각자 가는 곳이 다른 것이 아니라 너희는 모두 한 곳을 향해 가고 있다.

3 하나님께서 세상에 생명체를 만드신 후에 모든 생명체는 하나님이 세워 두신 원리에 따라서 각자의 길을 걸어 왔다. 개체로는 각자의 길을 걸었지만 전체로는 하나의 길을 걸어왔고, 종과 종 사이에서도 종별로 각자의 길을 걸어왔지만 모든 종을 통틀어 생명체 전체도 하나의 방향으로 걸어왔다.

4 너희가 가게 되어 있는 길은 무수히 많았다. 그 무수히 많은 길 가운데 하나를 선택하여 걸어 온 것이다. 앞으로도 너희는 너희가 알지 못하는 한 길을 걸어갈 것이다.

5 너희가 할 수 있는 일은 어떤 길을 갈 것인지 선택하는 일이고, 그것은 너희에게 자유의지를 주신 하나님의 뜻에 따라서 너희가 자유롭게 너희 길을 선택하는 것이다.

6 이 땅에서 100년을 사는 너희는 분명히 100년 후에는 죽음에 이르게 되지만 그 100년을 어떤 과정을 거치면서 살아갈 것인지는 너희의 자유의지에 따라 좌우된다.

7 그리고 그 선택이 너희 자손에 이르기까지 인류가 어느 길을 걷게 될지 결정하는 요소가 된다. 너희의 100년이 각자의 결단에 따라서 달라지지만 너를 포함한 네가 사는 집단과 종의 길에서 벗어나지 못한다. 그리고 너희들은 사람이라는 종의 길에서 벗어나지 못한다.

8 사람들아, 너희 자신을 알아라. 너희는 신이 아닌 사람이다. 사람은 나서 죽는 생명체이다.

9 죽음 이후의 일은 너희가 상관할 수 없다. 그것은 오로지 하나님의 영

역이기 때문이다. 너희는 하나님의 영역을 탐하지 말고 너희가 살아 있는 땅에서 최선을 다해 살아라.

10 너희 생각에는 무수히 많은 생명체 중에서 네 발아래에서 꿈지럭거리며 움직이는 조그만 벌레는 존재 가치가 거의 없는 미물일 뿐이리라.

11 또 수많은 사람 중에서 길가에서 졸고 있는 거지 한 사람은 없어도 되는 사람일 뿐이리라.

12 너 자신도 다른 사람이 보면 하찮은 존재에 지나지 않을 수 있다.

13 그러나 하나님께는 이 모든 생명체가 똑같이 소중하고 의미 있는 피조물이다. 너희 눈으로 보면 우열이 있고 중요도가 다르지만 하나님이 보시면 다 똑같은 생명체일 뿐이다.

14 그런 너희가 도토리 키 재기 하듯이 서로 잘난 척하며 다투고 있다. 하나님 보시기에 어찌 한심하지 않겠느냐.

15 너희가 가는 길을 너희는 알지 못하지만 하나님은 아신다. 하나님께서는 너희가 멸망의 길로 가지 말고 생명의 길로 가라고 말씀하신다. 너희 개인은 생명의 길로 가기를 바랄지라도 너희 인류가 멸망의 길로 간다면 모두 멸망에 이르게 된다.

16 개인의 길은 전체의 길을 벗어날 수 없다. 사람들아, 너희는 지금 어느 길로 가고 있느냐? 사망의 길이냐 생명의 길이냐.

17 사망의 길은 넓고 평탄해서 찾는 이가 많으나 그 길은 너희를 멸망으로 인도할 것이고, 생명의 길은 좁고 가팔라서 그 길을 찾는 이가 적으나 그 길은 너희를 생명으로 인도할 것이다.

18 하나님이 너희를 기다리신다. 너희는 생명의 길로 나아가라.

11 1 너희들이 자유의지에 대하여 논쟁을 벌이는 것을 내가 알고 있다.

2 자유의지는 환상이라고 강력하게 자유의지를 부정하는 사람도 있다. 바울이나 어거스틴, 칼뱅 등이 이런 주장을 하였던 것을 알고 있을 것이다.

3 이것은 너희가 죄를 짓지 않을 자유의지가 있는지 없는지를 두고 다투는 것이었는데 전선이 확대되어 인간이 스스로 의지를 가진 존재인지 아닌지에 대한 논쟁으로까지 번졌다.

4 바울은 이렇게 고백했다. 나는 내가 원하는 선은 행하지 아니하고 도리어 악한 일을 행한다. 후대 사람들은 바울의 이 고백을 인간에게는 선을 행할 자유의지가 없고 오로지 하나님의 은혜를 입어야 선을 행할 수 있다고 하는 주장의 기초로 삼고 있다..

5 아우구스티누스가 원죄가 유전된다는 생각을 하면서 하나님의 은혜 없이는 사람의 의지로 하나님을 사랑할 수 없다고 한 것은 바울의 생각을 그대로 반영한 것이다. 여기서 말하는 하나님의 은혜란 예수의 십자가 죽음으로 인간의 원죄가 소멸된 은혜를 가리킨다.

6 이 주장에 따르면 예수의 죽음 이전에는 인간에게 자유의지가 없었고 예수의 죽음을 통한 대속의 은혜로 인간에게 자유의지가 생겼다는 것이다.

7 아우구스티누스가 주장한 핵심은 사람은 타락한 상태에서는 선을 행할 자유의지가 없지만 하나님의 은혜로 타락한 상태에서 벗어 나면 비로소 선을 행할 수 있는 자유의지를 갖게 된다는 것이다. 물론 이런 설명

은 매우 의도적이고 작위적인 것이어서 진리라고 말할 수 없다.

8 반면에 요한이나 펠라기우스, 알미니우스는 자유의지를 주장하였다. 그들은 하나님의 구원의 길을 믿음으로써 의로움을 얻어 구원에 이를 수 있다고 하여 인간의 믿음이 구원에 이르는 통로라는 점을 강조하였다.

9 그러나 이런 논쟁이 벌어지는 것 자체가 인간에게 자유의지가 있음을 역설적으로 보여 주는 것이 아니냐.

10 인간이 하나님의 예정된 구원을 믿어야 하기 때문에 말이다. 예정론을 믿는 사람만 구원되고 이를 믿지 않는 사람은 구원을 받을 수 없다는 것이 바로 하나님의 예정론이 사람에 따라서 달라진다는 것을 의미하는 것이 아니고 무엇이냐.

11 그러나 이런 논쟁은 하나님이 시간과 장소, 사람 등에 좌우되지 않고 일관되게 일하심을 모르고 하는 주장이다.

12 하나님이 진실하시다는 것은 대상이나 상황에 따라서 하나님의 뜻이 달라지지 않음을 의미한다. 하나님은 태초부터 영원까지 당신의 진실하심을 바꾸지 않으신다.

13 사람에게 자유의지가 있는지 없는지를 두고 너희가 격렬하게 논쟁하는 것은 마치 하나님이 계시는지 안 계시는지 논쟁하는 것처럼 생산적이지 않다.

14 자유의지 논쟁보다 더 중요한 것은 너희 믿음이 좋은 열매를 맺는지 나쁜 열매를 맺는지 분별하는 것이다. 너희 믿음이 좋은 열매를 맺어 거짓과 악과 불의에서 너희를 구원하게 만든다면 너희에게 좋은 믿음을 선택한 자유의지가 있는 것이다.

15 너희가 매사를 너희 의지대로 결정을 내린다고 생각하면 너희에게 자

유의지가 있는 것이고 남의 종이 되어 시키는 대로 결정을 내린다고 생각하면 너희에게는 자유의지가 없는 것이다.

16 하나님은 너희에게 자유를 주셨으니 너희가 무엇을 하든 너희의 자유의지에 따라서 하는 것이 된다. 아우구스티누스를 비롯한 일부 신학자들은 인간의 자유의지를 부정하지만 죄를 짓는 것과 죄를 회피하는 것을 인간이 선택할 수 있다고 주장하는 신학자들은 자유의지를 긍정한다.

17 일부 과학자들 중에도 자유의지를 부정하는 경우가 있다. 수많은 뇌세포가 서로 긴밀히 연결되어 자극에 따라서 연쇄적으로 반응을 일으켜 어떤 결정을 내리게 되기 때문에 이 과정에 인간의 의지가 개입할 여지가 없다는 것이다.

18 사람의 결정이 결국 그렇게 결정하도록 세포 수준에서 아니면 더 근본적인 분자와 원자 수준에서 이미 정해진 것이므로 자유의지는 없다고 한다. 또 어떤 사람은 우주에 있는 모든 분자들의 위치, 속도, 힘을 알 수 있다면 모든 시대의 우주 곧 우주의 과거와 미래를 알 수 있다는 결정론을 주장한다. 그러나 그런 도깨비는 없다.

19 우주는 하나님이 미리 정해 놓고 진행하는 연극 무대가 아니다. 생명체는 우주를 바꿔 가는 형성자이다. 하나님은 생명체에게 그런 형성의 자유를 주셨고 그 자유는 하나님이 거두어가지 않으신다. 자유의지는 생명체에게 주신 하나님의 무한한 사랑의 표시이다.

20 너희는 하나님의 꼭두각시도 노리개도 아니다. 인간은 하나님과 함께 우주를 형성해 가는 또 하나의 존재이다. 너희는 하나님이 창조하신 피조물이면서 하나님과 우주를 가꿔 나갈 동역자이다. 하나님은 어버이

이고 너희는 하나님의 자녀인 것이다.

21 누구든 사랑하는 자녀에게 자유로운 삶을 주지 않겠느냐. 너희 자녀가 너희가 정해 준 규칙대로 살아가기를 바란다면 너희는 자녀를 너희 꼭 두각시요 노리개로 부리려는 것이다. 하나님의 사랑은 생명체에게 자유를 주는 사랑이다.

22 인간에게 자유의지가 없다고 말하는 것은 너희를 하나님의 종속물로 보려는 생각이다. 너희가 자신을 하나님의 종속물로 인식하는 순간 너희는 하나님의 사자라고 자칭하는 목사나 신부의 종속물이 되며 결국 목사나 신부가 신의 대행자가 되는 지경에까지 이르는 것이다.

23 이런 것을 아시는 하나님이 인간을 당신의 종속물로 만들지 않으신 것은 너무나 당연하지 않으냐. 사랑하는 자들아, 너희의 자유의지를 스스로 부정하지 마라. 너희는 우주에서 가장 자유로운 생명체이니라. 하나님이 너희를 그렇게 귀히 여기심을 잊지 마라.

12 1 모든 사람에게는 자유의지가 있다. 다만 그것을 선을 행할 때에 사용할 것인지 악을 행할 때에 사용할 것인지를 결정하는 것은 너희의 몫이다.

2 너희에게 결정권이 있으므로 너희에게 자유의지가 있는 것이다.

3 자유의지는 사람에게 어느 시점에서 새삼스럽게 주어진 것이 아니라 인간이 세상에 나타난 시점부터 주어져 있다.

4 모든 사람에게 자유의지가 주어져 있지만 그것을 사용하지 않으면 없는 것처럼 보이고 사용하면 그것이 드러난다.

5 악에 빠져 선을 행하지 못하는 것은 너희가 선을 행할 자유의지가 없

어서가 아니라 너희가 선을 행하는 것보다 악을 행하는 것을 즐기기 때문이다.

6 권력이 주는 달콤함을 즐기는 자는 그 달콤함에서 빠져나올 수 없다. 너희가 악을 즐기는 것을 멈춘다면 선이 보이게 된다. 어떤 계기가 있어서 악을 멈출 수 있을지 그것은 아무도 모른다. 어떤 것에 영향을 받아 너희가 악을 멈추기로 결정하든지 그것은 너희의 자유로운 선택에 따라 결정한 것이다.

7 너희가 하나님의 심판이 두려워 선을 행하기로 결심을 했건 사람의 충고를 받아 선을 행하기로 했건 꿈에 누구를 만나 깨달음을 얻어서 선을 행하기로 결정을 했건 결정은 너희가 한다.

8 그 결정 속에는 너희가 추구하는 가치가 반영되고 너희가 이루려는 목적이 투영된다. 그 결정 후의 너희는 결정하기 전의 너희와 다른 사람이다. 그 두 사람 사이에는 이성의 작동 여부가 있다. 진실과 거짓을 구별하는 이성, 선과 악을 구별하는 이성, 의와 불의를 구별하는 이성이 그것이다. 이 이성을 작동하는 것이 바로 너희에게 주어진 자유의지이다.

9 모든 사람에게는 보이건 보이지 않건, 의식되건 의식되지 않건 상관없이 자유의지가 있다. 그것을 선을 위해서 사용하는 것은 너희가 하나님의 길 곧 좁은 길을 선택했음을 의미한다.

10 너희에게 자유의지는 자유의 화수분이다. 사용하면 사용할수록 너희에게 자유가 많이 주어지지만 사용하지 않으면 있는지조차 불분명해진다. 그러니 너희는 하나님께서 인간에게 자유의지를 주셨는지 안 주셨는지 논쟁하지 말고 그것을 사용하여 선을 이루는 데에 힘을 쏟아라.

11 너희의 자유의지를 선을 위하여 사용하는 자는 흥할 것이고 악을 위

하여 사용하는 자는 망한다. 너희는 너희에게 자유의지가 있는지 없는지 논쟁할 시간에 너희의 자유를 지키고 확대하는 일에 힘을 쓰는 것이 좋다.

12 너희의 의지로 분명히 어떤 결정을 했다면 너희는 프로그램된 자가 아니라 자유의지를 가진 자이다.

13 네가 자유의지가 있는지 없는지 확인해 보는 방법을 알려 주겠다. 사람의 능력은 어떤 일을 할 때에 그 일에 얼마나 집중하느냐에 따라서 다르게 나타난다. 너희가 어떤 일을 이루기 위하여 네가 가진 지식을 모두 동원하고 주위의 환경을 이용하는 데에 총력을 기울인다면 너는 그렇게 하지 않을 때에 비해서 엄청나게 큰 결과를 얻게 될 것이고 사람들은 너를 능력이 있는 사람이라고 평가하게 된다.

14 그러나 네가 그 일에 집중하지 않고 그 일을 하면서 다른 일을 생각하고 네 집중력이 흐트러지면 너는 그 일에서 별다른 성과를 내지 못하고 결국 사람들은 너를 능력이 없는 사람으로 보게 된다.

15 그러니까 네가 능력이 있는 사람인지 없는 사람인지는 미리 정해진 것이 아니고 네가 그 일을 얼마나 집중하여 해내는지에 따라 좌우된다는 말이다.

16 그러므로 지금부터 네가 어떤 일을 시작하면 그 일에 네 노력을 최대한 집중해 보아라. 노력을 집중하는 것도 연습이 필요하므로 네가 열심히 노력하면 집중력이 점점 더 좋아질 것이다. 그래서 결국 너는 어느 시점에서 네 능력이 향상되어 있음을 발견하게 될 것이다. 이런 결과를 얻을 수 있다면 너는 자유의지를 잘 사용한 사람이다. 열심히 노력해도 결과가 나지 않는다면 다른 일을 시작해 보아라.

17 인간이 본래 가지고 있는 자유의지를 네가 잘 사용하지 못한 것은 네게 맞는 일을 찾지 못했거나 네가 게을렀기 때문이다.

18 네게 맞는 일을 찾아 네 자유의지를 한껏 발휘하면 너는 분명히 사회에서 유용한 사람이 되어 있을 것이다.

19 너희가 자유의지를 가지고 있다는 것을 보여 주는 증거가 너희가 일으킨 문화의 변화와 진보이다. 자유의지는 문화와 문명을 변화시키는 힘이다.

20 너희에게 자유의지가 없었다면 너희는 지금 누리고 있는 문명의 이기를 만들지도 못했을 것이고 그것을 누리는 행운도 결코 얻지 못했을 것이다.

21 너희가 너희 앞 세대에 비해서 훨씬 더 다양한 지식을 갖추게 된 것도 너희의 자유의지 덕분인 것이다.

22 자유를 누리는 자는 흥할 것이고 자유를 포기한 자는 망할 것이다. 너희는 그가 누구든지 사람의 자유를 부정하고 억압하는 자에게 맞서서 자유를 지키고 확대하기에 힘써라.

23 자유는 너희가 서로 아끼며 행복하게 살아가는 데에 필요한 가장 본질적인 조건이고 자유의지는 자유의 핵심이다.

24 자, 이제 너희가 무엇을 해야 하나님 나라에 들어갈 수 있을지 어느 정도 이해하였을 것이다. 너희에게 주어진 자유의지를 활용하여 너희 믿음을 바로 세우고 하나님이 바라시는 바에 따라서 너희가 진실하고 선하고 의로운 길로 나아가는 것이 너희가 해야 할 일이다.

13

1 너희의 거듭남이 한낱 한 순간의 깨우침에 지나지 않아 그 순

간이 지나면 다시 옛날로 돌아가는 것이라면 참으로 안타까운 일이 아니냐.

2 너희의 수고가 헛되지 않기 위해서 너희가 해야 할 일이 무엇이냐. 너희가 거듭나서 너희 삶이 달라지고 너희 주위가 너희로 말미암아 밝아질 수 있게 할 방법이 무엇이냐. 너희가 주위를 신선하게 할 수 있는 소금이 되고 산소가 될 수 있는 길이 무엇이냐. 그것을 향해서 너희가 나아가라.

3 거듭남을 이룬 너희가 함께 연대하여 그 길을 모색하여라. 그 길은 하나님이 아시니 하나님께 기도로 아뢰어라.

4 앞선 이의 거듭남이 뒤에 오는 이의 지식으로만 남지 않고 모든 이의 유전자에 남게 하여라. 그러기 위해서 너희는 너희의 자유의지를 너희의 이성과 자각에만 맡기지 말고 너희의 자유의지가 거듭남의 경지에서 비롯할 수 있도록 유전자에 기록해 두어야 한다.

5 너희 유전자에 기록되는 것은 곧 하나님의 기억 속에 기록됨을 의미한다.

6 때가 이르면 너희는 모두 거듭난 사람으로서 너희 땅을 낙원으로 만들게 될 것이다. 그 날을 위하여 기도하여라.

7 한 사람의 간절함이 우주를 움직인다. 너희의 간절함으로 세상을 바꿔라. 하나님이 너희 기도를 들어 주시리라.

14 1 거듭난 사람의 정신세계는 하나님에게서 오는 영과 너희의 혼이 가장 평안하게 공존하는 곳이다.

2 이제 너희 영혼은 하나님의 은총을 입어 평안을 얻을 것이요 안식을

누릴 것이다.

3 너희 혼이 하나님의 영으로 재구조화하였기 때문에 이제 너희는 육의 욕구를 통제하고 영의 욕구를 실현하기 쉽게 되었고 하나님의 은혜로 기뻐하고 감사하며 즐거워할 수 있게 되었다.

4 너희 혼은 너희 육체에 이 기쁨을 전달하여 너희 육체로 하여금 육체에서 오는 기쁨보다 더 상쾌하고 맑은 기쁨이 하나님에게서 온다는 점을 일러 줄 것이다.

5 너희는 이제 하나님 나라에 들어온 것이다. 하나님 나라는 너희처럼 거듭난 이들의 고향이요 안식처다. 거기에서 너희는 하나님과 동행하게 되리라.

6 너희 거듭난 사람들아, 세상을 향하여 외쳐라. 사람들아, 하나님이 우리를 사랑하시는 것처럼 우리도 서로 사랑하자. 하나님이 진실하신 것처럼 우리도 서로 진실해지자. 하나님이 선하신 것처럼 우리도 서로 선해지자. 하나님이 의로우신 것처럼 우리도 의로워지자.

7 깜깜한 곳에 한 줄기 빛이 들어오니 어둠이 물러나고 온통 환해졌다. 밝음은 거듭남의 속성이니 거듭난 너희에게 하나님의 빛이 함께한다.

8 거듭난 사람은 외쳐라. 하나님의 사랑을 노래하여라. 하나님의 작품인 세상을 마음껏 즐겨라.

9 하나님의 사랑이여. 빛이여.

10 존재의 시작에서 생명이 일어나고 지금에 이르도록

11 그 얼마의 세월인가요,

12 그 얼마의 땀인가요,

13 그 얼마의 눈물인가요.

14 우주의 장엄함과 지구의 아름다움, 그리고 생명의 신비로움.

15 새로운 세상이 열렸다.

16 하나님의 영광이 임했다.

17 내 영혼아 기뻐하라.

18 오늘을 감사하고 내일을 걱정 마라.

19 오늘이 또 오리라.

20 감사와 찬양을 하나님께. ㅎ

이단

1 1 너희는 이단 논쟁을 삼가라. 이단 논쟁은 누구에게도 유익하지 않다.

2 이단 논쟁은 증오와 배척의 감정을 강화하고 사랑과 배려와 존중의 예절을 무너뜨리며 무엇보다 이성의 활동을 위축시킨다.

3 너희는 이단을 말할 지혜가 부족하니 그런 논쟁을 일으킬 능력이 없다.

4 어제의 이단이 오늘의 정통이 되고 오늘의 정통이 내일의 이단이 되는 것을 너희가 보았고 너희는 그렇게 이단 논쟁을 전개해 왔다.

5 너희가 믿는 모든 종교는 너희가 개혁하고자 했던 종교의 이단에서 시작한 것임을 너희가 알 것이다.

6 이단의 논리는 언제나 기존 교리와 종교의 허점이나 부족한 점을 파고들기 때문에 새로운 것을 추구하는 사람에게는 매력적인 점이 있게 마련이다.

7 그러나 이단 논쟁은 주도권을 잡기 위한 위선자들의 싸움일 뿐 하나님과 사람에게는 아무런 도움을 주지 못하는 관념적이고 소모적인 논쟁일 뿐이다.

8 오로지 참 하나님의 말씀대로 너희 언행을 삼가는 것으로 너희의 옳음

을 증명해 내어라. 너희 혀로 하나님의 진리를 말할 수 있다고 믿는 것이 너희의 자만이고 무지의 소치임을 알아라.

9 너희는 남대문을 본 사람과 안 본 사람이 논쟁하면 안 본 사람이 이긴다는 우스갯말이 있음을 알 것이다. 남대문을 직접 눈으로 본 사람은 남대문에 문턱이 없음을 보았기 때문에 남대문에 문턱이 없다고 자신 있게 말하지만 남대문을 보지 않은 사람은 남대문도 문인데 문에 문턱이 없을 리 없다는 논리로 본 사람의 주장을 반박한다.

10 주위 사람들이 이 논쟁에 끼어들어 일부는 직접 보았다는 사람의 주장에 동조하지만 대부분은 문에 문턱이 없을 리 없다는 원리주의자의 주장에 힘을 실어 준다.

11 마을에서 큰 논쟁이 벌어져 마을이 시끄럽게 되자 마을 원로들이 두 사람의 주장을 듣고 판결하는데 남대문을 본 일이 없는 원로들도 문에 문턱이 없을 수 없다는 원론적인 이유로 원리주의자의 주장을 채택하고 경험자가 더는 그런 주장을 하지 못하게 한다.

12 이런 관념적인 논쟁의 끝은 반대파를 제거하는 것으로 귀착된다. 도대체 이들이 남대문에 문턱이 있는지 없는지 가려서 무엇에 쓰겠느냐. 이런 무의미한 일로 서로 옳고 그름을 가리려는 것이 너희 이단 논쟁이다.

13 무지와 만용을 멈춰라. 관념적인 논쟁은 사실을 왜곡하고 진실을 가린다.

14 너희는 하나님을 믿음의 대상이 아닌 연구의 대상으로 삼지 마라. 이른바 신학을 너희 지식에서 제거하여라.

15 하나님의 본성을 연구의 대상으로 삼지 말고 논쟁거리로 삼지 마라. 너희가 할 수 있는 일은 하나님의 완전하심을 깨닫고 그 완전 하심을 닮

도록 노력하는 것뿐이다.

16 하나님의 본성을 사람이 이해할 수 있는 언어 가운데에서 가장 가까운 언어로 표현하면 사랑이 된다. 그 사랑 안에는 진실함과 선함과 의로움이 있다. 이 사실을 알게 한 이는 하나님이 너희에게 내려 주시는 지혜의 영이다. 이 이상 너희가 무엇을 더 열심히 연구하려느냐.

17 하나님의 사랑은 완전하고 절대적이어서 너희가 깨달을 수 있는 범위 밖에 있다.

18 하나님은 너희의 연구로 알려질 분이 아니다. 하나님은 광대무변하셔서 너희가 연구해도 잡히지 않으시는 분이다.

19 너희의 연구로는 오로지 하나님의 그림자를 볼 수 있을 따름이다. 하나님을 연구한다고 말하는 자는 하나님의 그림자를 연구하는 자이다. 할 수 없는 일을 하여 거짓말쟁이가 되지 마라. 너희의 논쟁으로 말미암아 이단이 생겨나고 피비린내 나는 암투로 수많은 귀한 목숨이 희생되지 않았느냐.

20 하나님은 종교 교리의 밖에 계신다. 너희 교리로 하나님의 광대무변하신 속성을 가둘 수 없다.

21 하나님의 속성을 너희 교리로 제한하는 것은 하나님에 대한 무지의 결과요 하나님에 대한 무례일 뿐이다. 하나님에 대한 생각의 다름 때문에 너희끼리 다투지 마라. 너희의 어떤 상상이나 추측도 하나님을 가늠하기에 턱없이 모자람을 알아라.

22 누구도 하나님을 독점하려 하지 마라.

23 너희는 하나님을 따라서 진실함과 선함과 의로움이 완전에 이르도록 노력하여라. 그러면 너희가 하나님을 보게 되리라.

2

1 하리다야, 네가 이단으로 몰릴 것을 두려워하는 이유를 내가 잘 안
다. 그러나 내가 너에게 하는 말은 참 하나님의 말씀이니 너는 의심하
지 말고 들은 바를 전하여라. 누구도 너를 해치지 못할 것이니 두려워
마라. 강하고 담대하게 내 말을 전하여라. 너로 인하여 사람들이 하나
님에 대한 참 믿음을 갖게 되리라.

2 많은 사람이 자기의 믿음과 배치되는 말을 하면 화를 내며 공격할 것이
다. 그러나 그런 공격에 흔들리지 마라. 참 하나님은 그런 배타적인 사
람으로부터 너를 보호해 주신다.

3 하나님은 사람과 생명체를 사랑하고 존중하는 가운데 자기 믿음을 지
키며 진실하고 선하고 의롭게 살기를 바라신다. 너를 공격하는 사람들
도 언젠가는 너의 믿음을 따를 것이다. 너희 인류가 참 하나님을 바르
게 믿을 때까지 지치지 말고 외쳐라.

4 하나님은 너희를 사랑하신다. 누구를 차별하지 않고 누구를 협박하지
않고 누구를 강제하지 않고 사랑하신다. 하나님은 어떤 의식으로 믿
든 어떤 논리로 믿든 설령 믿지 않더라도 하나님은 너희를 사랑하신다.

5 너희는 하나님의 사랑 가운데에 머물러라. 그 사랑 가운데에 있으면 너
희 영혼이 잘되겠고 너희가 하는 모든 일이 두루 잘되리라.

6 너희가 참 하나님의 사랑 안에 머물러 있는지 머물러 있지 않은지는
너희 삶으로 증명된다. 너희가 사람을 존중하고 배려하고 공생을 도모
하는가 아니면 사람을 증오하고 배척하고 따돌리는가. 너희가 진실하
고 선하고 의로움을 추구하는가 아니면 거짓과 악과 불의에 손을 담
그고 있는가.

7 하리다야, 너는 사람을 신으로 숭배하지 마라. 사람을 신으로 섬기는 것은 하나님께 망령된 일이다. 사람을 신으로 숭배하려면 수많은 거짓을 만들어야 하고 그 거짓을 참으로 위장하기 위하여 요설을 행하고 강압과 불의를 저지르게 된다. 거짓에는 사랑이 없다.

8 너희는 너희 모든 것을 하나님께 맡기고 의지하여라. 오로지 너희 삶을 사람을 사랑하는 데 집중하는 것으로 족하다. 너희 사랑은 진실하고 선하고 의로운 삶을 사는 것으로 증명된다.

9 하나님을 섬기는 방식은 이처럼 단순하고 쉬운 일이 아니냐. 거기에 무슨 복잡하고 어려운 학문이 필요하고 교육이 필요하겠느냐. 만들어진 신일수록 그를 믿게 하는 데 수많은 논리가 필요하고 복잡한 논증이 필요한 법이다.

10 하나님은 너희에게 아무런 요구도 하지 않으신다. 너희에게 아무런 의무도 부과하지 않으신다. 너희를 심판하겠다고 위협하지 않으신다. 참 하나님은 너희가 사랑을 많이 베푸는 사람에게 사랑의 빛을 쬐어 주시고, 진실하고 선하고 의로운 삶을 사는 사람에게 복의 빛을 쬐어 주실 따름이다.

11 너희는 사랑을 베풀어라. 너희는 진실하고 선하고 의로운 삶을 살아라. 이것이 너희가 하나님을 사랑하고 믿는 방법이요, 너희가 하나님을 믿는 믿음의 증거가 되리라.

12 참 하나님을 믿지 않고 사람을 신으로 섬기는 믿음을 가졌을 때에 어떤 일이 일어나는지 너희가 알아야 한다.

13 한 진실하고 선하고 의로운 사람이 하나님을 바로 알고 바른 믿음을 가지고 살라고 외쳤다. 당시 사람들은 하나님을 두려워하면서 믿고 있었

는데 그는 하나님을 사랑의 하나님이라고 알고 사람들에게 사랑의 메시지를 전파하였다.

14 그의 말에 감동하여 그를 따르는 사람이 많아지자 기성 종교 지도자들은 이 사람을 자기 종교에 위협이 되는 사람으로 보고 정치권력과 결탁하여 그를 십자가에 처형하고 말았다.

15 그가 죽은 뒤에 항간에는 그가 다시 살아났다는 소문이 돌았다. 그리고 살아 있는 모습으로 하늘로 올라갔다는 주장도 나왔다.

16 한 사람이 나타나 그의 죽음을 아주 멋지게 각색해 내었다. 그의 죽음은 인류의 죄를 사해 주기 위하여 하나님의 계획에 따라서 이뤄진 희생과 구원의 죽음이라는 것이고, 부활한 그가 머지않아 믿는 사람을 하나님 나라로 데려가기 위해 다시 오리라는 것이다

17 이때부터 그 사람에 대한 신앙이 불붙기 시작했다. 그를 믿고 구원을 받아 이 지옥 같은 세상에서 벗어나 걱정 없고 부족함이 없는 하나님 나라로 올라갈 것이라는 믿음이 가난하고 핍박 받던 수많은 사람을 끌어들였다.

18 그 사람에 대한 믿음이 어찌나 강한지 많은 사람이 박해나 생명의 위협도 아랑곳하지 않았다. 수많은 사람이 순교한 끝에 그에 대한 믿음이 확고하게 종교로 자리 잡고 마지막에는 그를 믿는 사람들을 박해하던 권력자들까지 그 믿음에 동참하는 기적을 만들어냈다. 이것이 오늘날 너희가 믿는 기독교의 태동이다.

19 너희가 이 선한 사람을 사랑하고 그를 따르는 것은 하나님이 보시기에 참으로 아름다운 일이고 하나님의 은혜를 입기에 충분한 일이나 너희 믿음에 하나님이 인정할 수 없는 욕심이 들어 있는 것이 흠이었다. 즉

너희 믿음이 하나님보다 이 사람을 섬기는 일에 집중되었다.

20 너희는 믿음의 생활 내내 예수를 믿으면 구원을 받는다고 했고, 머지않아 반드시 예수가 하늘에서 내려와 믿는 자를 세상의 핍박과 질곡에서 건져내 주리라고 믿었고, 예수께 기도하면 병도 낫고 어려운 문제도 풀린다고 믿었다. 너희는 예수를 전지전능한 신으로 섬기고 그를 통하여 너희 욕망을 실현하려고 했다.

21 너희는 수백 년 동안 기독론이나 구원론 같은 이론으로 박이 터지게 싸워 왔다. 일반인에게는 무조건 '예수 천당, 불진 지옥'이라는 신념을 심어 주고 성직자들은 예수의 정체성에 대한 논쟁부터 어떻게 하면 구원을 받게 되는지에 이르기까지 수많은 논쟁을 벌였고 그 과정에서 자기의 교리와 맞지 않으면 이단으로 몰아 화형에 처하는 만행도 서슴지 않았다. 이런 피비린내 나는 오랜 논쟁으로도 마무리가 되지 않아 지금도 기독론과 구원론은 논쟁이 진행 중이다. 이 외에도 성령론, 종말론, 교회론 등 교리를 둘러싼 수많은 논쟁이 믿음의 사람들을 괴롭히고 있다.

22 너희가 생각해 보아라. 예수가 어떤 사람인지에 대한 논쟁이 하나님의 너희에 대한 사랑에 어떤 영향을 미칠 수 있겠느냐, 또 예수를 통해서만 구원을 얻게 되어 있다는 논리가 보편적인 사랑을 주시는 하나님께 가당하겠느냐. 시공을 초월하여 계시는 하나님이 특정한 사람을 지정하고 특정한 때를 정하여 그때 누구를 보내어 심판할 것이라는 주장이 성립할 수 있겠느냐.

23 과학적 지식이 보편화하지 않고 정치와 사회의 민주화가 진행되지 않았다면 너희는 지금도 기독론과 구원론에 입각하여 또는 종말론 같은 것에 의지하여 믿지 않는 사람들을 죄인처럼 여기고 미워하고 배척하며

때로는 전쟁까지도 불사하면서 예수에 대한 극단적인 믿음으로 하나님
을 잘 믿는다고 하고 있지 않았겠느냐.

24 너희는 이제 이런 무모하고 배타적인 믿음을 벗어나서 하나님에 대한
올바른 믿음을 가져라. 너희가 진리를 만들어내지 말고 내가 전하는 하
나님의 말씀을 들어라.

25 너희는 누구든지 전적으로 완전한 진리를 알지 못하고 전할 수 없다. 온
전히 하나님을 알 수 없는 너희가 스스로 진리를 다 아는 것처럼 진리
를 독점하려 함으로써 너희의 잘못이 시작된 것이다. 너희는 하나님의
진리 앞에서 겸손하고 또 겸손하여라.

26 기독교인들아, 너희가 예수를 따르고 그의 말을 실천하는 것은 좋은 일
이나 사람의 아들을 하나님으로 섬기는 것은 잘못이다. 예수를 하나님
과 같은 신으로 만들기 위하여 너희가 얼마나 많은 거짓 논리를 만들
었느냐. 지금이라도 거짓을 버리고 진실함과 선함과 의로움을 가지고
하나님 중심으로 너희 믿음을 바르게 세워라.

27 너희가 사람을 신격화하고 우상화하는 믿음을 강조한 탓에 베드로의
후계자라고 하는 교황이 베드로도 갖지 못한 과분한 권력을 휘둘러 하
나님의 이름으로 너희를 핍박한 일이 일어나지 않았더냐.

28 하나님의 기름 부음을 받았다고 자임하는 목사들이 마치 하나님처럼
대접을 받으려 하는 것도 너희의 기본 믿음이 잘못되었기 때문이 아니
냐. 너희는 즉시 거짓을 버리고 참 하나님 앞으로 돌아와라.

3 1 루터가 종교 개혁의 깃발을 든 후 가톨릭과 개신교는 엄청난 살육
의 전쟁을 치렀다. 같은 신을 믿는 사람들이 서로 상대를 이단으로 몰

아 죽이는 전쟁을 벌였다. 이런 일이 왜 일어났느냐. 사람을 신으로 믿기 위하여 만든 교리의 배타성 때문에 비롯된 것이다.

2 자기의 교리를 완전한 진리로 믿고 그것과 조금만 달라도 이단으로 배척해야 한다고 생각한 외골수 신앙 때문이다.

3 가톨릭은 미사 때에 떡과 포도주를 나누면서 그리스도의 몸과 피를 먹고 마신다고 한다. 이른바 화체설에 따라서 그들이 먹고 마시는 떡이 사제의 축성에 따라서 그리스도의 살과 피로 바뀐다는 것이다. 이는 사제의 권위를 잘 드러내는 교리인 셈이다.

4 개신교도 교파에 따라서 시기가 같지 않지만 성찬식이라는 예를 행한다. 그들은 단순히 예수가 최후의 만찬에서 한 의식을 기념하는 뜻으로 행할 뿐 그 빵과 떡이 실제로 예수의 살과 피라고 생각하지 않는다. 이는 가톨릭 사제의 권위에 대한 도전이 될 수 있었다.

5 이 때문에 화체설을 부정한 영국의 종교 개혁가 위클리프는 교황 그레고리 11세에게 19가지의 죄목으로 체포될 위기를 맞기도 했다. 그는 체포되지 않아 처형을 면했지만 위클리프를 따르던 많은 사람들은 결국 화형에 처해졌고 이미 죽은 위클리프의 유해까지 파내어 그의 저작물들과 함께 불에 태워져 템스 강에 뿌려졌다. 이를 보면 너희 종교인들의 증오심이 하늘을 찌름을 알 수 있지 않느냐.

6 체코의 종교 개혁가 후스도 화체설을 부정하여 이단으로 몰린 결과 체포되어 화형에 처해졌고 그를 따르던 많은 사람들이 이른바 후스 전쟁으로 말미암아 죽음을 당했다.

7 화체설이라는 가공의 교리를 지키기 위하여 죽음의 잔치를 벌인 것이 바로 가톨릭이 아니었느냐.

8 위클리프와 후스의 영향을 받은 루터는 면죄부 판매에 대한 항의서를 발표함으로써 성공한 종교 개혁가가 되었다.

9 그러나 종교 개혁가들 사이에서도 교리의 차이는 여전하여 서로 상대를 이단으로 정죄하지 않았느냐.

10 루터는 뮌처의 급진적 개혁을 거부하여 그를 이단으로 정죄했고 결국 뮌처는 처형되었고 그를 따르던 농민 개신교도들은 모두 죽임을 당했다.

11 루터 이후 종교 개혁을 완성했다고 인정을 받는 프랑스인 칼뱅은 삼위일체 교리를 부정하던 급진주의자 세르베투스를 체포하여 법정에 세웠고 그가 화형에 처해지게 했다.

12 종교 개혁을 이룩한 루터나 칼뱅도 교황의 손에 붙들렸다면 다 화형에 처해질 사람들이었지만 그들은 누군가의 보호를 받아 처형을 면해서 종교 개혁을 완수했고, 다른 사람은 그들을 보호할 정치 세력을 갖지 못해서 종교 개혁을 수행한 사람들의 손에 죽임을 당하기도 했다.

13 이 시기의 개신교는 정치 세력의 보호와 지원을 받지 않으면 가톨릭의 공격에서 살아남을 수 없었다. 이 모든 것이 교리의 문제에서 비롯된 것이다.

14 왜 너희는 교리를 사람을 죽이는 도구로 사용하였느냐.

15 영국과 스코틀랜드, 독일, 스위스 등지에서 종교 개혁이 성공하여 가톨릭에 대한 개신교의 세력이 프랑스까지 밀려오고 있을 때에 프랑스에서는 가톨릭의 대반격이 일어났다.

16 칼뱅파 개신교도인 위그노에 대한 가톨릭의 학살이 하필이면 가톨릭 성인을 추모하는 축일에 벌어진 것이다. 이 학살로 말미암아 프랑스의

위그노는 위축되었고 스페인과 이탈리아의 가톨릭 세력의 지원을 받은 프랑스 가톨릭이 프랑스를 지배하게 되었다.

17 또 보헤미아 지역에서 일어난 가톨릭과 개신교 간의 전쟁이 덴마크, 스웨덴, 프랑스로 번져 30년 전쟁이라는 종교 전쟁으로 확대되었다. 이들 전쟁은 단순히 교리의 문제를 넘어서 종교 자체의 다름 곧 이교도 간의 주도권 다툼의 성격이 강했고 이는 정치적인 문제이기도 했다.

18 교리가 다르면 싸워 상대를 죽여야 하고, 종교가 다르면 싸워 상대를 죽여야 하는 것이 너희들의 종교인 셈이 아니냐.

4 1 개신교의 발흥은 가톨릭을 쇄신하는 기회가 되었다. 종교 개혁의 원인이 되었던 면죄부 판매 행위가 사라졌고, 라틴어 성서를 고집하여 각국의 언어로 성서를 번역하는 것을 이단으로 엄격히 처벌하던 것도 철회하였다.

2 그러나 가톨릭의 쇄신은 어쩔 수 없는 것에 순응하는 정도였을 뿐 교황의 권위와 가톨릭의 독점적 교리는 조금도 달라지지 않았다.

3 오히려 교황에게는 오류가 없다는 교리나 예수를 낳은 마리아도 몸과 영혼이 하늘로 올라갔다는 교리를 새로 만들어 가톨릭의 권위를 강화하였고 이를 반대하는 사람을 이단으로 정죄하기 시작하였다.

4 결국 가톨릭은 자신의 권력을 내놓지 않으려고 발버둥을 치고 있지 않으냐.

5 타락한 믿음을 새롭게 하겠다고 나선 개신교도 사정은 그리 좋지 않았다. 일부 개신교인들이 진정으로 믿음을 강화하기도 했지만 많은 목사가 교인들의 신앙심을 교회의 확장과 발전에 이용하고 자신의 정치적

입지를 다지는 데에 쓰는 바람에 개신교의 부패가 시작되었다.

6 복음주의가 교인들의 믿음을 왜곡하고 사회 발전을 가로막는 기능을 수행하고 있는 것이 현실이다. 미국의 복음주의 목사들이 가장 극우적이고 수구적인 정치적 행태를 보이고 있는 것이나 한국의 복음주의 목사들이 극우 성향을 띠는 것이나 개신교의 타락의 끝이 어디인지 가늠하기 어려울 지경이다.

7 여기에 최근에는 기독교와 이슬람의 갈등, 이슬람과 힌두교의 갈등, 이슬람과 불교의 갈등까지 겹쳐 인류는 종교로 말미암아 망하게 될지 모른다는 걱정이 들 정도이다.

8 가톨릭과 개신교가 교회 바깥에는 구원이 없다는 교리를 철저히 주장한다면 다른 종교를 믿는 사람들은 모두 구원될 수 없다는 것이어서 이 불쌍한 영혼을 위하여 꾸준히 선교를 해야 하는 것이니 그 반대되는 종교의 교리로 살고 있는 사람들과 충돌을 피할 수 없다.

9 이것이 종교 갈등의 근본이고 문명 간의 충돌을 일으키는 주범이다. 그러나 어찌 보면 종교의 문제는 신의 문제도 아니고 교리의 문제도 아니다. 종교 문제의 본질은 종교인의 문제이고 종교인의 탐욕의 문제이며 그 종교를 이용하려는 정치인의 문제이다.

10 종교가 정치를 등에 업고 교세를 확장해 왔던 습관을 떨치지 않는다면 정치와 종교가 맞물려 인류의 갈등은 해결되지 않을 것이다. 결국 종교가 새로워져야 하는 것이다.

5

1 이제 너희는 너희 종교를 일신하여라.

2 악을 부추기는 교리를 제거하여라. 너희 하나님이 요구하신다.

3 옛 것은 지나가고 새 것이 와라. 너희가 새로워지지 않으면 가톨릭이나 개신교나 너희가 아메리카와 아프리카에서 벌인 살육과 학살의 죄에서 벗어날 수 없다.

4 악의 열매를 나눠 먹은 자에게 악행의 죄를 묻는 것은 당연하다. 하나님이 너희의 죄를 물으신다.

5 너희가 그 엄청난 죄를 회개하고 스스로 아메리카 원주민과 아프리카 흑인들에게 사죄하지 않으면 너희가 아무리 멋진 옷을 입고 멋진 관을 쓰고 가난한 자의 편에 서서 선을 행한다고 해도 가식에 지나지 않은 것이 될 것이요, 아무리 멋진 논리로 너희 교리를 합리화해도 그것은 모두 거짓에 지나지 않는 것이 될 것이다.

6 입으로는 예수를 믿고 하나님을 섬긴다고 해도 그런 믿음 행위는 진정으로 하나님을 믿고 그분의 말씀을 따르는 행위가 되지 못한다.

7 이단을 만들어 내는 종교는 가고 화합을 만드는 종교가 와라.

8 특권을 지향하는 종교는 가고 평범한 삶을 지향하는 종교가 와라. 탐욕과 위선을 벗고 절제와 진실로 거듭나라.

9 영역 싸움을 하는 종교는 가고 화평하게 하는 종교가 와라. 배타적인 종교는 가고 화합하는 종교가 와라.

10 교리를 위해 싸우는 종교는 가고 사람의 행복한 삶을 위해 교리를 조정하는 종교가 와라.

11 하나님은 사람을 살리려고 하는데 종교는 사람을 죽이려고 한다. 하나님은 세상에서 사람을 행복하게 해 주려고 하는데 종교는 사람을 세상에서 불행하게 만든다.

12 하나님이 너희에게 요구하신다. 너희 종교를 일신하여라. 탐욕과 위선의

떼를 벗겨내어 참 종교로 바꿔라.

13 사람을 위하여 너희 종교의 교리를 다시 세워라. 하나님의 사랑이 모든 사람에게 임하도록, 하나님의 영이 모든 사람의 혼과 소통하도록, 하나님의 완전함이 모든 사람에게 미치도록, 하나님의 지혜가 모든 사람에게 갖추어지도록, 하나님의 공의가 세상에 강물처럼 흐르도록. 너희가 아직 알 수 없는 것을 찾되 너희 지식을 배타적으로 사용하지 않도록, 하나님이 너희 모두의 하나님이 되도록. 너희가 하나님의 진실함, 선함, 의로움을 추구하도록 너희 종교 교리를 새롭게 형성하여라. 그것은 누가 만들어 주는 것이 아니라 영혼이 열린 사람들이 함께 노력하여야 한다.

14 너희 이성을 살리고 너희 혼을 깨워라. 지식에 교만하지 말고 하나님 앞에서 겸손하게 너희가 해야 할 일을 찾아 간구하여라.

15 사심 없이 구하는 너희에게 하나님이 응답하신다. 너희는 교리를 배타적으로 적용하여 상대를 이단으로 몰아 무너뜨리는 논리를 강구할 것이 아니라 너희 교리를 하나님의 뜻에 더욱 가까워지게 바꾸어 사람들이 자유롭게 하나님을 찾을 수 있게 해야 한다.

16 사람을 하나님처럼 우상화하는 믿음을 멈춰라. 사람을 전인격적으로 믿으면 그 외의 다른 사람을 불신함으로써 참 진리를 놓치기 쉽다.

17 하나님을 사람의 굴레에 가두는 믿음을 그만둬라. 하나님을 사람처럼 불완전한 인격체로 만들기 때문이다.

18 너희는 너희 믿음이 어떻게 하면 진실할까, 어떻게 하면 선할까, 어떻게 하면 의로울까 염려하여라. 너희 믿음의 지극한 곳에서 하나님을 만나리라.

19 자, 내가 너희 종교인에게 말한다. 너희 모든 종교인은 너희 종교 교리에서 위선의 탈을 벗겨라. 탐욕의 집착을 떼어라. 맹신의 무지를 깨라. 독선의 고집을 버려라.

20 위선의 탈을 벗지 않고 하나님의 진리에 도달할 수 없고, 탐욕의 집착을 떼지 않고 하나님 나라를 볼 수 없고, 맹신의 무지를 깨지 않고 하나님의 지혜에 도달할 수 없고, 독선의 고집을 버리지 않고 하나님과 동행할 수 없다. 너희 교리가 가진 이 네 가지 암이 너희 종교를 하나님에게서 멀어지게 만들었다.

21 너희가 이들 위선과 탐욕과 맹신과 독선의 네 암을 너희 교리에서 제거하는 과정을 밟아야 너희 종교가 참 하나님의 진리에 가까이 갈 수 있다.

22 너희는 이 암을 제거하기 위하여 힘써라. 이 암을 제거하는 노력을 통해서 너희가 종교 간에 협력하고 연대하여 이 세상을 악에서 구해 낼 수 있을 것이다.

23 이 말씀은 너희 종교를 종교답게 만들어 주는 말씀이고, 너희 믿음을 믿음답게 만들어 주는 말씀이다.

24 모든 믿음을 가진 사람은 이 언약의 말씀으로 각자의 믿음을 새롭게 하여라. 사심 없는 종교가 인류를 구원한다.

6

1 종교에는 조직이 필요 없다. 종교를 조직화하지 마라.

2 조직된 교회는 하나님 뜻에서 멀어지게 된다. 하나님이 교회를 통해서만 구원한다는 주장은 하나님의 뜻이 아니다.

3 구원은 교회와 관련이 없다.

4 순수한 종교적 구원은 조직 종교나 교회가 필요 하지 않다.

5 교회가 너를 믿음의 길로 인도하는 등대와 같은 구실을 할 수 있지만 그곳이 곧 구원의 유일한 곳은 아니다.

6 믿음은 하나님과 너와의 관계이고 구원도 하나님과 너와의 관계에서 일어나는 일이다.

7 믿음과 경건 훈련을 위해서 조직된 종교가 필요하다는 것은 믿음의 초기 대상자를 위한 등대 구실을 하기 위함일 뿐 조직된 종교가 믿음의 모든 것을 관장하려 하는 것은 잘못이다.

8 영적 구원이 아닌 육신의 구제를 위해서라면 조직이 필요하다. 조직된 종교는 사회 구원을 향하여야 한다. 선한 일, 의로운 일을 위해서 연대하여 뜻을 함께하는 경우에 조직이 필요하기 때문이다.

9 세상의 위선에 대항하여야 할 필요가 있을 때에 그 일을 하기 위하여 현실적인 조직이 필요할 것이다.

10 세상의 악에 대항하여야 할 필요가 있을 때에 그 일을 하기 위하여 현실적인 조직이 필요할 것이다.

11 세상의 불의에 항거하기 위하여 조직이 필요할 수 있다. 사람들을 돕는 일, 가르치는 일을 하기 위하여 현실적인 조직이 필요할 것이다.

12 그 외에는 너희 자신을 위하여 조직을 만들지 마라.

13 너희끼리 복잡한 위계질서를 만들어 사람들을 너희 밑에 두려하지 마라.

14 너희가 조직을 키우면 그 조직 때문에 의로운 일을 하지 못하고 때로는 정치권력과 밀착하게 되고 때로는 기업체의 이익에 봉사하게 될 수 있다. 너희 조직이 거대해지면 거대해질수록 너희를 불의와 타협하지 않

을 수 없게 만드는 일이 많아진다.

15 교회는 믿는 자에게 헌금을 요구하지 마라. 헌금이 복의 근원인 것처럼 오해하게 만들지 마라. 헌금하는 것을 훈련시키지 마라.

16 너희는 이런 찬양을 즐겨 부른다. '내게 있는 모든 것을 아낌없이 드리네. 세상 욕심 멀리하니 나를 받아주소서.'

17 너희가 세상 욕심 멀리하고 바친 헌금이 결국 누구의 욕심을 채우게 되느냐. 이 돈이 성직자의 탐욕을 자극하지 않느냐.

18 교회는 모름지기 하나님의 사랑을 실천하고, 하나님의 진실함과 선함과 의로움을 세우는 데 힘을 쏟아라.

19 그 일을 열심히 하면 그에 필요한 돈은 하나님께서 마련해 주신다. 그러니 모든 교인들에게 구원을 미끼로 돈을 요구하지 마라.

20 기도하기 위하여 화려하고 큰 교당을 사용하지 마라. 기도하고 찬양하고 예배하고 토론하고 의논할 수 있는 정도면 족하다.

21 너희 교당에서는 사람의 형상으로 된 그림이나 조각을 향해서 기도하거나 찬양하는 의식을 하지 마라.

22 너희 교당에서 독재자를 찬양하지 마라. 너희 교당에서 전제군주를 찬양하지 마라. 너희 교당에서 침략적인 군인을 찬양하지 마라. 그들은 사람을 죽이고 자유를 억압하는 자들이다.

23 너희는 세상을 구원하는 일이라면 모든 일에 세상의 모든 사람들과 연대하여라.

24 교회는 마땅히 세상 사람들이 추구하는 정의를 함께 추구해야 하며 세상 사람들이 타파하고자 하는 사회악과 위선을 함께 타파해야 한다. 믿지 않는 자라도 진실과 선함과 의로움을 추구하는 사람과는 긴밀히 연

대하여 동행하여라.

25 교회와 사회는 하나가 되어야 한다. 너희 교회가 이런 일에 나서지 못한다면 그 책임자는 자리에서 물러나고 이 일을 할 사람이 그 자리에 올라야 한다.

26 정의를 위하여 담대하게 일어서지 못하는 교회 지도자는 물러나라. 뒤에서 불의와 타협함으로써 자리를 지키려 하지 마라. 그것은 너와 네 교회와 하나님께 부끄러운 일이다.

27 만일 너희가 종교의 교리를 하나님의 뜻에 따라서 사람의 행복을 추구하는 일에 맞추어 일신하지 못한다면 너희 종교를 없애는 것이 하나님의 뜻에 더 맞을 것이다.

28 너희가 하나님의 영을 너희 안에서 살리려면 너희 교리를 일신하고 새롭게 하나님을 섬겨라.

7 1 인류의 조상인 아담이 지은 죄 때문에 모든 사람은 태어나면서 원죄를 범한 상태라고 주장하며 그 죄는 하나님만 사해줄 수 있는데 예수가 십자가의 죽음으로 인류를 원죄에서 벗어날 수 있게 하였다고 주장하는 교리를 믿는 것은 너희가 종교를 얼마나 자의적으로 창작하여 믿고 있는지 단적으로 말해 준다.

2 에덴동산에서 아담이 하나님의 명령을 어기고 선악과를 따먹어 죄를 범하게 되었다는 것은 일종의 설화에 속하는 것일 뿐 그것이 죄의 연원이 될 수 없다. 하나님이 왜 선악과를 만들어 놓고 아담에게 먹지 못하게 했겠느냐. 아담을 시험해 보기 위함이겠느냐. 아담을 괴롭히기 위함이겠느냐.

3 참 하나님은 당신이 만든 물질을 사람이 감사하는 마음으로 이용하여 살아가도록 하시는 사랑의 하나님이다. 너희를 유혹하는 물건을 만들어놓고 그것을 먹지 못하게 한 뒤 하나님의 명령을 잘 지키는지 너희를 시험하는 일 같은 것은 하지 않으신다. 전능하신 하나님이 사람을 왜 시험하시겠느냐.

4 모든 것을 아시는 하나님이 너희를 시험한다는 것이 말이 되느냐. 하나님은 너희에게 자유의지를 주셨기 때문에 이를 이용하여 너희가 성공적으로 바르게 살아가는 것으로 만족하신다. 생명체에게 부당한 해를 끼치지 않고 서로 존중하며 평안하고 행복하게 살기를 바라신다. 이성을 이용해서 진실하고 선하고 의롭게 살면 그것으로 대만족이다. 그래서 너희를 시험하지 않으신다. 하나님께 선악이 있다면 너희를 괴롭히는 것을 악이라 할 것이고 너희를 이롭게 하는 것을 선이라고 할 것이다. 하나님께는 생명체를 해치는 것이 악이고 생명체를 이롭게 하는 것이 선이다.

5 그러나 너희는 생명체에 대한 보편적인 사랑을 가지고 있지 못하고 너희를 위해서는 너희 탐욕의 극에 이를 때까지 생명체를 죽이고 있지 않느냐. 너희의 탐욕을 거스르는 자라면 너희 이웃도 형제도 부모도 죽이는 일을 서슴지 않지 않느냐. 하나님은 선악을 초월하여 모든 생명체를 사랑하시지만 하나님의 피조물을 부당하게 죽이거나 괴롭히는 일은 허락하지 않으신다.

6 너희는 하나님의 뜻에 따라서 선악을 제대로 분별하여 선을 행하고 악을 금해야 한다. 그런데 탐욕에 찌든 너희가 선악을 구별하기가 얼마나 힘들겠느냐. 얼마나 어렵겠느냐. 그러나 하나님께는 선은 선이고 악은

악이다. 너희 인간에게 중요한 것은 하나님의 선을 행하고 하나님의 악을 멀리하는 것이다. 너희가 탐욕에서 벗어날 수 있겠느냐.

7 이스라엘의 하나님은 사람을 질투하고 시기하고 의심하고 견제한다. 끊임없이 자기를 사랑하라고 다그치고 자기 명령을 들으라고 강제한다. 자기 명령을 듣지 않는 사람은 일거에 죽이기도 한다. 마치 전제군주가 백성들을 위협하고 강제하고 파리 목숨처럼 죽이는 행태를 닮았다. 원죄는 그런 하나님을 창작해 낸 이스라엘 사람들에게나 적용할 만한 교리이다.

8 너희에게 아담이 지은 원죄가 있는 것이 아니라 모든 사람에게는 죄를 지을 씨앗이 심어져 있다. 생명체는 지식이 생길수록 탐욕이 많아지는 숙명을 가지고 있다. 지식이 가장 많은 사람의 탐욕이 가장 많은 것은 어쩔 수 없다. 그러나 지식이 많은 사람은 이성도 강해져서 탐욕을 억제하는 힘도 커진다. 그것은 너희가 육으로 태어나면서 가지게 된 능력이다.

9 육은 살기 위한 노력을 하지 않을 수 없고 그 노력은 탐욕을 낳아 범죄에 이르기 쉽다.

10 너희 인간이 태어나면서 갖게 되는 범죄의 씨앗이 바로 육의 탐욕이다. 너희가 원죄를 가지고 태어나는 것이 아니라 죄를 지을 수 있는 씨앗을 가지고 태어나는 것이다. 너희가 육이기 때문에 이를 피할 수 없다.

11 너희가 가지고 있는 육의 탐욕은 어느 누가 없애 주는 것이 아니라 너희 스스로 억제하여야 한다. 그것은 너희의 행복을 위해서이고 너희가 함께 살아야 하는 존재이기 때문이고 그것이 하나님의 뜻이기 때문이다.

12 하나님께서 너희에게 선악을 구별할 능력을 주셨기 때문에 너희가 너희

안에서 부르짖는 양심의 소리를 들을 수 있게 되지 않았느냐. 너희가 선
악을 구별할 능력을 가졌다면 선을 행하고 악을 떠날 수 있을 것이다.

13 영이신 하나님께서 너희에게 하시는 말씀을 들어라. 네 육의 탐욕을 채
우기 위하여 다른 사람을 괴롭히고 다른 생명체를 죽이는 행위를 하지
마라. 다른 생명체를 괴롭히는 것이 죄를 짓는 행위이다. 네 탐욕이 너
희를 멸망시키리라.

14 그러므로 너희는 이렇게 외쳐라. 내 양심아, 네가 어디에 있느냐. 나를
도와 내가 악에 빠지지 않고 선을 행하게 하여 다오. 하나님이여, 나를
도우소서. 나를 악에 빠지지 않게 강하게 해 주소서.

15 너희의 간절함이 하나님을 감동시켜 너희를 악에서 구해 주리라. 육의
탐욕에서 벗어난 너의 영혼이 얼마나 아름다우냐.

16 너희가 하나님을 사랑하고 믿으며 의지해야 하는 이유는 너희가 탐욕
을 억제하는 능력과 지혜를 너희 스스로 갖추기 어렵기 때문이다. 너희
가 하나님께 탐욕을 억제하는 능력과 지혜를 달라고 기도함으로써 너
희의 능력이 자라 진실한 사람, 선한 사람, 의로운 사람이 될 수 있다. 탐
욕 없는 믿음이 너와 인류를 구원한다.

8 1 너희는 하나님 말씀을 전하는 사람의 손가락을 보지 말고 그가 전
하는 말을 따라서 하나님께 나아가라.

2 손가락이 아름답건 못생겼건 상관하지 마라. 손가락에 피가 돌건 창백
하건 따지지 마라. 중요한 건 그 손가락이 가리키는 그 존재 곧 하나님
이 아니냐.

3 가리키는 손가락이 진실하고 선하고 의로운 손가락이라면 그의 하나님

은 참 하나님이 아닐 수 없다.

4 참 하나님은 한 분이지만 그분은 너희가 이해하기에는 워낙 크신 분이어서 각 사람은 그분을 자기 수준에서 이해하고 너희에게 전할 수 있을 뿐이다. 그래서 그분에 대한 설명이 다를 수밖에 없음을 알아라.

5 문제는 하나님의 말씀을 전하는 사람이 사심을 품고 하나님의 말씀을 왜곡할 가능성이 있다는 것이다.

6 사람은 누구나 완전할 수 없기 때문에 완전히 순수하거나 완전히 선하거나 완전히 의로울 수 없다.

7 그런 불완전한 사람이 하나님을 온전히 보는 것은 처음부터 불가능한 일이 아니냐. 봉사 한 사람이 코끼리를 온전히 이해할 수 없듯이.

8 그러므로 너희는 하나님의 말씀을 전하는 사람들의 말 중에서 가장 선한 것, 가장 의로운 것, 가장 진실한 것을 골라 들어라. 그러면 그 말들 속에서 하나님을 보게 되리라.

9 너희 이성은 하나님이 주신 지혜의 통로이므로 너희 이성을 가장 선하게 활용하면 너희가 많은 사람들의 말 속에서 하나님의 말씀을 알아차릴 수 있게 되어 있다.

10 위선과 탐욕을 버리고 온전한 이성으로 돌아가서 하나님의 말씀을 분간한 후에 그 말씀에 따라서 사는 것이 너를 구원하는 길이다.

11 만일 네 이성이 아직 하나님의 말씀을 분간할 수 있는 데까지 이르지 못하였다면 그런 수준의 이성을 가진 사람의 도움을 받아 하나님께 나아가라.

12 너희가 하나님께 지혜를 구하면 하나님께서 너희 기도에 응하시어 너희 이성을 북돋워 주시리라.

13 너희는 하인리히 크라머의 마녀 사냥을 기억하여라. 그는 도미니크회 소속 가톨릭 사제로서 교황 인노첸시오 8세의 교서를 들고 독일의 여러 지역에서 이단자를 색출하여 심문하는 일을 맡았던 이단 심문관이었다.

14 교황이 내린 교서에는 이단 심문관이 어떤 방해도 받지 않고 죄인을 교화하고 체포하고 처벌할 수 있도록 하는 절대적인 권한을 이단 심문관에게 위임한다는 내용이 들어 있었다. 이를 기회로 삼아 크라머는 수많은 여자들을 마녀로 몰아 처벌하였고 자기의 경험을 바탕으로 마녀를 심판하고 재판하고 고문하고 처벌하는 방법을 상세히 제시한 이른바 마녀 사냥의 교과서를 저술하였다.

15 그의 마녀 심판 교과서 때문에 15세기 후반부터 18세기까지 유럽과 미국에 마녀 사냥이라는 광기가 휘몰아치게 되었다.

16 이때 마녀로 몰린 사람이 주로 돈 많은 과부였다는 점은 마녀 사냥이 왜 그렇게 광범위하게 일어났는지 설명해 주는 실마리가 된다.

17 한번 마녀로 지목된 사람은 죽음을 면할 수 없게 되어 있다. 마녀임을 부인하면 여자의 몸에서 마귀의 흔적을 찾는다고 온갖 고문을 자행하여 초죽음에 이르게 한 다음에 자백하면 마녀이므로 화형에 처하는 것이었다. 그리고 마녀가 남긴 재산은 모두 심문관과 교황청이 나누어 가지는 노획물이 되었다.

18 이단에 대한 처벌은 바울의 시대부터 있었지만 하인리히 크라머를 비롯한 이 시기의 마녀 사냥은 과부의 돈을 탐하기 위해서 과부에게 마녀의 누명을 씌워 처벌했다는 점에서 지극히 악마적이다.

19 이단을 배척하는 일이 절대 권력의 비호를 받게 되면 얼마나 사악해질

수 있는지 크라머의 마녀 사냥에서 읽을 수 있다.

20 너희가 만약 크라머처럼 완장을 차는 일이 있더라도 완장이 주는 조그
만 권력을 남용하여 사람을 무고하고 해치는 짓은 하지 마라.

21 내가 너희에게 말한다. 너희는 이단을 만들지도 말고 너희가 처벌하지
도 말고 다른 사람의 믿음에 상관하지 말고 오로지 너희 자신의 믿음
을 지키며 살아가라.

22 옳고 그름은 오로지 하나님이 판단하신다.

9 1 너희는 자기가 만난 하나님을 믿고 그 말씀대로 몸과 마음을 지키
고 언행을 하며 살아가되 다른 사람에게 너희 믿음을 강요하지 마라.

2 그 사람은 그가 만난 하나님의 말씀을 믿고 그 말씀대로 살아갈 권리
가 있고 그런 자유를 그에게서 빼앗으면 안 된다.

3 나쁜 믿음은 사람을 세뇌하여 판단력을 마비시킴으로써 하나님을 향한
자유로운 믿음을 불가능하게 만드는 것이다.

4 판단력이 없는 믿음으로는 하나님과 소통할 수 없고 잘못된 믿음을 가
지고도 하나님과 소통할 수 없다. 바른 믿음만이 너와 하나님 사이를
맺어 준다.

5 나쁜 믿음은 맹목적인 믿음 탐욕적인 믿음 자기도취적인 믿음을 가리
킨다. 너희는 좋은 믿음과 나쁜 믿음을 변별하여라.

6 하나님과 소통하는 사람은 하나님의 진실하심과 선하심과 의로우심을
따라서 살지 않겠느냐. 그의 삶이 그가 하나님과 함께하는지 그러지 않
는지 드러내 주는 징표가 된다.

7 참 하나님을 믿는 자야, 다른 사람의 믿음을 속박하지 말고 자유롭게

해 주어라. 그 중에서 너희가 하나님의 음성을 듣게 되리라.

8 하나님을 믿지 않으면서도 하나님을 믿는다고 말하는 자는 위선자다. 그러나 위선자를 미워하지 마라. 위선자를 불쌍히 여겨라. 위선자가 참 하나님을 만날 수 있도록 도와라. 참 하나님이 너희에게 주신 말씀대로 사는 것이 너희가 위선자를 이기는 길이다.

9 하나님의 이름으로 다른 사람을 미워하거나 배척하거나 차별하지 마라. 그것은 하나님을 모르는 사람들이 하는 행위이다.

10 너희는 사람이 결함이 많은 존재임을 잊지 말고 그 범위에서 행동하여라. 너희가 마치 하나님처럼 완전한 사람이라고 착각하고 사람들에게 거룩함을 보이려 하는 것은 위선이다.

11 하나님을 제대로 아는 사람이건 잘 모르는 사람이건 너희는 다같이 불완전한 사람이다. 불완전한 사람에게는 약점이 있게 마련이다. 그 약점을 보완하는 것이 너희 믿음이 아니냐.

12 그러므로 남의 약점을 초들어 그를 비난하려는 생각은 하지 마라. 너희가 악에 떨어지는 시작점이 될 수 있다.

13 삶은 각자의 약점을 보완해 가는 여정이다.

14 서로 약점을 보완할 수 있게 사랑으로 감싸고 이끌고 도와라. 서로 좋은 점을 칭찬하여 많은 사람이 그것을 본받게 하여라. 서로 나쁜 점을 지적하여 많은 사람이 그것을 멀리하게 하여라.

15 이웃의 성공을 시기하고 실패를 고소해하지 마라. 너의 성공도 다른 사람이 시기할 수 있고, 너의 실패도 다른 사람이 고소해할지 모르잖느냐.

16 이웃의 성공을 진심으로 함께 기뻐하고 축하하여라. 이웃의 실패를 진심으로 함께 안타까워하고 위로하여라.

17 하나님은 이렇게 너희가 서로 협력하여 선을 이루기를 바라신다.

18 서로 선한 영향력을 미쳐 모두가 점점 완전을 향해 성장해 가라. 너희가 모두 그렇게 진화함이 옳다.

10

1 하나님 말씀을 전하는 것을 직업으로 삼고 있는 너희들에게 말한다. 너희는 위선자의 자리에 서지 마라.

2 너희는 악한 자의 자리에도 서지 마라.

3 너희는 불의한 자의 자리에도 서지 마라.

4 너희는 위선자를 높이지 마라.

5 너희는 악한 자를 높이지 마라.

6 너희는 불의한 자를 높이지 마라.

7 너희는 너의 자리가 거룩한 자리라고 사람에게 뽐내지 마라.

8 너희 자리가 하나님을 대신하는 자리라고 사람을 정죄하지 마라.

9 너희 자리는 세상에서 가장 낮은 자리다.

10 너희 자리는 세상 사람들의 고민을 들어 주고 그들을 위해서 기도하는 자리다.

11 너희 자리는 세상 사람들의 고통과 억울함을 들어 주고 그들을 위로하고 그 고통과 억울함을 해결하는 길을 찾는 자리다.

12 그 자리를 권력의 자리로 착각하는 너희는 하나님의 말씀을 어기는 자요 하나님의 이름을 너희 명예욕으로 더럽히는 사악한 자다.

13 너희는 두려운 마음으로 그 자리에서 하나님과 사람 사이를 중계하는 일을 게을리해서는 안 된다.

14 너희는 다른 사람보다 더 이성적으로 생각하는 능력을 갖춰라. 그러지

않고 어떻게 사람들에게 하나님의 말씀을 대언할 수 있겠느냐.

15 너희 이성을 더 높은 수준으로 올리는 일에 최선을 다하여라.

16 수준 낮은 판단력으로는 참 하나님의 말씀을 분별하기가 어렵기 때문이다.

17 너희는 너희에게 물질을 기부하는 사람들을 위하여 최선을 다하여라. 그리고 물질을 기부하지 못하나 너희를 믿고 하나님의 말씀을 듣고자 하는 사람들을 귀히 여겨라.

18 너희가 가진 모든 재물은 이들을 통해서 나온 것임을 잊지 마라.

19 하나님은 이들의 노동 현장에 계시며 그들의 작업과 동행하심을 알아라. 과부의 바느질 한 땀 한 땀에 하나님이 함께하시고 뙤약볕 속에서 밭을 매는 노파의 호미 끝에도 계신다.

20 그들은 깨끗한 수고로 번 돈을 너희에게 바쳤는데 너희는 그 돈을 너희 탐욕을 채우는 데에 소비하는구나.

21 너희는 욕심을 제어하여라.

22 다른 사람처럼 부자가 되고 싶은 욕심을 버리고 먹고 사는 최소한으로 만족하여라.

23 하나님 말씀을 전하는 일이 너희를 부자로 만들어 주는 직업이 아님을 알아야 한다.

24 너희의 행복이 다른 사람처럼 좋은 음식을 먹고 좋은 곳에서 자고 좋은 옷을 입는 것에 있다면 너희는 그 자리에서 내려와 돈을 버는 일을 하면서 하나님을 믿는 것이 의로운 일이다.

25 너희가 그 자리에 앉아서 호사를 누리려 한다면 너희는 위선자요 사악한 자요 불의한 자가 됨을 잊지 마라.

26 너희 직업이 성스럽다고 여기는 사람은 들어라. 너희는 압제자와 독재자를 두둔하지 마라. 모든 압제와 독재는 악이니 압제와 독재를 어떤 명분으로도 인정하지 마라.

27 그들에게 사람을 소중히 여길 것과 사람의 자유와 권리를 존중할 것과 지배욕을 버릴 것을 요구하여라.

28 그들도 사람들의 행복을 위하여 그 자리에 앉아서 일하게 된 사람들이므로 청지기로서 맡은 일을 최선을 다해서 하게 하여라.

29 갈등을 일으켜 권력을 강화하려는 시도를 멈추게 하여라.

30 차별과 배척의 정책을 세우지 못하게 하여라.

31 이 모든 것이 사람들의 행복을 위협하고 너희 하나님의 법에 어긋나기 때문이다.

32 압제자에게 침묵하는 자는 하나님 나라에 합당하지 않다.

33 강하고 담대하게 하나님의 진리를 선포하여 그들로 하여금 권모술수를 떠나 불의를 저지르지 못하게 하여라.

11

1 너희 믿음을 가진 사람들은 들어라. 너희는 하나님의 일꾼으로서 하나님에 대한 믿음의 참 모습을 세상 사람들에게 보여 주는 자가 되어야 한다.

2 너희 믿음이 옳고 너희 믿음이 너희에게 구원을 가져다주고 너희 믿음으로 말미암아 너희가 행복을 누린다면 그 모습이 사람들에게 드러나야 한다.

3 생각으로만 믿고 행동에 드러나지 않는다면 아직 너희 믿음이 자라지 않은 것이다.

4 너희는 주야로 하나님의 말씀을 묵상하고 하나님께 기도하여 하나님의 지혜 얻는 일을 열심히 하여라.

5 너희 기도에 사심이 없다면 하나님은 틀림없이 너희 기도에 응답하실 것이고 너희는 하나님의 은혜로 평안과 행복을 누리리라. 너희는 성직 자들의 위선을 경계하여라.

6 너희가 하나님 말씀을 알지 못하고 하나님과 소통하지 못하면 성직자 들의 위선에 속아 너희 삶이 불행해질 수 있다.

7 성직자도 너희와 같은 사람이므로 완전할 수 없음을 너희도 알거니와 성직자가 자기의 부족함을 알고 이를 보완하려고 노력한다면 그 노력을 지지하고 돕는 것이 옳은 일이지만 그 성직자가 성직을 빙자해서 오만 한 마음을 품고 권위를 과시하려 한다면 그를 일깨워야 한다.

8 그가 위선과 악과 불의에 둔감하다면 그를 채찍질해야 한다. 성직자의 수준이 너희 믿음의 수준을 결정할 수 있기 때문에 너희는 그가 수준 높은 성직자가 되도록 요구할 권리가 있다.

9 이 과정에서 너희는 성직자와 다투지 말 것이며 성직자를 두둔하는 사 람들과 싸우지 마라. 오직 이 일을 공론화하여 많은 사람들이 서로 의 견을 주고받을 수 있게 자리를 깔아라.

10 싸움으로 해결되는 일은 없으니 오로지 하나님이 주시는 지혜로 그들 을 타일러라.

11 그들이 끝까지 너희 말을 듣지 않고 위선과 악과 불의에 편승하거나 스 스로 그런 행위를 한다면 조용히 그들을 떠나서 너희가 자유롭게 하나 님을 믿고 하나님이 바라시는 삶을 사는 것으로 너희 믿음을 지켜라. 하나님은 너희 편에서 너희를 돕고 이끌어 주실 것이다.

12 이 일은 모두 너희에게 사랑이 넘치는 상태에서 추진하여야 한다. 여기에 미움이 개입되지 않게 조심하여라.

13 너희는 성직자가 호사로운 생활을 하지 않게 경계하여라. 성직자는 너희 중에서 중간에 해당하는 사람의 부유함을 넘지 않게 해야 한다.

14 성직자가 그 이상의 호사를 추구하면 그의 영혼만 타락해지는 것이 아니라 너희 믿음도 흔들리게 될 것이다.

12

1 일본에서 히로히토가 전체주의적 군국주의를 앞세워 아시아 패권의 야망을 불태울 때 일본의 유명한 선승은 '자비로운 살생'보다 더 훌륭한 보살행은 없다고 군인들을 격려했다.

2 불교의 종지가 살생을 금하는 것이지만 이 선승은 '자비로운 살생'이라는 해괴한 논리로 군국주의 일본 군인들이 적군의 목을 베는 행위를 보살행으로 찬양했다.

3 "아미타불의 이름을 암송하는 것은 죽음이 천당에서의 환생을 가져올 것이라는 믿음 속에서 흔들림 없이 전장으로 행진할 수 있게 해 준다. 죽음을 준비하면서 용감하게 싸울 수 있게 해 주며 그것이 정당한 전투, 곧 부처님의 자비의 마음에 헌신하는 전투, 충성스러운 신민의 전투라는 것을 알게 해 준다. 진실로 당신이 죽었을 때 아미타불의 정토에서 환대가 기다리고 있다는 것을 아는 것보다 더 큰 행운이 있을 수 있겠는가." 이 얼마나 놀라운 주장이냐. 이 얼마나 가증스러운 종교인의 추태이냐.

4 이 논리는 마치 이슬람에서 성전을 치르고 순교한 젊은이들에게 천당에 가면 예쁜 처녀들이 기다리고 있다고 유혹하는 것과 다를 바 없다.

5 그렇게 열렬히 군국주의의 앞잡이로 서서 일본의 군인과 신민의 정신세계를 지도하고 교화하던 선승들이 일본이 패망하자 재빨리 미국으로 날아가 종교인으로서 동양 선불교를 포교하여 선불교의 대가라는 이름을 얻었으며 이로써 그들의 전쟁 범죄가 은폐되었다.

6 지금 그들은 미국과 유럽에서 은밀히 일본의 극우 논리를 전파하는 첨병으로 활동하고 있다.

7 그들 중 일부는 전쟁 시기에 그들이 천황 중심의 전체주의에 부역한 사실을 참회하는 행사를 하기도 했지만 이들의 참회가 진심이 아닐 수 있다. 왜냐하면 그들이 전체주의를 불의한 것으로 평가했다면 지금의 일본 극우가 천황제 전체주의 부활을 끊임없이 추구하는 시도를 어떤 방식으로든 반대해야 할 것이지만 그들은 그렇게 하지 않고 있기 때문이다.

8 오히려 이들도 일본 신도 중심의 천황제 전체주의에 깊이 물들어 있음이 분명하다.

9 근대 일본 불교는 천황을 신으로 섬기는 신도주의에 봉사했고 지금도 그 주변에서 떠나지 않고 있다. 이들은 신관으로 대표되는 신도 세력과 합심하여 극우 세력의 중심인 일본회의를 이끌고 있다. 일련종, 조동종, 임제종 같은 불교 종단의 승려와 사찰이 이에 가담하고 있는 것이다.

10 이런 점을 감안한다면 세계의 자유민주주의 시민들은 참선을 가르치는 일본의 선승들을 경계해야 한다. 그들은 평화 시에는 불법의 선과 자비를 가르치지만 전쟁 시에는 적을 죽여 성불하라는 궤변으로 전체주의에 봉사할 사람들이다.

11 그들 중 일부는 지금도 일본회의의 중요한 회원이 되어 열심히 일본 정

신을 외치고 있다.

12 언젠가 천황제 전체주의가 다시 힘을 얻게 되면 그들은 즉시 전체주의 정신의 지도자로 변신하여 침략 전쟁을 옹호하고 일본인들에게 천황을 위해 용감하게 싸워 죽으라고 교육하며 다닐 것이다.

13 종교인들이 국가주의 또는 국수주의에 영합하는 행위는 어느 시대나 늘 있어왔고 지금 한국을 비롯한 여러 나라에서 개신교 목사들이 진행하는 구국 기도회나 불교 승려들이 진행하는 호국법회가 그 아류쯤 될 것이다. 그런 기도는 그들의 정치적 영향력을 키우려는 가증한 행사일 뿐이다.

14 하나님은 그런 기도에 응답하지 않으실 뿐 아니라 그런 기도를 하는 사람을 반드시 징계하신다.

15 선한 전쟁이 없고 선한 살생이 없듯이 선한 전제주의도 없고 선한 국가주의도 없고 선한 전체주의도 없고 선한 독재도 없다.

16 오직 진실하고 자유롭게 살아가는 사람들의 삶만이 선하다.

17 너희 믿음을 가진 자들은 바로 이런 위선자들, 자신의 정치적 이익을 위해서 거짓과 악과 불의에 편승하는 종교인들을 몰아내고 그들의 영향력을 줄이지 않으면 바로 너희 영혼이 피폐해지고 너희와 하나님과의 관계가 끊어지고 말 것이다.

18 그러니 깨어서 너희 주위에 가짜 종교인, 악한 종교인, 불의한 종교인을 제거하여라.

13 1 믿음을 가지고 진실하고 선하고 의로운 삶을 살아가는 너희는 들어라. 너희는 믿음을 갖지 않은 사람들에게 믿음을 갖도록 권하되 위

협이나 강제로 하지 마라. 어떤 경우에도 상대를 위협하여 그들의 자유를 억누르지 마라. 그것은 하나님도 하지 않는 행위이다.

2 너희는 너희가 만난 하나님, 너희 하나님이 주신 계명의 이야기 만으로 그들을 설득하고 권해야 한다. 너희가 진실을 말하고 선을 말하며 공의를 말하면 그들은 반드시 너희 하나님을 경배하게 될 것이다.

3 너희가 아무리 확신하는 바가 있다고 해도 다른 사람이 틀렸다고 주장하는 것을 삼가라.

4 설령 성직자가 앞장서서 이단 논쟁을 이끌어 가더라도 거기에 부화뇌동하지 마라.

5 논쟁으로 상대를 무너뜨리는 것은 상대를 부정하려는 태도에 가깝다. 논쟁은 논쟁으로 끝내고 그를 수용하는 것은 상대의 자유의사에 맡기는 것이 옳다.

6 너는 오로지 네가 할 바를 함으로써 하나님의 향기를 드러내어라.

7 너희 믿음을 가진 자들아 들어라. 너희는 서로 사랑하는 것이 가장 우선임을 알아라.

8 가정에서 남편과 아내가 사랑하고, 부모와 자녀가 사랑하고, 마을에서 이웃을 사랑하고, 직장에서 동료들을 사랑하고, 사회에서 약한 자를 사랑하고, 세상의 모든 인류를 사랑하는 것이 너희가 해야 할 가장 기본적인 태도이다.

9 사람을 비난하기에 익숙해지지 마라.

10 사람을 배척하고 차별하고 무시하기를 즐기지 마라.

11 사람의 고통과 슬픔과 어려움에 무관심하지 마라. 그들과 공감하고 그들을 도와라. 그가 너희와 관련이 없다고 해서 얼굴을 돌리지 마라.

12 모든 사람이 다 하나님의 자녀로서 너희의 형제요 자매니라.

13 믿지 않는다고 멀리하지 말고 너희 믿음을 비방한다고 너희도 그들을 배척하면 그들이나 너희나 다를 바가 없다.

14 너희는 하나님의 고귀한 말씀을 실천하기 위해서 모인 하나님의 일꾼들이다. 하나님이 너희를 얼마나 대견해하시겠느냐. 오로지 하나님을 기쁘시게 해 드리는 것을 행복으로 삼아라.

15 하나님은 너희가 가난한 것을 바라지 않으시고, 너희가 약한 것을 바라지 않으시고, 너희가 흔들리는 것을 바라지 않으신다.

16 너희는 강하고 담대하게 하나님의 계명을 실천하여 온 세상 사람들이 하나님을 믿고 하나님께 영광을 돌리게 하여라.

14

1 너희는 무지한 자에게 네 영혼을 팔지 마라. 너희는 위선자에게 네 영혼을 맡기지 마라. 너희가 무지한 자와 위선자와 함께 지옥에 떨어질까 두렵구나.

2 너희는 맹신에 빠지지 마라. 맹신은 너희 영혼을 좀먹고 다른 사람의 믿음까지 해치느니라.

3 맹신이란 눈이 멀어 허황한 것을 진실로 믿고,

4 거짓을 알아차리지 못하여 참이라고 믿고,

5 악을 악인지 모르고 선이라고 믿고,

6 불의도 의라고 강변하는 믿음을 가리킨다.

7 너희는 이성으로 무엇이 진실인지 무엇이 참인지 무엇이 선인지 무엇이 의인지 분별하는 능력을 갖춰야 한다. 그러지 않으면 맹신의 늪에 빠지게 된다. 맹신자는 바보고 맹신케 하는 자는 죄인이다.

8 요한은 그가 환상으로 본 것을 계시록으로 남겼는데 거기에 이런 말이 있다. 또 내가 새 하늘과 새 땅을 보니 처음 하늘과 처음 땅이 없어졌고 바다도 다시 있지 않더라.

9 누가 이 말을 진실로 믿고 이에 근거하여 신천지의 도래를 기다린다면 이런 것을 맹신이라고 하는 것이다.

10 한 사람의 환상을 믿음의 대상으로 삼아 거기에서 상징과 유비를 찾고 하나님의 뜻을 알아내려 하는 것이 전형적인 맹신이다. 이런 맹신 때문에 수많은 이단이 생겼다.

11 바울이 유대교 교리에 어긋나는 교리를 퍼뜨리는 기독교인을 잡아 죽인 것은 그가 유대교의 교리를 맹신하였기 때문이다.

12 그리스인들이 소크라테스에게 사약을 내린 것은 그들이 그리스 신들을 맹신하였기 때문이다.

13 로마 황제들이 그리스도인들을 학살한 것은 그들이 로마의 신을 맹신하였기 때문이다.

14 기독교인들이 유대교인과 이단자를 처단한 것은 그들이 기독교의 교리를 맹신하였기 때문이다.

15 이슬람이 배교자를 처단하는 것은 그들이 이슬람 교리를 맹신하였기 때문이다.

16 한국인들이 죽은 자를 위한 상복 문제로 예송 논쟁을 일으켜 반대파를 죽인 것은 성리학의 교리를 맹신하였기 때문이다.

17 무릇 모든 맹신은 자기에게 반대하는 주장을 봉쇄하기 위하여 상대를 죽이는 극단적인 행동을 하게 마련이다.

18 종교와 철학은 사람을 살리는 데에 목적이 있지만 맹신에 빠지면 사람

을 죽이는 흉기로 돌변하게 된다. 모든 맹신은 악이고 불의이다.

19 지혜가 부족한 자는 언제나 맹신에 빠지기 쉽다.

20 지나친 자신감으로 교만에 물든 자는 맹신에 빠지기 쉽다.

21 하나님은 어떤 맹신도 좋아하지 않으신다.

22 하나님은 당신을 맹신하는 것까지 옳지 않게 여기신다.

23 온당한 지혜를 가지고 하나님을 이해하고 하나님의 계명을 지키는 사람만 의롭게 여기신다.

24 너희는 결코 맹신에 빠지지 않게 깨어나라.

25 너희에게 무조건 믿으라고 강요하는 자를 조심하여라. 그는 너희를 악으로 이끄는 사탄이다.

26 아무리 훌륭한 것이라도 믿어야 할 이유를 알고 믿지 않고 무조건 믿는 것은 참 믿음이 아니다.

27 너희 믿음이 자라서 맹신을 벗어나 지혜로운 믿음이 되도록 힘써라.

15

1 하나님을 모르는 사람들과 하나님을 믿지 않는 사람들은 들어라. 하나님이 없다고 말하는 사람들도 들어라. 누가 너희들의 믿음 없음을 탓하겠느냐. 누가 너희들이 하나님이 없다고 주장하는 것을 나무라겠느냐.

2 너희가 아직 하나님을 만나지 못했고 하나님이 주신 계명을 지키는 것이 얼마나 소중한 일인지 알지 못한 때문이 아니냐.

3 만일 너희가 하나님을 만나고 하나님의 지혜를 받아 지금보다 더욱 많은 행복을 누리게 되었다면 너희가 하나님을 믿지 않았겠느냐.

4 하나님은 너희를 기다리신다. 너희가 지금보다 더 많은 것을 알게 되고

지금보다 더 넓은 가슴을 가지게 되고 지금보다 더 높은 수준의 행복을 누릴 수 있는 기회를 너희가 스스로 외면하는 것이 안타까울 따름이다.

5 너희가 하나님을 부정하더라도 하나님의 말씀 곧 진실함과 선함과 의로움을 추구한다면 너희는 곧 하나님을 믿는 것이고 하나님의 말씀 안에서 사는 신실한 자가 된다.

6 입으로 하나님을 부인하고 몸으로 하나님의 말씀을 실천하는 것이 말이 되지 않는다고 생각하느냐. 하나님을 모르는 사람은 입으로 하나님을 부인할 수 있다. 그러나 그가 만일 진실함과 선함과 의로움의 길에서 있다면 그는 이미 하나님을 알고 있는 것과 같다. 진실함과 선함과 의로움이 하나님에게서 나오는 것이기 때문이다.

7 너희 입이 하나님을 부정하고 너희 몸이 진리를 실천하는 것이 너희 입이 긍정하고 너희 몸이 위선과 악과 불의에 빠지는 것보다 더 나으니라.

8 너희가 지금보다 좀 더 완전한 평화를 누리고 행복을 얻고자 한다면 멀고 가까운 곳에 있는 믿음의 사람들과 연대하여라.

9 그들은 너희를 도와 너희의 소망을 현실로 바꿔 줄 것이다. 하나님은 너희가 서로 힘을 모아 평화롭고 행복한 세상을 만들어 살기를 바라신다.

10 너희를 위하여 믿음을 권하는 자를 멀리하지 마라. 그들은 너희가 영혼이 잘되고 만사가 잘되는 은총을 누리기를 바라는 사람들이다. 그들을 통해서 너희가 구원을 받고 너희가 지금보다 더 수준 높은 진리와 선과 공의를 실천하는 삶을 살게 되기 바란다.

16

1 성직자들에게 하나님이 주시는 말씀이다.

2 너희가 믿는 신이 누구이건 너희가 따르는 교리가 어떻든 너희는 너희

를 따르는 사람들의 영혼이 잘되고 그들의 삶이 행복해지는 것을 바라고 기도할 것이다.

3 다시 말하면 너희는 공유하는 가치가 있을 것이다. 각자 믿음과 교리가 다르더라도 너희가 공유하는 가치가 있다면 그것을 서로 이루기 위하여 연대하여 노력하여라.

4 사람들에게 너희가 주는 메시지 가운데에서 공유할 수 있는 것이 틀림없이 있을 것이다.

5 너희 종교에 신도들의 불행을 도모하고 싸움과 갈등을 부추기는 교리는 없지 않겠느냐.

6 나는 너희에게 너희 신앙생활에서 진실함과 선함과 의로움을 공유하기를 바란다. 무엇이 진실한 것이고 무엇이 선한 것이고 무엇이 의로운 것인지 생각이 다를 수 있지만 적어도 이 가치만은 공유할 수 있지 않겠느냐.

7 만일 그렇다면 너희가 연대하여 이 세 가지 가치를 구현하기로 힘을 모아라. 그리고 무엇이 진실한 것인지, 무엇이 선한 것인지, 무엇이 의로운 것인지 서로 논의를 하여 의견의 일치를 보는 가치부터 단 한 가지라도 함께 추구하여라.

8 수많은 다름보다 하나의 같음을 붙잡고 그것을 추구하는 데에 힘을 모은다면 세상 사람들의 갈등이 줄어들고 협력이 늘어날 것이다.

9 너희가 국가에 속하여 있은 즉 국가의 상황에 따라서 가치를 달리하고 수단을 달리할 수 있겠으나 너희가 노력한다면 반드시 공유하고 함께 추진할 가치를 찾아낼 수 있으리라.

10 서로 다른 것은 너희 종교 안에서 추구하고, 서로 같은 것은 범종교적으

로 추진한다면 세계의 평화가 한 걸음 더 바짝 다가올 것이다.

11 한 종교가 특정 국가의 상황 때문에 공통의 가치를 추구할 수 없는 어려움에 처한다면 다른 국가에서 활동하는 사람들이 그들을 도와 힘을 보탤 수 있을 것이다.

12 종교 간의 연대는 그 무엇 간의 연대보다 가치가 있고 실현 가능성이 높지 않겠느냐.

13 좋은 일을 하기 위해서 종교 지도자들이 연대한다면 인간의 역사를 새로 쓸 수 있을 만큼 대단한 일이 될 것이다.

14 또한 한 종교가 특정 국가의 정치적 상황 때문에 불의한 일에 관련되지 않을 수 없을 때에도 다른 국가에서 활동하는 종교인들이 힘을 모아 그 국가의 문제점을 지적하고 시정하려 한다면 사태를 악화시키지 않는 계기를 만들 수 있지 않겠느냐.

15 히틀러의 국가사회주의 독일 탄생을 도운 가톨릭이나 히로히토의 군국주의 일본을 적극적으로 지원한 선승들과 선불교에 외부의 종교인들이 종교적 권고를 할 수 있었다면 그들이 나치 독일이나 군국주의 일본의 야만적인 행동을 억제할 수 있지 않았겠느냐.

16 너희는 사람의 목숨을 가장 중요하게 여기는 무리가 아니냐.

17 국가 간의 갈등을 약화시키고 전쟁으로 말미암은 인명 살상을 방지하기 위하여 분쟁을 일으키는 위험한 나라에 끊임없이 경고할 수 있는 가장 의로운 자가 너희가 아니냐.

18 나는 너희가 최소한 인간의 자유를 유린하는 독재자나 압제자를 성토하고 그들과 맞서는 일에 연대하기를 바란다. 그런 담대한 활동을 하지 않고 어찌 너희가 성직자라 할 수 있겠느냐. 너희를 따르는 신도들에게

너희가 떳떳해야 하지 않겠느냐.

19 미국에서의 편한 삶을 마다하고 나치 독일의 독재자 히틀러를 제거하기 위하여 독일로 돌아가 나치 반대 활동을 벌이다 처형당한 디트리히 본회퍼를 잊지 마라.

20 그는 참으로 어려운 시대에 의로운 사람이었다.

21 그가 그의 신앙을 지킬 뿐 아니라 그의 신앙 양심에 따라서 불의를 응징하기 위하여 실제로 활동을 하였기 때문이다. 불의에 과감하게 맞서는 행동을 하였기 때문이다.

22 그와 같이 의롭고 담대한 지도자가 교회에 필요하다.

23 너희가 함께 살 수 있는 길을 버리고 서로 다름을 확대하여 이단이니 참 종교니 거짓 종교니 구원이 있느니 없느니 다투지 마라.

24 너희의 그런 행위는 너희 추종자의 맹신을 유발하여 종교 간 갈등과 증오와 배척을 일으킨다.

25 너희는 민중의 아픔을 줄이고 억압 받는 자들의 자유를 되찾아 주는 일에 연대하는 것이 너희에게 소중한 일이 아니냐.

26 이런 일을 하는 사람을 하나님이 더 기뻐하지 않으시겠느냐. 너희 종교인들이 먼저 진실한 자, 선한 자, 의로운 자로 깨어나라.

17

1 너희 종교인들이 흔히 미신이라고 배척하는 믿음도 소중한 믿음임을 알아라.

2 진심으로 믿는 믿음에는 너희가 말하는 미신은 없다.

3 한국인이 마을 어귀의 서낭당 앞에서 손을 모으고 절하는 믿음이나 가톨릭 신자가 교회 앞에 세워진 마리아상 앞에서 절을 하는 것이나 불

교 신자가 부처 상 앞에서 절하는 것이나 그 절로 표현되는 믿음은 같은 믿음이다.

4 나무나 바위 같은 자연을 섬기는 믿음은 자연 자체를 섬기는 것이 아니고 거기에 깃든 창조자의 영을 섬기는 것이 아니냐. 그에 비하면 마리아나 부처 상 앞에서 소원을 비는 것은 하나님에 대한 믿음에서 본다면 자연물을 숭배하는 것보다 오히려 하위의 믿음이 될 수 있다. 자연에는 무한한 하나님의 능력이 깃들어 있지만 부처나 마리아의 상은 유한한 사람의 능력이나 욕심이 투영되어 있을 뿐이다.

5 너희 지혜가 높아짐에 따라서 자연의 겉모습을 향하여 기도하는 것은 부질없는 믿음이라고 보고 너희의 소망을 이루어 줄 대상을 찾기 시작했다. 그것이 바로 너희가 생각해 낸 신의 개념이고 그 개념은 설화와 신화를 통해서 점점 구체화하였고 마지막으로 너희가 고등종교라고 하는 지금의 종교적인 믿음으로 발전했다.

6 그러나 믿음의 관점에서는 고등종교나 자연종교가 크게 다르지 않다. 믿음의 대상이 다를 뿐이다. 그리고 믿음의 내용에 너희 이성이 지시하는 철학과 윤리를 보탠 것일 뿐이다. 그러니 자연종교를 미신으로 무시하지 말고 너희 믿음의 모태로 보는 것이 옳다.

7 너희가 믿음을 말할 때에 그것이 이단인지 아닌지 또는 미신인지 아닌지 논하는 것보다 그 믿음이 좋은 믿음인지 나쁜 믿음인지 따지는 것이 옳다.

8 이단 논쟁은 믿음의 옳고 그름을 따지는 것인데 그것은 너희가 완전히 알지 못하는 절대자의 속성을 가지고 서로 우기는 행위에 지나지 않는다. 성경이 설령 하나님의 감화를 받아서 쓴 것일지라도 인간의 감각이

하나님의 음성을 온전히 듣기에는 턱없이 부정확하고, 인간의 언어가 하나님의 섬세한 뜻을 온전하게 표현하는 데는 턱없이 부족하기 때문에 너희가 가진 책이 절대적으로 옳다고 말할 수 없다. 그러므로 너희가 만든 모든 기록은 절대적인 판단 기준이 될 수 없다. 그것을 옳다고 믿는 사람에게만 절대적일 뿐이다.

9 너희는 너희가 믿는 믿음을 옳고 그름으로 따지지 말고 좋고 나쁨으로 따지는 것이 마땅하다. 만일 옳고 그름을 따지려면 좋은 것을 옳다고 하고 나쁜 것을 그르다고 하는 것이 마땅하다.

10 같은 종교를 믿는 사람 사이에도 좋은 믿음과 나쁜 믿음이 있다. 좋은 믿음은 생명을 살리고 사람에게 유익을 주는 기쁨의 믿음이고 나쁜 믿음은 위선적이고 탐욕적이며 생명을 가볍게 여기는 증오의 믿음이다. 대체로 급이 낮은 교인은 좋은 믿음을 가질 확률이 높지만 급이 높고 지도적인 교인은 나쁜 믿음을 가질 확률이 높다.

18 1 공포심과 질투심을 이용하는 종교나, 사람을 미워하고 사람을 차별하고 사람을 고통스럽게 하고 사람을 무시하는 종교는 참 종교가 아니다. 그런 종교는 사악한 종교로서 하나님의 징계를 받기에 충분하다.

2 폭력을 선동하고 전쟁을 옹호하고 인종차별을 묵인하고 사회적 갈등에 편승하는 종교는 사탄의 종교이다. 그런 종교를 선전하는 종교인은 사탄이다.

3 너희 종교가 아무리 다른 교리를 가졌다고 해도 거기에 사랑이 있고 진실이 있고 선이 있고 의가 있다면 그 종교는 다 참 종교이다. 그들이 믿는 하나님도 다 참 하나님의 일부이다.

4 참 하나님은 너무나 크고 높고 넓어서 인간에게는 그 일부만 이해되기 때문에 하나님에 대한 서로 다른 차원의 종교와 교리가 많이 생긴다. 모두 완전하지 않지만 그 불완전한 상태로 모두 참 종교로서 인정할 수 있다.

5 하나님의 진실함, 선함, 의로움을 추구하는 한 참 종교가 된다.

6 한 종교가 다른 종교를 비난하는 것은 그래서 옳지 않다.

7 그러나 어떤 경우에도 진실이 왜곡되고 악이 선으로 둔갑하고 불의가 용인되는 것을 가볍게 여기는 종교는 참 종교가 될 수 없다.

8 어떤 이유로도 사람을 해치는 종교, 사랑을 미움으로 바꾸는 종교, 칭찬과 도움을 비난과 공격으로 바꾸는 종교는 참 종교가 될 수 없다. 미혹케 하여 사람을 중독시키는 종교는 참 종교가 아니다.

9 너희는 이단 논쟁을 그치고 참 종교를 추구함으로써 화합하고 연대하여 세상을 악에서 구하여라.

19

1 신화에 대해서 너희가 알고 있을 것이다. 신화에는 너희의 소박한 꿈과 이상이 실현되어 있다. 너희는 그것으로 위로를 삼거나 즐거움을 얻게 된다. 그러나 너희는 그것으로 말미암아 너희가 미처 알지 못한 해를 받고 있음을 알아라.

2 신화는 너희가 스스로 속고 속이면서 한 가지 중요한 문제를 일으키는데 그것은 곧 너희가 자신의 노예가 되는 시발점이 된다는 것이다.

3 너희는 아무개가 알에서 태어났다거나 하늘에서 내려왔다고 하여 그를 신성시함으로써 사람을 신으로 섬기는 관례를 만들었다.

4 이는 너희에게 인간에 따른 인간의 지배라는 악과 불의를 가능하게 만

든 가장 원초적인 잘못이다.

5 거짓이 악과 불의를 낳은 것이다. 거짓은 장난이라도 삼가야 하는 이유가 여기에 있다.

6 신은 신이고 인간은 인간이다. 인간이 신이 되지 못하고 신이 인간이 되지 못한다.

7 하나님은 한 분이시고 그분은 인간을 만드신 분이다. 하나님 외에 다른 신은 없고 모든 인간은 그분의 피조물로서 평등하다.

8 사람을 하나님처럼 믿으면 그 사람과 가까운 곳에 있는 사람이 가장 진리에 접근한 사람이 된다. 그 사람과 생사고락을 함께한 그의 제자가 진리에 대한 권위를 갖게 되고, 또 그 제자의 제자가 진리를 독점하게 된다. 이것이 사람의 한계임을 너희가 알아야 한다.

9 그러니 어떤 사람이라도 그에게 진리를 배타적으로 독점하게 함은 하나님을 거스르는 짓이다. 사람이 하나님께 접근한 거리는 그가 누구의 제자라는 지위로 결정되는 것이 아니고 그가 하나님의 사랑으로 진실과 선과 의를 행하는 정도로 결정된다.

10 너희가 남다른 능력을 갖춘 사람을 보면 그를 숭배하고 전인격적으로 받들려 하는데 그것은 너희에게 지혜가 없을 때에 너희 삶의 욕구가 왜곡되어 나타난 현상이다.

11 힘이 세고 키가 크고 싸움을 잘 하고 전쟁에서 적군을 유린하여 승리하는 군인이 너희의 숭배 대상이 되었고, 너희가 모르는 것을 말하여 너희의 마음을 움직이는 예언자나 선지자가 너희의 숭배 대상이 된 적이 있다. 그러나 그런 사람은 너희가 그 능력의 범위에서 존경하거나 두려워할 수 있을 뿐이다. 그 이상으로 그를 절대적 존재로 신격화하는 것

은 너희가 아직 지혜가 없기 때문이다.

12 사람은 끊임없이 우상을 만들고 싶어 하는 존재이다. 사랑의 대상을 찾아 헤매고 의지할 대상을 찾아 헤매고 공감할 대상을 찾아 헤맨다. 자기보다 더 나은 것을 갖춘 사람으로서 자기와 함께 웃어 주고 함께 울어 줄 대상을 찾아다닌다.

13 이것은 때로는 구도의 길이 되기도 하고 출세의 길이 되기도 하고 자기만족의 길이 되기도 한다. 너희는 그것으로 만족하고 그 이상 나아가지 마라. 너희가 찾은 대상을 절대화하거나 우상화하지 마라. 이를 맹목적으로 믿는 광신도가 되지 않도록 조심하여라.

14 하나님이 주신 지혜와 이성은 너희를 이런 어리석은 믿음의 미망에서 깨어나게 도우신다. 너희는 하나님의 일과 사람의 일을 구별하고 전능하신 하나님 자리에 사람을 올려 앉히는 일을 하지 마라. 이를 어기는 종교는 하나님의 질책을 받으리라.

15 너희는 새로운 믿음을 가져야 한다. 하나님의 일을 인간의 일과 혼동하지 않고 하나님의 것은 하나님께 돌리고 사람은 사람의 일에 충실하게 하여라.

20

1 너희는 너희의 한계를 알고 그에 맞게 생각하고 행동하여라. 너희가 꼭 잊지 말아야 할 것은 너희는 모든 면에서 유한한 존재라는 점이다.

2 너희가 아무리 훌륭한 지혜를 가지고 있다고 해도 그 지혜는 완전하지 않고 너희가 아무리 진리를 안다고 해도 그 진리는 완전하지 않다.

3 설령 너희가 하나님의 계시를 받았다고 해도 그 계시가 너희의 유한한

이해를 통과하는 순간 불완전하게 바뀌고 너의 불완전한 언어로 말해 질 때에 다시 더욱 불완전해진다.

4 그래서 너희가 주고받는 말과 글에서 완전함이란 없다.

5 하나님께서 너희에게 한계를 설정해 두셨기 때문에 이는 너희가 어쩔 수 없이 받아들여야 하는 한계이다.

6 너희는 너희의 유한함을 겸손하게 인정하여라.

7 너희의 명예심이나 자존심을 내세우기 위하여 진리를 혼자 독점한 듯 이 행동하지 마라.

8 완전한 진리는 하나님 외에는 누구도 알지 못하고 갖고 있지 않다.

9 너희 중에서 만 명의 생각이 옳다고 하는 주장을 한 사람이 그르다고 해 도 너희는 그 한 사람의 의견을 귀여겨들어야 한다.

10 많은 사람의 의견이 중요하지만 적은 사람의 의견을 무시하지 않는 것 은 더욱 중요하다.

11 너희에게는 너희와 다른 의견을 듣는 귀가 꼭 필요하다. 그로 말미암아 너희는 조금 더 진리에 다가갈 수 있게 된다.

12 사랑과 평화는 서로 다른 사람을 용납하는 데서 시작함을 잊지 마라.

13 그러므로 내가 말한 이단 외에 어떤 이단도 설정하지 마라.

14 너희 역사에서 너희는 승자가 진리를 독점해 왔다. 그러나 이제는 그 렇게 하면 안 된다. 어제의 승자가 오늘의 패자가 됨을 너희가 보지 않 았느냐.

15 승자와 패자에 따라서 진리가 달리 보이는 것은 너희의 불완전한 지혜 때문이다. 진리는 언제나 변함이 없지만 너희의 상황과 조건에 따라서 진리가 달리 보이는 것일 따름이다.

16 과거에 이단 논쟁으로 내쳤던 모든 주장을 거두어 다시 새겨보아야 한다. 너희가 이단이라고 주장한 것 중에 참 하나님의 진리가 조금이라도 있다면 너희는 그것을 놓치지 말아야 한다.

17 너희는 이단 논쟁을 일으킨 사람들의 죄를 고백하여 너희에게 있는 악을 소멸하고 이단 논쟁으로 희생당한 이들에게 경의를 표하여 속죄하여라.

18 그들의 주장이 참이든 참이 아니든 그들은 그런 주장을 할 자유가 있었고 그 자유를 토대로 하여 자기가 옳다고 생각한 주장을 폈을 따름이다.

19 그들의 용기에 경의를 표하여라. 하나님도 그들의 새로운 시도를 나무라지 않으신다.

20 주어진 환경과 규율과 가치관에 익숙한 사람들, 그 속에서 성공하고 대접 받기를 바라는 사람은 영적으로 부패하기 쉽다. 하나님은 너희가 어떤 것에도 안주하여 거기에 머무르기를 바라지 않으신다.

21 하나님은 생성하는 분이다. 끊임없이 더 나은 것을 만들어 가시는 분이다. 너희도 하나님의 품성을 본받아라. 주어진 것에 안주하지 않고 익숙한 것들에서 벗어나 새로운 가치를 찾아가는 사람들을 존경하고 그들의 말에 귀를 기울여라. 그것은 이단이 아니라 새로운 창조임을 알아라.

22 교리 논쟁도 이와 같이 새로운 것에 대한 너희 이성의 목마름이 나타나는 증거이니 이를 증오와 편벽된 마음으로 판단하지 마라. 너희는 오직 겸손한 마음으로 참 하나님의 말씀을 구별하는 데에 힘쓸 뿐이다.

23 이단 논쟁으로 증오심을 강화하고 적개심을 불태우는 것은 하나님께 죄를 짓는 일이다.

21

1 너희는 세상의 종말이나 지구의 운세를 앞세운 예언자에 현혹되지 말고 너희 이성을 깨우쳐 진리에 이르는 길을 찾아라. 하나님은 너희 예언자의 입 안에 있지 않고 진리 안에 계신다.

2 너희는 하나님의 이름으로 다른 사람과 대적하지 말고 모든 사람과 진리를 위하여 토론함으로써 하나님의 살아계심을 전파하여라.

3 너희는 길을 막는 자를 존경하지 말고 길을 뚫는 자를 존경하여라. 길이 뚫린 곳에 하나님이 계신다.

4 너희는 흐름을 막는 자를 존경하지 말고 흐름을 트는 자를 존경하여라. 흐름이 트인 곳에 하나님이 계신다.

5 너희는 장벽을 세우는 자를 존경하지 말고 장벽을 허무는 자를 존경하여라. 장벽이 없는 곳에 하나님이 계신다.

6 참 하나님은 길을 뚫으시고, 막힌 데를 트시고, 장벽을 허무시는 분이다. 참 하나님을 믿어라.

7 어떤 담론이든지 너희는 그것을 절대화하여 장벽을 쌓거나 소통을 막지 마라, 막고 끊고 변화를 거스르는 곳에 악마가 생기고 사탄이 나타나게 된다.

8 하나님은 열린 곳에 계신다.

22

1 이단 논쟁이 너희에게 유익보다는 해악을 주는 것을 너희가 알게 되었으니 이단 논쟁을 그치고 너희 안에 있는 사이비 종교 곧 사교적 사악함을 제거하여라.

2 너희는 하나님의 완전성에 입각하여 하나님을 인식하고 하나님의 뜻

을 변별하여라.

3 완전하지 않은 사랑은 하나님의 사랑이 아니다.

4 완전하지 않은 진리는 하나님의 진리가 아니다.

5 완전하지 않은 정의는 하나님의 정의가 아니다.

6 그러므로 너희는 질투하는 하나님, 증오하는 하나님, 저주하는 하나님, 전쟁을 부추기는 하나님, 편애하는 하나님을 상정하면 안 된다.

7 네가 믿는 신이 있어 그 신이 너를 진실한 사람, 정직한 사람이 되게 하지 못한다면 그 신은 참 하나님이 아니다.

8 네가 믿는 신이 있어 그 신이 너를 선한 사람, 착한 사람이 되게 하지 못한다면 그 신은 참 하나님이 아니다.

9 네가 믿는 신이 있어 그 신이 너를 의로운 사람, 올바른 사람이 되게 하지 못한다면 그 신은 참 하나님이 아니다.

10 너희 신을 참 하나님으로 인정받게 하려면 너희가 진실하고 선하고 의로운 사람이 됨으로써 너희 교리가 진리이고 너희가 믿는 신이 참 하나님임을 증명하여라.

11 너희가 진실하고 선하고 의로운 마음으로 이웃을 사랑하지 않고 너희 하나님이 참 하나님임을 증명할 방법이 없다. 참 하나님은 너희를 위선자, 악한 자, 불의한 자로 남는 것을 용납하지 않으신다. 참 하나님은 너희가 증오하는 자, 차별하는 자, 배척하는 자로 남는 것을 용납하지 않으신다.

12 너희는 너희 하나님이 진실함과 선함과 의로움에 완전하신 분임을 알고 그분의 뜻에 따라 너희도 완전해지기를 바라라.

13 하나님의 불완전성 또는 인간적 정념에 입각한 생각 곧 시기와 질투와

전쟁을 하나님의 뜻이라고 말하는 종교는 사교이다.

14 교주에 절대적인 충성을 요구하고, 믿음의 자유를 억압하고, 헌금과 교회 출석을 강요하는 종교는 사교이다.

15 교주와 교인의 영생을 주장하는 종교는 사교이다.

16 가정을 파괴하고 가정과 사회에서 격리된 생활을 요구하는 종교는 사교이다.

17 증오를 퍼뜨리는 종교는 사교이다. 사교적 특성은 꼭 사이비 종교에만 있는 것이 아니다. 너희가 믿는 종교 안에 있는 사교적 특성을 제거하여라. 너희 지도자가 사교적 특성을 갖는 믿음을 요구하고 너희가 이에 순응하면 너희 믿음이 사이비 믿음이 된다. 설교자의 일방적인 설교를 들으며 믿음 생활을 하는 사람은 사교에 빠지기 쉽다. 너희 믿음이 너희 이성의 분별력 위에 서게 하여라.

18 너희를 하나님의 사랑에서 떼어내고 너희에게서 행복과 평화를 누릴 권리를 빼앗고 지상에서의 삶을 피폐하게 만드는 종교는 사교이다. 이런 사교의 유혹에서 벗어나라.

19 사교는 미혹하는 혼을 가로챌 수많은 미끼를 가지고 접근할 것이다. 너희의 정열, 너희의 고지식함, 너희의 독선이 너희의 이성을 마비시키고 너희를 사교에 빠지게 하는 독이 되리라. 너희에게 사람에 대한 사랑과 믿음이 없고 그 사랑과 믿음 안에 진실함과 선함과 의로움이 없다면 너희의 혼은 이미 미혹에 사로잡힌 것이다.

20 성경의 이곳저곳에서 적절한 말을 짜깁기하여 종말론을 퍼뜨리는 자를 조심하여라. 요한의 계시록을 진리로 삼는 것도 위험한 일인데 그것을 이용하여 종말론을 퍼뜨리는 행위는 사악한 일이다.

21 계시록의 문구를 이용하여 666이나 144000 같은 숫자에 무슨 뜻이 있는 것처럼 사람들을 유혹하는 자를 조심하여라. 하나님은 숫자에 당신의 뜻을 심는 분이 아니다. 숫자로 사람을 미망하게 하는 자들은 하나님을 팔아 자신의 탐욕을 채우려는 사탄일 뿐이다.

22 시간과 공간을 초월하신 하나님이 구차히 숫자에 무슨 의미를 감추고 계시겠느냐. 그들이 말하는 숫자보다 더 신기하고 강력한 숫자를 과학자들이 자연 곳곳에서 이미 찾아내었음을 너희가 모르느냐.

23 성경의 이곳저곳에서 적절한 말을 짜깁기하여 자신이 재림한 예수라거나 구세주라고 주장하는 위선자를 조심하여라. 그는 말은 그럴 듯하게 하지만 실은 자신과 너희를 탐욕의 구렁텅이로 빠뜨리는 사탄이다. 너희에게 백마를 탄 초인도 없고 백마를 탄 구세주도 없다. 하나님은 결코 너희를 구원하기 위하여 특별한 사람을 보내지 않으신다. 요한의 계시록을 너희 교리와 믿음에서 제외함이 옳다. 수많은 미혹하는 사탄이 여기서 나오지 않느냐. 그것은 요한의 상상이요 만들어진 환상일 뿐이다. 하나님은 누구에게도 그런 속된 환상을 심어 주시는 분이 아니다. 너희는 이상한 방법으로 구원을 탐하는 허황된 욕심을 버려라. 그것은 믿음이 아니라 탐욕이다. 구원은 하나님께서 태초에 너희에게 주셨다. 너희가 탐욕을 벗어나면 구원의 길이 보일 것이다. 진실한 삶, 선한 삶, 의로운 삶을 살려는 사람에게 구원의 길이 열리리라. 너희 자유로운 영혼아, 너희 삶을 사랑으로 가득 채워라. 너희 가슴이 구원의 기쁨으로 가득 차리라.

24 사교는 탐욕에 물든 이성의 간교함이 만들어내는 허상이다. 이 간교한 이성이 너희의 탐욕과 영합하면 영혼을 파괴하는 무서운 사이비 종교

로 성장하게 된다. 탐욕이란 너희가 영생을 얻으려 하는 것이다. 영생할 수 없는 너희가 어찌 영생을 얻으려 하느냐. 너희는 육으로 된 생명이고 육은 반드시 죽는다. 이것이 하나님의 창조 원리이다. 너희는 영생을 꿈꾸지 말고 하나님의 지혜로 거듭나서 오늘을 진실하고 선하고 의롭게 살아라.

25 너희 종교 지도자는 들어라. 너희의 탐욕을 채우기 위하여 너희 종교를 사이비화하지 마라. 교인들의 무지함과 순종심을 악용하여 거짓을 참으로 속이고 악을 선으로 위장하며 불의를 의로 둔갑시키는 죄를 멈춰라. 사람들아, 너희는 하나님의 본성을 이해하고 그 본성에 어긋나는 것을 주장하는 사이비 종교에 발을 들여놓지 마라. 너희 영혼이 잘못되어 너희 삶 전체가 잘못될까 두렵다. 그러므로 너희는 사교에 빠지지 않게 묵상하며 이렇게 기도하여라.

26 세상의 창조자이시고 주관자이신 하나님, 우리는 불완전하고 연약한 존재입니다. 우리는 약한 바람에도 쉽게 흔들리고 달콤한 말이면 곧바로 속아 넘어갑니다.

27 우리가 사망의 음침한 골짜기에 떨어지고 죽음의 메마른 사막을 헤맬지라도 정신을 잃지 않고 하나님을 바라볼 수 있는 것은 하나님의 지혜가 우리를 보호하시기 때문입니다.

28 우리의 삶이 끝날 때까지 우리가 무지에 떨어지지 않도록 우리를 지켜 보호하여 주소서. ㅎ

제2권 사람 (The Human)

질문

자유를 누리려면 어떻게 해야 합니까?
어떤 정의를 추구해야 합니까?
행복을 바라는 것이 잘못입니까?
전쟁을 벗어나려면 어떻게 해야 합니까?
한국과 일본이 잘 지낼 수 있을까요?
교회를 새로 시작할까요?

답변

바라는 자들이 연대하여라.
억울함이 없게 하여라.
행복은 하나님의 은혜다.
국가의 탐욕에서 벗어나라.
인류 화해의 시금석이다.
믿음을 새로이 하여라.

● ● ●

하리다가 그분께 여쭈었다.

하나님은 사람이 자유를 누리는 것을 어떻게 생각하시나. 교회에서는 절대 충성을 요구하는데 하나님이 사람에게 자유를 주신 것이 아닌가. 정치적 자유가 사람의 믿음에도 영향을 주지 않는가.

하나님의 정의는 무엇인가. 우리가 생각하는 정의와 하나님의 정의가 같은가 다른가. 사람이 이 세상에서 행복하게 살면 하나님께 죄를 짓는 일인가. 재물이 하나님의 은총인가 사탄의 미끼인가. 이성이 하나님의 선물인가 사탄의 목마인가.

사람은 세상에서 평화롭게 살 능력이 없는가. 사람이 이 세상을 낙원으로 만들 수 없나. 하나님이 세상을 사랑하신다면 이 세상이 평화로워야 하지 않나. 평화를 얻으려면 먼저 화해해야하는 것이 맞나?

히틀러의 독일, 스탈린의 러시아, 히로히토의 일본이 세계를 전쟁으로 몰아넣어 수많은 사람을 죽게 만든 지 100년이 된 시점에서 이들 중 일부가 다시 전쟁을 입에 올리고 있는데 이를 어찌 보아야 하나. 전쟁을 일으킨 범죄 국가가 밖으로는 세계 평화를 지지한다고 선전하면서 안으로는 전쟁을 준비하는 상황을 그대로 보고 있어야 하나.

사사건건 한국에 시비를 거는 일본을 어떻게 보아야 하나. 역사 왜곡을 일삼고 독도를 자기 땅이라고 우기는 일본의 극우 세력을 어떻게 처리해야 하나. 일본의 극우 세력에 동조하는 한국의 친일파 집단을 어떻게 처리해야 하나. 한국과 일본이 화해하고 서로 협력하여 인류의 자유와 평화를 지키는 지킴이가 될 수 있을까.

한국 사회가 부정, 부패, 불의, 불공정, 불공평, 편법, 특혜, 지역 갈등, 계층 갈등으로 상처투성이가 된 상태에서 벗어날 수 있을까. 극단적인 이기주의로 물들어 아파트 값마저 담합하여 올리는 부도덕한 아주머니들을 의롭게 바꿀 수 있을까. 부동산 값을 잡겠다고 하면서 실제로는 자기들이 사는 지역의 아파트 값을 올려놓는 정치인과 공무원들의 가증스러운 책동을 막을 수 있을까. 어떻게 해서든지 부동산 값을 올려 돈을 벌려는 한국 사회의 병적 물질만능주의를 바로잡을 방법이 무엇인가. 이런 문제 해결을 위해서 하나님이 우리를 도와주시면 안 되나.

한국이 북한과 적대 관계를 청산하지 못하고 있는데 언제까지 남북이 통일을 하지 못하고 상대에게 부담을 주고 있을 것인가. 남과 북의 평화 공존이 가능하겠나. 통일은 언제쯤 이루어지겠나.

한국 교회의 부패와 교역자의 탐욕이 갈수록 심해지고 있는데 이를 그대로 방치하려나. 한국 교회의 교인들이 정상적으로 믿는 생활을 하고 있는가. 기존의 교회를 폐하고 새로운 교회를 세워야 하지 않나.

자유와 평화, 진리와 선과 정의를 지키기 위해서 우리가 무엇을 어떻게 해야 하나. 교회에 가서 찬양하고 기도만 하면 되나. 하나님은 우리가 어떻게 하기를 바라시나.

하나님 나라가 이 땅에 실현될 때는 언제인가. 그때가 오면 우리는 어떻게 되나. 그때 사람들은 어떤 삶을 살게 되나.

그분이 하리다의 물음에 답하셨다.

그분의 말씀은 하나님이 주신 말씀이다.

자유

1 1 하나님께서 자유로우신 것처럼 너희도 자유로워라.

2 자유가 너희를 완전하게 하리라.

3 하나님의 자유가 우주를 생성하고 만물을 양육한 것처럼 너희의 자유
도 생명을 살리고 북돋아라.

4 너희 자유로 진실을 말하고 선을 행하며 의로움을 구현하여라.

5 자유는 창조의 근본이고 하나님과 우주와 모든 생명체의 본질이다. 자
유로 하나님과 사람이 하나가 된다.

6 자유를 억압하는 것은 사람이 하나님과의 소통을 가로막는 죄악이다.

7 자유는 그 자체로 자유롭고 어떤 이유로도 훼손되지 않는다.

8 자유는 자유 그 자체를 위해서만 제한될 수 있다.

2 1 자유는 자기 문제에 대한 처리의 시작과 끝을 스스로 결정하는 권
리이다.

2 자유인으로서 하루를 사는 것이 종으로서 1년을 사는 것보다 더 가치
가 있다. 왜냐하면 자유인은 하나님의 창조적인 일에 동참할 수 있지만

종은 결코 하나님의 창조에 동참할 수 없기 때문이다.

3 종으로서 사는 자는 지배자가 시키는 일, 지배자가 허락하는 일 이외에는 생각하지 못한다.

4 창조자요 생성자이신 하나님은 늘 깨어서 자유롭게 창조적으로 활동하는 사람을 지지하고 도우신다.

5 자유인은 남에게 예속되지 않으며 남을 예속하지도 않는다.

6 자유인은 자기에게 주어진 일을 자기 책임으로 해결하지 남에게 그 책임을 돌리지 않는다.

7 자유인이 함께 모이면 자유가 점점 커지고 굳건해진다.

8 그러나 예속인이 모이면 각자의 자유가 이런저런 이유로 제약을 받아도 당연하게 속박을 받아들인다.

9 자유를 소중하게 여기는 사람은 그 자유를 쟁취하기 위하여 목숨을 내놓지만 자유를 소홀히 여기는 사람은 다른 사람이 자유를 위하여 투쟁하는 것을 혼란을 만들어내는 일쯤으로 여겨 지배자의 편에 서서 자유인을 비난한다.

10 설령 자신들의 자유가 투쟁하는 자유인 희생 덕택에 커져 그 커진 자유를 누리면서도 투쟁한 자유인들에게 고마워하지 않는다. 그들은 언제나 자유를 위한 투쟁을 방종이나 불안을 조성하는 것으로 비난한다. 그들의 머리는 지배자의 논리로 왜곡되어 있다.

11 너희가 자유를 쟁취하는 데는 압제자가 일차적인 적이지만 너희처럼 압제를 당하는 동류도 보이지 않는 적으로서 너희를 괴롭힐 것이다.

12 자유를 위한 싸움은 무지와의 싸움이기도 하다.

13 종이란 바로 무지한 사람의 다른 이름인 것이다.

14 종교가 사람들의 무지를 일깨워 자유를 확대하는 싸움에 동참한다면 이런 무지한 사람을 일깨워 조금 더 쉽게 자유를 얻게 되겠지만 대체로 종교는 지배자의 편에서 평안과 안정을 도모하면서 사람들의 존경을 받는 것에 익숙하기 때문에 압제자의 편에서 사람들의 자유를 억압하는 데에 동조하는 경향이 강하다.

15 결국 종교는 사람들을 자유에 대한 무지에서 빠져나오지 못하게 방해한다. 그러므로 자유를 얻기 위하여 투쟁하는 너희 자유인은 압제자와 성직자의 왜곡 선전에 맞서야 하는 어려운 싸움을 싸우지 않을 수 없다.

16 하나님은 자유의 편이기 때문에 마땅히 너희 자유를 쟁취하기 위하여 싸우는 자유인의 편에 서 계신다.

17 압제자가 하나님을 무시하고 종교가 하나님을 배반하고 믿는 자들이 하나님의 뜻을 외면하지만 하나님은 너희 자유인을 위하여 일하신다.

18 너희가 수고한 만큼 반드시 너희 자유를 되찾는 길을 열어 주시고 너희가 자유를 획득하도록 너희를 강하게 해 주신다.

19 그러므로 너희는 하나님을 바라며 너희 자유를 쟁취하는 싸움을 멈추지 마라. 이것은 하나님의 명령이다.

3 1 하나님께서 생명체에게 주신 자유를 적극적으로 사용함으로써 사람은 자신에게 고유한 다섯 가지 특성을 갖게 되었다. 자율성, 다양성, 경쟁성, 협력성, 혁신성이 그것이다.

2 모든 생명체는 자유의지를 가지고 태어난다. 각자에게 주어진 자유의지를 어떻게 사용하느냐에 따라서 그 생명체의 행로가 바뀐다.

3 세상에 수많은 생명체가 존재하는 이유가 바로 생명체마다 자기의 자유

의지를 사용하는 방향이 달랐기 때문이다.

4 자유의지가 자율성을 낳고 자율성이 다양성을 낳고 다양성이 경쟁성을 낳고 경쟁성이 협력성을 낳았다. 협력성의 끝에서 사람은 창조할 수 있는 능력 곧 혁신의 능력을 갖추게 되었다.

5 생명체에 따라서 자율성에서 그친 것도 있고, 다양성에서 그친 것도 있고 경쟁성에서 그친 것이 있고 협력성에서 그친 것이 있는데 사람은 혁신성까지 갖춘 유일한 동물이다.

6 하나님은 이 특성이 온전히 발휘되도록 모든 사람에게 자유를 주셨는데 사람이 자신의 탐욕을 채우기 위하여 다른 사람의 자유를 억압하려 한다. 그래서 인간 사회는 자유를 둘러싸고 치열한 갈등이 일어나지 않을 수 없다.

7 자유는 각 생명체가 자기를 지키고 발전시키는 데 필요한 모든 활동을 스스로 선택하여 취해 나가는 권리를 가리킨다.

8 다른 말로 표현하면 자유는 자신의 삶의 목적과 의미와 가치를 스스로 규정할 수 있는 권리다.

9 자신의 행복을 추구하기 위하여 하는 행위는 다른 사람의 행복 추구를 방해하지 않는 한 보장해 주어야 한다. 자신의 생존이 위협받지 않는 한 다른 사람의 생존을 위협할 수 없고 자신의 신체가 해를 당하지 않는 한 다른 사람의 신체에 해를 가하면 안 된다. 이것이 생명체가 가지는 가장 기본적인 자유이다.

10 사람이 무엇을 생각하건 그가 생각하는 것을 제약하면 안 된다. 사람이 무슨 말을 하건 그가 하는 말을 제한하면 안 된다. 사람이 무슨 일을 하건 그가 하는 일을 금지하면 안 된다. 모든 것을 하나님께서 허락

하셨기 때문이다.

11 하나님은 한 분이기 때문에 사람이 하나님을 선택할 자유는 없다. 그러나 하나님을 믿거나 믿지 않을 자유는 보장되어 있다.

12 어떤 사람이 하나님을 믿지 않는다고 해서 하나님이 그를 처벌하려 하지 않으신다. 하나님을 믿고 안 믿고는 온전히 그의 선택의 자유에 속하는 일이기 때문이다.

13 다만 하나님을 믿지 않아서 당하는 불이익은 선택한 자의 책임이므로 그가 하나님을 믿지 않아서 당하는 불이익에 대하여 불평할 수 없다.

14 사람이 어떤 종교를 택하건 어떤 교리를 선호하건 오로지 그 사람의 자유이다. 만일 어떤 사람이 자기가 믿는 방식으로 믿음을 강요한다면 그 사람은 하나님의 뜻을 거스르는 것이다. 자기 방식대로 믿지 않으면 해를 당할 거라고 위협하는 일도 하나님의 뜻을 거스르는 행위이다.

15 하나님이 주신 자유를 정치적인 이유로 제한할 수 없다.

16 어떤 경우이든 국가는 개인의 생각할 자유, 말할 자유, 자기 생각을 발표할 자유를 제한하면 안 된다. 그것은 생명체의 근본적인 자유이기 때문이다.

4 1 자유가 가치 있는 이유는 그것이 모든 사람에게 공정한 기회를 가져다주기 때문이다.

2 이 자유를 활용해서 누구나 자기 목적과 필요에 따라서 자신을 개발하고 발전시킬 기회가 보장된다. 이런 기회가 주어지지 않는 자유는 거짓 자유이다.

3 하나님은 모든 사람을 평등하게 창조하시고 모든 사람에게 동등하게 자

유를 허락하셨다. 이 자유는 누구나 누리는 자유이고 이것이 침해되었을 때에는 과감하게 되찾아야 한다.

4 너희 인간의 역사는 하나님이 너희에게 주신 자유를 압제자에게서 되찾는 역사가 아니냐.

5 자유를 억압한 자는 모두 사탄이다.

6 너희는 그 사탄의 권세를 깨뜨리고 너희에게 주어진 자유를 쟁취하여라. 존 스튜어트 밀의 자유론은 너희가 읽고 따라야 할 소중한 자유의 경전이다. 너희는 이 언약과 함께 자유론을 간직하고 읽어라.

7 너희 앞 시기에 하나님이 주신 자유를 되찾기 위해서 노력하다가 압제자의 제물이 된 사람들을 기억하고 그들의 피와 땀을 소홀히 여기지 마라.

8 너희가 지금 누리는 자유는 그들의 희생의 대가임을 잊지 마라. 한국에서 자유를 위해 희생한 사람들은 물론이고 인류에게 자유의 중요성을 일깨워 준 서유럽의 선각자들과 각국에서 자유를 위해 투쟁한 모든 사람들에게 경의를 표하여라.

9 너희 자유를 가장 강력하게 보장해 줄 수 있는 것이 민주주의 체제이다. 어떤 독재나 전제도 너희에게 자유를 허락하지 않는다.

10 그러므로 너희는 민주주의를 확립하고 발전시키는 데 총력을 기울여야 한다.

11 민주주의를 쟁취하기 위하여 피를 흘린 사람들을 기억하여라.

12 자유를 확대하고 민주주의를 확립하는 과정에서 희생한 모든 사람을 잊지 말고 기념하여라. 그들을 단순히 정치인으로 또는 사회 운동가로 보지 말고 너희의 자유와 행복을 위해 자신을 희생한 자로 기념하여라.

13 압제자는 호시탐탐 너희의 자유를 빼앗을 궁리를 한다. 모든 권력은 너희의 자유를 제한하기를 꿈꾼다는 점을 잊지 마라.

14 사탄의 간교한 말에 속아 너희 자유를 압제자에게 팔아넘기지 마라.

15 자유를 빼앗기는 것은 영혼을 빼앗기는 것과 같다.

5 1 너희가 하는 일 가운데에서 가장 나쁜 일은 다른 사람의 자유를 억압하여 네 마음대로 부리는 것이고 그 중에서도 가장 사악한 일은 다른 사람을 종으로 삼는 일이다.

2 너희는 일찍부터 힘이 약한 자를 침략하여 그들을 종으로 부리기를 즐겼다. 노예 제도는 너희 역사와 함께 시작하여 지금까지도 지속되고 있는 가장 사악한 제도이다.

3 너희가 하나님의 영을 이해하지 못하여 그분의 가르침을 외면하고 너희 힘만을 자랑 삼아 다른 사람의 자유와 권리를 유린하는 행위를 얼마나 끈질기게 지속하여 왔느냐.

4 수메르의 지구라트, 중국의 만리장성, 이집트와 마야의 피라미드, 로마의 원형경기장, 잉카의 마추픽추 등 지금 너희가 대단하게 여기는 구조물은 모두 이들의 피와 땀으로 만들어진 것들이 아니냐. 너희의 탐욕이 하늘을 찔러 그 욕심을 채우려고 다른 사람을 노예로 부렸다. 이것은 너희 이성이 하나님의 영의 지시를 이해하지 못하여 아직 야만적인 상태에 있을 때에 저질렀던 인간 착취의 결과물들이다.

5 링컨의 노예 해방은 너희들의 잘못된 인식을 바로잡는 중요한 계기가 되었다. 이제 너희는 과거 너희들이 노예로 붙잡아 착취했던 그들의 노동에 대한 대가를 배상해야 할 때가 되었다.

6 그리고 지금도 일부 국가에서 폭압적인 정치를 바탕으로 진행하고 있는 자유 억압과 노동 착취를 멈추게 할 방안을 찾아야 한다.

7 너희는 자유가 제약되는 상황을 당연시하지 말고 자유가 제약되지 않는 상황을 필연시하여라. 지금 정치적 억압 속에서 사는 사람들은 부자유 속에서 구차하게 행복을 찾고 있다. 자신의 영혼이 억압당하고 있는 줄 모르고 몸의 구차한 삶을 도모하고 있다.

8 하나님은 너희가 부자유 속에서 구차한 행복을 누리는 것을 바라지 않으신다. 너희가 정치적 억압을 벗어나 떳떳하게 자유를 누리며 자신의 행복을 가꾸기를 바라신다.

9 그러기 위해서는 자유를 억압하는 모든 압제자를 몰아내어 하나님이 주신 자유를 되찾아라. 자유를 억압하는 자들에게 단호히 맞서라. 정치적 자유 없이는 너희 몸도 영혼도 자유로울 수 없다. 종교와 정치를 분리해야 한다는 망상으로 종교인이 정치적 억압을 수용하는 것은 신앙의 양심을 파는 일이다.

6

1 종교가 자기 종교의 유일성이나 독점적 지위를 유지하기 위해서 개인의 자유를 제한하면 안 된다.

2 그런 교리를 만들어도 안 되고 그런 규칙을 만들어도 안 된다.

3 교회 안에서 개인이 최대한 자유롭게 자신의 의견을 표현할 수 있게 해야 한다. 교리부터 교회의 행정에 이르기까지 개인의 표현이 보장되지 않는 교회는 참 하나님을 믿는 교회가 아니다.

4 옛 사람들은 하나님의 말씀이 절대적인 진리이므로 하나님의 말씀을 기록한 책에 적힌 대로 행하는 것만 옳고 사람의 이성으로 판단하는 모든

생각은 하나님에 거역하는 것이어서 불신앙을 강화한다고 생각하였다.

5 그래서 자기들의 교리에 반하여 사람들이 자유로이 하나님을 믿는 것을 이단으로 여기고 정죄하였다.

6 그러나 내가 너희에게 말하는 것을 들어라. 하나님은 너희에게 일체의 자유를 허락하셨다.

7 글자로 너희에게 전달되는 하나님의 말씀이 절대적이지 않다는 것도 이야기했다. 하나님의 말씀이 너희 언어로 제시되는 순간 하나님의 뜻이 달라질 수밖에 없기 때문이다.

8 그러므로 하나님께서는 너희에게 자유를 주시고 판단하는 이성을 주셔서 너희로 하여금 하나님의 진실한 뜻을 분간하여 이해할 수 있게 해 주셨다.

9 너희에게 자유를 줌으로써 너희가 하나님께 더욱 진실하게 다가갈 수 있게 해 주신 것이다.

10 하나님은 너희를 위협하거나 겁박하여 너희로 하여금 하나님을 믿게 하거나 하나님의 계율을 지키도록 강요하지 않으신다.

11 만일 교회가 너희의 이성을 무시한다면 그 교회는 하나님의 교회가 아니고 하나님의 뜻을 왜곡한 사람의 교회일 뿐이다. 그런 교회는 일부 성직자의 이익을 대변하는 교회일 뿐이다.

12 교회가 사람의 이성을 적대시하면 안 된다.

13 또, 교회가 선교를 위해서 순교를 장려해서는 안 된다.

14 선교에 적대적인 곳에 선교사를 파견하여 순교를 하게 해서도 안 된다. 선교보다 한 사람의 목숨이 더 소중하기 때문이다.

15 너희 종교 지도자는 들어라. 만일 너희가 적대적 환경에 있는 사람들에

게 선교를 하는 사명을 받았다면 다른 사람을 시키지 말고 너희가 직접 가서 너희 사명을 수행하여라.

16 스스로 자신의 목숨을 내놓고 선교를 하고자 한다면 그는 그에 대해서 충분히 칭찬을 받을 만하다.

17 그러나 자기가 받은 사명을 수행하기 위해서 다른 사람을 대신 위험한 지역으로 보내면 그는 옳은 일을 했다고 말할 수 없다. 조직적인 선교는 선교자의 자기 목적과 세력 확장을 위한 것일 뿐이다.

18 하나님은 결코 너희만의 하나님이 아니며 참 하나님은 선교보다는 진실하고 선하고 의로운 삶을 바라시니 선교를 통해서 교세를 확장하는 것을 하나님의 뜻인 것처럼 왜곡하지 마라.

19 너희는 너희가 알게 된 하나님을 너희의 삶의 변화된 모습으로 증명해 보여라.

20 이 세상에 완전한 종교는 없다.

21 모든 종교는 불완전한 인간의 작품이기 때문이다.

22 너희의 어떤 교리로도 하나님의 크신 뜻을 담을 수 없음을 명심하여라.

23 교회가 어떤 행위를 강요하여 개인의 자유로운 판단을 방해하는 행위는 잘못이다.

24 믿으면 천당에 가고 믿지 않으면 지옥에 간다고 위협하는 행위는 잘못이다.

25 십일조를 내지 않으면 하나님의 것을 도적질하는 것이라고 겁박하는 것도 잘못이다.

26 교회가 이런 거짓과 불의를 저지르지 마라.

27 성전이나 지하드는 너희가 마음대로 붙인 이름일 뿐 하나님의 뜻이 아

님을 알아라.

28 성전이나 지하드를 수행하여 사람의 목숨을 잃게 만든 자들은 하나님이 예정해 두신 벌을 받는다.

29 자유로운 판단으로 성전이나 지하드를 선택한다고 해도 그것은 사람의 목숨을 거는 일이므로 하나님이 기뻐하지 않으신다.

30 사람에게 자유를 주신 하나님이 사람의 생명을 내놓는 자유까지 주신 것이 아니기 때문이다.

31 사람이 자기 목숨을 내놓는 것은 최후의 선택인데 그것은 하나님의 의를 실현하기 위한 경우가 아니면 가치가 없다.

32 하나님의 의란 다른 사람의 생명을 구하기 위하여 자기 목숨을 희생하는 것이다. 물에 빠진 사람을 구하기 위하여 강물에 뛰어들었다가 목숨을 잃은 사람은 하나님의 의를 이루기 위하여 자신의 목숨을 희생한 사람이다. 불길에 휩싸여 죽음을 눈앞에 둔 사람을 구하기 위하여 불길에 뛰어들었다가 변을 당한 사람은 하나님의 의를 이루기 위하여 자신의 목숨을 희생한 사람이다. 이런 사람은 하나님의 위로를 받을 것이며 너희는 이런 사람을 기리는 것이 옳다.

33 너희 중에는 죽어가는 사람을 살리는 일보다 죽어가는 영혼을 살리는 것이 더 중요하지 않으냐고 말하면서 목숨을 건 선교를 높이 평가하는 사람이 있다.

34 그러나 내가 말한다. 목숨을 구하는 것은 그 사람 전체를 구하는 것이고 영혼을 구하는 것은 그 사람의 반을 구하는 것이다. 반을 구하기 위해서 전체를 희생하는 것은 옳지 않다.

35 교회의 불의에 침묵하지 마라.

7

1 내가 너희에게 선포한다. 하나님의 영이 계시는 곳에는 자유가 있다.

2 그러므로 자유를 억압하는 모든 종교와 율법과 교리와 의식을 폐하여라.

3 어떤 종교도 사람의 자유로운 생각과 주장을 금지할 수 없다.

4 어떤 율법이나 교리나 의식도 사람이 하나님께 자유롭게 접근하는 길을 막으면 안 된다.

5 너희는 이제 모든 억압적인 종교의 교리 의식에서 완전히 해방되었다.

6 너희는 너희가 옳다고 생각하는 바대로 하나님을 섬길 수 있고 하나님과 소통할 수 있다.

7 다만 너희 방법이 다른 사람의 믿음을 방해하거나 다른 사람의 믿음 행위를 제약하지 않아야 한다.

8 어떤 종교의 교리도 율법도 절대적이지 않고 어떤 종교의 의식도 절대적이지 않다.

9 너희가 동의하고 따르는 경우에만 그 종교의 교리와 의식이 너희의 자유를 제한하는 것이 허용된다.

10 어떤 종교의 교리도 사람의 진실함, 선함, 의로움의 정신을 훼손할 수 없고, 어떤 종교도 사람의 자유로운 믿음 행위를 제한할 수 없다. 오로지 그것을 그런 방식으로 믿는 사람들끼리만 그 교리와 그 의식은 의미가 있고 지켜질 가치가 있다. 그 외의 사람들에게 종교와 교리와 의식을 강요하는 것은 사람의 자유로운 생각을 억압하는 것이고 하나님께 죄를 짓는 것이다.

11 오직 너희 진실한 마음과 선한 마음과 의로운 마음이 너희를 참 하나

님께 인도하여 줄 것이다.

12 너희는 하나님의 이 말씀을 반드시 지켜라. 사람들에게 교회나 성당 또는 교당의 출석을 강요하는 자, 사람들에게 율법과 교리를 강요하는 자, 헌금 바치기를 강요하는 자, 기도할 것을 강요하는 자, 정해진 의식을 따르라고 강요하는 자, 성지 순례를 강요하는 자, 선교를 강요하는 자, 조직의 권위를 받아들이도록 강요하는 자는 모두 하나님께 합당하지 않은 자이다.

13 하나님은 너희 목사와 신부와 이맘과 랍비와 승려의 혀끝에 계시지 않는다.

14 하나님은 교회나 성당이나 교당 안에 있지 아니하고 그곳에서만 하나님을 만날 수 있는 것도 아니다.

15 하나님은 너희 안에 계시며 너희가 있는 곳이면 어디든지 하나님도 함께 계심을 알아라.

16 하나님은 너희가 진실하고 선하고 의로운 사람으로서 행동하면 족하게 여기신다. 너희가 따로 하나님께 기도하지 않아도 하나님께서는 너희를 보호하시고 너희 필요를 채워 주신다.

17 너희가 받은 은혜에 감사하면 그것으로 충분하다.

18 진실함과 선함과 의로움이 너희와 함께 있고 너희가 그것을 감사할 수 있으면 하나님께서도 그것을 기뻐하신다.

19 하나님께서 너희를 모든 율법과 교리와 의식에서 해방시켜 주셨음에 감사하고 진실한 마음으로 하나님의 뜻을 따라 행동하여라.

8 1 자유란 누구나 자신이 찾고 싶은 것을 찾고 추구하고 싶은 것을 추

구하고 거부하려는 것은 거부하고 부정하려는 것은 부정할 수 있는 능력이다.

2 하나님을 부정할 수도 있고, 하나님의 도움을 거부할 수도 있고, 종교를 갖지 않을 수도 있다. 그것은 사람에게 하나님이 주신 자유의 범위에 있는 것이다.

3 누구나 개인이 하려고 하는 바를 강제로 가로막으면 안 된다. 오직 그의 자유가 다른 사람의 자유를 침해하지 않는다면 그렇다.

4 그가 나쁜 것을 추구하는 경우에는 그가 좋은 길을 가도록 권고하며 기다려 주는 것은 좋지만 그의 자유를 억압하고 핍박해서는 안 된다. 사랑은 사람이 자기 방식대로 행복하고 평화롭게 살아가도록 돕지만 탐욕은 사람이 자기 방식대로 살지 못하도록 통제하고 억압한다. 통제와 억압은 죄이다.

5 중요한 것은 누구나 자신이 추구하는 것을 외부의 부당한 방해나 간섭을 받지 않고 추구할 수 있게 하는 것이 자유의 본질이다.

6 다른 사람에게 무엇을 권하거나 어떤 행동을 요구할 때에 함부로 자기 생각을 주입하려 하지 마라. 교사가 자기 생각을 학생들에게 주입하려는 시도를 하지 못하게 하여라. 교회가 자기 믿음을 아이들에게 주입하려는 시도를 하지 못하게 하여라.

7 좋은 것이라고 해서 무조건 아이들에게 주입하지 마라. 사람에 따라서 좋은 것이 서로 다를 수 있음을 인정하여라.

8 어른들아, 청소년들에게 스스로 생각하고 선택하는 자유를 허락하여라. 그들의 삶을 그들 자신이 결정하고 견뎌 나가도록 하여라.

9 1 너희 자녀에게도 동일한 자유를 허락하여라. 너희 자녀가 좋아하는 것을 할 수 있게 하고 싫어하는 것을 강요하지 마라.

2 사람은 각자가 잘할 수 있는 것으로 세상의 빛이 되느니라.

3 너희 자녀가 잘하는 것을 더욱 잘하게 하여라.

4 못하는 것을 잘하게 하려고 아이를 잡지 마라. 못하는 것보다 잘하는 것이 좋음을 알게 하는 것으로 족하다.

5 자유분방한 아이에게 틀에 짜인 일을 하라고 다그치는 것이 말이 되느냐.

6 호기심이 많은 아이의 손을 묶지 말며, 여행을 좋아하는 아이의 발을 묶지 마라.

7 너희가 원하는 것을 자녀에게 강요하지 말고 자녀가 원하는 것을 할 수 있게 하여라.

8 너희가 무관심하거나 모르는 것을 너희 자녀가 잘 알아 그것으로 세상의 빛이 될지 누가 알겠느냐.

9 그러므로 너희는 자녀에게 자유를 허락하고 너희 생각을 자녀에게 강제하지 마라.

10 너희 자녀가 너희와 같은 종교를 믿는 것이 좋으나 이를 강요하지 마라. 자녀와 함께 너희 종교 의식을 행하는 것은 무방하지만 아이가 지나치게 하나의 종교에 빠지지 않도록 주의하여라.

11 특히 교육이라는 이름으로 매우 어려서부터 종교 의식을 절대적으로 따르게 하여 자연스럽게 그 종교에 빠지게 하는 일을 하지 마라. 그것은 믿음이 아니라 습관이 되고 심하면 맹신이 되기 쉬워 그가 자신의 하

나님을 발견하는 데에 방해가 될 수 있다.

12 참 하나님은 한 분이지만 믿는 자 한 사람 한 사람은 다 다른 각도에서 하나님을 믿고 그 믿음 안에서 자신의 신념을 세우고 삶의 방향을 세우는 것이다.

13 너희는 너희가 믿는 종교의 가르침대로 너희 삶의 모습을 보이는 것으로 충분하고 너희 삶의 모습으로 너희 하나님을 너희 자녀에게 보이는 것으로 충분하다.

14 너희는 자녀의 삶에 지나치게 개입하지 마라. 너희 자녀가 스스로 자신의 꿈을 꾸게 하여라. 너희 자녀의 꿈이 너희가 이루지 못한 것을 이루는 결과로 나타날지 누가 알겠느냐.

15 그러므로 너희는 자녀가 무엇을 원하는지 무엇을 좋아하는지 살펴서 그들이 하고자 하는 것을 할 수 있게 하여라. 그러나 거기에 너희의 탐욕이 끼어들지 않도록 조심하여라. 너희가 바라는 대로 자녀의 미래를 만들려 하지 마라. 이것은 가장 심각한 자유 침해일 뿐 아니라 자녀의 삶을 송두리째 뒤엎는 죄가 되기 쉽다.

16 너희는 너희의 욕심 때문에 너희 자녀의 마음에 거짓을 심고 악을 심고 불의를 심고 있음을 알아라. 그들이 자라서 어떤 사람이 되겠느냐. 거짓을 말하고 악을 저지르고 불의를 즐기는 사람이 되기를 원치 않는다면 너희 자녀를 억압하지 마라. 너희 가치관으로 자녀의 자유를 억압하는 것은 하나님의 뜻을 어기는 일이다.

17 자녀가 자기 종교를 갖는 것에 개입하는 것도 자녀의 삶에 지나치게 개입하는 것이다. 자녀를 독립적이고 자유로운 개인으로 키워야 하나님의 뜻에 합당하다.

18 자유는 모든 생명체에게 부여된 하나님의 은총이요 선물이니 너희 자녀의 자유를 훼손하지 마라.

10

1 부부들아, 너희 배우자에게도 동일한 자유를 허락하여라.

2 부부가 무엇이냐. 행복을 위해서 자기의 자유를 상대방에게 일부 양도하는 계약이 아니냐.

3 이는 사회를 만드는 구성원이 자신의 자유를 사회에 일부 양도 하는 것과 같은 원리이다.

4 사회의 지도자가 자신의 탐욕을 채우기 위하여 구성원의 자유를 억압하려 하는 것은 이미 너희가 경험한 바고, 그들이 과도하게 너희 자유를 제약하지 못하도록 너희가 민주주의라는 제도를 고안해 낸 것도 너희가 다 아는 바다.

5 민주주의는 지도자의 주도권을 인정하면서도 개인의 자유를 극대화하려는 제도이다. 마찬가지로 너희 부부 중에서 누가 주도권을 쥐고 있음을 기회로 상대의 자유를 억압하려 하지 마라.

6 너희의 주도권으로 상대의 자유가 최대한 존중되고 보장되는 것이 너희를 가장 행복하게 해 줌을 알아라. 가정도 민주적일 때에 각자의 자유가 가장 폭넓게 보장된다.

7 상대를 지배하려 하지 마라.

8 상대에게 강요하지 마라.

9 부부는 서로 상대를 배려하해야 하는데 이는 상대의 자유를 최대한 존중하는 것과 같다.

10 사랑은 상대의 자유를 제약하는 것이 아니라 최대한 보장해 주는 것

이다.

11 상대에게 자유를 주면서 사랑하는 법을 익혀라.

12 자유는 각자 좋아하는 방향으로 가기 위해 쓰는 것이 아니라 서로 좋아하는 방향을 찾아 함께 가는 데 쓰는 것이다.

11

1 나많이들아, 젊은이들에게 자유를 허락하여라.

2 너희는 60년 또는 70년 넘게 세상을 살면서 하나님과 사회에 많은 은혜를 입었다.

3 너희가 평생 먹고 입은 것이 모두 어디서 나왔느냐. 다 하나님이 주신 선물이요 이웃이 만들어 제공한 것들이다.

4 이런 것들을 즐기면서 오랜 동안 삶을 유지하며 살았으니 이제 하나님과 사회에 감사해야 할 때가 되지 않았느냐.

5 너희 중에 일부는 너희가 젊어서 고생을 하여 가족을 먹여 살리고 세금을 내어 사회를 지탱한 공이 크다고 으스대거나 자만하는 것을 내가 알고 있다. 그러나 그런 생각을 하는 것은 전적으로 너희의 오만이다. 너희는 너희가 해야 할 의무를 행하였을 뿐이다. 자신의 의무를 이행한 것을 오히려 자랑으로 생각하는 것은 너희의 오만함과 무지에서 온 잘못이다.

6 너희의 오만함과 무지는 너희를 과거의 사람으로 만들어 놓고 오로지 과거의 생각에 너희를 붙들어 매고 있다. 거기에서 너희의 옹졸함과 완고함이 생겨났다.

7 너희의 옹졸함과 완고함 때문에 너희 시대에 너희가 좋다고 생각한 것보다 더 좋은 것이 젊은이들 시대에 나타났다는 것을 너희는 모른다.

8 너희의 옹졸함과 완고함이 새로운 시대에 맞는 사고방식과 행동 양식의 태동을 가로막는 것이다.

9 너희는 그 옹졸함과 완고함으로 젊은이들이 너희들과 조금만 다른 생각과 언행을 하면 젊은이들을 아무 것도 모르는 아이들이라고 매도하기 일쑤다. 그러나 너희 나많이들은 너희가 젊었을 때의 가치관이 지금의 젊은이들에게는 맞지 않을 수 있음을 인식해야 한다. 그래야 너희가 젊은이들의 앞날에 방해물이 되지 않는다.

10 너희는 젊은이들이 마음껏 새로운 것에 탐닉할 수 있게 내버려 두어라. 젊은이들이 마음껏 제도와 문화에 도전할 수 있는 자유를 허락하여라. 그들을 너희들이 생각하는 가치관의 올무에 얽어매려 하지 마라.

11 젊은이들에게 너희의 종교, 관습, 문화, 가치관 따위를 답습하도록 강권하지 마라. 그들에게 모든 면에서 자유를 마음껏 누리도록 하여라.

12 세상의 퇴보는 너희의 완고함이 가져오는 불행한 결과임에 반하여 세상의 진보는 젊은이들의 혁신이 가져오는 아름다운 결과임을 알아라.

13 나이가 많다는 것은 세상의 물정을 많이 경험하고 많은 사람들의 생각을 들어 너희가 생각하는 폭이 넓고 이해하는 깊이가 젊은이를 능가함을 의미하지 않으냐.

14 그런데 너희가 좋아하는 분야만 좋아하고 듣고 싶은 말만 듣고 사귀고 싶은 사람만 사귄다면 너희는 너희 나이에 걸맞지 않게 옹졸하고 완고한 사람이 되는 것이다.

15 젊은이들의 생각은 너희의 상상을 언제나 뛰어넘을 것이다. 어쩌면 너희 기대와 딴판일 수도 있다. 너희 상식으로는 이해하기 어려운 점도 있을 것이다. 그러나 그런 특별하고 특이한 것을 잘 소화하고 이해할 수

있는 연륜이 너희에게 있어야 너희가 비로소 나이가 많은 사람으로서 대접을 받을 만하지 않겠느냐.

16 너희의 가치관으로 젊은이들의 언행을 재단하려 하지 마라.

17 어린아이일지라도 그들의 생각을 재단하여 부정하거나 무지르지 마라. 먼저 그들의 말을 듣고 그들의 생각을 이해하려 노력하여라.

18 그러면 너희 나많이들이 오랫동안 젊음을 유지할 수 있을 것이고 너희들 때문에 사회의 진보가 어려워지는 일이 줄어들 것이다.

12

1 사회생활을 하는 동물은 모두 개체의 자유를 일정 부분 전체를 위해 유보한다.

2 자유방임을 즐기고자 하는 동물은 혼자 사는 방식을 취한다.

3 사회 집단의 크기가 커질수록 개체의 자유는 줄어든다. 더 많은 개체와 공동생활을 해야 하기 때문이다.

4 씨족 단위로 살 때와 부족 단위로 살 때 그리고 지금처럼 민족 단위나 국가 단위로 살 때에는 당연히 그에 따른 개인의 자유가 더 크게 제한된다.

5 너희가 아직 이성을 계발하지 못했을 때에는 사회를 유지하기 위해서 가장 쉬운 길을 택하여 지도자의 명령에 절대 복종하는 제도를 만들었다. 이집트의 파라오, 페르시아의 다리우스, 로마의 네로, 프랑스의 루이 14세, 독일의 히틀러, 러시아의 스탈린, 일본의 히로히토, 북한의 김일성 일가 등이 그런 정치 체제의 산물이다. 지도자가 그 집단 정체성의 처음과 끝인 것이다.

6 그러나 사람의 이성은 이를 의심하기 시작했다. 지배자의 폭력이 개인의

생사를 좌우하는 데까지 나아갔기 때문이다.

7 결국 너희는 지도자에게 절대적으로 복종하지 않고도 사회를 유지할 수 있는 길이 있음을 깨닫게 되었다. 이것은 너희 안에 있는 자유의지가 너희에게 새로운 길을 찾도록 너희를 충동한 결과였다.

8 너희가 이룬 문화의 진보란 너희가 이성을 계발한 덕에 가능하게 된 개인적 자유의 확대를 의미한다. 너희는 자유의지를 가장 성공적으로 사용하여 하나님의 뜻에 가장 근접한 삶을 살 수 있는 정치 체제 곧 민주주의 체제를 만들어 내어 각자의 자유를 확대하는 획기적인 진전을 이루었다.

9 결국 너희 이성이 지배자의 폭력성을 이긴 것이다. 그 점에서 너희는 하나님의 칭찬을 받게 되었다. 그러나 이 길은 좁은 길이고 험난한 길이다.

10 인간의 폭력성이 사라지지 않고 잠재되어 있어서 언제 어떤 상황에서 폭발할지 모르기 때문이다.

11 너희는 지배자의 폭력성이 너희 이성을 삼키고 너희 자유를 유린하는 과거로 돌아가지 않도록 조심해야 한다.

12 너희 자유의지가 지배자의 폭력과 선동에 휘둘려 왜곡되지 않도록 노력해야 한다.

13 1 국가는 사람의 자유를 사회적으로 보장하는 기관이다.

2 사람들이 섞여 살면서 개인의 자유가 충돌하는 경우가 생길 때에 국가는 이를 조정하여 가능한 한 각자가 최상의 자유를 누리면서 다른 사람의 자유를 존중할 수 있도록 법과 규칙을 제정하여 시행하는 존재이다.

292 제 2 권 사람 (The Human)

3 너희는 국가가 이 임무를 충실히 이행하도록 재구조화하여라. 지금의
국가는 권력자의 탐욕이 만들어 낸 것이어서 국가가 개인의 자유와 행
복을 위해 일할 수 없는 구조이다.

4 사람이 진실하고 선하고 의로워야 하는 것처럼 국가도 하나님의 뜻에
맞게 진실하고 선하고 의로운 가치를 실현하는 데 초점을 맞춰야 한다.

5 너희는 진실과 선과 의를 추구하는 사람들로 하여금 너희 국가를 재
구조화하도록 하여라. 국가가 개인의 자유와 행복을 보장하고 인류에
게 평화를 가져다주며 진실과 선과 정의를 지키는 보루가 되게 하여라.

6 사람들아, 너희가 진실하고 선하고 의로운 사람으로서 자유롭게 살기
위해서는 국가가 너희를 도와야 한다. 국가가 거짓을 말하고 악을 행
하고 불의를 저지른다면 너희의 노력도 수포로 돌아갈 것이다. 그러므
로 국가가 거짓을 말하고 악을 행하고 불의를 저지르지 못하게 하여라.
국가가 너희를 속이지 못하게 하여라. 국가로 하여금 권력자가 야욕을
취하고 부정과 부패를 일삼지 못하게 하여라. 대외 팽창 정책을 추진하
여 이웃 나라와 갈등을 일으키는 나쁜 일을 하지 못하게 하여라. 국가
는 오로지 너희의 자유를 확대하고 행복을 증진하는 일에 총력을 기
울이게 하여라. 너희가 자유로이 외국을 드나드는 것을 국가가 간섭하
지 못하게 하여라.

7 너희는 연대하여 국가라는 괴물이 너희 발등을 찍지 않게 조심하여라.
국가가 너희 자유를 부당하게 제한하지 못하게 싸워라. 국가가 언론을
검열하고 정보를 부당하게 통제하지 못하게 싸워라. 언론을 장악하는
국가는 너희의 자유와 인권을 짓밟을 수 있는 위험한 국가이다.

8 너희는 연대하여 국가가 감시 장비를 사용하여 너희의 자유를 제한하

고 통제하려는 시도를 막아라. 너희의 자유로운 활동을 감시하는 국가는 너희를 위한 국가가 아니라 권력자를 위한 국가일 뿐이다. 너희의 자유가 그들의 권력욕에 희생되지 않게 하여라.

9 세계의 모든 시민은 연대하여 국가를 탐욕적 권력에서 구해 내어라. 국민의 자유를 억압하는 모든 독재 국가를 지구상에서 사라지게 하여라.

10 국제연합은 의로운 나라들과 힘을 합쳐 개인의 자유와 권리를 유린하고 언론과 정보를 부당하게 통제하는 국가는 오웰 국가로 간주하여 다른 나라와 무역 활동을 하는 데 상당한 제한이나 불이익을 가하여라. 그들의 자국 내 언론 탄압과 인권 유린을 가볍게 넘기지 마라. 너희 자유민주주의를 누리는 모든 국가와 시민은 강하게 연대하여 이런 국가에게 사회 개방과 민주화를 강하게 요구하여라.

11 독재자와 독재집단은 발전된 정보 기술을 이용해서 국가를 오웰의 대형과 같은 괴물로 만들어 국민을 탄압하려 한다. 그들은 도처에 감시 카메라를 설치하여 국민을 감시할 것이고, 모든 국민에게 식별부호를 붙여 국민의 행동을 감시할 것이다. 국가가 벌이는 이 엄청난 악을 어떻게 막을 것인가.

12 정치적 민주주의 없이 개인의 자유가 보장될 수 없다. 국가의 민주화 없이 개인의 자유가 보장될 수 없다. 언론과 정보의 자유로운 유통 없이 개인의 자유가 보장될 수 없다.

13 외부 사회에 개방되지 않고 폐쇄된 국가에서 개인의 자유가 보장될 수 없다.

14 국가의 민주화는 개인의 자유로운 사회 활동을 보장하는 기본이므로 이를 막는 악의 세력과 치열하게 싸워야 한다. 권력욕으로 국가 조직을

사유화하는 독재 세력을 물리치지 않으면 개인의 자유와 행복은 그들의 손에 볼모로 잡히는 신세가 된다. 이 악의 세력을 물리치기 위하여 너희 모든 사람과 국가는 단결하고 연대하여라.

14

1 지금 너희는 중국 지도부가 진실하지 못하여 인류가 엄청난 재앙을 당하고 있는 현실을 보고 있다. 국가가 국민의 자유를 억압하고 정보를 통제하고 거짓말을 하는 것이 그 나라 국민만 괴롭히는 것이 아니라 세계의 수많은 사람들의 생명을 위협하고 자유로운 활동을 제약하는 것을 똑똑히 보고 있다.

2 중국 우한에서 전염성이 강한 바이러스성 폐렴 환자가 증가하자 우환의 젊은 의사가 이 질병에 의문을 품기 시작했다. 이때가 이 질병을 제압할 수 있는 최적의 시기였다. 그러나 중국은 새로운 질병의 시작을 알린 이 의사를 협박하여 그의 입을 막았다. 비밀주의가 더 화를 키워서 결국 수많은 우환 사람들이 이 질병에 감염되어 죽게 되었고 강압적인 우한 봉쇄를 포함하여 중국인 전체의 이동을 제한한 시점까지 중국인의 외국 여행을 제한하거나 다른 나라에 심각한 위험 정보를 제공하지 않음으로써 이 질병이 중국 밖으로까지 확산하여 전 세계 사람들까지 이 질병에 감염되어 수많은 사망자를 만들어 내었고 세계 경제에 막대한 타격을 입혔다.

3 중국이 공산당 독재 체제의 나라가 아니라 개방되고 자유로운 나라였다면 감염 정보를 공개하고 좀 더 효과적이면서 개인의 자유와 권리를 해치지 않는 방법을 취하였을 것이다. 그리고 이 질병이 다른 나라로 퍼지는 것을 막는 조치도 함께 취했을 것이다. 그러나 그들은 우한에서의

참혹한 감염 사실을 은폐하고 다른 나라가 중국인의 입국을 막는 것을 거칠게 비난하였을 뿐이다.

4 만일 중국의 권력자가 이 새로운 질병에 대하여 언론이 공개적으로 접근하여 보도하게 하고 의료인들이 자유롭게 이 질병에 대처하도록 하고 국가는 국민들에게 정확한 정보를 공개하여 이 질병에 감염되지 않도록 주의를 주었더라면 그리고 이 새로운 질병이 다른 나라로 번지지 않도록 다른 나라와 공조를 했더라면 이 질병이 세계적인 질병으로 퍼지지 않았을 것이고 세계인의 행복한 삶을 파괴하는 비극을 최소화할 수 있었을 것이다.

5 너희는 한 국가의 언론 및 정보 통제가 전염병의 세계적 확산이라는 새로운 위험 요인임을 알게 되었다. 그리고 전염병의 확산이 국가 간 고립으로 나타나 모처럼 향유하고 있던 너희의 자유와 경제 번영에도 심각한 해를 끼침을 알게 되었다. 이제 너희는 이 새로운 전염병의 확산을 막아야 하는 숙제와 함께 세계 질서를 새롭게 짜야 하는 숙제까지 안게 되었다.

6 교회는 이 기회를 자기 신을 믿게 하는 데 쓰려 했다. 예수께 이 전염병을 물리쳐 달라고 기도하자고 선동한 것이 그것이다. 그러나 이 방법은 너희가 미개했을 때에 하던 것일 뿐 예수가 전염병 확산을 막아주시지 못한다. 전염병 확산이 너희를 시험하기 위해서 또는 너희의 죄를 심판하기 위해서 너희에게 내린 벌이 아니다. 너희가 생명을 다루는 일을 탐욕적으로 하여 자초한 일이다. 이 전염병을 막기 위해서 너희는 새로운 도전에 나서야 한다. 너희 신에게 기도하는 것으로 해결하자고 선동하는 것은 너희 무지를 이용해서 너희를 속이는 일이다. 너희는 너희 나라

의 정치 체제와 의료 체계가 이런 전염병의 발생과 확산에 적절하게 대응할 수 있게 재구조화하여야 한다.

7 이 전염병 때문에 너희의 자유가 억압되거나 권리가 부당하게 훼손되어서는 안 된다. 인간 사회의 기본은 사람의 자유와 권리를 최대한 보장하면서 문제 해결의 길을 찾는 것이다. 코로나 바이러스가 확산하자 많은 나라는 먼저 국경을 폐쇄하여 이 바이러스가 자기 나라에 들어오는 것을 막으려 하였다. 또 어떤 나라는 특정 지역의 통행을 봉쇄하여 그 지역을 고립시키는 방법으로 자국 내의 확산을 막으려 하였다. 그러나 이런 조치는 정부가 과도하게 국민의 자유와 권리를 제한하는 일이다. 국경을 폐쇄하거나 지역을 봉쇄하지 않고 이 바이러스의 확산을 체계적으로 막는 길을 찾았어야 한다. 폐쇄하고 봉쇄하는 방법은 경찰력을 써서 쉽게 해낼 수 있지만 이것은 너희가 역사적으로 오랫동안 쌓아올린 자유와 인권을 너무 쉽게 훼손하는 일이다. 앞으로도 또 새로운 악성 바이러스 감염이 확산한다면 너희는 언제든지 국경 폐쇄와 지역 봉쇄로 국민의 자유와 인권을 제한하여 해결하려 할 것이다. 이는 자유를 통제하고 인권을 억압하는 공산주의 체제의 강점을 확인해 주는 역효과를 주어 독재자들에게 새로운 빌미를 제공할 수 있다.

8 그러므로 너희는 사회 개방을 포기하지 않고 국민의 자유와 권리를 훼손하지 않고 이 문제를 해결하려는 의지와 노력을 보여야 한다. 조금 번거롭고 비용이 더 많이 들겠지만 이것이 하나님이 바라시는 자유롭고 정의로운 사회가 취할 길이다.

9 한국이 코로나 바이러스 확산을 막기 위하여 취한 몇몇 방식이 너희 개방 사회가 취할 만한 좋은 선례가 될 수 있다. 먼저 바이러스 확산이 시

작되었음을 공개하고 이 바이러스가 개인의 건강과 생명에 어떤 문제
를 일으키는지 소상히 알린다. 그리고 바이러스에 감염되지 않으려면
무엇을 어떻게 해야 하는지 알린다. 마지막으로 바이러스에 감염된 사
람이나 감염되었을 것으로 의심되는 사람은 스스로 가정과 직장과 사
회에서 떨어져 격리된 생활을 해야 함을 알린다. 이 세 가지를 국민에
게 알린 다음에 국가는 감염자와 감염 의심자를 신속하고 철저히 찾
아 치료 시설로 데려와 치료한다. 치료가 끝날 때까지 모든 비용은 국
가가 부담한다. 이것이 한국이 취한 방법이었다. 이 방법으로 한국은 국
경을 폐쇄하지 않고, 또 특정 지역을 봉쇄하지 않고 일상생활을 유지하
면서 코로나 바이러스 확산을 잘 통제하였다. 물론 이런 방법이 가능하
려면 국가가 감염자의 발견과 격리에서 치료까지 일련의 조치를 신속
하고 정확하게 해낼 수 있는 역량을 갖춰야 할 뿐 아니라 이를 가능하
게 해 주는 국가의 경제력과 성숙한 시민의식이 필요하다. 종교적 믿음
은 오히려 방역을 어렵게 하는 요인이 되었음도 직시해야 한다. 적어도
개방을 지향하는 선진 사회에서는 철저하게 실용적인 한국의 방역 모
델이 매우 유용할 것이다.

10 국제연합은 새로운 국제 질서를 짜는 노력을 시작해야 한다. 현재는 독
재 국가가 자국민을 억압하는 것도 주권이라는 이름으로 존중해 주고
있을 뿐 아니라 이들이 자국 내에서 발생하는 전염병 정보를 은폐하거
나 조작하는 것을 막을 방안을 갖고 있지 않다. 따라서 자국민을 대상
으로 자유와 인권을 유린하고 정보를 은폐하거나 조작하는 행위를 하
는 나라에 대해서 정치적으로나 경제적으로 견제할 수 있는 국제규약
을 만들어야 한다. 독재와 인권 유린을 주권이라는 이름으로 용인해서

는 안 된다. 너희는 눈앞의 이익을 얻으려고 독재와 인권 유린과 정보 통제를 일상적으로 벌이는 나라와 교역을 서두를 것이 아니라 이들 나라에 대해서는 일정한 제재를 가하는 방법을 찾아야 한다. 국제연합은 독재국가나 정보 통제 국가 또는 다른 민족을 예속시키거나 다른 나라를 무력으로 침략하는 국가에 대해서 정치적 경제적 제재를 가해야 한다. 국제연합은 이런 방향으로 코로나 이후의 국제질서를 새롭게 짜라. 현재의 국제연합이 그것을 할 수 없다면 새로운 국제기구를 만들어서라도 인간의 자유를 최우선으로 하는 국제질서를 바로 세워야 한다.

11 너희는 독재국가의 악한 영향력을 두려워하여라. 너희가 미래에 겪게 될 더 큰 환란을 막기 위해서 너희는 세계의 모든 나라를 민주화하는 데 진력하여라. 특히 이미 그 영향력이 증명된 중국이 세계의 불안 요인이 되지 않게 중국을 민주화하여라. 지금 중국은 정보 기술을 이용하여 세계를 혼란시킬 수많은 가능성을 차곡차곡 습득해 가고 있다. 중국이 민주화하지 않는다면 홍콩이 공산화할 것이고 필경 타이완을 포함한 중국 이웃 나라의 민주주의가 위협을 받게 될 것이다.

12 중국의 젊은이들아, 너희는 애국주의에 매몰되어 너희가 경제적으로 성장하고 너희 국가가 군사력을 강화하여 대외 팽창정책을 추진하는 것으로 민족적 자부심을 삼지 마라. 그것은 과거 제국주의자들이 하던 나쁜 정책이 아니냐. 너희가 애국주의에 감염되면 국가의 잘못을 볼 수 없게 된다. 그리고 국가의 잘못은 고스란히 너희의 피해로 돌아온다. 너희의 자유가 억압되고 너희의 권리가 제약을 당하며 너희의 행복이 날아간다.

13 너희는 한국인이 박정희의 경제적 업적에도 불구하고 그의 독재와 인

권 유린에 항거하여 피를 흘린 끝에 자유를 쟁취한 것을 배워라. 경제 성장에 기인한 국가적 자부심을 자유와 바꾸는 것은 너희 후손의 자유와 영혼을 파는 것이다. 경제 성장과 국가의 발전은 자유의 억압이 아니라 확대로 얻어야 한다. 너희 운명을 독재자의 손에 맡기지 마라.

15 1 너희는 솔론과 클레이스테네스와 페리클레스를 기억하여라. 그들은 아테네 시민들에게 정치적 참여의 기회를 확대하는 데에 이바지한 인물들이다.

2 그들의 이상이 아테네의 멸망과 함께 사라졌다가 20세기에서야 너희가 누리는 민주주의를 따라서 부활하였다.

3 아테네 민주주의가 발전적으로 부활한 것은 너희 인류의 이성이 권력욕을 억제하고 이뤄낸 진보의 열매이다.

4 민주주의는 너희에게 정치, 경제, 사회, 문화의 모든 면에서 기본적인 자유를 보장해 주는 가장 훌륭한 제도이다.

5 어떤 독재나 전제 체제도 너희의 자유를 보장하지 못한다. 너희의 자유를 유지하기 위하여 민주주의 정치 체제를 유지하기 위하여 총력을 기울여라. 그 위에 경제적 자유, 사회적 자유, 문화적 자유를 확립하여라.

6 정치적 자유는 권력의 노예가 되지 않는 자유이고, 경제적 자유는 돈의 노예가 되지 않는 자유이고, 사회적 자유는 신분의 노예가 되지 않는 자유이고, 문화적 자유는 종교와 이념의 노예가 되지 않는 자유이다. 너희는 이 모든 자유를 확립하고 확대하는 일에 힘을 쏟아라.

7 너희가 더 많은 자유를 누릴수록 너희의 행복은 커질 것이다.

8 행복은 권력의 강약, 돈의 다과, 지위의 고하, 종교의 유무에 좌우되는

것이 아니라 너희가 누리는 자유의 크기에 좌우되는 것임을 명심하여
라.

16 1 국가가 종교적 편향에 따라 운영하면서 그 교리에 따라서 개인
의 자유와 권리를 제한하려 하는 것은 최악이다.

2 이슬람을 신봉하는 국가 중에서 상당수의 국가가 이슬람 교리에 충실
한 법과 관습을 이용해서 개인의 자유와 권리를 제한하고 특히 여성의
인권을 유린하는 것은 하나님의 처벌을 면하기 어렵다.

3 과거 기독교 국가들이 교리를 이용해서 개인의 종교적 자유는 물론이
고 일상적 표현의 자유를 억압한 결과 수많은 사람들이 교회를 떠났을
뿐 아니라 민중이 정치적 혁명을 일으켰던 일을 기억할 필요가 있다.

4 그들은 교회를 떠남으로써 자유를 누릴 수 있었고 지도자를 직접 뽑는
정치 체제를 만듦으로써 최고의 자유를 누리고 있다.

5 이런 일을 거울삼아 교회는 개인의 자유와 권리를 지키는 일에 앞장
서라.

6 교리로 개인의 자유와 권리를 억압하거나 제한하려 하는 어떤 종교도
배격하여라.

17 1 하나님의 최우선 관심은 생명체가 살아가는 것이다. 그래서 생
명체가 살아갈 수 있는 조건을 만드시고 생명체로 하여금 그 조건을 마
음껏 활용하여 살아갈 수 있도록 자유를 허락하셨다.

2 자유는 모든 생명체에게 다양하게 작용하여 수많은 진화와 진보를 이
뤘다.

3 사람에게도 마찬가지로 어떤 사람은 지혜의 완성 쪽으로 발전하고 어떤 사람은 힘의 증강으로 발전하였다.

4 역사의 이른 시기에는 힘이 강한 사람이 힘이 약한 사람의 것을 빼앗는 불의가 나타났다. 그리고 이어서 지식이 있는 사람이 지식이 없는 사람의 것을 빼앗는 불의가 나타났다.

5 너희의 역사는 힘 있고 권력이 있고 지식이 있는 사람이 그렇지 않은 사람의 자유와 재산을 빼앗은 역사였다. 이것은 하나님의 뜻과 다른 것이었다.

6 이에 대비하여 하나님께서는 지혜와 이성을 마련해 두셨다. 지혜와 이성은 너희에게 불의를 알게 해 주었고 개인이건 국가건 사람의 자유를 억압하고 재산을 빼앗는 일이 불의임을 알게 해 주었다. 그것이 너희에게는 진보요 발전인 것이다.

7 하나님의 첫째 정의는 생명체가 물질적 궁핍을 겪지 않고 자유롭게 자기 삶을 지키며 살아갈 수 있게 하는 것이고 둘째 정의는 사람이 자유롭게 살아갈 수 있는 권리를 억누르고 빼앗는 것을 방지하는 것이다.

8 자유가 넘치는 자의 자유를 제한하고 자유가 결핍한 자의 자유 회복을 지원하는 것, 기회가 넘치는 자의 기회를 줄이고 기회가 없는 자에게 기회를 주는 것, 권력이 한 사람에게 집중되지 않게 여러 사람에게 분산하는 것, 이것이 하나님의 정의를 구현하는 길이다.

9 국가가 국민의 기본적인 삶을 보장하지 못하면 그 국가는 불의한 국가이다. 지배자의 억압과 부패와 불의가 국민의 삶을 피폐하게 만들기 때문이다.

10 국가가 개인의 자유를 억압하는 독재정치는 하나님이 싫어하시는 불의

이다. 다른 나라를 침략하여 다른 나라의 국민들이 자유롭게 살아가는 것을 방해하고 억압하는 것은 하나님이 가장 싫어하시는 불의이다.

18

1 다른 나라를 침략하여 식민지로 만듦으로써 그곳 주민의 자유와 권리를 억압하는 행위를 용납하지 마라.

2 침략자를 추앙하거나 칭찬하는 행위는 너희가 침략 행위를 하는 것과 같다.

3 오래 전부터 너희는 우월한 지위를 이용하여 다른 나라나 종족을 침략하여 재물을 착취하고 노예화하여 인권을 유린한 바 있고 그 덕분에 너희가 부유해져서 풍요한 사회를 이루기도 했다.

4 하나님 보시기에 너희의 그런 행위는 모두 불의한 행위요 악한 행위이며 거기에 하나님의 이름을 붙이는 것은 위선적 행위였다.

5 너희가 부유해지기 위해 다른 사람의 자유와 권리를 유린하고 그들의 재물을 빼앗는 것은 가장 사악한 일이다.

6 하나님은 너희에게 부유하게 살 수 있는 능력을 주셨다. 남의 것을 빼앗지 않고도 너희 지식을 지혜롭게 이용하면 너희가 얼마든지 풍요롭게 살 수 있는 길을 마련해 두셨다.

7 눈에 보이는 쉬운 길을 찾지 말고 눈에 보이지 않지만 있는 길을 자연에서 찾아라.

8 자연은 너희에게 풍요를 선물할 화수분이다.

9 너희가 풍요를 추구하면서 탐욕으로 떨어지지 않게 하여라.

10 우월한 경제력을 가진 나라가 경제적으로나 외교적으로 다른 나라의 자유로운 발전을 가로막는 침략 행위는 결국 그 나라 국민의 자유와 권

리를 위축되게 하는 악한 행위이다.

11 모든 나라는 우월한 지위를 다른 열악한 나라의 발전을 위해서 사용
하여라.

12 경제적으로 열악한 나라가 있다는 것은 너희의 수치이고 모두의 평화
와 행복을 위해서도 불행한 일이다.

13 지식과 기술과 도덕관념을 열악한 사회에 전수하여 그들이 자신들의
행복을 추구하는 능력을 갖추게 하여라. 그러나 과거의 제국주의적 방
식을 쓰는 것은 악이다.

14 너희의 부는 너희에게 고유한 것이 아니라 하나님의 것이 다른 사람보
다 너희에게 더 많이 가서 형성된 것임을 알아라.

15 너희의 지식이 너희의 고유한 것이 아니라 하나님의 지혜가 다른 사람
보다 너희에게 더 많이 가서 형성된 것임을 알아라.

16 그렇게 너희에게 좋은 결과가 일어난 것이 너희가 살고 있는 환경 덕일
수도 있고 너희 이웃에 좋은 사람들이 살았기 때문일 수도 있고 너희
조상이 열심히 수고한 덕일 수도 있다.

17 그러나 그것을 너희만이 오로지 누릴 수 있는 것으로 생각해서는 안 된
다. 그것은 이웃 나라의 것을 빼앗은 것일 수도 있다. 그것을 이웃 나라
와 나누고 그들에게도 자유와 권리를 누리도록 돕는 자산으로 삼아라.

18 이를 위하여 너희 교회가 나서라. 너희 회당이 나서라. 너희 사찰이 나서
라. 기독교인과 무슬림과 불자와 유인들이 다 나서라. 믿음을 가진 사람
이나 안 가진 사람이나 다 연대하여 나서라. 모든 나라와 인류가 나서라.

19 침략을 공적으로 삼는 자를 멀리하여라. 착취를 미담으로 말하는 자
를 멀리하여라.

19

1 너희는 히틀러의 나치가 아우슈비츠 강제수용소 대문 위에 적어 놓은 글귀가 '노동이 너희를 자유롭게 한다.'였음을 잊지 않았을 것이다.

2 이는 노동을 하는 때에만 자유를 준다는 의미일 것이다. 이런 자유는 자유가 아니라 속박이다.

3 노동을 하는 자유가 자유이려면 노동을 하지 않을 자유도 보장되어야 한다.

4 신앙의 자유를 말하려면 신앙을 갖지 않을 자유도 보장되어야 한다.

5 모든 자유는 그것을 할 자유와 하지 않을 자유가 함께 보장되는 경우에만 진정한 자유가 될 수 있다.

6 사회에 필요한 것이어서 그것을 하여야 한다고 해도 그것을 하지 않을 자유가 보장되어야 한다.

7 하지 않을 자유라고 해도 그 사회 구성원이 동의하여 제정한 규칙을 어기면서 하지 않을 자유를 말할 수는 없지만 그 경우에도 그 규칙을 반대할 자유가 보장되어야 한다. 사람에게 자유는 삶에 본질적인 것이고 침해해서는 안 되는 가장 중요한 요소이다.

8 너희의 본질적인 자유가 국가나 종교 또는 기업이나 집단 또는 제도나 관습 등으로 말미암아 침해를 받지 않게 하여라.

9 자유를 배반하는 것은 하나님을 배반하는 것이다. 하나님이 곧 자유이고 자유는 하나님에게서 왔다.

10 너희 정치인이 자유를 배반하지 않게 하여라. 너희 과학자가 자유를 배반하지 않게 하여라. 너희 기업인이 자유를 배반하지 않게 하여라. 너희 군인이 자유를 배반하지 않게 하여라. 너희 공무원이 자유를 배반

하지 않게 하여라.

11 속박과 억압 속에는 하나님이 계시지 않는다.

12 너희는 압제자에게서 자유를 쟁취하여라. 자유를 찾기 위한 너희의 활동을 하나님이 아름답게 보시고 너희를 도우실 것이다. 너희는 강하고 담대하게 너희 자유를 위하여 싸워라.

20

1 너희가 연대하여 해야 할 일은 이것이다. 너희는 정치가 악이 되어 사람의 자유를 짓밟는 리바이어던이 되지 않게 경계하여라.

2 정치인이 사탄이 되지 않게 경계하여라.

3 너희는 정치인이 민주, 자유, 복지, 정의를 위해서 일하게 하여라. 너희는 민주에 반하는 정치인, 자유를 억압하는 정치인, 복지를 마다하는 정치인, 공정한 규칙을 어기는 정치인이 권력을 잡지 못하게 하여라.

4 세상의 악은 정치에서 오고 세상의 혼란도 정치에서 온다.

5 그러나 그 혼란을 막는 것도 정치이니 너희는 정치가 선이 되게 하고 진실이 되게 하고 의가 되게 하여라.

6 인간의 모든 활동은 정치를 바르게 바꾸는 데에 이바지할 때에 비로소 의미가 생긴다.

7 종교인이 정치를 하였을 때에 정치가 종교의 이름으로 사람을 핍박하고 억압한 사실을 기억하여라. 그때가 사람의 자유와 권리를 가장 심하게 억압하던 때였다. 그때는 종교인이 사탄이었다.

8 종교의 억압에서 너희를 구한 것은 환상 속의 하나님이 아니었다. 그때 사람들을 건져 준 것은 바로 사람 안에 계신 참 하나님의 지혜 곧 이성이었다.

9 참 하나님이 사람들에게 준 지혜의 빛이 사람들을 자유롭게 하였고 자신의 삶을 스스로 일구어 가는 권리 의식을 심어 주었다.

10 정치가 비로소 사람들의 자유와 권리를 보호하는 의로움에 목표를 두게 된 것도 이 지혜가 가르쳐 준 결과이다.

11 그러나 사람의 탐욕이 지혜의 빛, 이성의 빛을 가려서 정치를 악에서 건지지 못하고 말았다.

12 정치인은 언제든지 사탄으로 바뀔 수 있다. 그러므로 사람들아, 너희는 경계하고 또 경계하여라. 정치가 악이 되지 않게, 정치인이 사탄이 되지 않게 하여라.

13 사람들아 들어라. 정치인들이 너희 선의를 왜곡하여 악을 행하는 데 쓰지 못하게 하여라.

14 정치인은 어떻게 해서든 권력을 잡고 유지하는 데에 너희 수고를 이용하려고 한다. 너희는 너희 수고와 선의를 정치인이 악을 행하는 도구로 사용하는 것을 막아라. 그러지 않으면 너희는 영영 세상의 고통과 혼란 속에서 너희 자신을 구원할 수 없게 된다.

15 너희 종교인들은 너희 종교 교리가 정치인들에게 정치 권력을 잡고 유지하는 도구로 악용되지 않게 하여라.

16 오히려 너희 종교 교리가 정치인들이 악의 유혹에 빠지지 않게 견제하고 억제하는 데에 사용되도록 하여라.

17 종교는 국가가 악마가 되는 것을 막아야 하고, 국가는 종교가 절대자가 되는 것을 막아야 한다.

18 종교가 국가에 충성하면 그 국가는 절대 국가가 되고, 국가가 종교에 충성하면 그 종교는 황제 종교가 된다. 전자는 왕의 이름으로, 후자는

신의 이름으로.

19 그러므로 종교인은 정치와 가까이하지 마라. 너희 정치인도 종교와 가까이하지 마라.

20 오직 종교가 있음으로 해서 정치가 악에 빠지지 않고 정치인이 사탄이 되지 않게 하여라. 오직 국가가 있음으로 종교가 사악해지지 않고 초법적 권력을 행사하지 못하게 하여라.

21 종교가 세상을 진실하고 선하고 의롭게 만드는 데에 밑알이 되어야 한다.

22 너희 종교가 세상의 권력을 탐하지 말고 세상의 권력과 야합하지 말고 세상의 정치인과 통정하지 말아야 한다. 너희가 악에 빠져 있는데 어떻게 정치가 악에 빠지지 않을 수 있으며 정치인이 사탄이 되지 않겠느냐.

21

1 과학자들아, 정치인들이 너희의 오랜 수고의 결과물을 사람의 자유를 억압하고 사람의 생명을 해치는 무기로 악용하는 것을 막아라.

2 너희가 이룬 성과는 하나님이 너희에게 주신 지혜의 덕이 아니냐. 너희가 하나님께 얻은 지혜와 너희의 피땀 어린 수고로 알아낸 결과가 사람을 죽이고, 사람을 증오하고 사람의 자유와 권리를 유린하는 무기로 쓰이는 것을 너희는 참을 수 있느냐.

3 너희는 과감히 떨쳐 일어나 정치인에게 항의하여라. 너희가 수고하여 얻은 열매는 반드시 사람들의 복지와 편의를 증진하는 데만 사용해야 한다고 선언하여라.

4 사람을 위대하게 만드는 것은 과학이고 사람을 비천하게 만드는 것은 종교이며 사람을 사악하게 만드는 것은 정치이다.

5 과학자들아, 이를 알아라. 너희는 위대한 자들이다. 결코 종교인이나 정

치인에게 휘둘려서는 안 된다. 전쟁을 준비하는 정치인에게 대항하여라. 침략 전쟁에 너희의 지식과 선의가 동원되는 것을 막아라. 너희 노력의 산물이 사람의 자유와 권리를 억압하는 데에 사용되는 것을 막아라.

22

1 세상의 모든 사람들은 들어라. 너희의 탐욕이 너희 정치인을 사탄으로 만들고 너희 정치를 악으로 만들었다.

2 너희의 배타적인 생각, 너희의 민족 중심적인 또는 자국 중심적인 탐욕이 너희 정치를 사악하게 만들고 너희 정치인을 사탄으로 만들고 있음을 알아라.

3 정치인은 너희의 그 탐욕을 이용하여 너희를 애국주의자, 국수주의자, 광신주의자로 만들어 가고 있다. 그 칼날은 결국 너희들에게 향할 것이며 너희의 자유와 행복을 앗아가는 데에 쓰이게 된다는 점을 알아라.

4 너희가 하나님이 주시는 지혜로 무장하여 정치인의 사악한 선전에서 슬기롭게 벗어나지 못한다면 너희가 사는 세상은 언제든지 너희 자유가 억압된 상태로 전쟁과 궁핍, 증오와 질시가 창궐하는 악의 구렁텅이를 벗어나지 못할 것이다

5 만일 너희에게 자유가 주어진다면 너희는 그 자유로 수많은 창조적 결과물을 만들어 낼 수 있다. 그러나 너희에게 자유가 주어지지 않는다면 너희는 자유를 획득하기 위하여 처절한 투쟁을 벌여야 한다.

6 너희는 너희에게 자유가 주어져 있을 때에 자유를 지키는 노력을 하는 것을 게을리 하지 말고 너희 자유를 억압하려는 세력이 발붙이지 못하게 하여라.

7 너희가 자유롭고 평화로운 삶을 살고 싶다면 너희 자신을 구원하는 일을 소홀히 하여서는 안 된다. 너희가 진실하고 선하고 의로운 사람이 되어서 너희 정치인이 사탄이 되는 것을 막아야 한다.

8 너희 정치가 악에 빠지지 않게 경계하여야 한다. 너희 정치가 진실하고 선하고 의로워지도록 만들어라. 너희 종교인, 과학자, 경제인, 지식인 모두가 연대하여 너희 정치를 악에서 구하여내라.

9 너희 정치인을 사탄이 되지 않게 견제하고, 이미 사탄이 된 정치인은 그 자리에서 끌어내려라. 너희가 정치를 바로 세우지 못한다면 누가 너희 자유를 지켜 주겠느냐. 너희 자유를 지키려면 사악한 정치인을 대적하여 너희가 반드시 이겨야 한다.

10 모든 국가에서 자유를 보존하려면 국가에서 독립된 사람들의 단체가 있어야 한다. 너희는 이런 단체를 조직하여라. 너희 국가 안에서 자유를 보존하는 일뿐 아니라 다른 나라에서 자유가 위축되는 것을 막는 일에도 동참하여라. 그렇게 세계인과 연대하여라. 너희 하나님이 너희를 도와 인류 사회에 자유가 꽃필 수 있게 해 주실 것이다.

23

1 서로 믿지 못하는 곳에는 자유가 존재할 수 없다. 서로 의심의 눈초리를 거두지 않는데 어떻게 자유로울 수 있겠느냐. 너희가 자유를 누리려면 사회를 신뢰가 굳건한 사회로 만들어라.

2 언제 싸울지 모르는 두 당사자는 아무도 자유를 누릴 수 없다. 불의에 일격을 당할 수 있음을 알기 때문에 항상 긴장할 뿐 몸과 마음이 이완되어 자유로워지는 것을 허락하지 않을 것이다.

3 언제나 누구든지 만날 수 있고 누구와도 편하게 소통할 수 있으며 어떤

사람들과도 쉽게 모임을 할 수 있는 자유가 보장되어야 한다.

4 그러므로 너희가 국가 안에서, 사회 안에서, 공동체 안에서 자유를 누리려면 먼저 그 안에서 믿음을 키워라.

5 너희 지도자로 하여금 사회적 믿음을 키울 수 있는 정책을 쓰도록 다그쳐라. 그들이 너희를 서로 이간하고 미워하게 하고 배척하게 하고 차별하게 하는 정책을 쓰지 못하게 견제하여라.

6 너희 사회가 선한 정치로 믿음을 키우고 모두가 자유롭게 살아갈 수 있도록 서로 힘을 모아라.

7 국가와 국가 사이에도 서로 불신과 갈등을 키우는 일을 못하도록 너희 정치 지도자를 통제하여라.

8 나라와 나라가 전쟁을 하게 되면 모든 사람의 자유는 사라지고 너희는 오로지 국가의 통제에 순종해야 한다. 그러므로 너희 자신의 자유를 위해서라도 마땅히 너희 나라가 이웃 나라와 평화롭게 살도록 이끌어야 한다.

24 1 하나님의 자유는 절대적 자유이지만 너희의 자유는 상대적 자유이다. 상대적 자유란 상황이나 조건에 따라서 제한이 있는 자유라는 뜻이다.

2 자유는 원래 모든 사람에게 주어진 것이었으나 너희가 사회를 이루어 살면서 강자에게 빼앗겼기 때문에 다시 그 자유를 누리려면 너희가 스스로 쟁취하여야 한다.

3 너희가 스스로 자기 의지와 계획에 따라서 자아 성취를 도모하려면 그에 합당한 자유가 필요하지만 너희에게서 자유를 빼앗아간 그들은 너

희에게 호락호락 자유를 되돌려주지 않는다. 그러니 너희가 자유를 쟁취하기 위해서 노력한 만큼 자유를 누리게 될 것이다.

4 너희의 자유를 빼앗아 간 자는 군주도 있었고 독재자도 있었고 대통령도 있었고 그 아래서 권력을 농단한 정치인, 고위 공무원, 검찰, 경찰, 말단 공무원까지 다양했다. 너희가 자유를 되찾으려면 이들을 상대로 싸워야 한다. 이들에게 지면 자유도 되돌려 받을 수 없다.

5 너희는 때로는 눈앞의 자유를 위해서 더 큰 자유를 포기하는 잘못을 저지른다. 권력자가 허락하는 자유로 만족하며 그의 노예가 되는 경우가 그 예이다. 그런 자유는 자유가 아니라 예속이고 그 예속이 지속되면 그것이 자연스러워져서 그 예속 안에서 자유를 누리며 평안을 느끼게 된다. 주인의 보호를 받으며 평안을 얻는 강아지와 같은 것이다. 너희가 누리고 있는 자유가 그런 예속된 자유여서는 안 된다. 하나님은 완전한 자유를 너희에게 주셨다.

6 너희가 누려야 할 자유는 자유로운 영혼 아래서 자유의지를 가지고 스스로 자아 성취를 위해 자기 목표와 계획에 따라 움직일 수 있는 완전한 자유이다.

25 1 내가 너희에게 완전한 자유를 주면 너희는 그 자유로 무엇을 하겠느냐.

2 내가 모든 동식물에게 자유를 주었을 때에 그들은 자유롭게 풀을 뜯고 사냥하면서 자신의 생존을 지켜 갔다. 그 안에는 치열한 생존경쟁과 무자비한 투쟁이 있었다.

3 자유가 경쟁과 투쟁을 극단적으로 강화함을 보신 하나님께서 생명체에

게 자유를 가장 유익하게 사용할 길을 열어 주신 것이 생명체에 부여한 지혜 곧 이성이고 그것을 가장 잘 개발한 것이 너희 인간이다.

4 이성의 개발 정도가 바로 너희의 진보의 정도를 나타내는 척도가 되며 그 정도는 사람마다 다르고 지역마다 다르고 시대마다 다르다.

5 자유에 대해서 내가 하나님께 들은 이야기를 하나 전해 주겠다. 하나 님께서 헨리에게 물으셨다. 내가 너에게 완전한 자유를 준다면 너는 그 자유로 무엇을 하겠느냐.

6 헨리가 대답했다. 제게 완전한 자유를 주신다면 저는 이웃이 함께 자유 를 누리도록 하는 데에 제 자유를 사용하겠습니다.

7 하나님께서 흡족하여 말씀하셨다. 착하고 지혜로운 헨리야, 너는 네 자 유를 너의 탐욕을 채우는 데에 쓰지 않고 다른 사람을 자유롭게 하 는 데 쓰려하는구나. 네 생각이 참으로 가상하다. 그런데 하나 물을 것 이 있다. 누가 네 이웃이냐. 혹시 너에게 딸린 노예도 네 이웃이냐? 그 러자 헨리는 깜짝 놀란 표정을 짓더니 근심스럽게 고개를 숙이더란다.

8 하나님께서 페인에게 같은 질문을 하셨다. 내가 너에게 완전한 자유를 준다면 너는 그 자유로 무엇을 하겠느냐.

9 페인이 대답했다. 제게 완전한 자유를 주신다면 저는 제가 그 자유를 남용하지 않도록 저 자신을 절제하는 수단을 찾는 데에 쓰겠습니다.

10 그러자 하나님께서 다시 페인에게 물으셨다. 네가 자신을 절제하여 무 엇을 얻으려 하느냐.

11 페인이 답했다. 제가 얻고자 하는 것은 없으나 되고자 하는 것은 있습 니다. 제게 주신 자유를 사용하여 제 소망을 이루는 데에 마음껏 힘쓰 고 싶습니다.

12 하나님께서 다시 페인에게 물으셨다. 네 소망을 말해 보아라.

13 페인이 대답했다. 저는 불완전하여 아무리 노력해도 욕망에서 벗어나지 못하고 시기와 질투에서 벗어나지 못합니다. 제 이익을 위해서 거짓말을 하고 싶고 때로는 악의 편에서 이익을 취하고 싶은 욕심이 고개를 듭니다.

14 가난한 사람의 편에 서기보다는 부자의 편에 서서 그들의 호의를 받으며 삶을 여유롭고 편하게 누리고 싶은 마음도 꿈틀거립니다.

15 제 이성은 옳은 것을 추구하라고 하는데 제 몸은 이미 이익의 편으로 달려갑니다. 제게 완전한 자유를 주신다면 마땅히 저는 이런 욕심에서도 자유로워지고 싶습니다. 제가 가장 자유롭게 느끼는 순간은 제가 탐욕에서 자유로워질 때이기 때문입니다.

16 하나님께서 말씀하셨다. 착하고 아름다운 생각이다. 네 지혜가 이미 솔로몬을 넘어섰구나. 페인아, 그러나 네 소망대로 된다면 너는 세상에서 불쌍하고 가련한 사람이 될 수도 있지 않겠느냐.

17 페인이 대답했다. 세상에서 굳이 가난하게 살고 싶지 않지만 피할 수 없다면 감내하렵니다. 그런 삶을 사람들이 불쌍하고 가련하게 여기는 것도 피하지 않겠습니다.

18 저는 스스로 진실한 사람이 되는 것으로 만족하겠습니다. 악한 생각을 품지 않는 것만으로 만족하렵니다. 불의한 자들과 한통속이 되지 않는 것만으로 감사하렵니다. 저에게 주신 자유를 진실하고 선하고 의로운 일에 사용하여 저도 그런 사람이 되고 제 이웃도 그런 사람이 되도록 힘쓰고 싶습니다.

19 하나님께서 페인의 손을 붙잡아 주시면서 말씀하셨다. 너는 세상에서

버림받을지라도 나의 나라에서는 존귀한 대접을 받으리라. 너로 말미암아 세상에서도 진실한 사람이 대접을 받고, 선한 사람이 존경을 받고, 의로운 사람이 다스리는 지위에 오르는 때가 이르게 되리라.

20 너로 말미암아 세상에는 너와 같은 생각을 가진 사람이 구름처럼 모일 것이고 너의 후대 사람들은 나의 나라가 세상에 이루어지는 것을 보게 되리라. 너는 나의 사람이다.

26

1 너희 중에서 어떤 사람은 자유보다 돈을 더 소중히 여길 수도 있을 것이다.

2 최소한의 문화생활을 즐길 수 있을 만큼의 재산이 없는 사람은 우선 생활을 안정시킬 수 있는 돈이 더 시급하다. 그들은 돈을 버는 일이라면 자기의 자유가 어느 정도 희생되는 것도 마다하지 않는다.

3 인권에 눈을 뜨지 못하고 독재정치에 시달리던 국가가 경제발전을 이루어 개인의 소득수준이 어느 정도 높아지면 어김없이 자유를 요구하는 소리가 높아졌다. 결국 자유도 생활의 안정 뒤에 나오는 욕구인 셈이다. 그러기 때문에 정치가 경제 발전에 긍정적인 방향으로 영향을 미칠 수 있게 해야 한다.

4 세계대전 후에 독립한 나라 가운데에서 돈과 자유라는 이 두 마리 토끼를 다 잡아 성공한 나라가 대한민국이다. 정치 지도자들보다 국민이 더 똑똑한 나라가 바로 대한민국이다.

5 아직도 대한민국의 정치인과 종교인과 지식인은 사회적 책임을 제대로 인식하지 못하고 있지만 국민들은 각자가 정부와 국가에 대하여 요구할 것은 요구하고 견제할 것은 견제하면서 자신들의 자유를 쟁취해 왔다.

6 대한민국의 민주주의 발전에 이바지한 수많은 반체제 인사들의 피땀이 있었기 때문에 대한민국이 독재국가에서 민주국가로 탈바꿈할 수 있었다.

7 아직 정치적으로 민주주의를 확립하지 못한 수많은 나라에 대한민국의 사례가 도움이 되어서 모든 나라가 경제 발전과 민주화를 함께 이루고 개인의 자유가 확립되는 나라를 만들기 바란다.

8 이를 위해서 이미 민주화를 이루고 개인의 자유를 잘 보장하는 나라들은 국가와 국민이 함께 힘을 모아 아직 경제 발전과 민주화를 이루지 못한 국가가 경제적으로 발전하고 민주화를 이뤄 개인의 자유를 폭넓게 보장하도록 도와야 한다.

9 지구의 모든 나라가 경제적으로 부유하고 정치적으로 민주화를 이루어 모든 개인이 자유롭고 평화롭게 살아가는 날이 바로 하나님의 뜻이 땅에서 이루어지는 날이다.

10 이날엔 너희가 하나가 될 것이고 세계가 연방으로서 새로 태어나게 될 것이다. 이날엔 너희 모든 개인이 하나님 안에서 자유롭게 자신의 가치를 추구하고 모든 나라가 자신의 방식으로 가치를 추구하는 중에 세계가 조화롭게 공존하며 발전해 가는 혁명적 상황 곧 지상에서의 하나님 나라가 시작될 것이다.

27 1 자유 중에서 경제적 자유에 대하여 너희에게 한 가지 말하려 한다. 경제적 자유란 사람이 삶을 이어가는 데 어려움이 없게 물질을 획득하고 소비하는 자유를 가리킨다.

2 하나님은 모든 사람이 자유롭게 자신의 경제적 필요를 충족할 수 있도

록 물질을 주셨다. 그러나 너희 욕심이 과하여 힘 있는 자가 전쟁이나 불의한 방법으로 다른 사람의 것을 빼앗기 시작하여 인간 사회에 경제적 불평등이 생겼다. 그리고 그 불평등은 오랫 동안 대물림되어 이제는 되돌릴 수 없는 상태에 이르렀다.

3 하나님께서 너희에게 말씀하셨다. 너희는 돈 없는 사람이 돈을 벌어 경제적 자유를 누릴 수 있도록 법과 제도와 관행을 마련하여라. 돈 있는 사람이 그 돈을 불의하게 사용하지 못하도록 하여라.

4 돈 있는 사람이 돈 없는 사람을 착취하기 쉬운 법과 제도와 관행을 제거하여라.

5 이자와 임대료를 과다하게 받아내는 규정을 철폐하여 부가 부자에게 지나치게 많이 흘러들어가는 것을 막아라.

6 집을 투기의 대상으로 삼아 집 없는 사람의 부를 집 있는 사람이 빼앗아가는 것을 용인하거나 부추기는 법과 제도와 관행을 제거하여라.

7 권력을 가진 사람이 권력을 갖지 못한 사람을 착취하기 쉬운 법과 제도와 관행을 제거하여라.

8 세금을 적절히 매겨 돈이 사회에 고르게 퍼질 수 있게 하여라.

9 너희가 가진 법과 제도를 이용해서 모든 사람이 고르게 경제적 자유를 누릴 수 있게 하여라. 이쪽은 여름인데 다른 쪽은 겨울인 사회는 의롭지 못한 사회다. 여름의 더위와 겨울의 추위가 서로 통하여 고르게 따뜻해지는 사회를 만들어라.

10 정치적 자유는 전제군주와 독재자를 쫓아내어 이룰 수 있었지만 경제적 자유는 개인의 자유와 맞물려 있기 때문에 쉽게 이룰 수 없다.

11 가진 자의 자유가 못 가진 자의 권리를 훼손하지 않게 하여라.

12 너희가 가진 땅이 너희 것이라고 해서 그 땅을 빌려 주는 값을 마음대로 올리는 것은 다른 사람의 경제적 자유를 침해할 수 있다.

13 너희가 빌려 준 집이나 가게의 임대료를 너희 마음대로 올리면 다른 사람의 경제적 자유를 침해할 수 있다.

14 너희가 돈이 많다고 해서 많은 사람이 필요한 것 곧 집과 땅과 필수품을 필요 이상으로 사서 그것들의 값이 오르기를 기다려 돈을 벌려고 하는 투기는 다른 사람의 경제적 자유를 크게 침해하는 악행이다. 자본주의가 악에서 벗어나려면 이런 투기를 제거해야 한다.

15 돈을 투기에 사용하는 것을 제한하지 않고는 너희에게 경제적 자유가 주어지지 않고 너희 영혼이 돈에 팔리는 비극에서 벗어날 수 없다.

16 너희 자유를 위해서 또 너희 영혼이 돈으로 더럽혀지지 않게 하기 위해서 돈이 투기에 흘러들어가는 것을 막아야 한다.

17 돈 있는 자로 하여금 돈 없는 자가 경제적 자유를 획득하는 것을 가로막지 못하도록 하여라.

18 돈 있는 자의 방만한 경제적 자유를 제한하고 돈 없는 자의 경제적 자유를 늘리는 방향으로 법과 제도를 확립하면 경제적으로 약한 사람들이 도움을 받아 그들도 경제적 자유를 누리며 살 수 있을 것이다.

19 가진 자의 경제적 자유를 제한하여 못 가진 자의 경제적 자유를 늘리는 것은 정의의 문제이기도 하다.

20 가진 자가 그의 토지나 건물 등 부동산으로 이익을 얻으려 하는 것이나 돈을 빌려주고 이자를 받으려 하는 것은 약한 자의 경제적 지위를 한없이 떨어뜨리는 악이다.

21 국가는 건전한 자본주의를 확립하기 위하여 부동산이 부의 축적을 위

하여 쓰이지 않도록 그 공적 기능을 확보하는 정책을 추진하여라.

22 너희는 돈을 실물을 생산하고 판매하고 그를 연구하고 개발하는 데에 사용해야 한다. 불로소득과 투기소득을 억제하지 못하는 사회는 국민의 경제적 자유를 보장하지 못하는 사회이다. 이런 사회는 하나님이 보시기에 아름다운 사회가 아니다.

23 너희 자유로운 시민들아, 너희 사회를 경제적 자유가 보장되는 진실로 살기 좋은 사회로 만들기 위해 연대하여라.

24 시장에 진실함과 선함과 의로움의 빛을 밝혀 시장이 타락하지 않게 만들어라.

28

1 너희는 서로 자유롭게 오가며 모이고 흩어지는 것을 자유롭게 하여라.

2 통행의 자유가 있더라도 교통이 불편하면 그 자유가 무슨 유익이 있겠느냐. 모든 지역이 서로 자유롭게 오갈 수 있도록 교통을 원활히 하여라.

3 동과 서, 남과 북 어느 곳에서 어느 곳으로 가도 큰 비용과 많은 시간을 들이지 않고 갈 수 있도록 하여라.

4 국가는 사람들이 쉽게 오갈 수 있는 시설을 갖추는 일에 힘을 쏟아라. 이런 자유를 제약하는 나라는 불의한 나라이다.

5 나라 안에서는 물론이고 나라 간에도 자유롭게 오고갈 수 있도록 하여라.

6 너희에게 가고자 하는 곳에 가고 만나고자 하는 사람을 만날 수 있는 자유가 보장되지 않으면 지극히 불행한 일이다.

7 국가 안에서 자유로운 여행이 금지된 나라들은 즉시 모든 사람에게 여행의 자유를 허락하여라. 북한처럼 사람들의 거주와 이전의 자유를 제약하는 나라는 나라로서 존립할 가치가 없다. 하루빨리 거주와 이전의 자유를 허락하여 모든 사람이 하나님이 주신 자유와 권리를 누리도록 하여라.

8 모든 나라는 국경을 개방하여 누구나 자유롭게 이웃 나라를 방문하고 사람들을 만날 수 있게 하여라. 국가 간의 자유로운 교류는 인종 간의 협력을 강화하는 좋은 계기를 만들어 주리라.

9 하나님은 너희가 언제 어디서나 서로 만나고 헤어지는 일을 자유롭게 할 수 있게 해 주셨다. 너희는 모두 하나님 안에서 한 가족이기 때문이다. 너희는 이 자유를 모든 사람이 누릴 수 있는 사회와 국가를 만들어라.

10 자유로운 통행과 교류가 너희의 지혜를 높이고 생각과 마음을 넓게 만들어 주어 너희가 서로 하나님이 주신 사랑을 누리게 되리라.

11 자유민주주의를 즐기며 사는 모든 사람은 아직 그러지 못한 나라 사람들을 도울 길을 찾아라.

12 중국 안팎에서 중국인이 공산당 독재에 맞서서 자유를 획득하기 위하여 싸울 때에 그들을 돕고 그들에게 피난처를 제공하여라.

13 북한 안팎에서 북한인이 김일성 가계의 독재에 맞서 싸울 때에 그들을 돕고 그들에게 피난처를 제공해 주어라.

14 세계의 모든 억압 받는 민중이 자유를 쟁취하기 위한 싸움을 시작하면 너희는 마땅히 너희가 도울 바를 찾아 도와 세상을 자유가 넘치는 곳으로 만들어라.

29

1 너희에게 자유가 소중한 것처럼 모든 생명체에게도 자유가 소중하다. 하나님이 그들에게도 너희에게 주신 것과 같은 자유를 주셨다. 그러므로 너희가 모든 짐승들에게 자유를 허락하여라.

2 그들을 비좁은 곳에 가두고 괴롭히지 마라. 그들이 자유가 없는 상태에서 잡아 먹이로 삼지 마라.

3 너희가 다른 생명체에서 너희 생명을 유지하기 위한 고기를 얻고자 그 생명체의 자유를 억압하지 마라. 너희가 이로 말미암아 악해지지 않게 조심해라.

4 악이란 생명체의 자유를 억압하는 것에서 시작한다. 모든 생명을 소중히 여기고 그들의 자유를 지켜 주어라. 그들의 자유를 억압하는 너희가 결국은 그것 때문에 너희 자유도 잃게 될 수 있다.

30

1 너희 자유가 유린되지 않도록 권력자의 권력 남용을 감시하여라. 너희에게 자유를 주겠다고 나서는 정치인을 조심해라.

2 너희가 선출한 대표라고 해도 그가 대표가 되는 순간부터 그는 자기 권력을 강화하기 위하여 너희의 자유를 억압하려는 유혹에서 벗어나지 못한다.

3 자유인은 지배자의 편에서는 말썽꾼이요 불평꾼이요 안정을 해치는 자로 보이기 쉽다. 그들은 자기에게 주어진 권한을 이용하여 너희의 자유를 제한함으로써 손쉽게 지배력을 휘두르려 한다.

4 그러므로 너희가 설령 지도자를 민주적으로 선출한다 해도 지도자와 그 지시를 받는 자들의 권력 남용에 대해서 감시와 견제를 소홀히 하

면 안 된다.

5 너희의 자유를 억압하기 쉬운 자에는 군주, 독재자, 대통령, 검찰, 경찰, 국회의원, 고위공무원, 상위 직급자 등 사회적 위계를 이루는 각 계층에 있는 모든 사람이 포함된다.

6 이들 누구도 너희 자유를 위하여 일할 사람은 없다. 그들은 그들의 이익을 위하여 일할 뿐이다. 따라서 이들은 자유의 잠재적 위협이 될 수 있음을 잊지 말고 너희 모든 자유인이 연대하여 이들의 권력남용을 감시하여라.

7 국민을 조직화하려는 권력을 조심하여라. 그들은 자기 권력을 유지하기 위하여 국민을 조직화하는 것이다. 자유를 허락하는 국가는 결코 국민을 조직화하지 않는다. 무릇 모든 조직화는 개인의 자유를 침해할 소지가 있음을 잊지 마라.

8 사람들아, 너희가 깨지 않으면 권력은 너희를 종으로 부리려 할 것이다. 너희가 깨어서 정치가 너희를 위하여 봉사하게 만들어라. 그래야 너희가 자유로워질 수 있다. 이것이 하나님의 뜻이다.

31

1 사랑의 이름으로 사람을 억압하지 마라.

2 사랑은 억압하고 제약하는 것이 아니라 자유롭게 놓아 주는 것이다.

3 너희가 자녀를 사랑한다는 명분으로 자녀의 자유로운 생각을 제약하는 것은 사랑이 아니라 미움의 다른 형태이다.

4 다른 사람의 일에 간섭하기를 즐기지 마라. 간섭은 자유를 침해하기 쉽다.

5 상대를 위한 충고나 권고라도 당사자에게는 간섭이 될 수 있다. 부모의

자녀에 대한 간섭, 상사의 부하에 대한 간섭, 교사의 학생에 대한 간섭, 어른의 아이들에 대한 간섭은 모두 상대의 자유로운 생각을 제약하기 쉽다.

6 너희 부모들, 어른들, 지위가 높은 자들아, 아이들이나 부하의 복종을 요구하기에 익숙해지지 마라. 복종을 바라기보다 동의를 구하기에 더 익숙해져라. 그것이 그들의 자유를 훼손하지 않고 너희 뜻을 이루는 좋은 방법이다.

7 사랑이 자유의 적이 되지 않게 하여라.

32

1 너희 중에서 순종이 제사보다 낫다고 말하는 사람이 있느냐. 너희가 누구에게 순종해야 한다고 말하고 있느냐. 질서를 위해서 순종을 강조하는 사람이 있다면 그는 너희의 자유를 억압하는 위선자일 수 있다.

2 하나님이 주신 자유를 누리는 사람은 순종을 하는 것이 아니라 동의를 하여 자기 행동을 결정해야 한다.

3 너희에게 순종을 요구할 사람이 없고 하나님도 너희에게 순종을 요구하지 않으신다.

4 너희가 하나님의 계명을 지키는 것이 좋으므로 이에 따르는 것이지 하나님이 명령하신 것이어서 따르는 것이 아님을 알아라.

5 너희가 계명을 지키면 너희 삶이 행복해지고 너희 사회가 평화로워진다. 이는 하나님이 세워 놓으신 우주의 원리이다.

6 만일 너희가 이 계명을 지키기를 거부한다면 지키지 않아도 된다. 다만 너희가 하나님의 법칙을 따르지 않은 불이익을 각오해야 하는 것이다.

7 하나님은 너희들의 제사도 원치 않으시고 너희의 순종도 원치 않으신다. 너희는 독립한 자유인이므로 스스로 판단하여 옳은 길, 유익한 길을 찾아 너희 삶을 살면 된다.

8 다만 하나님께서는 너희가 하나님의 계명을 지켜 너희 영혼이 잘되고 너희 육신의 삶이 행복해지기를 바라심을 알아라.

9 너희를 가르치려 하는 모든 자를 판단한 후 따라라. 그들이 너희를 가르치려는 것은 너희를 위함이 반이고 자신을 위함이 반이기 때문이다. 너희를 지도하려 하는 모든 자를 판단한 후 따라라. 그들이 너희를 지도하려는 것은 너희를 위함이 반이요 자신을 위함이 반이기 때문이다.

10 하나님 외에는 누구도 오직 너희만을 위하여 일하지 않는다.

11 그러므로 너희는 다른 사람을 따를 때에는 이성적으로 판단하여 서로 유익하다는 결론을 얻은 뒤에 따라라. 너희가 이성적 판단을 하지 않고 무조건 따르면 그들은 너희를 속이고자 하는 충동에 빠져 실제로 너희를 속이고 심하면 너희의 자유를 억압하는 데까지 나아갈 것이다.

12 너희에게 이익을 줄 것처럼 달콤한 말을 하는 자를 조심하여라. 너희가 알지 못하는 사실로 너희를 위협하려 하는 자를 조심하여라. 그들의 달콤한 말과 위협하는 말 뒤에는 그들의 사악한 목적이 숨어 있을 수 있음을 경계하여라.

13 너희는 너희의 자유로운 삶을 가능하게 해 주는 단 한 가지 지혜 곧 하나님의 지혜로 무장하여라.

14 너희 자유를 제한하려 하는 모든 시도에 대하여 맞서 싸워라. 하나님은 너희가 싸워 자유를 취득하기를 바라신다.

15 너희 역사는 너희가 자유를 확대하여 쟁취해 나아가는 과정이 아니냐.

하나님께서는 너희가 지치지 않고 그런 노력을 해 나가도록 이끄신다.

16 자유를 소중히 여기는 나라와 민족은 흥하고 자유를 가벼이 여기는 나라와 민족은 망한다. 자유가 너희를 구원하리라.

33

1 자유가 중요하지만 절대적이지는 않다. 세상의 모든 가치가 그렇듯이 자유도 완전한 자유를 누릴 수는 없다. 오직 하나님만이 완전한 자유를 누릴 수 있다.

2 사람이 불완전한데 그 불완전한 사람이 어떻게 완전한 자유를 누릴 수 있겠느냐. 이는 어린이가 칼을 마음대로 부리면 안 되는 이치와 같다.

3 사람이 누릴 수 있는 자유는 그 사람의 지혜와 자제력에 비례한다. 너의 자유가 다른 사람의 자유를 파괴하지 않게 하여라. 자유가 오히려 자유를 쓸모없게 만들지 않게 하여라.

4 아무도 사람의 자유를 억압하면 안 되지만 각 사람이 누릴 수 있는 자유에는 한계가 있다는 점을 인정하여라.

5 자기 지혜와 자제력을 넘어서는 자유를 누리는 것은 정의에 반할 수 있다. 너희 자유가 정의를 훼손하지 않게 하여라.

34

1 너희는 태초부터 지금까지 많은 억압에 저항해 왔다.

2 침략자의 압제, 독재자의 압제, 종교의 억압, 사회적 억압으로 수많은 무고한 생명이 죽음을 맞았다. 하나님은 이 모든 것을 아시고 압제로 희생당한 모든 생명을 위로하고 계신다.

3 그리고 무고한 생명을 죽음으로 몰아넣은 사악한 무리들에게 징계의 채찍을 멈추지 않고 계신다. 그러나 그 실상은 아무도 알 수 없다. 위

로와 징계가 하나님이 예정하신 일이므로 그렇게 하실 것이 틀림없다.

4 이제 너희는 정치적 자유와 신앙의 자유를 누림이 옳다. 거기에 경제적 자유와 사회적 자유도 보태어라.

5 너희 하나님이 너희에게 주신 모든 자유를 완전히 누릴 때까지 너희는 힘쓰고 힘써라.

6 모든 종교인은 하나님의 계명을 받들어 모든 사람이 완전히 자유로워 질 때까지 억압자에 맞서 싸워라. 정치적 억압, 종교적 억압, 경제적 억압, 사회적 억압에서 모든 사람이 놓여나도록 힘써라.

7 자유의 확대가 진보의 시작이요, 자유를 누리는 수준이 너희가 하나님 나라에 가까워지는 정도이다.

8 사랑하는 자야, 네 영혼이 자유로운 것처럼 네 몸도 자유롭기를 바라 노라. ㅎ

정의

1 1 하나님은 의로우시다. 하나님이 의로우신 것처럼 너희도 의로워져라.

2 하나님의 정의는 이것이다. 곧, 모든 사람이 자유를 존중하고 그 자유를 모든 사람이 공평하게 누릴 수 있게 하는 것이다.

3 각자의 자유 안에서 가진 사람은 자기가 가진 것으로 못 가진 사람을 돕고, 강한 사람은 자기의 강함으로 약한 사람을 돕고, 유식한 사람은 자기의 유식함으로 무식한 사람을 도와라. 이것이 하나님의 정의이다.

4 강한 사람이나 약한 사람이나 부자나 빈자나 종교의 유무나 인종과 상관없이 사회의 구성원이라면 모두가 사회적 지위에 접근할 수 있는 기회를 균등하게 갖도록 하여라. 이것이 하나님의 정의이다.

5 누구에게는 자유가 주어지고 누구에게는 주어지지 않는 사회는 공평하지 않은 사회요 불의한 사회이다.

6 가진 사람은 못 가진 사람을 무시하고 강한 사람은 약한 사람을 핍박하고 유식한 사람은 무식한 사람을 속여서 각각 제 이익을 취하는 사

회는 불의한 사회이다.

7 사회적 지위에 쉽게 접근하는 특권을 갖는 집단과 특혜를 받는 집단이 뙈리 틀고 있는 사회는 불의한 사회이다.

8 너희 세상에서는 항상 정의가 불의를 이기지 못했다. 지도자가 자신의 탐욕을 채우는 것을 최우선으로 삼았기 때문이고, 귀족이나 성직자 집단이 자신들의 이익을 위하여 평민들을 착취하는 제도를 유지해 왔기 때문이다.

9 지금도 많은 사회에서 정의가 불의에 압도되는 상황에 처해 있는데 이것은 독재나 전제적 정치 제도와 관련이 있다.

10 독재자는 모든 사람의 자유를 억압함으로써 자신의 이익을 극대화하려 한다. 공산당 독재는 공산당 간부들의 이익을 위하여 모든 사람의 자유와 권리를 억압하는 사회이다.

11 지배 계급은 자신들의 이익을 극대화하기 위하여 사람들의 자유와 권리를 억압하는 독재자의 지배에 동참한다.

12 민주사회라 해도 이 사정은 달라지지 않는다. 지도자는 자신의 정치적 이익을 극대화하기 위하여 사람들의 자유와 권리를 억압하려 한다. 그가 사람들의 투표로 선출되었더라도 그렇다.

13 수많은 이익 집단들도 자신들의 이익을 극대화하기 위하여 다른 사람의 자유와 권리를 억압하려 한다.

14 심지어 성직자들과 공무원들도 자신의 이익을 위하여 사람들의 자유와 권리를 침해한다.

15 기업인들은 자신의 이익을 극대화하기 위하여 종업원의 자유와 권리를 억압한다.

16 인간 사회에는 항상 지배하는 자와 지배를 받는 자가 나뉘게 되고 지배를 하는 자는 지배를 받는 자의 자유와 권리를 제한하려 한다.

17 지배를 하는 자의 행패와 지배를 받는 자의 억울함이 들끓는 곳이 너희 인간 사회가 아니냐.

18 인간 사회에서 어떻게 정치인, 종교인, 공무원, 지식인, 부자들의 독선과 특권의식을 없앨 수 있을까. 어떻게 권력자의 횡포와 반칙을 제어할 수 있을까, 어떻게 지식인의 교만을 없앨 수 있을까, 어떻게 부자의 위선과 갑질을 없앨 수 있을까. 어떻게 기득권자의 배타와 차별 의식을 없앨 수 있을까.

19 너희가 정의를 구현하려면 먼저 너희 사회에 특권층을 사라지게 해야 한다. 너희 사회에서 특혜와 반칙을 즐기는 자들을 없애야 한다. 너희 사회에서 모든 사람에게 기회가 평등하게 주어지도록 해야 한다.

20 너희가 하나님의 사람이라면 정의 실현을 위해 나서라.

2 1 너희에게 정의는 재물과 권력을 취득하고 분배하는 것과 관련된 문제이다. 만일 재물과 권력을 가볍게 여기는 사람이 있다면 그는 위선자일 가능성이 높다.

2 옛사람이 이렇게 말한 것을 너희가 알 것이다. 재물을 땅에 쌓아두지 마라. 땅에서는 좀먹거나 녹이 슬어 못쓰게 되며 도둑이 뚫고 들어와 훔쳐간다. 그러므로 재물을 하늘에 쌓아두어라. 거기서는 좀먹거나 녹슬어 못쓰게 되는 일도 없고 도둑이 뚫고 들어와 훔쳐 가지도 못한다. 너희의 재물이 있는 곳에 너희의 마음도 있다.

3 그러나 내가 말한다. 너희는 재물을 땅에도 쌓아두지 말고 하늘에도

쌓아두지 마라. 땅에 쌓아두면 도둑이 뚫고 들어와 훔쳐가기 쉽고 하늘에는 재물을 쌓아둘 곳이 없다. 하늘은 재물을 쌓는 곳이 아니기 때문이다.

4 너희는 재물을 쌓아두지 말고 재물로 하여금 사람을 살리는 일을 쉬지 않고 하게 하여라. 재물은 그 자체로 의미가 있는 것이 아니라 생명을 살리는 일에 쓰일 때에 의미가 있는 것이다.

5 그러므로 너희는 재물을 장롱 속에 넣지도 말고 금고에 넣어 자물쇠를 채우지 마라. 너희 재물이 끊임없이 사람 사이를 오가며 희망을 주고 힘을 주고 사랑을 주게 하여라. 너희 재물로 하여금 이렇게 하여 정의를 실현하게 하여라.

6 너희가 재물을 취할 때에 정당한 방법을 썼느냐. 남을 속이고, 사기를 치고, 탈법을 일삼고, 불법을 동원하지 않았느냐. 너희가 힘으로 억박질러 남의 재물을 빼앗지 않았느냐. 우월한 지위를 악용하여 남의 재물을 탈취하지 않았느냐. 다른 나라를 침략하여 재물을 노략질하지 않았느냐.

7 너희의 재물이 의롭지 않게 얻은 재물이 아닌지 스스로 점검하여라. 의롭지 않은 방법으로 얻은 재물은 즉시 의로운 곳에 쓰이도록 사회에 내놓아라.

8 국가가 세금을 거두고 그 세금을 사용하는 경우에 정의에 합당하게 하는지 감시하여라. 권력자가 마음대로 세금을 거두거나 세금을 사용하지 못하도록 통제하여라.

9 국가 안에서 생산되는 모든 재화는 공정하게 분배해야 한다. 누가 무엇을 만들더라도 하늘 아래에서 나온 것이므로 모두 하나님이 이미 준비해 두신 것임을 알고 거기서 얻는 이익은 모든 사람에게 혜택이 가도

록 사용함이 옳다.

10 개인이 창의력을 이용하여 재물의 생산과 유통에 이바지하더라도 거기서 나오는 부는 오로지 그 개인만의 것이 아니라 그 시기에 그 사회에서 함께 살고 있는 모든 사람의 몫이 섞여 있음을 알아야 한다. 그 누구도 사회를 벗어나서 홀로 설 수 없기 때문이다.

11 권력은 개인의 소유물이 아니다. 누구도 사회적 권력을 사유화할 수 없다. 모든 권력은 그 사회의 모든 사람이 고루 누려야 할 가치이다. 어느 한 사람에게 어떤 권력이 주어졌다면 그 권력은 그가 그 사회에 필요한 일을 하도록 그 사람에게 위임한 것일 뿐이다.

12 권력이 모든 사람이 누릴 수 있게 분배되지 않는다면 그 사회에는 정의가 설 수 없다. 권력이 고르게 분배된다는 것은 모든 권력을 다른 권력이 견제하고 감시함을 의미한다. 독재자나 전제군주의 권력은 이제 너희들에게서 제거하여라. 그들은 하나님이 모든 사람에게 주신 권력을 탈취한 자들이다. 너희에게 정의는 부당하게 사유화한 권력을 사회에 환원하게 하는 데서부터 시작하여야 한다.

13 권력이 고르게 분배되기 위해서는 너희가 권력을 쟁취하고 사용하는 일을 공개적이고 정의롭게 하도록 민주적 절차를 만들고 지켜야 한다.

14 너희가 정의롭게 사는 데에 유리한 제도는 민주주의이다. 모든 사람이 참여하고 모든 사람이 선택하는 방법으로 재물과 권력을 획득하고 사용하는 법과 제도를 만들어 모든 사람의 감시와 통제 속에서 정의를 실현하는 것이 너희에게 가장 합당한 일이다.

15 누가 더 존귀한 사람이라고 해서 그에게 전적으로 믿고 맡기지 말며 누가 더 지혜로운 사람이라고 해서 그에게 모든 것을 맡기지 마라.

16 사람은 불완전하니 그 불완전을 보완하기 위해서 많은 사람이 참여하여야 한다. 많은 사람의 지혜를 모으면 하나님의 지혜에 가까이 이를 수 있다. 그래서 민주주의를 정의를 실현하기에 현실적으로 가장 괜찮은 제도로 하나님께서 좋아하신다.

3 1 돈이 많고 지위가 높고 권세가 있는 사람은 어느 사회에나 있기 마련이다. 이런 사람은 그 사회에 잘 적응하여 돈과 권력을 얻고 출세를 한 것이다. 국가나 사회가 이런 사람을 도와주는 것은 결코 의롭지 못하다. 이런 사람은 국가나 사회가 돕지 않아도 갖은 수단과 방법을 동원하여 부를 축적하고 권력을 장악하고 출세를 하게 되기 때문이다.

2 자본주의 사회에서나 사회주의 사회에서나, 독립 국가 상태에서나 식민지 상태에서나 출세하고 돈을 벌고 지위를 얻는 사람은 언제나 존재한다. 이들은 보통 불의한 힘을 사용한다. 국가의 정책 기밀을 사적으로 이용하는 사람, 정치 권력을 돈벌이에 악용하는 사람, 공무원을 매수하여 사업의 성공을 도모하는 사람, 공무원의 지위를 악용하여 돈벌이를 하는 사람, 남의 기술을 훔쳐 물건을 만들어 성공하는 사람, 노동을 착취하여 돈을 버는 사람, 부정한 방법으로 시험에 합격하여 지위를 얻는 사람, 독점적 지위를 얻어 이득을 올리는 사람, 시장 질서를 교란하여 이득을 취하는 사람, 부동산 투기로 돈을 버는 사람, 주가를 조작하여 돈을 버는 사람, 약자의 권리를 빼앗아 이득을 취하는 사람, 사기를 쳐서 이득을 취하는 사람, 협박과 갈취를 일삼아 이득을 취하는 사람, 남의 것을 훔쳐 돈을 버는 사람, 독재자에 부역하여 부와 권력을 손에 쥐는 사람 등. 어느 사회에서나 돈을 벌고 지위를 얻는 사람은 대개

특권이나 특혜, 불법이나 탈법, 투기나 착취 등 불의한 힘을 사용한다.

3 따라서 이미 부와 권력을 획득하고 출세한 사람이 더 많은 것을 갖도록 만들어 주는 정책을 쓰는 국가는 불의한 국가이다. 이른바 신자유주의가 낙수 효과를 말하며 부자에게 유리한 정책을 추진하게 한 것은 악마의 논리이다.

4 사회는 기득권자에게 아무런 도움을 주지 않고 내버려 두는 것이 조금이라도 의로운 편에 속한다. 자유민주주의 사회가 다른 사회에 비해서 의롭다고 평가할 수 있는 점은 이들이 가진 부가 법에 어긋나는 방법으로 취득된 것이 아니면 이들의 부를 빼앗지 않는 점에 있다. 사유재산을 법에 따르지 않고 빼앗는 것은 불의한 일이기 때문이다.

5 가난하고 무지한 사람도 어느 사회에나 있기 마련이다. 이들은 그 사회에 잘 적응하지 못하여 사람들이 갖고자 하는 부와 명예와 권력을 얻지 못하였다. 여기에는 사회가 의롭지 못한 점이 있기 때문에 이런 사람이 생기기도 하고, 개인의 무능력 때문에 생기기도 한다.

6 사회가 의롭지 못하다는 것은 모든 사람에게 고르게 자유와 기회를 주지 않았음을 전제로 한다.

7 처음부터 경제적 능력이 없으면 자녀를 제대로 교육할 수 없고, 교육을 제대로 받지 못한 사람은 성공할 기회가 그만큼 봉쇄된다.

8 설령 필요한 지식을 갖추었다고 해도 특별한 경험을 갖춰야 하거나 특별한 사람의 도움이 없이는 원하는 대학이나 직장에 들어갈 수 없는 사회라면 그 사회는 불의한 사회이다.

9 이른바 기울어진 운동장에서는 능력보다는 일반인이 갖출 수 없는 많은 다른 조건이 성패를 결정하는 것이다. 이런 사회는 먼저 기울어진 운

동장을 평평히 만드는 것이 긴요하다.

10 온갖 특혜 가능성을 찾아 없애어 모든 사람이 평등한 상태에서 동등한 기회를 얻어 경쟁하도록 하는 것이 의로운 사회이다.

11 의로운 사회가 되려면 먼저 법을 모든 사람에게 평등하게 엄격히 적용하여야 한다. 권한과 책임에 비례하여 강한 벌이 내려져야 한다.

12 그리고 성공으로 통하는 길이 모든 사람에게 공정하게 열려 있어야 한다.

13 기회가 균등한 상태에서도 개인의 능력에 따라서 성패가 결정되고 빈부가 나타나게 된다. 이 현상도 어느 사회에서나 생기는 현상이다. 사회주의나 공산주의 사회에서도 빈부 격차는 일어나게 되어 있다. 이때는 국가나 사회가 이들을 개별적으로 구제하는 정책을 써야 한다. 적어도 그들이 능력을 갖추도록 교육하고, 그들의 능력에 맞는 일자리를 갖게 하는 것이 핵심이다. 어떤 이유로든 일자리조차 갖지 못한 사람은 그 사회의 최저 생계비를 지원하는 것이 의로운 사회이다.

14 너희가 의로운 사회를 만들고자 한다면 기득권자에게 유리한 정책을 제거하고 열악한 상태에 있는 사람들에게 기회와 지원을 확대하는 정책을 써야 한다.

15 가난한 자를 부하게 하고, 약한 자를 강하게 만들고, 무식한 자를 유식하게 만드는 정책이 너희가 취할 의로운 정책인데 그 중에서 제일 중요한 정책은 무식한 자를 유식하게 만드는 정책이다. 유식해지면 스스로 자기 길을 찾을 기회가 더 많아지기 때문이다.

4 1 정치인들아, 너희는 사람들의 평안과 경제적 번영을 위하여 무엇을

해야 할 것인지 파악하여 정책에 반영하고 필요한 법을 만들고 사람들의 여론을 모으는 일을 하는 사람들이 아니냐. 사회가 안전하게 발전하도록 너희가 가장 먼저 아이디어를 내고 사람들에게 토론할 마당을 제공해 주어야 하지 않느냐.

2 그런데 너희가 너희를 뽑아 준 사람들의 이익을 외면하고 너희 자신의 이익을 위하여 불법과 비리를 저지르는 것이 옳으냐.

3 너희가 선택을 받으려고 없는 말을 지어내어 국민을 속이고 상대방을 이기기 위하여 온갖 비난과 모함을 해대고 국민 간에 배타적 감정을 조장하여 갈등을 확대시키는 행위가 의로운 것이냐.

4 너희 정치인들의 잘못으로 성실하게 일하면서 일상생활을 즐기려는 국민들이 고통을 당하고 사회가 혼란해지고 경제가 파탄 나는 경우가 있지 않느냐.

5 너희의 잘못으로 너희를 뽑아 준 국민이 불행에 빠지게 되어도 괜찮으냐.

6 너희 중에서 정직하고 합리적으로 일하는 사람이 많으면 너희 사회가 누구나 살고 싶어 하는 행복한 사회로 발전할 것이고 너희 중에서 거짓말과 선동을 잘하고 부정과 부패를 저지르는 자가 많으면 너희 사회는 살던 사람도 떠나는 불행한 사회가 될 것이다.

7 너희는 역사에서 배워라. 너희 앞 세대가 어떤 정치를 하여 나라를 어떻게 망가뜨렸는지 또는 어떻게 정치를 하여 나라를 강하게 만들고 사람들을 잘 살게 해 주었는지 보아라.

8 너희는 너희 앞 세대가 저지른 실수를 반복하지 마라. 너희는 국가를 의롭게 운영해야 하는 책무가 있는 자들이다. 너희가 그 책무를 다하기 위

하여 국민 속에서 국민의 뜻을 헤아리고 모으는 일을 하여라.

9 너희가 누리는 수많은 특권을 하루빨리 줄여라. 이것은 국민에 대한 예의가 아니고 불의하기까지 하다. 특히 비리를 저지르고도 체포되지 않는 특권은 당장 내려놓아라.

10 너희는 참 하나님의 정의를 실천하여 너희 국민들의 땀과 수고에 보답하여라.

5

1 공무원들아, 너희는 국민에게 고용된 일꾼이요 나라의 일을 맡은 청지기들이다.

2 너희가 나랏일을 그르치면 나라가 거덜 날 수 있음을 알아라.

3 못사는 나라에는 부정과 부패와 불법에 눈이 먼 공무원들이 들끓는다. 공무원의 지위를 이용하여 축재하려는 자는 공무원의 자격이 없다. 사회는 그런 사람을 공무원에서 쫓아내야 한다.

4 너희는 법을 엄격하게 지키면서 그 법을 엄격하게 적용해야 한다. 너희부터 법을 잘 지키지 않고 누구에게 법을 지키라고 하겠느냐.

5 특히 경찰과 검찰, 판사와 검사로서 활동하는 사람은 정의감이 그 누구보다 투철해야 한다. 권력에 한눈팔고 사익을 도모하는 사람이 어찌 정의를 잣대로 하여 법 규정을 적용할 수 있겠느냐.

6 사건을 축소하고 왜곡하고 피의자를 고문하고 죄 없는 사람을 붙잡아 법의 심판대에 세우는 악한 일을 한 자는 용서받을 수 없다.

7 너희가 국민의 자유와 인권을 보장하는 첨병이 되어야 하지 않느냐. 그러지 않으면 너희와 너희 자손은 멸망을 면할 수 없다.

8 너희 공무원은 기업인에 매수되어서도 안 되고 정치인에 매수되어서

도 안 된다.

9 너희는 오로지 국민의 안녕과 복지 증진을 너희 사명으로 삼고 노력하여라. 그것이 너희가 정의를 실현하는 길이다.

6 1 종교인들아, 정치인이 불완전하여 법의 통제와 민중의 감시를 받아야 하는 것처럼 너희도 불완전한 존재이니 법의 통제와 민중의 감시를 받아야 한다.

2 절대자 하나님에게 절대 복종하는 것을 미덕으로 가르치는 너희가 이를 빙자하여 은근히 너희 자신이 절대자로 군림하려 한다.

3 너희는 하나님을 빙자하여 하나님 행세를 하고 예수를 빙자하여 예수 행세를 하고 알라를 빙자하여 알라 행세를 하고 석가를 빙자하여 석가 행세를 하지 마라.

4 너희가 마치 진리의 사도인 것처럼 행세하지 마라. 너희 탐욕이 너희를 위선자로 만들어 하나님의 말씀을 왜곡한다.

5 너희는 사람들이 너희를 존경하기를 바란다.

6 한 줌의 지식과 깨달음으로 어찌 존경 받기를 바라느냐.

7 너희는 젊은이들을 선교에 이용하지 마라.

8 종교는 선교를 통해서 퍼지는 것이 아니라 너희의 선행을 통해서 퍼져야 한다.

9 젊은이를 선교에 동원하는 것보다 너희가 거짓과 악과 불의에서 벗어나 하나님의 뜻에 맞게 행동하는 것이 더 유익하리라.

10 너희가 참 하나님을 믿는다면 감히 죄악을 저지르지 못할 것이다. 너희는 겉으로는 하나님을 믿는다고 하지만 속으로는 하나님을 업신여기는

위선자가 되지 마라.

11 너희는 너희 신의 이름을 팔아 가난한 사람, 무지한 사람, 마음이 약한 사람, 선한 사람을 위협하여 너희 탐욕을 채우지 않았느냐.

12 너희를 맹목적으로 따르는 자에게 돈을 바치게 하고 몸을 바치게 한 것이 옳으냐. 너희는 오로지 탐욕의 입을 벌려 재물을 모으고 화려한 옷을 입고 근엄한 표정을 지으며 살려 하는구나.

13 너희 신이 너희의 돈벌이 수단이 되는 것이 옳으냐.

14 너희 신이 너희의 지위를 높이는 데에 이용되는 것이 옳으냐.

15 위선을 일삼고 악하고 불의한 사람들은 하나님의 강한 징계를 받으리라.

16 성경의 기록에 따르면 과부가 낸 적은 헌금이 부자가 낸 많은 헌금보다 더 크다고 하면서 이 과부는 구차하지만 자기가 가지고 있는 생활비 전부를 넣었다고 하였다.

17 그러나 나는 너희에게 말한다. 너희 성직자들은 과부나 가난한 자에게서 헌금을 거두지 마라. 오히려 너희가 쌓아 둔 헌금을 꺼내어 이들을 도와라.

18 너희에게 필요한 재물의 양은 너희가 먹고 입고 자는 데에 필요한 최소한으로 제한하여라.

19 너희는 잘 먹고 잘 입고 권력을 휘두르기 위해서 성직을 맡은 것이 아니므로 너희 주위에 있는 사람들보다 더 잘 입고, 더 잘 먹고 더 편하게 살려고 생각하지 마라.

20 너희가 받는 보수가 너희 주위 사람들의 평균 수입을 넘지 않게 하여라.

21 너희 가족이 네 수입으로 살아간다면 네 수입 안에서 검소하고 성실한 태도를 갖추어야 하리라.

22 너희 성직자는 권력에 가까이 가지 마라. 권력은 정치권력이든 경제권력이든 문화권력이든 어떤 권력에도 가까이 가지 마라. 그것들은 모두 너희가 하나님 앞에서 바로 서는 데에 장애가 되는 것들이다. 재물과 권력을 탐하는 자는 사이비 종교인이다.

23 너희가 국가를 위해서 기도를 한다고 정치인이나 경제인과 어울리지 마라.

24 너희가 진실하고 선하고 의로운 생활을 한다면 너희가 기도를 하지 않아도 너희 하나님은 너희 필요를 아시고 채워 주신다.

25 너희가 국가를 위한 기도회를 열어 너희의 정치적 영향력을 강화하지 말고 또 그것을 빌미로 재물을 축적하지 마라.

26 하나님을 사랑하고 진실과 선과 정의를 지키는 일이 아니면 어떤 것도 너희에게는 불필요한 일임을 알아라.

27 너희가 의롭지 않은데 사회가 의로워지는 것을 바랄 수 있겠느냐.

28 너희는 교회를 사유화하지 말고 교회 안에서 절대권력을 휘두르지 말고 교인들의 감시와 통제에 순응하여라. 너희가 정치인보다 못한 자들이어서는 안 되지 않겠느냐.

29 교인들을 너희 편으로 만듦으로써 너희 영향력을 확대하려 하지 말고 오로지 하나님 앞에서 신실한 자로 서라.

30 하나님의 사람은 하나님께서 세우심을 믿어라. 은밀한 중에 보시는 하나님께서 너희의 올곧은 행위를 어여삐 여겨 너희를 칭찬하심을 기뻐하여라.

7

1 기업인들아, 너희는 자본주의 덕분에 재산을 축적하고 있다.

2 그 자본주의는 노동자의 노동과 시장의 소비로 지탱되는 것이 아니냐. 너희가 상품을 생산하고 판매하는 모든 과정에서 수많은 사람들이 너희 일을 돕고 있다. 그러므로 너희가 돈을 버는 것을 너희만을 위하여 쓰지 말고 일정 부분은 반드시 사회를 위하여 곧 사회 정의를 실현하는 데에 써야 한다.

3 너희는 공무원을 매수하려 하지 마라.

4 너희는 정치인을 매수하려 하지 마라.

5 너희는 오로지 기술과 실력을 갖춰 다른 기업보다 좋은 제품으로 경쟁하여라.

6 기업이 스스로 경쟁력을 갖추지 못하고 정치인을 앞세우거나 편법과 탈법을 사용하면 너희는 사회의 짐이 되고 사회에 기생하는 기생충이 되고 만다.

7 기업인은 돈을 벌어 사회에 봉사하는 사람이다.

8 정당한 방법, 사회가 용인하는 방법으로 돈을 벌 뿐 불의한 방법으로 돈을 벌려 하지 마라.

9 사회를 돈으로 더럽히지 마라.

10 사람의 정의감을 돈으로 더럽히려는 행위를 하지 마라.

11 끊임없이 기술을 개발하여 좀 더 나은 서비스로 소비자에게 이익을 주려 노력하여라.

12 회사 재산을 부당하게 빼돌려 너희 개인의 부를 축적하는 데에 쓰지 마라.

13 노동자들과 함께 번 돈은 그들과 합리적으로 나누도록 하여라.

14 노동자는 너희를 위해 봉사하는 사람이 아니라 자신의 삶을 풍요롭게

누리기 위해서 노동으로 너희에게 협력하는 자이다.

15 너희는 다른 사람의 수고를 가로채어 네 탐욕을 채우지 마라.

16 노동자를 착취하려 하지 마라. 그들에게 인간다운 삶을 누릴 수 있는 환경을 제공하여라.

17 가난한 사람을 구제하는 데에 인색하지 마라.

18 기업인에게 정의는 돈을 정당하게 벌어서 가치 있게 쓰는 것이다.

8 1 과학자들아, 너희가 연구하는 과학과 과학기술은 현대 문명의 꽃이다.

2 과학은 하나님의 창조 비밀을 풀어서 그 원리를 이용하여 하나님의 창조의 뜻을 이루는 수단이다.

3 과학자는 세상을 낙원으로 만들 수 있는 수많은 방법을 다양한 형태로 찾아내어 인류에 봉사하는 의인들이다.

4 너희가 하는 일은 종교인이 하는 일보다 더 값지다.

5 성스러움을 따진다면 너희의 일이 더 성스럽고 가치가 있다. 너희의 노력으로 사람이 하나님을 더 잘 알 수 있게 되기 때문이다.

6 기업인은 너희의 성과를 먹고 사는 자들이고, 사람들은 너희 덕분에 더 편하고 여유 있게 살면서 우주와 창조 원리에 대하여 더 깊이 알게 된다.

7 뉴턴과 다윈과 아인슈타인과 왓슨은 인류를 위해 큰일을 해낸 사람들이다. 그 밖에도 이들에 버금가는 훌륭한 연구를 해낸 사람이 얼마나 많으냐. 그들이 이룬 성과는 어떤 종교인이나 정치인이 이룬 성과보다 더 값지다.

8 너희는 끊임없이 연구를 거듭하여 이 대자연에서 하나님의 지혜를 찾아내어 사람들이 이용할 수 있게 하여라.

9 너희가 핵폭탄을 만들었으니 그 핵폭탄의 위험을 없애는 방법도 찾아내어라. 너희의 생화학 지식이 살상 무기가 되지 않게 하여라.

10 너희가 만든 기술이 무기가 되어 인류를 위협하는 것을 너희도 알 것이다.

11 너희는 너희 지식이 무기를 만드는 데 쓰이지 못하게 하고 우주를 향해서 인간이 나아갈 수 있는 기술의 개발에 너희 지식을 동원하여라.

12 사람의 질병을 치료하고 사람을 더 편안하게 만들어 주는 기술의 개발에 너희 지식을 동원하여라.

13 국가와 국가가 전쟁을 준비하기 위해서 수많은 무기를 개발하고 있음을 너희가 알 것이다. 그런 일에 동원되지 마라.

14 너희는 자유의 적이 되지 마라. 너희가 훌륭한 과학자가 될 수 있었던 원동력은 너희에게 주어진 자유였다. 자유롭게 탐구하지 못했다면 너희는 존재하지 못했을 것임을 잊지 마라.

15 너희가 꼭 명심해야 할 것이 있다. 너희는 연구를 위하여 생명을 죽이거나 해치는 행위를 하지 마라. 이것은 너희가 하나님의 뜻을 어기는 것이다.

16 하나님은 너희가 생명을 가볍게 여기는 연구를 용서하지 않으신다. 생화학무기 개발을 멈추고 그 지식을 인류의 건강을 위해 써라.

17 너희는 일본인 이시이 지로와 독일인 요제프 멩겔레의 사악함을 기억하여라. 이들은 살아 있는 인간을 실험 대상으로 삼아 참혹하게 죽이는 만행을 서슴지 않은 자들이 아니냐.

18 이들 뒤에서 그런 만행을 북돋우던 정치 체제를 지휘한 히로히토와 히틀러의 죄악은 이들과 비교할 수 없지만 이들의 영혼은 아직 안식을 얻지 못하고 고통을 당하고 있음을 알아라.

19 이들의 자손 중에서 누군가가 나와서 선인들의 만행을 공개적으로 사죄하고 피해자를 위하여 진정어린 성금을 제공한다면 이들의 죄가 조금은 덜어질 수 있을 것이다.

20 너희는 비록 학문적 지식은 있으나 연약한 사람이므로 너희 개인의 힘으로는 전쟁 무기 개발과 생산에 동원되는 것을 피할 수 없으니 시민들에게 너희 처지를 호소하고 그들과 연대하여라. 그리고 각국의 과학자들과 연대하여라.

21 과학은 국가를 뛰어넘어야 한다.

22 과학은 인류 보편적인 이익을 위하여 쓰여야 한다.

23 너희가 생명의 존귀함과 생명체의 자유를 가벼이 여기고 정의감을 갖추지 못한다면 너희의 존재가 인류에게 재앙이 될 것이다.

24 너희가 하는 일이 인류에게 유익하도록 힘써라.

25 과학자가 권력과 유착되면 안 된다.

26 너희는 너희 연구 결과가 인류를 불행하게 만드는 무기로 쓰이지 않도록 시민들과 연대하여 공개적으로 선언하여라.

27 과학자의 정의는 지식으로 하나님의 창조 비밀을 알아내어 그것으로 인류를 행복하게 해 주는 것이다.

9 1 하나님의 정의는 이것이다. 모든 사람에게 평등하게 기회를 주어라. 모든 사람에게 평등하게 자유를 허락하여라. 가진 사람은 못 가진 사

람을 돕고, 강한 사람은 약한 사람을 돕고, 유식한 사람은 무식한 사람을 도와라.

2 너희에게 무엇이 있느냐. 기술이 있느냐, 힘이 있느냐, 물질이 있느냐, 따뜻한 마음이 있느냐, 희생하고자 하는 의지가 있느냐, 지식이 있느냐, 예능이 있느냐. 너희가 가진 것으로 그것을 갖지 못한 사람을 도와라. 이것이 하나님의 정의이다.

3 옛사람은 너희가 대접을 받고자 하는 대로 남을 대접하라고 하였는데 나는 너희에게 말한다. 너희가 가진 것 중에서 다른 사람에게 유용한 것이 무엇인지 찾아서 그것이 필요한 사람을 도와라.

4 너희가 무엇을 받을까 계산하지 말고 또 너희가 어떤 대접을 받게 될까 계산하지 말고 도와라. 이것이 하나님이 너희에게 주시는 명령이요 너희들이 실천해야 할 하나님의 정의이다.

5 정의는 자유롭고 공정하게 경쟁하는 속에서 형성된다.

6 정의는 홀로 서지 않고 많은 사람이 공감해야 바로 선다.

7 경쟁은 너희 사회에서 최선의 길을 찾는 과정임을 알아라. 누구를 죽이고 누구를 도태시키는 경쟁이 아님을 잊지 마라.

8 그러므로 너희는 경쟁을 가장 공정하고 효율적으로 하는 제도를 갖춰라. 그 안에서 정의가 살아날 것이다.

9 너희는 어떤 사람이 되고자 하느냐? 장사하는 사람이 되고자 하느냐. 그렇다면 너희에게 정의는 정직한 것이 최고다. 정직하게 상품을 잘 만들어 적절한 값으로 공급하여 소비자에게 이익을 주는 것이 너희에게 요구되는 정의이다. 그러니 너희는 거짓으로 물건을 만들지 말고 거짓으로 물건을 선전하지 말고 거짓으로 물건을 팔지 마라. 너희가 정직한

마음으로 장사를 하면 기어이 성공을 거두리라. 너희가 시작은 어렵고 고단하겠지만 마지막에는 웃으리라.

10 너희가 공무원이 되고자 하느냐. 그렇다면 너희의 정의는 정직하고 공정한 봉사에 있다. 너희가 정직하지 않으면 아무 것도 할 수 없다. 정직한 자만이 장사를 하여야 하는 것을 보아라. 정직하지 않은 자가 어떻게 공적 업무를 수행하겠느냐. 정직한 것에 더 보태어 너희는 누구보다도 공정하게 일해야 한다. 너희가 공정하지 못하면 사회에 불공정에 따른 부정과 부패와 비리가 만연하게 된다. 너희는 부지런해야 한다. 게을러서는 안 된다. 너희가 게으르면 사회는 불편과 불평이 가득 차게 된다. 너희는 사익을 추구하면 안 된다. 편안하게 월급을 받으며 근무 시간에 게으름을 피우거나 너의 이익을 위하여 업무 아닌 다른 일을 하지 마라. 너희의 봉사로 사람들이 편안하게 생활할 수 있고 지친 사람이 도움을 받을 수 있다면 너희는 사회에 정의를 실현하고 있는 것이다.

11 너희가 정치인이 되고자 하느냐. 그렇다면 너희에게 정의는 정직하고 공정하면서도 사회의 약자에게 관심을 갖는 것이다. 사회의 그늘에 빛이 들어가게 해야 하며 사회의 곪은 곳을 찾아 수술을 해야 한다. 너희가 하는 일은 사회가 신선하게 활동할 수 있도록 돕는 것이다. 그러니 너희가 스스로 부패하거나 스스로 특권을 누리거나 스스로 교만하면 너희 사회는 불만과 허위와 불공정과 부패로 깨끗한 사람이 숨을 쉬기 어려운 사회가 될 것이다. 너희는 부정, 부패, 특권을 멀리하고 약한자의 아픔을 공감하고 치료하는 데서 정의를 찾아야 한다. 음모와 술수로 얼룩진 정치를 밝은 빛 가운데 내놓아 투명하고 깨끗하게 만들어라. 그것이 너희가 이루어야 할 정의이다.

12 너희가 언론인이 되고 싶으냐. 그렇다면 너희에게 정의는 진실하고 공정하게 보도하는 것이다. 너희가 왜곡되고 치우친 보도를 함으로써 사회가 진실에 어두워지고 사람들이 편견과 고정관념에 휩싸여 사회가 분열한다. 권력자의 입맛에 맞추어 보도를 하거나 낡은 가치관에 몰입하여 보도를 함으로써 새로운 가치가 사회에 들어오는 것을 막는 반동적인 역할을 하기도 한다. 과거에 광주 민중 항쟁이나 부천 경찰서 성고문 사건처럼 정권에 저항하는 시국 사건에 대한 보도나 재벌의 불법행위에 대한 보도가 공정하고 진실하였는지 점검하여 보아라. 자동차를 운전할 권리를 원했을 뿐인 사우디 여성 마날 알 샤리프를 반역자, 매춘부, 신성모독자 등 입에 담기 어려운 험담으로 매도하여 여성 인권을 말살한 사우디 언론이 정상적인 언론이라고 할 수 있느냐. 너희가 언론인이 되고자 한다면 최대한의 인권의식을 갖추고 편파적인 보도나 왜곡보도를 하지 않겠다는 다짐을 스스로 선언하여라.

13 너희가 법조인이 되고자 하느냐. 그렇다면 너희에게 정의는 법과 원칙을 정확하게 지키고 다른 사람도 그렇게 하게 하는 것이다. 너희 스스로 법과 원칙을 지키지 않는다면 즉시 그 자리에서 물러나라. 아는 사람의 불법을 눈감아 주고, 권력 있는 자의 불법을 옹호하고, 이념이 같은 사람의 불법을 용인해 준다면 너희는 그 자리에 있어서는 안 되는 악이다. 너희 권력을 이용하여 힘없는 사람을 겁주고 죄를 뒤집어씌우는 자는 그 권력 때문에 망하리라. 너희가 감히 손에 쥔 저울을 부러뜨리고도 정의를 입에 담으려 하느냐. 너희 저울이 한쪽으로 기울지 않게 하여 정의를 지키는 자로서 사명을 다하여라.

14 너희가 군인이 되고자 하느냐. 그렇다면 너희의 정의는 국민의 안위를

책임지는 것이다. 평소에 전쟁에 철저하게 대비하여 국경을 안정시키고 외국의 침략을 억제하면서 만일의 사태에 실수 없이 대처하는 것이 너희의 정의이다. 너희는 침략 전쟁을 시도하지 마라. 그러나 침략자에 대해서는 철저하게 응징하여야 한다. 전쟁에서 이기는 것이 너희에게 정의이기 때문이다. 너희가 운용하는 무력을 악용하여 국가의 정치에 관여하거나 국가의 주권을 탈취하려 한다면 너희는 마땅히 너희 목숨을 내놓아야 한다. 너희의 쿠데타로 말미암아 수많은 사람이 목숨을 잃은 일이 있지 않았느냐.

15 너희가 교육자가 되고 싶으냐. 그렇다면 너희에게 정의는 진실함과 선함과 의로움을 유지하는 것이다. 너희는 배우는 자보다 정직하지 않아서는 안 된다. 너희는 배우는 자보다 선하지 않아서는 안 된다. 너희는 배우는 자보다 의롭지 않아서는 안 된다. 그 바탕 위에서 너희가 가진 지식을 성실하게 정성껏 가르쳐라. 지식에 교만하지 말고 겸손하고 따뜻한 마음으로 배우는 사람을 가르쳐라. 너희는 가르치기만 하는 자가 아니라 가르치면서 배우는 자임을 잊지 마라.

16 너희가 취직하여 안정된 생활을 하고 싶으냐. 너희는 거기서 최선을 다해서 너희의 능력을 발휘하여라. 게으름을 피우지 말고 월급을 축내지 말고 너희 능력 이상의 보상을 바라지 말고 너희 직장이 발전할 수 있도록 너희의 능력을 최대로 발휘해야 한다. 새로운 지식과 기술을 배우고 열심히 동료와 소통하여 너희 일터가 일할 만한 멋진 곳이 되도록 힘써라. 자기보다 못한 사람을 얕보거나 무시하지 말고 그가 부족한 것이 있으면 너희가 가르치고 보완해 주어 함께 일하여 나갈 수 있게 하여라. 일터 안에서 부정을 저지르지 말고 회사의 부정한 행위에 공범이

되지 말고 바르고 정당한 방법으로 일을 해 나가라. 너희의 정의는 정직하고 성실히 최선을 다해서 능력을 발휘하는 것이다.

17 너희가 무슨 일을 하거든 거기에서 갖추어야 할 정의가 있다. 그 정의를 지키는 데에 정성을 쏟아라. 너희 하나님이 너희의 수고를 칭찬하실 것이다.

10

1 남자들아, 너희는 하나님의 사람이 되어라. 하나님의 사람으로서 진실하고 선하고 의롭게 살아라. 너희는 어떻게 하면 돈을 벌고 어떻게 하면 상대를 쓰러뜨리고 어떻게 하면 쾌락을 맛볼 것인지 이야기하는 것으로 시간을 보내지 마라.

2 남이 보지 않는 곳에서 음모를 꾸미고 부정과 불법을 저지를 모의를 하지 마라. 사기와 탈법으로 돈을 벌려는 계획을 세우고 있다면 즉시 중단하여라.

3 너희는 아내와 자녀를 위한 것이라면 탈법과 불법과 반칙도 마다하지 않은 경험이 있지 않으냐. 너희의 이익을 위하여 다른 사람을 무고하고 비난하는 일을 한 적이 없느냐. 다른 사람을 속여서 너희의 이익을 취한 적은 없느냐. 네 잘못은 생각하지 않고 다른 사람을 궁지에 몰아넣을 궁리를 한 일은 없느냐.

4 너희가 정의라는 것에 대해서 생각해 보았느냐. 옳고 그름에 대해서 생각해 보았느냐. 너희에게 손해가 되는 경우라도 옳은 일이라면 돈과 시간을 쓰겠다는 생각을 해 본 적이 있느냐. 불의를 보고 분노해 본 적이 있느냐.

5 다른 사람의 잘못을 비난하는 것처럼 너희 자신의 잘못에 대해서도 스

스로 자책해야 되지 않느냐.

6 너희가 너희 자녀를 진실하고 선하고 의로운 사람으로 키우는 데 관심이 있느냐 아니면 불의해도 좋고 불법이어도 좋으니 어떻게든 좋은 대학 가서 출세하기를 바라느냐.

7 너희 남자들이 불의하여 너희 가정이 불의해지고 너희 자녀가 불의해지고 너희 사회가 불의해짐을 알아라.

8 그러나 너희가 불의한데도 불구하고 세상은 점점 의로워질 것이다. 이것이 하나님이 정해 두신 법칙이다. 이걸 모르고 너희가 불의하고 불법을 저질러 성공하려 한다면 머지않아 너희는 크게 불행을 겪게 될 것이다.

9 그러니 어서 거짓과 악과 불의에서 벗어나 하나님의 빛 가운데로 나아가라.

10 너희들이 좋아하는 것과 싫어하는 것이 너희 사회의 규칙과 가치관의 실질적 원천이 된다는 점을 인식하고 너희 사회에서 정의를 실현하기 위해서 너희 가진 자들이 솔선하여 모범을 보여라.

11 정의는 너희들이 생각하는 것처럼 멀리 있는 것도 아니고 추상적인 것도 아니다. 너희 주위에서 구체적으로 존재하는 것이다. 다만 너희가 눈앞의 이익을 쫓다가 이를 놓치고 있을 뿐이다.

12 어떤 사람이 너희 조직에서 관행적으로 일어나는 불의에 대하여 항의하였다고 하자. 너희는 그 사람을 의롭다고 칭찬하겠느냐 말썽꾼이라고 욕하겠느냐.

13 어떤 지방의 공무원들은 근무시간에 밖에 나가서 사사로운 일을 보고 다니면서도 업무 출장이라고 거짓 보고를 하여 출장비를 챙긴다. 또 어떤 이는 퇴근 시간에 퇴근하지 않고 저녁을 먹은 다음 늦게 퇴근한다.

야간 근무 수당을 타먹기 위해서다. 이는 공무원의 성실 근무 위반일 뿐 아니라 국가의 돈을 도둑질하는 것이므로 누구나 불의한 일이라고 생각할 것이다. 그러나 그곳은 이미 그런 것이 관행이 되어 있어서 누구도 이를 불의한 일이라고 생각하지 않는다. 모두 그렇게 편하게 근무하고 있기 때문이다. 여기에 어떤 의로운 사람이 이를 문제 삼아 국가기관에 고발하였다고 하자. 이 사람이 그곳에서 살아남겠느냐? 너희가 그 사람을 의롭다고 칭찬하겠느냐. 너희는 온갖 이유를 들어 그를 험담하고 따돌려 결국 그가 그곳에서 일하지 못하고 나가도록 압력을 넣지 않겠느냐. 너희 불의한 자들 속에서 의로운 자는 쌀에 섞인 뉘처럼 추려져 내버려지고 있다.

14 나라의 예산 지원을 받아 사업을 하는 수많은 학교와 연구소에서도 이와 비슷한 일이 벌어지고 있지 않으냐. 예산을 목적과 다르게 쓰는 것에서부터 사적 이익을 위해 쓰는 것까지 수많은 불의가 너희 주위에서 벌어지고 있지 않으냐.

15 정의는 너희 가까운 곳에서 너희에게 끊임없이 너희 양심의 문을 두드린다. 너희가 지금 하고 있는 일이 옳은가 그른가. 너희 양심에 가책을 받을 일이 있다면 그것은 불의한 일임이 분명하다.

16 그러나 불의한 사람은 양심의 가책이라는 것을 받지 않는다. 그러므로 이런 사람을 찾아내어 다시는 불의한 일을 저지르지 못하게 강제하는 것이 정의이다. 너희는 정의가 불의를 이기는 사회를 만들어라. 정의로 가는 길은 하나님께 가는 길이다.

11

1 여자들아, 너희는 하나님의 사람이 되어라. 너희는 하나님이 만

드신 첫 사람이 아니냐. 너희가 하나님의 사람이 되어 남자와 젊은이를 사랑으로 이끌지 않으면 누가 그들을 구원하겠느냐.

2 너희는 하나님이 주신 몸만으로 더 꾸밀 것도 없고 더 보탤 것도 없이 완전하니 너를 꾸미기 위하여 시간과 돈을 들이는 것을 그만두어라.

3 너희는 더 예뻐지고 싶고, 더 많은 사랑을 받고 싶고, 더 귀히 여겨지고 싶겠지만 너희의 일차적인 목표는 너희 자신을 회복하고 너를 너답게 유지하는 것이다. 너희의 아름다움은 거기서 나온다.

4 네 남편의 성공을 이용해서 으스대고 특혜를 누리는 것을 즐기며 자식의 성공을 통해서 너를 드러내려 하는 것은 너의 완전성을 훼손하는 일이다.

5 너희는 너희 자녀를 진실한 사람, 선한 사람, 의로운 사람으로 키우는 데 힘을 쏟아라. 이를 위해서 먼저 너 자신이 진실하고 선하고 의로운 사람이 되어라. 이것은 하나님의 뜻이다.

6 네 허영심을 충족하기 위하여 남편을 이용하지 말고, 네 탐욕을 채우기 위하여 자녀를 휘두르지 마라. 그것은 너와 남편과 자녀의 앞길을 망치는 일이 된다.

7 너희처럼 아름답고 고운 사람이 그 입에 거짓을 달고, 그 마음에 악을 품고, 그 머리에 불의를 생각하는 것이 말이 되느냐.

8 여자들아, 너희는 하나님의 모상이 되어야 한다. 세상을 창조하신 하나님은 당신의 일부를 너희 여자들에게 담당시키셨느니라. 그런 너희가 어찌 세상에서 거짓과 악과 불의를 저지르겠느냐.

9 너희는 하나님의 진실하심을 입고, 하나님의 선하심을 두르고, 하나님의 의로우심을 품은 자다.

10 너희의 진실함으로 네 가정과 이웃의 진실함을 지켜라.

11 너희의 선함으로 네 가정과 이웃의 선함을 지켜라.

12 너희의 의로움으로 네 가정과 이웃의 의로움을 지켜라.

13 여자들아, 일어나 남자들이 불의에 떨어지는 것을 막고, 젊은이들이 의로운 삶을 살 수 있도록 이끌어 주어라.

14 여자들아, 너희 가정과 사회를 하나님 말씀으로 바로 세워라.

12 1 젊은이들아, 너희는 하나님의 사람이 되어 진실과 선과 의로움을 이상으로 삼아라. 너희가 이 이상을 가지고 세상을 바꾸려 노력하지 않는다면 너희는 밥 먹는 벌레에 지나지 않는다.

2 너희가 위선과 거짓에 맞서지 않고, 악과 불의에 맞서지 않으면서 기득권에 취하고 부모가 물려준 특혜와 특권의식에 절어 있다면 너희는 사회의 기생충에 지나지 않는다.

3 너희 부모가 너희를 반칙과 특혜로 키웠다면 너희는 사회에 빚진 자들이다.

4 너희가 그 특혜를 당연한 것으로 여기고 특혜 받은 너희들끼리 작당을 하고 돈 자랑을 하며 무리를 지어 거리를 떠돌아다니고 음침한 곳에서 심신의 쾌락을 쫓는다면 너희는 너희 젊음의 가치를 내동댕이친 죄로 하나님이 내리시는 강력한 벌을 받게 되리라. 너희 집이 무너지고 너희 미래가 사라질 것이다.

5 너희는 깨어 하나님이 바라시는 정의의 길을 걸어라.

6 세상이 너희를 온갖 편법으로 유혹하며 눈앞의 성공을 약속하더라도 너희는 편법의 유혹에서 벗어나 정의를 세우는 길로 나아가라.

7 너희 부모 세대가 너희를 성공시키기 위하여 저질렀던 잘못을 너희가 바로잡지 못한다면 너희 부모 세대의 과오에 대한 벌을 너희가 받을 것이고 그 벌의 영향은 너희 자녀에게 미쳐 너희 다음 세대는 너희보다 더 뻔뻔해지고 사악해질 것이다.

8 젊은이들아, 너희는 불타는 정열을 가졌기 때문에 무엇이라도 하지 않으면 견딜 수 없는 특성이 있다. 그래서 어른들은 종교 사역이나 이념 투쟁에 너희 정열을 이용하려 한다. 너희의 순수한 정열이 불의한 기성 세대의 먹잇감이 되지 않게 하여라.

9 젊은이들아, 너희는 기성 종교나 이념에 빠지지 않도록 노력하여라. 너희 순수한 정열이 허황된 것에 낭비되지 않게 하여라. 너희 순수한 정열이 사악한 것에 연루되지 않게 하여라. 부모 세대의 잘못이 너희를 오염시키지 못하게 하여라.

10 너희는 진실의 자리, 선의 자리, 의의 자리에 서라.

11 너희가 악의 사슬을 끊지 못하면 어느 세대가 그 사슬을 끊어 주겠느냐.

12 너희가 정의를 세우지 못한다면 누가 정의를 세우겠느냐.

13 너희가 과감하게 너희 주위를 감싸고 있는 불의의 껍질을 벗고 정의의 길로 나아가라. 너희에게 하나님이 기회를 주고 계신다.

14 빈손과 맨손으로 세상과 맞서게 된 젊은이들아, 너희 상황을 한탄하지 마라. 너희는 너희 부모 세대가 어떤 특권과 특혜와 반칙으로 너희를 교육하지 않은 것에 감사하여라.

15 너희의 손은 부끄러운 손이 아님을 알아라. 너희는 세상에 진 빚이 없으니 과감하게 일하고 노력하여 너희 앞을 개척하여라.

16 너희가 진실한 마음으로 선을 행하기를 주저하지 않는다면 너희는 분

명코 하나님이 주시는 복을 받아 누리게 된다.

17 스스로 위축되지 말고 강하고 담대하게 하나님의 이름으로 의롭게 세
상과 맞서 나아가라.

18 게으르지 말고 부지런하여라. 사회에 대한 증오심을 버리고 감사하며 나
아가라. 증오는 너희를 무너뜨리나 감사는 너희를 일으키리라.

19 젊은이들아, 불의가 성공하는 것에 흔들리지 말고 정의의 길을 가라. 지
치지 말고 정의의 길을 가라. 하나님의 도우심을 믿어라.

13 1 너희는 감성적인 사람이라 이성의 논리를 싫어한다. 정의가 이성
의 영역이라 너희가 정의를 멀리하기 쉽다. 바라건대 너희 감성이 이성
안에 있고, 이성이 감성 안에 있어서 너희가 정의를 실현하는 데 부족
함이 없도록 노력하여라.

2 사랑하고 공감하고 아끼고 존중하고 배려하고 돕는 일은 모두 너희 감
성의 세계에서 일어나는 일이다. 하나님께서는 너희가 감성을 충분히
발휘하여 너희 존재 가치를 구현하는 것을 좋아하신다. 다만 너희의 모
든 감성 활동이 하나님이 주시는 이성의 범주를 벗어나지 않기를 바
라신다.

3 이성은 감성의 길잡이이고 보호자이다. 너희 감성을 순화하고 고양하
여 너희 가치를 높여 주는 것이 바로 이성이 아니냐. 그 이성이 너희에
게 정의를 가져다준다.

4 너희는 진실을 지키고 거짓을 버려라. 선을 행하고 악을 멀리하여라. 공
의를 펴고 불의를 용납하지 마라. 이를 알게 하는 것은 바로 하나님이
너희에게 심어 주신 이성이다. 너희는 이 세 가지를 항상 마음에 새기

고 열심히 실천하여라.

5 너희 이익을 위하여 사람을 속이지 마라. 모든 악이 여기에서 나온다.

6 너희는 하나님께서 너희 모두에게 진실하신 것처럼 너희도 서로에게 진실하여라.

7 당장의 체면을 지키기 위하여 진실을 감추고 거짓을 말하지 마라. 체면은 거짓으로 지키는 것이 아니다. 가식적인 체면 때문에 네 명예가 송두리째 무너지는 것을 두려워하여라.

8 우주의 모든 피조물이 하나님이 정하신 법칙대로 움직이는 것을 보아라. 만일 여기에 거짓이 끼어 있다면 이 우주가 질서와 조화를 유지하며 운행될 수 있겠느냐.

9 사람들아, 너희가 가진 조그만 지식과 지혜로 다른 사람을 속이고 거짓을 꾸며 이익을 취하려 하느냐. 진실을 추구하고자 하는 사람은 연대하여 거짓에 대적하여라.

10 위선자를 조심하여라. 위선자의 위선을 밝혀내고 이를 제거하기 위하여 서로 연대하여라.

11 사기꾼을 조심하여라. 그는 순식간에 네 영혼을 훔쳐갈 수 있다.

12 하나님은 거짓을 말하는 사람은 그가 성직자든 정치인이든 교육자이든 은행가이든 기업인이든 직장인이든 어른이든 아이이든 여자이든 남자이든 본인이 한 거짓말이 만든 저주에서 헤어나지 못하게 하셨다.

14

1 사랑은 선이고 미움은 악이다.

2 존중하고 배려하며 아끼는 것은 선이고, 무시하고 배척하며 허투루 여기는 것은 악이다.

3 자유롭게 해 주는 것은 선이고 자유를 억압하는 것은 악이다.

4 돕는 것은 선이고 해치는 것은 악이다.

5 칭찬하고 북돋우는 것은 선이고 비난하고 저주하는 것은 악이다.

6 우월한 힘을 이용하여 다른 사람을 자기 마음대로 부리는 것은 악이다.

7 불의를 감추기 위해 돈을 사용하는 것은 돈으로 정의를 사려하는 것이어서 최악이다.

8 자기의 능력을 사용하여 다른 사람을 유익하게 해 주는 것은 선이고 자기 능력을 악용하여 다른 사람을 해치는 것은 악이다.

9 다른 사람의 성장과 발전을 돕는 것은 선이고 이를 가로막고 해치는 것은 악이다.

10 다른 사람의 권리를 보장해 주는 것은 선이고 그것을 침해하는 것은 악이다.

11 탐욕을 억제하는 것은 선이고 탐욕을 채우는 것은 악이다.

12 거짓을 들추는 것은 선이고 숨기는 것은 악이다.

13 사람을 즐겁게 하는 것은 선이고 괴롭히는 것은 악이다.

14 약한 나라를 돕는 것은 선이고 약한 나라를 핍박하고 침략하는 것은 악이다.

15 평화를 도모하는 것은 선이고 전쟁을 일으키는 것은 악이다.

16 침략 전쟁을 찬양하는 것은 악이다.

17 침략 전쟁을 일으킨 사람을 찬양하고 숭배하는 것도 악이다. 그 전쟁으로 말미암아 죽은 모든 생명에 대하여 그와 그 전쟁을 찬양한 자들이 책임을 져야 한다.

18 선한 폭력은 없고 모든 폭력은 악이다.

19 선한 전쟁은 없고 모든 전쟁은 악이다.

20 선한 것은 사람을 기쁘게 하고 악한 것은 사람을 아프게 한다.

21 너희는 악을 떠나 선을 행하여라.

22 주위의 악을 견제하고 선을 부추겨라.

23 악은 불의의 씨앗이고 선은 정의의 씨앗이다.

24 선을 따르고자 하는 사람은 연대하여 악을 대적하여라.

25 하나님은 악을 행하는 사람은 누구나 그가 성직자든 정치인이든 교육 자이든 은행가이든 기업인이든 직장인이든 어른이든 아이이든 여자이 든 남자이든 자기의 악행이 만든 저주에서 헤어나지 못하게 하셨다.

15

1 질서는 의요 무질서는 불의이다.

2 공정한 것은 의요 불공정한 것은 불의이다.

3 공평한 것은 의요 불공평한 것은 불의이다.

4 평등한 것은 의이고 불평등한 것은 불의이다.

5 균등한 것은 의이고 불균등한 것은 불의이다.

6 경쟁은 의로운 것이나 짬짜미는 불의한 것이다.

7 다른 사람보다 특혜를 받는 것도 불의이고 특혜를 주는 것도 불의이다.

8 가난한 사람에게서 기회를 빼앗아 부자에게 던져주는 사회는 불의한 사회이다.

9 정치하는 사람이 부를 탐내도록 유혹하는 사회는 불의한 사회이다.

10 공무원이 청지기의 사명을 감당하지 않고 명리를 탐하도록 내버려두는 사회는 불의한 사회이다.

11 교육자가 자기 임무를 철저히 수행하지 않고 명리를 탐하도록 내버려

두는 사회는 불의한 사회이다.

12 자기 일을 성실히 하는 사람을 좌절하게 하는 사회는 불의한 사회이다.

13 억울한 약자를 만들어 내는 사회는 불의한 사회이다.

14 악을 비호하고 두둔하는 사회는 불의한 사회이다.

15 권력으로 거짓과 불의를 감추는 것이 가능한 사회는 불의한 사회이다.

16 돈으로 권력을 사서 부리도록 내버려두는 사회는 불의한 사회이다.

17 돈으로 정의를 사도록 내버려두는 사회는 불의한 사회이다.

18 우월한 지위를 악용하도록 내버려두는 사회는 불의한 사회이다.

19 세상에 의를 실현하기를 바라는 사람은 연대하여 불의를 가능하게 하는 모든 적과 싸워라. 정치권력, 경제 권력, 종교 권력, 문화 권력 그 어느 권력도 사회를 불의하게 만드는 데에 명시적으로나 묵시적으로나 동참해서는 안 된다. 그들을 바로잡지 않고는 하나님 나라를 만들 수 없다.

20 하나님의 공의를 실현하고자 하는 사람은 불의한 자가 손을 들 때까지 강하고 담대하게 싸워라. 하나님은 의의 편에서 계신다.

21 너희는 너희 나라에 정의가 강물처럼 흐르게 하여라.

22 정의의 열매는 평화가 아니냐. 너희가 평화로운 집과 평화로운 마을과 평화로운 나라에서 쉼을 얻게 되리라.

23 하나님은 불의를 행하는 사람은 그가 성직자든 정치인이든 교육자이든 은행가이든 기업인이든 직장인이든 어른이든 아이이든 여자이든 남자이든 자기가 저지른 불의의 저주에서 헤어나지 못하게 하셨다.

16

1 자유는 정의이고 억압은 불의이다.

2 사람들이 자유롭게 생각하고 행동할 수 있어야 국가와 사회를 정의롭

게 만들 수 있다.

3 어떤 사람은 자유가 방임으로 흐르기 쉽고 자유 경제는 독점 자본으로 귀결되기 쉽기 때문에 자유를 제한해야 한다고 말한다.

4 그러나 누구도 사람의 자유를 함부로 제한하면 안 된다.

5 하나님도 사람의 자유를 제한하지 않으셨는데 왜 너희가 사람의 자유를 제한하려 하느냐.

6 자유는 오로지 진실과 선과 정의로만 제한될 수 있다.

7 거짓말할 자유, 악을 저지를 자유, 불의를 저지를 자유는 허락되지 않는다. 그것은 다른 사람의 자유와 권리를 침해할 수 있기 때문이다.

8 자유의 행사는 정의로워야 한다. 공정한 조건 아래에서 정당한 방식으로 행사되지 않는 자유는 자칫 불의와 무질서로 흐를 수 있다.

9 공동체 전체가 누릴 수 있는 자유가 무한하지 않기 때문에 구성원의 자유도 무한하지 않지만 자유의 유한성을 규정하는 것은 바로 그 자유를 향유하여 온 사람들이어야 한다.

10 위임 받은 권력이 위임한 자의 자유를 제한하는 것은 악이고 불의이다.

11 어떤 권력도 그 권력을 위임한 사람의 자유를 억압하거나 제한할 수 없다.

12 어떤 형태의 전제, 독재도 정의로울 수 없다. 그 자체로 자유를 억압하는 체제이기 때문이다.

13 전제나 독재가 아무리 사람들을 물질로 풍족하게 만들어 주더라도 자유를 억압하는 한 불의한 체제이다.

14 하나님은 사람의 자유를 억압하는 사람은 누구나 그가 성직자든 정치인이든 교육자이든 은행가이든 기업인이든 직장인이든 어른이든 아이

이든 여자이든 남자이든 자기가 행한 억압의 저주에서 헤어나지 못하게 하셨다.

17

1 사람을 궁핍하게 만드는 모든 사람과 법과 제도는 정의를 거스르는 악이다.

2 궁핍은 사람의 자유를 제약한다. 자유를 제약하는 것은 정의가 아니다.

3 공정하지 않은 경쟁, 공평하지 않은 분배는 일부를 부하게 만들고 다른 일부를 가난하게 만든다. 그래서 불공정과 불공평은 모두 정의롭지 않다.

4 다른 사람의 수고를 도적질하지 마라.

5 이자, 지대, 건물과 주택 임대료 따위는 다른 사람에게 기회를 주는 선한 행위이면서 다른 사람의 수고를 도적질하는 악한 행위이기도 하다. 이것들이 악이 되지 않게 하려면 적정한 이자, 적정한 지대, 적정한 임대료를 받아야 한다. 이자, 지대, 임대료의 적정성은 사회 통념상 그것으로 얻을 수 있는 이익의 절대한계를 넘지 않아야 한다.

6 다른 사람의 수고를 도적질하는 또 하나의 경우는 고용주가 고용으로 얻은 이익을 독식하는 것이다.

7 고용주는 고용된 사람의 경제적 삶을 보장해야 하고 이익을 함께 나눠야 한다.

8 고용주는 고용으로 얻을 이익의 절대한계를 넘는 부분을 고용된 자들에게 나눠 주어 함께 풍요함을 맛보게 하여라. 고용주도 절대한계 이상의 이익을 가져가지 마라. 이것이 정의에 합당하고 기업인이 정의를 실현하는 일이기도 하다.

9 너희는 거짓과 사기와 권모술수가 기업을 발전시킬 수 없게 법과 제도를 만들어라. 이런 기업들이 돈을 버는 사회는 정의롭지 못한 사회이다.

10 진실한 사람이 돈을 벌 수 있는 법과 제도와 관행을 확립하여라. 부정과 부패와 비리로 돈을 벌 수 없게 막아라. 그런 사람을 막지 못하는 사회는 정의롭지 못한 사회이다.

11 사람이 불완전하고 의롭지 못하여 이익 앞에서 진실을 지키기 어려운 것이 사실이니 법과 제도와 관행을 확립하지 않으면 정의로운 기업인을 만들어낼 수 없다.

12 너희 모든 소비자도 여기에 호응하여 진실한 기업인이 성장하도록 힘을 보태어라. 결국 이들이 너희를 궁핍에서 건져 줄 것이고 너희를 경제적으로 자유롭게 해 주리라. 그들이 공정하고 공평한 상태에서 마음껏 돈을 벌게 하여라.

18

1 너희는 불완전한 사람이므로 결코 흠 없는 의로운 사람이 될 수 없다. 의인은 없나니 하나도 없으며 깨닫는 자도 없고 하나님을 찾는 자도 없고 치우쳐 함께 무익하게 되고 선을 행하는 자는 없나니 하나도 없다고 말한 성경의 말씀은 이를 두고 한 것이다.

2 성경이 말하는 의인과 내가 너희에게 말하는 의로운 사람은 차원이 다르지만 그렇더라도 사람은 완전히 의로워지기 어렵다. 왜냐하면 하나님이 사람에게 자유의지를 주셨기 때문에 그가 거짓을 말하고 악을 행하고 불의를 저지르는 것을 막을 수 없다.

3 사람이 의로워지려면 오로지 그의 지혜가 불의를 저지르는 것을 무지한 자의 행위로 인식하게 하여야 하는데 법은 멀고 주먹은 가까운 것처럼

사람의 몸은 언제나 그의 욕구에 충실하기 때문에 거짓과 악과 불의에 더 민감하게 움직여 쉽게 악의 유혹에 빠지는 것이다.

4 사람이 의로워지기 위해서는 하나님의 지혜를 갖추는 것이 급선무이 므로 사람은 평생 하나님의 완전한 지혜에 접근하기 위해서 노력해야 한다.

5 노력의 기본은 묵상과 기도로서 하나님의 의로움을 깨닫는 것이다. 이 를 위해서 종교가 그 노력을 뒷받침해야 한다.

6 교회의 목사와 신부, 교당의 이맘과 랍비, 사원의 승려 등 모든 종교인은 사람이 의로움을 갖추도록 하는 훈련을 지도하는 선생이 되어야 한다.

7 물론 그들 자신이 하나님 앞에서 의로운 사람이 되는 노력을 먼저 충실 히 이행하여야 함은 말할 것도 없다.

8 만일 종교가 불의에 물든다면 그 종교를 믿는 개인이 어떻게 의로워지 는 노력을 해낼 수 있겠느냐.

9 사람은 혼자서는 완전해지기 어렵다. 여럿이 함께 같은 목표를 향해서 나아갈 때에 더 완전에 가까워질 수 있다.

10 종교가 개인이 의로워지는 노력을 확산하는 기폭제가 되고 또 훈련장 이 되어야 한다. 교회를 통하여 모든 사람이 자발적으로 의로움에 다가 가는 연습을 행하기 바란다.

11 개인이 불의해지는 것을 막을 수 있는 또 다른 방법이 강제로 다른 사 람의 자유와 권리를 해치지 못하게 막는 것인데 이 일을 하는 곳이 바 로 국가다.

12 국가는 너희 인간 사회에서 개인이 불의를 저지르지 못하게 하는 최후 의 보루인 것이다.

13 국가는 다양한 법과 제도와 관습을 이용해서 개인이 불의한 행동을 하지 못하게 막을 수 있다.

14 마음속으로는 불의를 계획하더라도 처벌 때문에 불의를 행하지 못하게 하는 것도 사람을 불의에서 구제하는 좋은 방법이다. 그렇게 불의를 행하지 않는 것이 어느 순간에 습관으로 고착할 수도 있기 때문이다.

15 개인의 불의를 막을 수 있는 법과 제도를 잘 정비해서 운용하는 국가의 국민이 그렇지 못한 국가의 국민에 비해서 현저히 더 의로운 자가될 수 있다.

16 그러므로 너희는 서로 힘을 합해서 국가로 하여금 정의를 실현하는 법과 제도를 만들도록 요구하여야 한다.

17 과거의 국가는 군주가 권력을 쥐고 그 권력을 유지할 수 있게 하는 것이 최우선 과제였다. 그래서 군주가 곧 정의였던 시기가 있었다. 그런 나라에서는 군주가 신처럼 받들어진다. 군주에 의한, 군주를 위한, 군주의 국가였을 따름이어서 이 시기에는 어떤 군주도 백성의 자유와 권리를 위해서 권력을 행사하지 않았을 뿐 아니라 백성의 생명이 군주의 기분에 좌우되었다. 지금도 그런 나라가 있지만 그런 나라는 이제 역사 속으로 넘기고 박물관에 넣어 두어야 할 것이다.

18 이제 너희는 지배자와 국민이 하나가 되어 지배자의 이익이 국민의 이익이 되고 지배자의 의지가 국민 전체의 의지가 되는, 곧 국민이 주권자이고 지배자인 민주국가를 건설하였다.

19 너희가 민주국가를 세워 통치자의 자의적인 권력 행사를 막게 된 것은 자랑스러운 일이고 하나님의 뜻에 합당하다.

20 이제 여기서 한 걸음 더 나아가 국가가 지도자를 포함한 모든 국민이

불의를 저지르지 못하도록 막아 주는 정의의 보루가 되도록 너희가 힘써야 한다.

21 사회에서는 수많은 사람이 크고 작은 불의를 저지른다. 평범한 사람들의 불의까지 막을 수 있는 힘은 국가의 광범위한 공권력이다.

22 너희가 하나님의 지혜를 받들어 그에 따라 행동한다면 구태여 국가의 도움을 받지 않아도 정의를 실현할 수 있겠지만 너희는 결점이 많은 자들이므로 국가의 법과 제도를 이용해서 정의를 세울 필요가 있다.

23 국가 권력의 근원을 국민에게 두는 민주국가에서는 국가가 이런 기능을 수행하기가 쉬워졌다. 국민이 권력자를 포함해서 모든 공적 행위자를 감시하여 그들이 불의에 빠지지 않도록 법과 제도로 막을 수 있고 그 법과 제도로 평범한 사람의 불의까지 막을 수 있기 때문이다.

24 민주국가가 하나님의 정의에 맞는 제도라고 칭찬하는 이유가 여기에 있다.

25 그러나 민주국가에서 공정을 담보할 법과 제도를 완비해 두더라도 국가가 정의를 실현하는 데에는 한계가 있다. 법과 제도를 운용하는 자 곧 정치권력과 사법권력을 행사하는 자들이 편파를 일삼거나 의롭지 못하면 자신들의 불의를 감추거나 불의를 정의로 둔갑시킬 수 있기 때문이다.

26 불의를 숨기고 거짓으로 국민을 속여 선거에서 선택을 받은 뒤에 국가 권력을 하나하나 개인의 독재 수단으로 바꿔 나가는 경우에는 민주주의가 하루아침에 무너지고 국민의 자유와 권리는 순식간에 유린되고 만다.

27 인간이 원래 완전하지 못하기도 하지만 불의한 자의 선동과 선전에 빠

지지 않을 정도로 현명한 사람이 많지 않은 것도 문제여서 민주제도만으로는 이런 문제가 완전하게 해소되지 못하는 것이다. 그 좋은 예가 민주제도인 국민의 투표로 당선된 박정희가 자신을 대통령으로 뽑아 준 그 민주제도를 무력화하고 독재를 시행하였던 것에서 찾아볼 수 있다. 필리핀의 마르코스나 베네수엘라의 차베스에게서도 민주주의로 민주주의를 몰락시킨 예를 볼 수 있다.

28 너희 인간 사회에서 불의를 완전히 없애는 방법은 없음을 너희는 스스로 인정하고 너희의 결함을 보완하는 방법을 스스로 찾아야 한다.

29 내가 이렇게 말하면 너희는 하나님께서 불의를 심판해 주시면 되지 않느냐고 반문하고 싶을 것이다. 그러나 너희는 하나님의 심판에 무엇을 맡기지 마라. 그 일은 하나님이 하시는 일이니 너희가 그 심판이 어떻게 이루어질지 또 실제로 그 심판이 있을지 모르는 일이기 때문이다. 그것은 오로지 하나님의 일이니 하나님께 맡기고 너희는 너희가 해야 할 일과 할 수 있는 일을 하여라.

30 너희 사회가 좀 더 의로워지려면 너희 정치권력과 사법권력을 쥔 자들이 자신들의 권력을 의롭게 행사하고 있는지 너희가 눈을 부릅뜨고 감시해야 하고 불의를 저지른 자를 응징할 수 있는 법과 제도를 만들어야 하며, 법과 제도를 제대로 운용하지 않거나 거짓으로 운용하는 정치권력과 사법권력을 심판할 수 있는 법과 제도도 만들어야 한다. 절대로 개인의 양심과 정의감에 맡겨 두면 안 된다.

31 특히 정치권력과 사법권력을 쥔 자들의 거짓말은 절대 용서하지 마라. 거짓말은 모든 사회악과 불의의 시작이기 때문이다.

32 정치권력과 사법권력이 사회정의를 실현하는 데에 적극적이게 하려면

지배권력이 기득권 세력에서보다는 개혁세력에서 나올 수 있는 사회적 공감대를 형성해야 한다.

33 기득권 세력은 사회적 약자를 보호할 자질을 갖추기 어렵기 때문에 이들이 정치와 법을 운용할 때에 같은 기득권자들의 이익을 대변할 위험성이 높은 것이다.

34 따라서 정치권력과 사법권력에서 기득권 세력이 결코 다수를 점하지 않도록 세심한 주의를 기울여야 한다.

35 국가권력의 세습이든 국회의원의 지역구 세습이든 권력의 세습은 사회정의를 실현할 때 언제나 걸림돌로 작용함을 인식하고 너희는 무엇보다 정치권력과 사법권력이 기득권 세력의 편에 서지 못하도록 최선의 노력을 기울여야 한다.

36 이들에게 검은 것을 희다고 강변할 자유를 허락한다면 그 사회는 정의를 구현할 수 없다.

37 정치권력자와 사법권력자의 거짓말에는 일반인보다 가중처벌을 하고 그 거짓말을 한 시점부터 그의 거짓말임이 밝혀진 시점까지의 기간을 그의 형량에 추가하여 거짓말을 한 책임까지 물어야 한다.

38 왜냐하면 그의 거짓말 기간에 사회가 진실 게임에 매몰되어 사회적 비용을 발생시켰기 때문이다.

39 사회에서 거짓말, 위선, 왜곡으로 거짓을 덮는 부정한 자는 공적인 자리에서 반드시 제거해야 한다.

40 정의의 문제는 바로 이런 개인과 권력자가 사라지는 시점까지 너희를 괴롭히게 될 것이다.

41 정치권력과 사법권력의 불법과 비리와 부정과 부패와 불공정 등의 불의

를 감시하는 데는 언론만 한 곳이 없다. 언론이 이를 끊임없이 감시하여 세상에 드러내는 것이 이들의 불의를 막는 최선의 길이다.

42 그런데 놀랍게도 언론이 이들과 한통속이 되어 그들의 잘못을 감추어 주고 때로는 왜곡해서 악을 선으로 둔갑시키는 일에 한몫을 하기도 한다.

43 감시하고 견제하라고 만들어 놓은 권력이 견제해야 할 대상과 한통속이 될 수 있음을 알고 이들도 감시해야 한다.

44 사회에 정의가 구현되는 것을 보고자 하는 사람은 언론을 감시하고 견제해야 하고, 정치권력과 사법권력을 감시하고 견제해야 하는 고단한 일을 해야 한다.

45 민주주의는 비용이 많이 드는 제도임을 너희도 잘 알고 있을 것이다. 이런 일을 하기에 유리한 기관이 교회, 성당, 교당, 사찰 같은 종교 기관이다.

46 종교가 사회정의를 위해서 많은 사람들의 지혜를 모으고 사회가 불의해지지 않도록 빛과 소금의 기능을 수행해야 하는 것이다.

47 그런데 이 종교인마저 불의의 편에 서면 누가 사회정의를 위해서 일해 줄 것이냐. 바로 너희들이다. 하나님의 사람인 너희들이 이를 수행해야 한다. 너희가 빛의 일꾼이 되어야 한다.

48 인간 사회를 하나님의 의로운 사회로 바꾸고자 하는 너희가 나서서 종교를 불의에서 건지고 언론을 불의에서 건지고 정치권력과 사법권력을 불의에서 건져야 한다.

49 결국 십자가는 너희 하나님의 사람들이 져야 하는 것을 인식하고 너희들이 나서라.

50 민주주의와 사회정의를 지키기 위해서 빛의 일꾼인 너희가 파수꾼이 되어야 한다.

51 사회정의는 이렇게 지켜질 것이고, 하나님의 정의는 너희들의 다양한 노력으로 인간 사회에서 조금씩 더 넓게 더 완전하게 실현될 것이다.

19 1 정의를 모르는 사람은 자유를 소홀히 생각한다.

2 이런 사람은 자유가 유린되는 것을 보아도 그것이 불의한 것이라고 인식하지 못한다.

3 무사안일주의자는 사람의 자유가 유린되더라도 그가 자유를 누리던 때보다 더 잘살게 되었다면 자유가 유린된 것이 그에게 복된 것이라고 생각한다.

4 너희는 이런 사람을 경계하고 멀리하여라. 이런 사람은 하나님의 사람이 아니라 너희의 자유를 유린하고 너희의 삶을 위협할 잠재적 압제자요 잠재적 폭군이다.

5 어느 시점에 폭군이 나타나서 너희의 자유를 유린할 때에 이런 사람들은 폭군의 편에 서서 너희의 자유를 유린해도 되는 그럴듯한 이유를 대어 너희를 억압하는 일을 할 것이다.

6 그들의 지식과 혀는 자신의 입신양명을 위해 있는 것이지 정의를 위해서 있지 않고 오히려 정의의 적이 된다. 그러므로 그들의 입에서 아무리 그럴 듯한 미사여구가 쏟아지더라도 그들의 말에 현혹되지 마라.

7 자유를 소홀히 여기는 자의 말에는 들을 만한 것이 없다. 그들은 자기도 모르는 사이에 불의의 편에 서 있는 자들이다. 그중에서 가장 한심한 자들이 일본의 식민 지배를 찬양하는 자들이다.

8 일본의 식민지 시대는 일본이 너희들의 자유를 말살했던 시기가 아니냐. 너희 자유가 말살된 상태에서 설령 너희가 조금 더 배불리 먹었다고 해서 일본의 지배가 정의가 될 수 있느냐.

9 일본의 지배가 칭찬하고 찬양할 가치가 있는 일이냐.

10 그들은 유식한 척하며 이렇게 말한다. "식민지 시기에 한국인의 생활수준이 일제의 수탈로 극도로 열악해졌다고 보는 것이 종래의 통설이었다. 이 같은 수탈론에는 실증적인 근거가 확실하지 않다는 문제점이 있다. 쌀은 일본에 수탈된 것이 아니라 경제 논리에 따라 일본으로 수출되었으며 그에 따라 일본인을 포함한 한반도 전체의 소득은 증가하였다. 생활비 가운데 식료품비의 비중을 나타내는 엥겔계수도 하락하여 사람들의 생활수준이 개선되었음을 시사하고 있다."

11 이뿐 만이 아니라 요즘 한국과 일본이 날카롭게 맞서고 있는 강제징용 노동자들에 대해서도 강제징용이 없었다고 일본인처럼 주장하고 위안부 할머니들은 돈을 벌기 위해서 몸을 판 창녀들이었다고 주장한다.

12 이런 사람들은 정의를 모르는 사람들인 것이다. 자유가 말살된 상태에서 한국에 진출한 일본인과 일본인의 하수인이 된 일부 한국인의 생활수준 상승 덕에 전체 한국인의 생활수준이 나아졌다고 해서 당시 대다수 한국인의 생활수준이 나아졌다고 강변하는 이들에게 정의 관념이 있다고 할 수 있겠느냐. 설령 한국인의 생활수준이 높아졌다고 해도 그것이 정의롭다고 하겠느냐

13 이들은 일본의 식민 지배 덕에 부를 누린 자들의 자손일 확률이 매우 높다. 그렇지 않으면 지금 일본 자금으로 연구를 하고 있는 학자들일 수도 있다. 그렇지 않고서는 일본의 식민 지배를 찬양하고 미화할 이유

가 없지 않으냐.

14 그들은 일본이 한국에 공장과 철도와 발전소를 설치한 덕에 한국이 해방 후에 근대화할 수 있었으니 일본에 고마워해야 한다면서 일본 식민지배를 나무라는 한국인을 배은망덕한 사람들이라고 꾸짖기도 한다.

15 일본인이 그런 말을 해도 불의한 주장이라고 할 것인데 한국의 지식인들이 그런 주장을 하는 책도 내고 강연도 하고 대학에서 교수로 행세를 한다.

16 정의를 모르는 자들의 말은 그것이 어떤 것이든 불의한 것이다. 그의 지식은 불의한 지식이고 그의 주장은 불의한 주장이다. 그것이 사실이더라도 불의함에는 변함이 없다.

17 자유를 억압한 상태에서 어떤 유익한 일을 해 주었더라도 그의 행위는 선을 행한 것이 될 수 없고 의로운 행위가 될 수 없다.

18 오직 자유로운 상태에서 상대의 자유로운 동의를 얻어 행한 것만이 선행이 되고 의로운 행위가 된다.

19 너희 가운데에서 아직도 식민지 근대화론을 주장하고 일본의 은혜를 입에 올리는 자들을 멀리하여라. 그들은 양의 얼굴을 한 이리일 뿐이다.

20 이들에게는 법의 제재를 가하여 정의를 알게 해 줄 필요가 있다. 너희는 너희 하나님의 정의를 지키고 이를 훼손하는 자들을 심판하여 철저히 참회하게 하여라.

20 1 너희 법이 하나님의 정의를 실현하는 것을 목표로 삼게 하여라. 너희에게는 법에 따라 하나님의 정의를 실현하는 것이 가장 자연스러운 일이다.

2 너희 법이 거짓을 심판하고 악을 심판하고 불의를 심판하는 것이면 하나님의 정의가 너희 법을 이용해서 반은 이루어진다.

3 법으로 자유를 억압하거나 제한하려 하지 말고 자유를 늘리고 확고히 하도록 하여라.

4 특히 법을 집행하는 자들이 거짓과 악과 불의에 물들어 법을 어기는 경우에 강하고 단호하게 처벌할 수 있어야 한다.

5 고양이에게 생선 가게를 맡기는 일이 일어나면 법이 하나님의 정의를 실현하는 데에 쓰이지 않고 오히려 세상의 악을 감추고 조장하는 데 악용되기 쉽다.

6 하나님의 정의가 세상에서 실현되기가 어려움이여, 참으로 어렵고도 어렵다. 그것은 너희가 탐욕에서 벗어나지 못하고 거짓과 악에서 헤어나지 못하기 때문이다.

7 너희가 법을 만들 때에 하나님의 정의를 떠올리고 법을 집행할 때도 하나님의 정의를 마음에 되새겨야 하는 이유가 여기에 있다.

8 하나님의 정의는 너희에게 자유를 보장하고 너희가 위선과 악과 불의에서 떠나게 하는 것이다. 너희의 강한 것으로 약한 자를 돕고, 있는 것으로 없는 자를 돕고, 아는 것으로 모르는 자를 돕는 것이 하나님의 정의임을 잊지 마라.

21

1 하나님의 정의를 실현할 때 대중의 의지를 조심하여라.

2 대중은 흔히 지배자의 의지에 좌우되고 때로는 불의한 자의 언변에 휘둘리며 위선자의 위협에 숨을 죽이기 때문이다.

3 너희가 하나님의 정의를 실현하려면 먼저 사심을 버리고 순전한 마음으

로 하나님께 나아가 하나님의 지혜를 구하여라.

4 어떤 사람이 정의를 위하여 목숨을 희생하려 한다면 그의 말을 경청하여라. 그리고 그와 함께하여라.

5 어떤 사람이 위선적인 권력자를 비판한다면 그의 말에 귀를 기울여 들어라. 그리고 그와 함께하여라.

6 어떤 사람이 자유를 위하여 투쟁한다면 그의 말에 귀를 기울여라. 그리고 그와 함께하여라.

7 어떤 사람이 개혁과 진보를 위하여 관습과 제도에 반기를 든다면 그의 말에 귀를 기울여라. 그리고 그와 함께하여라.

8 어떤 사람이 약한 자, 없는 자, 무식한 자의 편에 서서 그들의 이익을 위하여 수고한다면 그의 말에 귀를 기울여라. 그리고 그와 함께하여라.

9 거기에 하나님의 뜻이 있고 하나님의 정의가 들어 있을 것이기 때문이다.

10 정의의 과잉을 경계하여라. 모든 것을 정의의 문제로 환원하려 하지 마라. 불의한 자가 정의를 부르짖는 일이 벌어지지 않게 하여라. 몸으로 정의를 행하지 않고 입으로만 정의를 부르짖는 자를 경계하여라.

11 너희 중에 정의의 이름으로 정의를 훼손하는 사람이 있느냐. 그런 사람은 현란한 입놀림으로 사람을 현혹한다. 이런 사람을 멀리하여라.

12 앞으로는 정의를 부르짖으며 뒤로는 그것을 이용하여 자기의 출세를 도모하는 사람, 앞으로는 정의를 부르짖으며 뒤로는 그것을 이용하여 사사로운 이익을 추구하는 사람, 이런 사람을 조심해라. 이런 사람들 때문에 정의가 바로 서지 못한다.

13 정의가 불의한 자의 무기가 되지 않게 하여라.

22 1 정의를 말하는 너희 안에도 악마가 들어 있다. 너희 안의 악마를 통제하지 못하면 너희의 정의는 불의가 되기 쉽다.

2 너희가 하나님의 정의를 구하면 너희 정의를 최선으로 만들 수 있다. 즉, 하나님의 정의에 가까운 정의를 추구할 수 있다.

3 그러면 비록 너희 정의가 상대적이더라도 정의로 말미암아 사람이 자유를 억압받고 권리를 빼앗기는 일은 일어나지 않는다.

4 사심을 품은 정의는 정의를 해치는 불의이다. 정의의 이름으로 사욕을 채우는 위선자를 가려내라.

5 정의는 진실과 동행하여야 한다. 정의를 부르짖으며 거짓말을 하는 사람, 앞에서 정의를 말하고 뒤에서 불의를 저지르는 사람은 사악한 사람이다. 그는 불의를 행하기 위하여 정의의 탈을 쓴 위선자이다.

6 자유와 정의는 동행하여야 한다. 자유를 바라는 자는 정의를 배반하면 안 되고, 정의를 바라는 자는 자유를 배반하면 안 된다.

7 자유주의자는 정의로워야 하고 정의로운 자는 자유주의자여야 한다. 자유주의자가 정의롭지 못하면 탐욕에 빠지게 되고 정의로운 자라도 자유를 가벼이 여기면 독선에 빠지게 된다. 독선은 불의이다.

8 그러므로 너희는 자유와 정의와 진실을 함께 품지 않은 지도자를 경계하여라. 그는 결국 너희를 배반하게 된다.

23 1 세상의 권력은 정의의 편에 서지 않는다.

2 세상의 권력은 언제나 탐욕의 편에 선다.

3 세상의 권력은 자기 이익을 포기하려 하지 않는다. 너희가 눈을 부릅뜨

고 감시하더라도 권력은 어떻게 해서든지 자신의 이익을 극대화할 방법을 찾아 온갖 위선을 동원한다.

4 만일 너희가 짐승처럼 우매하고 짜요클레이처럼 물렁하다면 권력은 너희를 노예로 삼을 것이다.

5 만일 너희가 깨어나 권력을 감시하려 하면 권력은 너희를 갈라치기로 나누어 너희의 힘을 빼려할 것이다.

6 만일 너희가 권력에 항의하고 강하게 반발하면 권력은 너희를 선동가나 위선자로 몰아갈 것이다.

7 권력은 너희를 위하여 정의를 실현하려고 노력하기보다는 너희의 감시와 견제를 벗어나 자신의 이익을 추구한다.

8 너희의 감시와 견제가 심해지면 권력이 너희에게 항복하여 너희를 위한 제도를 만들지만 권력은 결코 그 제도를 곧이곧대로 너희를 위하여 쓰지 않는다.

9 검찰을 비롯한 법조 권력이 너희를 위하여 정의를 실현한 적이 없고, 정치권력이 너희를 위하여 정의를 추구한 적이 없다.

10 너희가 정의를 실현하기 바란다면 모든 사람이 권력에 대한 감시와 견제에 동참하고 연대하여야 한다.

11 너희가 이런 일을 위하여 여러 가지 노력을 하고 있지 않느냐. 인권을 보호하고 확립하려는 운동이 바로 그것이다.

12 인권은 각자의 삶을 자유롭게 영위하기 위해서 필요한 권리이지만 거기에는 사회를 정의롭게 만들기 위한 노력을 할 권리가 포함되지 않으면 안 된다. 사회가 정의롭지 못하면 개인의 삶이 자유롭고 행복해질 수 없기 때문이다.

13 너희가 그런 노력을 게을리 한다면 하나님의 책망을 받게 될 것이다.

14 마그니츠키법 같은 법을 국제적 규약으로 정해서 사회정의를 가로막는 국가나 개인에 대해서 광범위하게 제재를 가하도록 모든 깨어 있는 국가들이 연대하여라.

15 그리고 그 연대의 중심에 하나님의 사람들 곧 교회와 성직자들과 교인들이 서 있어야 한다.

16 하나님의 사람들아, 너희 나라와 지구를 정의로운 땅으로 만드는 일에 앞장서라. 이것이 하나님의 뜻이다.

17 권력은 민중의 편에 서지 않는다.

18 권력은 언제나 권력의 편에 선다.

19 권력은 너희를 우매하게 만든다. 권력이 결코 너희를 의롭게 하지 않고 너희를 지혜롭게 만들지 않는다. 권력은 너희가 선악을 구별하는 능력을 갖추기를 바라지 않는다. 권력은 너희가 정의와 불의를 구별하기를 원하지 않는다. 권력은 언제나 너희를 권력의 종이 되게 하려 한다. 그러므로 너희는 너희를 우매하게 만드는 권력에서 벗어나야 한다.

20 권력은 다수에게서 거두고 빼앗아 소수에게 나눠 줌으로써 그 권력을 유지하는 것이어서 민중은 언제나 권력의 착취 대상이 된다.

21 권력은 황제가 되고 대통령이 되어 민중을 지배한다. 종교는 황제와 대통령의 힘을 이용하여 스스로 황제가 되고 대통령이 되고자 한다.

22 너희가 종교 권력에서 벗어나지 못하면 정치권력에서도 벗어나지 못한다. 하나님을 황제처럼 모시는 모든 종교는 민중의 적이다. 참 하나님은 황제도 절대군주도 아니다. 참 하나님은 너희를 기쁨으로 낳으신 창조자이고 너희를 사랑으로 도우시는 어버이이다.

23 너희 종교가 신에게 절대 복종을 강요하는 한 너희는 그 종교에서 벗어날 수 없고 그 종교가 지탱해 주는 정치의 폭압에서 벗어날 수 없다.

24 권력은 종교의 신과 정치의 신을 동일시하여 너희를 억압하여 왔다. 교황과 황제는 동일한 권력의 상징이다. 너희가 이 권력에서 벗어나지 못한다면 너희에게 정의는 없다.

25 이제 너희는 참 하나님이 주신 이성을 이용하여 권력에서 벗어나는 힘을 길러라. 권력이 너희를 지배하지 못하게 하고 너희가 권력이 되어라. 너희가 권력을 가지는 날 그 권력은 세상의 권력과 같지 않을 것이다.

24 1 하나님의 정의와 너희의 정의가 다르지 않다. 하나님의 정의는 너희 정의를 완전하게 할 따름이다.

2 너희는 결코 하나님의 이름으로 정의를 훼손하는 일을 하지 마라. 하나님은 너희가 세워 가는 정의를 지지하고 완성하신다.

3 하나님의 사랑 안에 정의가 있고 하나님의 정의 안에 사랑이 있다. 사랑과 정의는 평화를 낳는다.

4 평화를 낳지 못하는 정의는 거짓이다. 거짓에는 행복이 없다.

5 사람들아, 너희는 하나님이 주신 정의 안에서 평화를 누려라. 그 평화 안에는 자유가 있다.

6 하리다야, 너는 내 말을 들어라. 네가 의를 이루고자 한다면 네 안에서 미움을 제거하여라. 불의한 사람을 미워하지 말고 그의 드러난 불의만 비판하고 징계하여라. 너도 한때는 불의를 저질렀으나 사람들이 눈치채지 못해 너를 비난하지 않아 지금의 평판을 유지하며 여기까지 오지 않았느냐. 너희에게는 드러나지 않은 불의가 드러난 불의보다 훨씬 더

많으니라. 드러나지 않은 불의가 없어지지 않으면 세상에 불의가 사라지지 않는다. 그러니 너는 드러나지 않은 불의를 없애기 위해 노력하여라. 진실하고 선하고 의로운 삶을 사는 것이 그 길이다. 네가 의로운 사람이 되기 위해서는 이 일을 해야 한다. 네 힘을 약한 사람을 강하게 만드는 일에 써라. 네 부를 가난한 사람이 부유해지게 만드는 일에 써라. 네 권력을 억눌린 사람이 자유를 얻게 하는 일에 써라. 네 지식을 무식한 사람이 유식한 사람이 되게 하는 일에 써라. 그렇게 하여 너희 모두가 강하고 부유하고 자유롭고 유식한 사람이 되도록 하여라. 이 일을 이루기 위하여 노력하는 동안 네 안에 불의가 싹트지 못하리라. ㅎ

평화

1 1 평화는 평화가 지켜 주지 않는다. 너희에게 평화는 평화의 적이다. 평화를 평화의 수호자가 되게 하여라.

2 평화는 안정을 낳고 안정은 게으름을 낳고 게으름은 시기와 질투를 낳고 시기와 질투는 의심을 낳고 의심은 싸움 곧 전쟁을 몰고 온다. 너희에게 평화는 전쟁의 전주곡이다.

3 이렇게 하여 너희는 원하는 평화는 얻지 못하고 원하지 않는 죽음의 전쟁에 떨어진다.

4 평화가 평화의 적이 되는 이유는 평화 때에 너희가 무엇을 해야 하는지 알지 못하기 때문이다. 평화 때 게으름은 전쟁의 유혹을 일으키는 원인이 됨을 알아라.

5 평화 때에 평화를 이어갈 노력을 하지 않고 전쟁을 준비하는 미련함이여. 전쟁 때에는 평화를 원하고 평화 때에는 전쟁을 준비하는 너희의 미련함을 무엇으로 고치겠느냐.

6 너희가 하나님의 지혜를 받지 않고서는 평화를 얻을 수 없다. 가까스로 얻은 평화를 지킬 방법을 하나님께 배워라.

7 너희는 하나님이 주신 이성을 활용하여 전쟁을 막을 방법을 찾아라. 너희에겐 그 방안을 찾을 능력이 있다.

8 너희가 진정으로 평화를 원한다면 너희에게 하나님께서 평화를 누릴 지혜를 주실 것이다.

2 1 너희는 육이라 육의 질서에 따라서 평형을 유지하는 길을 찾아 움직인다.

2 동적 평형은 힘과 힘의 충돌로 얻어지는 것이어서 겉으로는 무질서한 듯 보이지만 안팎의 도전을 이기면서 평형을 오래 유지할 수 있다. 반면에 정적 평형은 안팎의 힘을 막는 억압된 평형이어서 언젠가는 안팎의 압력으로 폭발하여 무너진다.

3 너희 인간은 동적 평형상태를 유지하기 위하여 끊임없이 부딪치고 싸워야 한다. 전쟁은 육의 질서를 따르는 너희의 운명이다.

4 그러나 하나님의 지혜를 따르면 전쟁을 하지 않고 동적 평형을 얻을 수 있다. 싸움을 통한 균형이 아니라 조화를 통한 균형을 얻어 참 평화를 얻을 수 있다.

5 하나님의 지혜로 억압된 평화가 아닌 진정한 평화를 누려라.

3 1 하나님이 주시는 평화는 고요한 평화가 아니라 살아서 움직이는 평화다.

2 하나님이 만드신 우주가 모든 사물이 동적 평형으로 조화를 이루는 것이지 정지된 상태가 아님과 같이 하나님의 평화는 전쟁을 억제하는 힘이 전쟁을 일으키는 힘을 압도하여 만들어내는 평화 곧 힘에 따른 평

화인 것이다.

3 침략자로 하여금 침략을 하지 못하게 하는 힘, 침략자를 응징하여 그 침략으로 오히려 큰 피해를 당하게 만드는 힘을 가지고 지키는 평화가 너희가 추구할 평화이다.

4 하나님은 너희 모든 평화 애호 세력이 연대하여 전쟁을 일으키려 하는 세력을 제압하는 힘을 갖게 해 주실 것이다.

5 움직임이 없는 평화, 침묵의 평화는 죽음이다.

6 하나님은 너희가 견제와 균형 속에서 역동적인 평화를 누리기를 바라신다. 평화를 향해 행동하여라.

7 하나님은 너희가 서로 경쟁의 승리와 패배 속에서 기쁨과 위로의 평화를 누리기를 바라신다.

8 너희는 평화를 주는 사람이 되어라.

9 성경에 기록된 바에 따르면 이스라엘 민족이 이집트에서 탈출하여 가나안 땅으로 가서 그곳에서 살고 있던 사람들을 죽이고 그 땅을 차지하도록 그들의 신이 허락하고 그 침략을 돕는 것을 볼 수 있다.

10 이 기록에 나온 신은 참 하나님이 아니고 이스라엘 민족이 절실한 필요에 따라서 상정한 신일 따름이다.

11 그렇지 않으면 그것을 기록한 사람들이 하나님의 뜻을 왜곡하여 기록하였을 것이다. 당시 사람들이 아직 지혜가 모자라서 그렇게 했을 수도 있다. 하나님의 뜻을 왜곡하여 죄를 저지르는 사람에게는 하나님이 예비해 두신 벌이 기다린다.

12 너희는 하나님이 누구에게도 다른 민족이나 사람을 해치는 일을 지시하지 않으시고 바라지도 않으심을 명심하여라. 다른 나라를 침략하는

자는 그 행위로 말미암아 저주를 받으리라.

13 혹시라도 하나님을 전쟁의 하나님이요 자신들의 승리를 위해 일하시는 분이라고 선전하는 사람이 있다면 그는 위선자요 사악한 자요 불의한 자로서 하나님의 이름을 망령되게 써먹는 자이다.

14 하나님의 이름으로 전쟁을 일으켜 사람을 죽이는 행위를 한 자나 그런 행위를 유도한 자나 지시한 자는 모두 하나님이 예비해 두신 처벌을 당하게 된다.

15 너희에게 평화가 있을지어다. 너희 모두에게 평화가 있을지어다. 이것이 너희를 향한 하나님의 뜻이다.

16 너희의 평화를 깨뜨리는 사람은 하나님의 벌을 피할 수 없다. 평화는 너희들의 행복을 보장하는 가장 기본적인 조건이기 때문이다.

17 가정의 평화, 직장의 평화, 사회의 평화, 국가의 평화, 세계의 평화가 모두 너희의 행복에 중요한 조건이다. 이 평화를 무너뜨리려는 사람을 조심해라.

18 그런 지도자를 자리에서 끌어내려라. 그런 성직자를 자리에서 끌어내리고 그런 정치인을 자리에서 끌어내려라.

4 1 땅을 서로 빼앗으려고 싸우는 것은 너희가 아직 어리석었을 때에 하던 나쁜 짓이다.

2 이성이 감정을 제어할 수 있게 자란 이 시점에도 아직 전쟁을 입에 달고 있는 정치인이 있다. 너희는 얼마나 많은 사람이 죽어야 전쟁을 멈추겠느냐. 얼마나 많은 물자가 총포로 소모되고 얼마나 심각한 폐허가 너희 국토를 뒤덮어야 전쟁을 후회하겠느냐.

3 어제의 수많은 죽음으로도 오히려 부족하고 어제의 폐허로도 아직 부족하단 말이냐.

4 한 번의 전쟁으로 너희 모두가 소멸하더라도 너희는 전쟁을 해야 하겠느냐. 전쟁은 만인을 고통으로 몰아넣는 죄악이다.

5 너희는 경계를 없애고 서로 자유롭게 만나고 함께 일하고 사귀는 방법을 찾아라.

6 남의 것을 빼앗지 말고 내 것으로 행복해지는 연습을 하여라.

7 서로 상대의 장점을 배워 서로 더 나아지도록 노력하여라.

8 평화를 유지하면서 서로 재물을 늘리는 방법을 찾아라.

9 너희가 이전보다 한층 더 성숙한 사람으로 성장하지 않았느냐.

10 지식이 늘고 지혜가 더 높아졌으니 그에 걸맞게 너희 욕구를 채우는 방법을 써야 하지 않겠느냐.

11 평화를 깨뜨리는 방법으로 너희 욕심을 채우려 한다면 너희는 공멸하는 나락으로 떨어지고 말 것이다.

12 너희처럼 지식을 갖추고 높은 지혜를 가진 자들이 자멸하는 길로 가는 것이 말이 되느냐.

13 하나님이 너희에게 말씀하신다. 너희는 무기를 내려놓고 농기를 들어라. 담장을 허물고 마당을 만들어라. 증오를 억누르고 웃음을 주고받아라. 앞에 가는 자와 뒤에 가는 자가 서로 협력하여라. 협력 하는 자의 아름다운 손을 보여 달라.

14 너희가 걸어온 역사는 너희가 하나님이 주신 지혜를 찾고 이성을 개발하여 너희 자유를 확대하고 평화를 누리는 방향으로 정치를 발전시켜 온 과정이다.

15 너희가 앞으로 얼마나 더 이성적으로 하나님의 지혜에 맞게 살 수 있을지는 오로지 너희가 얼마나 정치를 잘 하여 평화를 유지하고 정의를 구현하게 될지에 달려 있다.

16 평화가 너희에게 정의와 행복에 이르는 길 곧 하나님 나라를 너희 땅에서 이루는 길을 열어 줄 것이다.

17 평화와 번영도 너희의 선택에 따라서 달성할 수 있게 될 것이고 전쟁과 멸망도 너희의 선택에 따라서 일어날 수 있다.

18 하나님은 너희가 번영하면 더욱 번영하게 할 것이고 너희가 멸망하면 또 다른 계획을 추진하신다.

5 1 정치인과 성직자들은 들어라. 너희는 사람들을 행복하게 해 주기 위해서 그 자리에 있는 것이 아니냐.

2 그러므로 너희는 사람들에게 위험과 해를 끼칠 일이 일어나지 않도록 미리 손을 써야 한다.

3 하물며 너희가 먼저 시빗거리를 만들어서 그것을 빌미로 전쟁을 일으키려 한다면 너희 하나님이 너희를 두고 보시겠느냐.

4 너희는 이웃 나라와 평화롭게 지낼 수 있는 지혜를 발휘하여라. 이웃 나라의 허점을 노려서 그것을 빌미로 이웃 나라를 괴롭히는 짓은 하지 마라.

5 근래에 대외 팽창을 시도하는 중국은 들어라. 너희가 세계인의 도움으로 부유해졌으니 세계인의 좋은 친구가 되어라. 너희의 힘이 이웃 나라의 불안이 되지 않게 하여라.

6 너희가 이웃 나라보다 더 잘산다면 이웃 나라를 도와라. 기술이 더 앞

선다면 이웃 나라에 기술을 가르쳐 주어라.

7 정치인들은 들어라. 너희는 안으로는 정의를 세우고 국민의 자유와 권리를 신장시키기 위하여 노력할 것이며 밖으로는 이웃 나라와 협력하여 평화를 누리는 길을 찾아라.

8 평화 속에서 너희가 협력하여 지금보다 수십 배 더 많은 지식을 쌓아라. 그러면 인류는 모두가 빈곤에서 벗어날 수 있다. 하나님의 창고에는 무한히 많은 재물이 준비되어 있음을 알아라.

9 너희가 서로 다투고 싸우는 시간에 협력하여 지식을 쌓는다면 너희는 우주 만물을 지금보다 훨씬 더 유익하게 사용할 수 있다.

10 정치인들아, 하나님 안에서 서로 협력하여 인류에 봉사하여라.

11 성직자로 봉사하는 사람들은 명심하여 들어라. 너희는 하나님의 평화 사절이다. 하나님이 인류에게 주시고자 하는 평화가 이루어지도록 너희가 앞장서서 외쳐라.

12 히틀러가 유대인에 대한 최후 해결책을 마련할 때에 교황과 너희 성직자들은 어디에 있었느냐. 오히려 너희가 히틀러를 감싸고 그에게 동조하지 않았느냐. 히틀러가 자살하고 독일이 패전하여 전범들을 심판할 때에 너희는 왜 전범들을 남아메리카로 도피시켜 주었느냐.

13 전쟁이 끝나고 세계가 전쟁 상처를 치료하기 위하여 애쓸 때에 너희는 어디에서 무엇을 하였느냐. 너희에게서 자유와 정의와 평화의 메시지가 나온 일이 있었느냐. 너희는 오로지 너희 교세를 만회하기 위하여 하나님의 이름을 이용하는 데만 혈안이 되지 않았느냐. 너희의 정의는 무엇이며 너희의 존재 이유는 무엇이냐. 너희 하나님은 너희의 불의에 눈감고 너희의 안위만을 책임져 주는 분이냐.

14 일본 선불교의 선승들아, 너희는 히로히토가 대동아전쟁을 일으킬 때에 이를 말리기는커녕 오히려 앞장서서 적군을 죽이는 것이 성불하는 것이라고 젊은이들을 세뇌하였다. 패전 후에는 서양으로 건너가서 선불교를 퍼뜨리는 일에 매진함으로써 너희는 전범의 누명도 벗고 오히려 선불교의 스승으로 대접을 받았다.

15 서양에서 대단한 불교 철학자로 이름을 얻은 스즈키 다이세츠가 패전 이듬해 일본 천황에게 들려준 이른바 '불교의 대의'라는 강연에서 그는 자신이 전쟁 시기에 했던 전체주의 옹호 발언과 전쟁 찬양 발언에 대해서 한 마디의 참회도 하지 않았고 전쟁범죄자인 천황에게 전쟁의 잘못에 대해서 아무런 뉘우침의 기회도 제공하지 않았다.

16 너희는 서로 전쟁 범죄에서 벗어나기 위하여 불교의 지혜와 자비를 이야기하였을 뿐이다. 너희 두 전범이 수많은 인명을 살상한 전쟁을 일으키고 찬양한 죄과에 대해서 아무런 참회도 없이 부처의 지혜와 자비를 논하는 것이 가당한 일이냐. 그렇게 하여 너희는 서양 사람들에게 불교의 진리를 전파하는 이중성으로 너희의 전쟁 범죄를 감출 수 있었다.

17 선불교의 깨달음이 무엇이냐. 그 깨달음이 전쟁 시기에는 전쟁을 찬양하고 천황을 신으로 받들며 병사들에게 무사도를 강요하여 천황을 위하여 죽으라고 설파하고 적을 죽이는 행위가 보살행이라고 강변하는 것이더냐. 그 깨달음이 패전 후에 전체주의를 비난하고 부처의 대의를 설파하는 것이더냐.

18 그 깨달음이라는 것이 짜요클레이처럼 누구나 힘 있는 자가 자기 목적에 맞게 주무를 수 있는 맹목적이고 기회주의적인 깨달음이냐.

19 너희에게 불교는 참으로 편리한 수단이 되었구나. 너희는 부처의 법을

더럽힌 자들이다.

20 서양에는 하나님의 이름을 더럽힌 자들이 많은데 일본에는 너희처럼 부처의 이름을 더럽힌 자들이 많이 있구나.

21 너희는 어떻게 무사도와 선불교를 양립시켰느냐. 참선이 칼잡이에게 그렇게 큰 도움이 된다고 믿었더냐. 너희 인간의 지혜는 이처럼 간사한 것이다. 상황에 따라 자신을 합리화하는 지혜가 바로 간사한 지혜가 아니고 무엇이겠느냐. 그것은 마치 하나님께 기도하여 적을 죽이게 해 달라고 기도하던 기독교인들과 참으로 닮았구나.

22 그렇게 사악한 일을 저질렀던 너희가 이제 일본과 미국과 유럽 각지에서 일본 극우파의 논리를 펴는 앞잡이로 부역하면서 세계인의 이성을 마비시키고 있다.

23 그러고도 너희가 하나님의 처벌을 피할 수 있다고 보느냐. 너희에게는 곧 하나님의 벌이 내릴 것이다.

24 그 벌이 너희 발등에 떨어지기 전에 너희는 온전히 참회하고 성직자로서 진실함과 선함과 의로움을 갖추는 일에 정진하여라.

25 너희의 거듭남이 너희 일본을 살리리라.

6

1 너희는 히틀러의 국가사회주의 독일의 악행을 기억하여라.

2 이들은 유대인을 비롯해서 수많은 연약한 사람들을 죽이고 전쟁까지 일으켜 수많은 젊은이들을 전쟁터에서 죽게 하였다.

3 너희는 어린 소녀 안네 프랑크의 일기를 읽었을 것이다. 그 비극을 잊지 마라.

4 아우슈비츠, 부헨발트, 다하우 등지에서 그들이 저지른 만행을 어찌 기

억에서 지울 수 있겠느냐.

5 그들의 만행으로 고통을 당했던 유대인과 주변 나라 사람들만이 만행을 기억할 것이 아니고 바로 그 만행을 저지른 독일인이 자신들의 만행을 기억하고 참회하며 이웃 나라에 빚을 갚아야 할 것이다.

6 아우슈비츠에서 구사일생으로 살아남아 아우슈비츠의 참상을 고발한 프리모 레비가 자살한 것을 기억해라.

7 그가 그의 이성으로서는 아우슈비츠에서 받은 수모를 감당할 수 없었던 것이 아니냐.

8 가해자는 최고의 예로 피해자 개인들에게 사죄하고 피해자가 가해자의 사과에 진정성을 느끼고 용서할 때까지 사죄하도록 압박하여야 한다.

9 그래서 가해자와 피해자가 갈등을 해소하고 평화를 이룰 수 있게 하여라.

10 국가와 개인 간, 국가와 국가 간의 갈등이 너희의 파멸을 불러오지 않게 하여라.

11 모든 나라는 그 이웃 나라의 근심거리가 되지 않게 하여라. 이웃 나라에 불안을 불러일으킴으로써 너희는 이웃의 근심거리가 된다. 군비를 확장하고 위세를 보이는 방법으로 이웃 나라를 위협하는 짓을 그만둬라.

7 1 너희는 히로히토의 군사제국주의 일본의 악행을 기억하여라.

2 이들은 한국과 중국을 침략하여 수많은 사람을 죽이고 핍박하였다.

3 특히 이들이 수많은 젊은 여성을 꾀어 일본군의 위안부 곧 성노예로 부린 사실을 기억하여라.

4 너희는 김복동 할머니의 분노와 외침을 외면하지 마라. 그는 일본의 사과를 받기 위하여 매주 수요일에 시위하다가 끝내 일본의 사과를 받지

못하고 타계하였다

5 그는 자신이 일본군 위안부였음을 고백하고 일본의 사과와 피해 배상을 요청한 뒤 25년 동안 1200회 이상을 일본 대사관 앞에서 시위하였다.

6 지금도 한국에서는 또 다른 김복동 할머니들이 일본의 진정어린 사과와 배상을 요구하며 매주 수요일에 일본 대사관 앞에서 시위를 하고있다.

7 너희도 이들의 외침에 동참하여라.

8 일본의 전쟁 범죄와 만행은 아직 끝나지 않은 현재 진행형임을 알아라.

9 일본이 그들의 만행을 솔직하게 인정하고 사과할 수 있는 용기를 갖도록 압박하여라.

10 피해자 개인들이 일본의 사죄를 촉구하도록 내버려두는 것은 옳지 않다. 국가와 사회가 일본의 사죄를 촉구하는 일에 동참하여라.

11 '난징의 강간'을 써서 난징 대학살의 참상을 고발한 아이리스 장이 자살한 것을 기억하여라.

12 그를 일본 극우세력의 협박에서 보호하지 못한 너희들의 책임이 어찌 가볍겠느냐.

13 세계가 한 목소리로 일본의 만행을 지적하고 그들이 진정으로 참회하고 사과하며 모든 피해자에게 배상함으로써 일본이 선한 이웃이 될 수 있게 해야 한다.

14 그들이 끝내 사과하지 않는다면 그들을 양심적인 문화인으로 대우할 수 없다.

8 1 너희가 무젤만과 마루타를 아느냐. 너희가 무젤만과 마루타의 비극을 잊었다면 의로운 사람이라고 말할 수 없다.

2 무젤만은 히틀러의 나치가 유대인과 집시를 절멸해야 할 대상으로 삼은 결과 만들어진 새로운 개념의 사람들이다.

3 이들은 살아 있지만 죽은 사람 취급을 받던, 그림자처럼 감정이 없는 사람들이었다. 극한의 영양실조로 뼈만 앙상하게 남은 상태에서, 살고자 하는 그 어떠한 의지도 보이지 않은 상태로 그저 바위처럼 굳어버린 사람들, 희망이 완전히 소진된 사람들이 이들이었다.

4 그들은 아우슈비츠, 비르케나우, 부나, 모노비츠, 소비부르 등지의 수용소에서 유령처럼 흘러 다녔다.

5 히틀러의 나치는 하나님이 지으신 고귀한 인간을 이처럼 유령 같은 존재로 만들어 버린 악행을 저질렀다.

6 마루타는 일본 관동군이 인간을 통나무, 곧 사람이지만 통나무처럼 무생물로 취급해서 생체실험에 사용했던 사람들이다.

7 히로히토의 일본 군국주의가 생체실험을 하기 위해서 포로들을 마치 통나무 곧 무생물처럼 생살을 찢고, 숨이 붙어 있는 사람의 장기를 꺼내고, 생체를 얼렸다가 녹였다 하면서 사지를 절단하는 만행을 저질렀던 대상이 마루타였다.

8 마루타는 만주 인근에서 일본군에게 붙들린 한국의 독립군을 포함한 민간인과 중국인이었다.

9 일본 군국주의자들은 인간이 어디까지 사악해질 수 있는지 그 한계를 뛰어넘는 악마의 행동을 하였다.

10 하나님이 지으신 사람이 이렇게까지 악해진 것에 대하여 하나님께 따지고 싶을 정도가 아니냐.

11 너희는 이런 악이 저질러진 것이 아직 100년도 되지 않았는데 이런 악

을 저질렀던 사람들을 벌써 잊고 있단 말이냐.

12 히틀러와 히로히토의 야욕 때문에 희생된 사람들의 고통을 벌써 잊었단 말이냐.

9

1 일본에 대해서는 조금 더 이야기하겠다. 너희가 일본에 대해서 너무 모르기 때문이다.

2 일본인은 그들만의 가치관을 가지고 있다. 그것은 일본 군국주의 자들이 만든 가치관이기도 한 것으로서 무사도와 선불교를 그들의 고유 신앙인 신도 신앙으로 묶은 황국 신앙이 그것이다.

3 이 신앙의 핵심은 천황 또는 일본은 언제나 옳다는 것이다. 그래서 일본이 전쟁 때에 잘못을 하지 않았다는 것이다.

4 일본에 전쟁 책임이 없다는 것이다. 패전 때문에 미국이 일본인의 정신을 무장해제한 것이 문제이지 일본에는 아무 문제가 없었다는 것이다.

5 천황의 군대인 일본군이 위안부를 직접 끌고 다녔을 리 없고 만주에서 생체실험을 했을 리 없고 난징에서 반인륜적 학살극을 자행했을 리 없다는 것이다. 이는 자기 교회의 목사가 비리를 저질러 그 비행이 드러났는데도 우리 목사님이 그런 일을 하실 분이 아니라고 철석같이 믿는 신도들과 같다.

6 어쩌면 전후 세대들은 자신들의 앞 세대가 저질렀던 만행을 새삼스럽게 들어야 하는 것에 심리적 저항을 느낄 것이다. 왜 우리가 앞 세대의 죄를 뒤집어써야 하느냐는 볼멘소리도 할 수 있을 것이 다.

7 그러나 악의 열매를 얻어먹은 전후 세대가 앞 세대가 저지른 악행의 쳣값에서 자유로울 수 없음은 당연하다.

8 이것이 독일인은 자신의 역사 앞에 정면으로 서고 일본인은 자신의 역사 뒤에 숨는 차이를 만들어 내고 있다.

9 세계 어디에도 없는 이 황국 신앙이 일본인을 하나로 묶으면서 일본 젊은이들은 극우파들의 주장과 논리를 무심코 지지하고 따르고 있다.

10 일본이 한국에 대한 수출 규제로 시작한 무역 전쟁은 일본의 극우파가 이제 한국에 도발해도 된다고 판단했음을 의미한다.

11 19세기 말에 군사 강국을 이룬 일본이 곧바로 한국을 침략하여 중국 침략의 교두보로 만들었고 급기야 중국과 동남아시아를 점령하여 한껏 누렸던 영광을 하와이 기습을 시작으로 벌인 미국과의 전쟁에서 패하는 바람에 다 잃게 된 것을 아쉬워하고 있다.

12 그래서 전쟁에 패했지만 그들은 전쟁 범죄와 인권유린이라는 만행을 반성하지 않고 패전을 분하게 여겨 어떻게 해서든 과거의 영광을 재현할 꿈을 꾸었다.

13 그런데 최근 일본이 경제 강국이 됨으로써 다시 한 번 세계를 향해 침략의 발걸음을 내디딜 힘이 생긴 것이다.

14 극우파들은 끊임없이 과거 만행을 미화하면서 일본인을 세뇌한 결과 그들이 일본의 정치와 경제를 지배하게 되자 이제 그들은 행동에 나서기 시작했다.

15 일본은 국제 분업 질서를 무너뜨리면서까지 사소한 이유를 들어 한국에 대하여 무역 전쟁을 선포하였다. 이것이 일본 극우의 민낯이다.

16 너희는 일본의 이런 특성을 알아야 한다. 일본은 언제든지 세계의 경제 질서 나아가서 군사 균형을 무너뜨릴 세력으로 변할 수 있다.

17 그들에게는 세계인이 부러워하는 돈이 있고 그 돈으로 세계인의 이성과

판단력을 무력화할 수 있는 치밀함과 집요함이 있기 때문이다.

18 일본 극우파들이 막대한 자금으로 세계의 여론을 조작해 가는 과정을 눈여겨보아라. 극우파에게 마이크를 쥐어 주는 일본이 보이지 않느냐. 일본은 온통 극우파의 논리로 뒤덮여 있다. 그래서 일본 시민의 대다수가 한국에 대한 무역 전쟁을 지지한다.

19 한국과 일본의 관계는 일본이 평화를 지향하는지 전쟁을 지향하는지 판단할 시금석이다.

20 한국은 끊임없이 일본의 만행을 사과하라고 요구하고 일본은 할 만큼 했다거나 그런 잘못을 저지른 적이 없다고 주장함으로써 역사적 갈등을 해소하지 못하고 있다.

21 한일 갈등 중에서 가장 현실적인 것이 독도 영유권에 대한 일본의 주장이다. 일본이 독도에 대한 영유권 주장을 멈추고 이제까지의 억지에 대해 사과한다면 일본이 침략적 야욕을 버리고 평화의 길로 나섰다는 판단을 할 수 있다. 그 전에는 그들의 어떤 제스처도 평화를 위장한 평화 공세일 뿐이라고 보아라. 이 문제가 해소될 때에야 비로소 너희가 일본을 위험한 나라로 보지 않아도 될 것이다.

22 너희는 그렇게 되도록 일본에 압력을 넣어야 한다. 진실과 선과 의로움을 일본에 요구하여라. 너희가 평화를 바란다면 반드시 그렇게 해야 한다.

10 1 내가 일본에 대해서 우려하는 이유는 다음과 같다. 우선 일본은 한국을 불법적으로 식민지로 삼은 것에 대해서 국민의 뜻을 담은 사과를 하지 않았다. 사과하지 않는 나라는 같은 일을 되풀이한다.

2 그들은 무력을 앞세워 한국의 국권을 불법으로 탈취하여 식민지화하였다. 한국인은 잠깐 사이에 나라의 주권을 일본에 빼앗겼다. 일본이 몇몇 친일파 대신을 협박하여 주권을 일본에 넘긴다는 조약에 서명하게 했기 때문이다.

3 이 불법행위와 그 후 한국을 불법으로 점령한 36년 동안 한국과 한국인에게 끼쳤던 엄청난 피해에 대해서 일본은 사과하지도 않았고 불법행위에 대해 배상하지도 않았다.

4 그들은 오직 불행했던 과거 양국 관계에 대해서 마음 아프게 생각한다고 말했을 따름이다. 그들이 말하는 1963년의 한일협정에 따른 청구권 자금 지급이라는 해결책은 그들이 한국의 독립을 축하하는 뜻으로 생색을 내면서 준 돈이지 식민지배에 대한 사과와 배상의 성격이 아니었다.

5 또 하나, 그들은 중국 난징의 대학살에 대해서 사과하지 않았다. 죽은 숫자도 과장되었다고 반박하고 학살 행위 자체가 없었다고 강변하기도 한다.

6 군국주의 일본이 만주에서 행한 731부대의 생체실험을 부인하는 태도도 마찬가지이다. 이 실험에서 그들은 인간이 인간에 대해서 저지를 수 있는 최악의 학대를 했는데 이는 히틀러의 나치가 유대인을 대상으로 한 악행과 짝을 이룬다. 일본은 이 악행도 부인하고 있다.

7 또한 일본이 메이지시대의 산업 유산이라고 유네스코에 자랑스럽게 등재한 하시마 탄광에서의 한국인 징용자에 대한 강제 노역 사실을 부정하고 있는 것은 마치 독일인이 아우슈비츠 비르케나우에서 강제 노역은 없었다고 주장하는 것과 다르지 않다. 일본은 이런 온갖 악행에 대

해서 인정한 일이 없고 따라서 당연히 사죄한 일도 없다. 오히려 강제 동원의 피해를 배상하라는 한국 대법원의 판결에 분노하여 한국에 수출 규제라는 무역 전쟁을 일으켰다.

8 또 하나, 그들은 천황제 곧 천황을 신으로 섬기면서 국가 주권을 그에게 맡기는 방향으로 헌법을 추진하고 있다. 천황을 국가의 상징으로 삼고 모든 국민이 천황에게 충성할 것을 다짐하게 하여 일본을 일사분란하게 천황을 중심으로 재조직하려는 것이다. 이는 천황제 군사제국주의를 천황제 경제제국주의로 바꾸려는 의도라고 할 수 있다. 그들은 메이지 시대의 전체주의 일본을 꿈꾸고 있다.

9 전체주의와 제국주의는 결국 이웃 나라를 침략하게 되고 세계 질서를 교란하게 마련이다.

10 마지막으로 그들은 군 위안부 문제를 왜곡하고 있다. 전선에 끌려 다니며 일본군의 성노예로 살았던 여성들이 아직도 살아서 증언하며 일본의 사죄를 요구하는데도 그들은 오히려 돈을 벌려고 여자들이 스스로 몸을 팔았다고 선전하고 있다.

11 어찌 사람으로서 그런 망언을 하며 어찌 정상적인 민주국가로서 그런 주장을 할 수 있겠느냐.

12 이 모든 주장은 일본 극우세력의 일관된 논조였다. 일본 정부와 극우세력은 막대한 경제력을 이용하여 세계인을 돈으로 매수하는 방법으로 일본에 유리하게 세계 여론을 조성하고 있다.

13 세계에는 일본 극우세력에 부역하고 있는 지식인이 의외로 많다.

14 한국은 세계에서 가장 치열하게 위안부 문제를 제기하여 일본을 압박하는 나라이다. 그런 한국의 학자, 군인, 정치인, 언론인 중에 일본의 전

395 제 2 권 사람 (The Human)

범 기업이나 그들이 후원하는 재단이 제공하는 돈을 받고 일본 극우 논리를 전파하는 사람들이 넓게 퍼져 있다. 이른바 친일파라는 부류의 사람들이 그들이다.

15 이들은 보통의 한국인이 가지고 있는 감성이 없을 뿐 아니라 공감능력과 정의에 대한 관념이 심각한 수준으로 결여되어 있다.

16 이들은 겉으로는 애국과 평화와 정의를 이야기하면서 속으로는 돈과 권력을 탐하며 일본 극우 논리 확산을 위해서 부역하고 있는 것이다.

17 그러나 일본 극우 세력은 한국보다 미국을 주된 여론 전쟁터로 간주한다. 그들은 미국의 정치와 언론을 자기편으로 끌어들일 수만 있다면 그들이 시도하고 있는 온갖 전쟁 범죄 논쟁에서 벗어나 떳떳하게 일본을 다시 과거의 천황제 전체주의 국가로 만들 수 있다고 보는 것이다.

18 이를 위해 이들이 미국의 정치인과 언론인을 대상으로 집요하게 공작을 편 결과 미국에 일본 극우 논리에 감염된 사람들이 상당히 많아졌다. 머지않아 일본의 극우 논리가 미국의 신문과 의회에서 거부감 없이 받아들여지는 날이 올지 모른다.

19 하나님의 정의가 무너지고 사탄의 세력이 다시 세계의 여론을 휘어잡고 이웃 나라에 대한 증오를 확대하고 무력시위를 벌여 세계를 혼란 속으로 빠뜨릴 날이 올지 모른다.

20 세계의 의로운 사람들은 나서서 일본이 돈으로 정의를 사는 때가 오지 않게 해야 한다.

21 일본의 돈이 정의로 둔갑하여 세계 여론을 흔드는 일이 벌어지는 것을 어찌 방관할 수 있느냐.

22 일본 극우 세력의 사악한 행동을 막으려면 독일이 아우슈비츠 만행을

부정하는 것을 법으로 금지한 것처럼 일본도 위안부 만행을 포함한 전쟁 범죄를 부정하는 것을 금지하는 법을 만들도록 해야 한다.

23 그들 스스로 하지 못한다면 너희 세계의 의로운 시민들이 평화를 사랑하는 일본인들과 연대하여 일본 극우 세력을 제압하고 법을 만들도록 압박해야 하고 그렇게 하기 전까지는 일본을 평화를 지향하는 선린 국가로 인정해서는 안 된다.

11

1 평화는 누구의 선의로 이루어지는 것이 아니다.

2 하나님은 평화를 원하시나 인간은 전쟁의 유혹을 이기지 못한다.

3 평화는 강자의 아량으로 이룩되는 것이 아니라 약자의 강력한 대항 능력으로 이룩된다.

4 전쟁을 일으키면 스스로 망할 수 있다는 위험을 느낄 때에 평화가 온다.

5 이웃과 불편한 관계를 지속하는 것보다 서로 교류하고 친하게 지내는 것이 더 이익이라고 생각할 때에 평화가 찾아온다.

6 그러므로 평화를 바라는 약자들은 강해지는 노력을 하여라. 너희가 강해져서 외부 세력이 넘보지 못하게 해야 이웃과 친하게 지내는 데에 도움이 된다.

7 독일, 러시아, 일본이 다시 침략의 야욕을 드러내지 못하게 하려면 그 주변에 있는 약한 나라들이 강해져야 한다. 특히 주변 강대국의 각축장이 되어 있는 한국이나 폴란드나 헝가리 같은 나라는 지금보다 훨씬 더 강해져야 한다.

8 약한 나라는 대개 주변의 강대국의 힘에 영향을 받아 결속력을 만드는 구심력보다 분열의 원인이 되는 원심력이 강한 것이 특징이다. 그러니

사회가 정치적으로 분열되어 있는 경우가 많다. 사회가 정치적으로 분열되면 국민들도 자기 이익을 위하여 분열될 수밖에 없다. 대표적인 상황이 한국에서 일어나고 있다.

9 한국은 지금도 일본의 식민 지배를 옹호하는 세력이 언론계, 학계, 정계, 재계에 광범위하게 퍼져 있어서 일본의 우익 세력과 직간접으로 공조하고 있다. 이런 상황은 일본의 우익이 한국에 우호 세력이 있음을 확인하고 한국을 어떻게든 다시 지배해 보고 싶은 욕망을 일으키는 빌미가 된다.

10 일본이 한국의 한 일간신문이 제공하는 친일 기사를 부지런히 일본으로 실어 날라 이용하는 것은 이를 뒷받침한다. 과거 일본이 한국을 침략했을 때에도 한국 정계에는 친일파가 있었고 사회에는 일진회라는 강력한 친일 세력이 존재했기 때문에 국왕의 반대를 물리치고 불법적으로 한국 병합을 이루어 한국을 지배할 수 있었다.

11 이런 상황은 약한 나라에서는 언제나 일어날 수 있다. 강한 나라 옆에 약한 나라가 있다는 것은 평화를 어렵게 하는 요인이 된다. 약한 나라를 침략하는 것이 강한 나라의 잘못이지만 너희 약함이 전쟁을 일으키게 하는 유인이 되는 것을 너희가 부정하지 마라.

12 그래서 약한 나라는 스스로 강해져야 한다. 다른 강한 나라와 교류를 증진하여 이웃이 자신을 가볍게 보지 못하게 노력해야 한다.

13 약한 나라는 내부적으로 사회를 단단하게 하고 외부적으로 많은 나라와 교류를 하여 스스로 일어서는 힘을 보여야 한다.

14 사회가 내부적으로 단단해지려면 정치가 분열되지 않아야 하고 공무원이 부정부패에서 벗어나야 한다.

15 약한 나라에는 약한 이유가 있고 강한 나라에는 강한 이유가 있다. 약한 나라에는 약점이 많고 강한 나라에는 강점이 많다.

16 약한 나라가 강해지려면 자기의 약점을 줄이고 강점을 늘리는 수밖에 없다. 세상의 모든 약한 나라가 강해질 수 있는 하나의 길이 있다. 그것은 사회의 모든 구성원이 눈앞의 이익을 쫓는 근시안에서 벗어나 보편적 가치관을 갖추는 것이다.

17 세상의 모든 약한 나라는 들어라. 너희는 참 하나님 안에서 하나가 되어라. 그러면 너희 나라가 강해지고 이웃이 너희를 가볍게 보지 못할 것이며 너희가 평화를 얻으리라.

18 참 하나님 안에서 하나가 되어 너희가 진실하고 선하고 의로워진다면 너희 사회는 차돌처럼 단단해질 것이다.

19 너희가 서로 아끼고 배려하고 존중하고 돕는다면 너희 사회는 찰떡처럼 끈끈하여질 것이다.

20 너희가 하나가 되어 열심히 일하고 연구하고 개선하고 개혁하고 창조한다면 너희 사회는 결코 무너지지 않는 강한 사회가 될 것이다. 이를 위해서 너희는 참 하나님 안에서 거듭나라.

21 너희가 거듭나면 너희 안에 있던 약점이 다 사라지고 강점이 드러날 것이다.

22 거듭난 너희들이 만들어 가는 사회를 누가 감히 넘보겠느냐. 참 하나님 안에서 너희가 강한 나라를 이루면 어떤 나라도 너희를 무너뜨릴 욕심을 내지 못하고 오히려 너희에게서 배우고 너희와 친구가 되고자 평화를 추구할 것이다.

23 약한 자야, 강한 믿음 없이 너희가 강해질 수 없음을 알아라.

12

1 너희 인류가 평화를 유지하면 이런 좋은 일을 할 수 있다.

2 지금 세계의 과학자들이 힘을 합하여 천지창조의 순간에 어떤 일이 일어났을지 연구하고 있다. 또 생명과학자들은 함께 바이러스와 병원균을 찾아 이를 무력화하는 연구를 하고 있지 않느냐.

3 여러 나라가 돈을 대고 여러 나라의 과학자들이 함께 힘을 모은 결과이다.

4 그 지식으로 너희는 너희 삶을 지금보다 더 나은 수준으로 끌어올릴 수 있게 될 것이다. 질병을 물리치고 더 오래 건강하게 사는 길을 열 수도 있을 것이다.

5 다만 우주의 시초나 물질의 기원 또 생명 연구는 창조의 시원에 가까운 것이어서 너희가 다루기에는 너무 정교하므로 잘못하면 너희 인류에게 재앙을 가져올 수 있음을 조심해야 한다.

6 이런 큰 공동 연구는 평화 시라야 추진할 수 있지 않겠느냐.

7 최근 한국이 몽골에 나무를 심어서 몽골의 사막화를 막는 작은 성공을 거두었다. 중국의 사막화도 이런 방법으로 막을 수 있는 길이 열렸다. 너희가 할 수 있는 일을 찾아 열심히 노력하면 사막의 확산을 막고 목초지를 넓힐 수 있을 것이다. 이런 일은 너희가 평화를 확보하였기 때문에 가능하다.

8 너희들이 함께 노력하면 지구를 지금보다 더 살기 좋은 땅으로 만들 수 있는 길이 얼마든지 있다. 한국인들이 아프리카에 가서 그곳 사람들의 식수를 해결하는 일을 하고 있는 것도 너희가 노력하면 서로 삶의 질을 높여 줄 수 있음을 보여 주는 좋은 예이다. 유니세프 활동으로 아프

리카 어린이들을 돕는 일도 너희가 평화로운 상황에서 가능한 일이다.

9 너희가 계속 평화를 유지한다면 너희는 모든 나라가 합심하여 지구의 환경을 개선하는 일을 효과적으로 추진할 수 있을 것이다. 기후 변화에 대응하는 일이나 방사능 피해를 줄이는 일이나 질병의 확산을 막는 일 등 너희가 평화적으로 해낼 수 있는 일이 무궁무진하고 이런 일들은 모두 하나님께서 일찍이 너희에게 지혜를 주셔서 가능하게 해 주신 것이다.

10 너희는 평화를 즐겨라. 평화 없이 행복 없다.

11 하나님이 너희에게 주신 평화를 너희가 즐기지 못하고 전쟁의 공포에서 벗어나지 못하는 것은 너희의 불행이다.

12 무역 분쟁으로 국가 간에 이기주의 경쟁을 하지 마라.

13 영토를 넓히겠다고 다른 나라의 땅을 넘보지 마라.

14 독립해서 살고자 하는 사람들이 자유롭게 나라를 세워 살아가게 하여라. 티베트, 쿠르드, 위구르 등 독립한 나라를 세우고자 하는 민족에게 자유롭게 나라를 세우게 하여라. 그들이 나라를 세우게 도와주고 그들과 선린 관계를 맺는 것이 그들을 예속시키는 것보다 더 나으리라.

15 나라와 나라 사이에 장벽을 없애 자유롭게 여행하고 교류하여라. 지구를 하나의 사회로 만들어라.

16 너희가 증오와 차별과 배척하는 마음을 없애면 너희 인류는 모두 한 형제요 이웃이 될 수 있다.

17 이제 너희는 지구 안에서 싸우지 말고 힘을 합하여 우주를 향하여 나아가라. 하나님이 만드신 우주가 너희를 기다리고 있다.

18 너희가 평화로 얻을 수 있는 혜택은 끝이 없이 많다.

13 1 평화는 너희의 것이다. 평화는 하나님이 처음부터 너희에게 주신 것이므로 너희에게 속한 것이다.

2 평화를 무너뜨리려는 세력을 경계하여라. 그들은 참 하나님을 두려워하지 않는 악마들이다.

3 너희 성직자들은 이 사실을 너희 신자들에게 전파하여라. 너희의 존재 이유가 거기에 있다. 너희가 사람들의 영혼을 구원하려 한다면 먼저 그들에게 평화를 보장하여라. 자유를 보장하여라.

4 위정자들이 위선을 행하고, 악을 행하고, 불의를 행할 때에 너희가 앞장서서 나무라고 싸워라. 뒤로 빠져서 안일을 구하면서 입으로만 구원을 외치지 마라.

5 국가 이념에 매몰되지 말고 국가 이념이 하나님의 계명을 벗어나지 못하도록 힘써라.

6 사람을 억압하고 죽인 자가 자신의 기억까지 죽이지 못하게 하여라. 그의 악행을 대대로 기억하게 하여라.

7 세계의 모든 종교인들이 연대하여 이 일을 추진하여라. 한 사람이 전쟁의 불장난을 저지르지 못하게 하여라.

8 평화롭게 사는 사람들 속에서 평화를 말살하려는 음모를 꾸미는 가라지 같은 정치인을 뽑아내어라.

9 1980년 서울의 봄을 송두리째 짓밟은 전두환의 신군부 세력과 그 부역자들, 지금 홍콩의 자유를 짓밟으려는 중국 공산당 독재 세력, 앞으로 아시아의 평화를 유린할 염려가 있는 일본 극우 세력을 등에 업은 정치인과 그들을 지원하는 기업을 세상에 드러내어 그들이 지도적 위치에

있지 못하도록 하여라. 그들을 도태시켜라.

10 자국민을 억압하는 정치 세력, 자국의 영향력을 확대하기 위해 또는 자신들이 정치권력을 쥐기 위해 이웃과 불화를 조장하는 정치 세력의 준동을 막아라. 이 사악한 세력이 일어나지 못하게 하여라.

11 한 국가가 다른 국가에 대하여 의도적으로 갈등을 일으키지 못하게 하여라.

12 배척과 시비를 버리고 평화와 공존을 지향하도록 이끌어라.

13 인류에게 자유와 평화와 행복을 가져다주는 자가 되어라.

14 1 너희는 이웃에 폐를 끼치지 마라. 이웃의 근심거리가 되지 마라. 이웃이 너희 때문에 불안해하지 않게 하여라. 이것이 너희가 화평을 이루는 길이다.

2 너희가 평화를 지키려면 평화를 깨뜨리려는 세력보다 더 강해져야 한다. 싸우기를 좋아하고 전쟁을 부추기는 세력을 묶어 두어라.

3 너희는 자유와 정의를 지키는 강한 자가 되어라.

4 자기중심주의, 국수주의, 민족지상주의, 배타주의를 물리쳐라.

5 적대 세력에게 지지 않을 강력함과 적대 사회에 지지 않을 포용과 화합의 힘을 갖춰라.

6 자유의 가치를 이해하고 정의를 지키는 능력을 갖추며 사랑과 포용의 정신을 발산함으로써 평화로운 낙원을 이뤄라.

7 평화는 자유와 정의를 지키는 자들이 이끌 것이다.

8 너희가 평화를 이끄는 빛의 일꾼이 되어라. ㅎ

행복

1 1 하나님을 찬양하는 이 노래를 들어 보아라.

2 내가 하나님의 길에 들어섰더니 내 영혼이 평안을 얻고 내 육신이 쉼을 얻었도다.

3 아침 이슬을 머금은 나팔꽃 같은 생기가 내 몸에서 솟는구나.

4 이 달콤한 향기는 어디서 오느냐. 이 평안한 기분은 어디서 오는 선물이냐.

5 사자의 으르렁거림도 멀어졌고 호랑이의 발톱도 나를 해치지 못하는구나.

6 아, 하나님의 길은 이 나그네에게 생명의 길이요 쉼의 길이로다.

7 하나님의 빛이 나에게 비치니 내 주위의 사악한 것들이 모조리 사라졌도다.

8 하나님의 빛이 내 속을 비치니 내 속의 악마가 물러나고 마음이 평화로워지는구나.

9 이 기쁨, 이 만족감이 어디서 오나.

10 새의 깃털 같이 가벼움이여, 내 몸과 마음이 상쾌하니 하나님께 날아

갈 수도 있을까.

11 내 평생 하나님의 빛 속에서 살아가리.

12 아, 하나님의 빛이 이 나그네의 길을 밝게 비추는 등대로다.

13 내가 하나님의 길에 들어서고 하나님의 빛 가운데 있으니 하나님이 내게 힘이 솟구치게 해 주신다.

14 이 힘을 어디에 쓸꼬.

15 주체할 수 없는 이 힘을 무엇에 쓸꼬. 사자를 때려잡는 데에 쓸까, 호랑이를 때려잡는 데에 쓸까.

16 하나님이 내게 힘을 주셨으니 내가 사막에 물을 대어 초원을 만들고 황무지를 개간하여 기름진 밭을 일구리라.

17 아, 이 성취감을 내가 어떻게 주체할 수 있을까.

18 하나님의 힘이 내 안에 있으니 내가 두려움이 없고 물러섬이 없게 되었구나.

19 내 평생 하나님의 힘에 의지하리.

20 아, 하나님의 진실하심이여. 나를 거듭나게 하시니 내가 하나님께 감사하리로다.

21 아, 하나님의 선하심이여. 나를 거듭나게 하시니 내가 하나님을 찬양하리로다.

22 아, 하나님의 의로우심이여. 나를 거듭나게 하시니 내가 하나님을 따르리로다.

23 내가 무엇을 더 바라랴. 나에게 무엇이 더 필요하랴.

24 하나님이 내게 복을 주셔서 내가 부족함이 없어졌으니

25 내가 하나님의 집에 영원히 머물리라.

2 1 무엇이 행복이냐. 하나님을 사랑하는 것이 행복의 근본이다.

2 이성의 인도 아래 미덕을 실천하며 사는 것이 행복한 삶이다.

3 철학하면서 사는 것이 행복한 삶이다.

4 자연의 법칙에 따라 사는 것, 하나님을 이해하고 모시며 사는 것, 자유를 누리면서 정직하고 선하고 의로운 삶을 사는 것이 행복한 삶이다.

5 다른 사람을 돕고 사는 것도 행복한 삶이다.

6 너희에게 유익한 것을 추구하면서 너희 존재를 유지하는 것도 행복한 일이며 자신을 구원하는 것이다.

7 네가 하고 싶은 것을 하여 얻고자 하는 것을 얻는 삶도 행복한 삶이다.

8 무수히 많은 삶에 무수히 많은 행복이 있다.

9 너희가 어떤 삶을 살든 그 안에서 다양한 종류의 행복을 느낄 수 있다. 행복은 자연과 환경과 이웃과의 관계에서 온다.

10 너희가 어떤 종류의 행복을 바라든 행복은 소중하고 아름답다.

11 하나님은 너희가 행복을 누리고 살기를 바라신다.

12 너희는 육으로 되어 있으니 육의 평안을 취하는 것이 마땅하다.

13 행복은 순간순간의 만족감에서 온다. 순간의 만족감은 지극히 사소한 것에서도 맛볼 수 있다.

14 들에 핀 꽃에서 아름다움을 느끼고, 귀여운 새들의 지저귐 속에서 평안을 느끼고, 푸른 숲 속을 거닐면서 한가함을 즐기는 행복을 너희가 이미 알고 있지 않으냐. 아이들이 뛰놀며 재잘거리는 속에서 느끼는 기쁨과 만족감이 너희를 얼마나 행복하게 해 주는지 너희가 경험하지 않았느냐. 이처럼 지극히 작은 일에서 행복을 느끼는 것이 옳고 그 행복을

소중히 여기는 것이 옳다.

15 너희는 다른 사람의 소소한 행복을 방해하지 마라. 행복의 질이 서로 다르고 행복감의 깊이가 서로 다르니 각자의 행복을 스스로 느끼며 사는 것에 대하여 방해하거나 시비하지 마라.

16 너희가 느끼는 이런 소소한 행복감에 하나 더하여 느낄 행복이 있다. 너희가 자연과 환경과 이웃과 세상의 모든 일에서 느끼는 행복에 하나를 더하여라.

17 그것은 곧 하나님과의 관계에서 오는 행복이다.

18 너희가 일상생활에서 느끼는 소소한 행복은 너무나 연약한 것이어서 외부의 조그만 충격에도 부서지기 쉽고 변질되기 쉬운 점이 있다.

19 항구적이지 않은 행복감은 그 행복 뒤에 오는 공허함으로 너희를 괴롭힐 수 있다.

20 너희는 하나의 행복감을 맛본 뒤에 새로운 행복감을 바라게 되는 행복 강박관념에 시달리게 되기 쉽다.

21 너희가 행복을 찾다가 불행해지는 것을 막기 위해서 하나님이 주시는 행복을 찾아라. 그러면 너희는 소소한 행복 끝에 오는 평안으로 너희 영과 육이 쉼을 얻게 될 것이다.

22 하나님과의 관계에서 행복을 얻는 길은 곧 너희가 하나님의 말씀에 따라서 진실하고 선하고 의로운 삶을 살려고 노력하는 일이다.

23 참 하나님을 네 마음속에 모신 상태에서 미덕을 실천하고, 철학을 소중히 여기며, 자연의 법칙을 따르고, 정직하고 선하고 의로운 삶을 살려고 노력하여라.

24 이웃과 화목하고 이웃을 돕고 이웃에게 베풀며 살아라. 너희의 삶 안에

서 하나님이 일하시게 하여라.

25 하나님과 함께 사는 삶 속에서 얻는 행복이 곧 너희를 구원해 주리라.

3

1 너희가 행복해지기 위해서 먼저 해야 할 일은 너희 삶을 사랑하고 삶에 감사하는 것이다.

2 너희가 자기 삶을 사랑하지 않고는 이 세상에 살아가야 할 이유가 없다. 삶을 사랑하지 않는 자에게 행복이 있을 턱이 없다.

3 너희 삶은 하나님이 주신 은혜요 복이다.

4 시인이 노래하였듯이 너희 삶은 하나님이 너희에게 주신 여행 선물이고 소풍의 은총이다.

5 너희는 그 삶을 기쁘고 즐겁게 보냄으로써 삶을 주신 하나님의 은혜에 보답함이 옳다. 그리고 그 삶을 주신 하나님께 감사해야 하리라.

6 행복은 감사하는 마음에서 시작한다.

7 너희가 아직 하나님을 모른다면 너희 부모님께 감사함이 옳다. 너희 부모를 거쳐서 하나님의 창조가 이루어진 것이니 너희가 하나님을 모른다면 하나님 대신에 부모님께 감사하여라.

8 하나님은 너희를 창조하신 분이고 부모는 너희를 낳고 길러 주신 분이니 부모님께 감사하는 것이 하나님께 감사하는 것이다.

9 만일 너희 부모님이 너희가 필요한 것을 채워 주지 못하더라도 부모님께 감사할 수 있는 자가 행복한 자이다.

10 또 너희가 감사해야 할 사람은 너희에게 무엇인가 가르쳐 준 사람이다.

11 학교에서 공부를 가르쳐 준 스승과 마을에서 너희에게 할 일과 하지 말아야 할 일을 가르쳐 준 어른이 있다면 그분에게 감사해야 한다. 너

희가 지금의 너희가 된 것은 너희 주위의 많은 사람들의 덕임을 알고 네가 만나고 너와 말을 주고받은 모든 사람에게 감사하는 것이 옳다.

12 또 너희가 감사해야 할 사람은 너희가 서로 알지 못하지만 너희를 위하여 수고를 아끼지 않은 사람들이다.

13 너희가 먹는 음식이 그분들에게서 왔고, 너희가 입는 옷이 그분들에게서 왔으며 너희가 생활하면서 사용하는 온갖 연장이 그분들에게서 왔다. 그분들이 아니었으면 너희가 지금처럼 편안한 삶을 누릴 수 없을 것이다. 그분들은 농부일 수도 있고, 공장의 노동자나 기술자일 수도 있고, 연구실의 과학자나 발명가들일 수도 있다. 그 분들에게 감사함이 옳다.

14 또 너희가 감사해야 할 사람은 바로 너희가 아플 때에 너희 아픔을 치료하는 의사들이다.

15 너희의 아픔이 그들의 수고로 사라질 때에 너희는 비로소 감사할 테지만 그러지 않더라도 그런 일을 하는 모든 사람에게 감사하는 마음을 가져라.

16 또 너희가 감사해야 할 사람은 너희 사회가 유지되도록 보이지 않는 곳에서 일하는 사람들이다.

17 사회 곳곳을 깨끗이 유지하는 일을 하는 환경미화원, 너희의 안전을 위해 힘쓰는 소방공무원, 경찰공무원, 인명 구조를 위해 노력하는 사람들, 환경 지킴이들, 이런 사람들에게 감사하여라. 너희가 사회적으로 지위가 낮다고 해서 또는 너희보다 가난하다고 해서, 또는 너희보다 배운 것이 부족하다고 해서 이들에게 감사하지 않는다면 너희는 행복해질 자격이 없다.

18 또 하나 너희가 감사해야 할 사람들이 있다. 누가 알아주지 않아도 수고와 노력의 열매로 너희 인류가 진보와 발전을 이루게 만든 사람들이 있다.

19 과학자들은 그들의 탐구로 너희 인류의 무지를 몰아내어 주었고 너희 삶을 편리하게 해 주었으며 너희가 기적이라고 생각하던 신비한 것을 일상적인 것으로 현실화해 주었다. 한때는 너희 종교인들이 이들에게 죄를 씌워 죽이기도 했고 족쇄를 채워 활동을 못 하게도 했지만 결국 너희는 이들의 탐구 덕에 지금 기적적인 놀라운 문명 생활을 누릴 수 있게 되었다. 너희는 마땅히 이들 과학자들에게 감사해야 한다. 과학자들 중에서 너희 질병을 물리치기 위해서 많은 연구를 한 사람들이 있다. 병의 원인을 찾아 약물로 치료하고 수술로 치료하며 병을 예방하는 방법을 알아내어 너희가 건강하게 살 수 있게 해 준 이들에게도 너희가 마땅히 감사해야 한다.

20 이 밖에도 너희가 감사해야 할 수많은 사상가, 철학자들이 있음을 너희가 잊지 마라. 세상은 그들의 노고에 힘입어 개선되고 진보해 왔음을 알아라.

21 하나님은 이 모든 사람들의 수고와 노력에 함께하셨다.

22 너희가 이 모든 사람들에게 감사하면 감사를 받은 사람들은 너희의 감사로 기쁨을 얻고 행복을 느낄 것이다.

23 행복은 다른 사람이 자기의 수고를 인정하고 감사할 때에 느끼는 감정이다. 그들의 행복은 다시 부메랑처럼 너희에게 기쁨으로 돌아와 너희를 행복하게 해 줄 것이다.

24 감사는 너희를 살리고 저주는 너희를 죽인다. 감사는 너희를 행복하게

만들고 저주는 너희를 불행하게 만든다.

4 1 너희는 크고 작은 기쁨이 행복을 가져옴을 알 것이다.

2 마음에 맞는 친구들과 수다를 떨고 차 한 잔을 마시며 은은한 음악을 배경으로 담소를 나누며 느끼는 행복감을 너희가 모르지 않겠지.

3 사람들이 너를 배려하고 존중해 줄 때 네가 느끼는 만족감도 너를 행복하게 해 줄 테고, 네가 누군가를 도와주었을 때에 그가 너에게 고마워하는 것을 보며 행복했을 것이다. 이처럼 배려와 존중과 감사는 너희 모두를 행복하게 해 준다.

4 네 기쁜 일에 친구가 진심으로 함께 기뻐해 주고 좋은 일에 진심 어린 축하를 해 주면 네가 얼마나 행복하더냐.

5 삶이 마냥 기쁜 일로 꽉 차 있는 것은 아니어서 너에게 슬픈 일이나 괴로운 일이 있을 때에 네 친구의 따뜻한 위로와 격려 그리고 도움이 너를 얼마나 행복하게 하더냐.

6 네가 그 어려움을 극복하여 마음이 홀가분해졌을 때에 느끼는 네 행복감은 또 얼마나 되더냐. 이런 조그맣고 사소한 기쁨과 만족감이 네게 행복을 선사하였을 것이다.

7 아무 일도 생기지 않았지만 대자연을 보는 것만으로 네가 행복에 취한 일은 없었더냐. 대자연 속에서 이전에 보이지 않던 것이 보이고, 이전에 느낄 수 없던 것을 느끼고, 이전에 들리지 않던 것이 들릴 때 너희의 기쁨이 얼마나 크더냐.

8 너희는 한 순간 한 순간 새롭게 보이는 것, 새롭게 느껴지는 것, 새롭게 들리는 것으로 말미암아 기쁨을 얻으리라.

9 어떤 사람은 삶을 고통이라고 말하지만 스스로 삶을 고통으로 만들 필요는 없다. 삶은 하나님의 선물이니 기쁘게 받아들여 현재를 즐기듯이 의미 있게 보내면 너는 행복해질 것이다.

10 이를 위하여 너희 자신을 기쁘게 하는 것을 열심히 찾아라. 그 일을 하고 있을 때 행복감이 밀려오는 어떤 것이 있을 것이니 그것을 찾아내어라.

11 너희가 스스로 무엇을 좋아하고 무엇을 행복하게 여기는지 알지 못하는 것처럼 불행한 일이 어디 있느냐. 하나님은 이미 너희에게 너희가 바라는 것, 지향하는 것, 하고 싶은 것들을 심어 주셨다. 그것을 찾아내어 거기에 네 시간과 정열을 불태워 보아라.

12 너희가 좋아하는 일을 하면서 행복을 느낄 수 있다면 얼마나 행복한 일이냐. 너희 안에 이미 너희를 행복하게 해 줄 수 있는 것이 들어 있음이 놀랍지 않으냐.

13 너희는 오래 전부터 너희를 행복하게 해 줄 것으로 믿고 따랐던 두 가지 체계를 가지고 있다. 하나는 종교요 다른 하나는 정치이다.

14 종교는 너희 영혼을 행복하게 해 줌으로써 정신적인 평안을 누릴 수 있게 해 주리라는 기대를 주었고, 정치는 너희 안에서의 무질서를 해소해서 서로 평화로운 삶을 살게 해 줄 뿐 아니라 외부의 적에게서 너희를 안전하게 보호해 주리라는 기대를 주었다.

15 그러나 너희는 이 두 체계의 어느 하나에서도 만족할 만한 결과를 얻지 못했다.

16 종교는 너희를 현세보다는 내세에 관심을 두게 하여 현세의 불행과 괴로움을 참으라고 했다.

17 종교가 너희로 하여금 사후의 천국을 바라보게 함으로써 너희의 아픔을 줄여 주려 하였지만 사후의 천국은 너희가 경험할 수 없는 것이고 현실의 아픔은 가혹하여 너희가 평안을 얻을 수 없었다.

18 그런 중에서도 종교인은 사회의 고위직으로서 존경을 받으며 평안하게 살지만 그 종교를 지탱하는 너희는 헐벗고 굶주리면서 현세의 불행을 내세의 행복으로 마치 아편을 맞은 사람이 느끼는 행복처럼 구름에 뜬 행복을 추구하는 것으로 만족해야 하는 삶을 살지 않을 수 없었다.

19 이는 너희가 종교에게도 배신을 당한 것이나 마찬가지였다. 이런 상황을 겪으면서 종교가 너희에게 행복을 가져다주는 것만은 아님을 알았을 것이다.

20 정치를 통해서 너희가 받은 것도 너희의 안녕과 행복이 아니라 억압과 착취가 아니었느냐.

21 사회의 안녕과 질서를 책임져야 할 정치는 본래의 일에 충실하지 않고 가혹한 세금으로 너희들을 옥죄며 자유로운 활동을 억누르고, 살림에 충실해야 할 사람들을 전쟁에 동원하여 죽음으로 몰아넣지 않았더냐.

22 정치는 평화 때에는 억압하는 자로서, 전쟁 때에는 빼앗아가는 자로서 기능하지 않았느냐.

23 너희는 결코 정치를 통해서 이익을 본 바가 없다. 너희의 행복을 정치가 지켜준 바가 없다. 그러니 너희는 정치에게도 배반을 당한 것이 아니냐.

24 종교와 정치가 이처럼 너희를 배반했던 과거를 청산하고 너희를 충실하게 행복의 길로 인도하는 때가 오고 있다. 이제 너희의 행복을 종교와 정치가 책임질 때가 오고 있다. 참 하나님의 언약을 너희가 지킨다면 그날이 곧 오리라.

25 이제 너희의 행복을 위하여 종교와 정치가 해야 할 일을 하도록 참 하나님께서 지시하신다. 귀 있는 사람은 들어라.

26 너희 종교인은 이제 하나님을 증명하는 일을 할 필요가 없다. 하나님은 당신을 스스로 증명하시니 너희가 힘써 증명할 필요가 없다. 다만 너희는 하나님께서 지시하신 바를 실천하여라.

27 너희 종교인은 사람들의 행복한 삶을 지켜 주는 일에 최선을 다해야 한다. 그들의 마음을 위로하고 그들의 불편을 해소해 주고 그들의 억울함을 풀어 주고 그들의 아픔을 공감해 주는 일을 하여라. 진심을 다해서 그들과 함께하여라.

28 너희 종교인이 꼭 해야 할 일이 있다. 그것은 정치로 하여금 사람들의 자유를 확대해 주고 정의로운 사회 만들기에 앞장서게 하고 이웃 나라와 우호관계를 맺도록 유도함으로써 정치가 사람들을 현실적으로 행복하게 해 주는 일을 하도록 유도하는 것이다.

29 종교인은 하나님의 말씀에 힘을 얻어 사는 사람들이 아니냐. 너희 하나님께서 너희에게 정치인들을 이끌 사명을 주셨음을 명심하여라.

30 너희가 힘없고 소외된 사람을 위해서 노력하는 것도 중요하지만 그들이 힘을 잃고 소외되는 상황에 빠지지 않도록 정치가 노력하게 하는 것이 더욱 중요함을 인식해야 한다.

31 너희 종교인은 반드시 정치를 바로잡는 일에 헌신하여야 한다. 그래서 정치가 그릇된 길로 가지 않도록 끊임없이 경계의 목소리를 내야 한다. 거듭 말한다. 너희는 하나님께 헌신하는 것이 아니라 정치를 바로잡는 데 헌신하여라. 그것이 하나님께 헌신하는 일이다.

32 자유와 정의와 평화와 행복은 정치가 반드시 이루어야 할 목표임을 정

치인과 모든 사람들에게 인식시키는 일을 너희 종교인이 해내야 한다.

33 사람에게 물질이 얼마나 소중한 것인지 너희가 모르지 않을 것이다. 행복의 반은 물질의 넉넉함에서 온다.

34 너희 정치인은 사람들이 부유해지는 방법을 찾아내어 시행해야 한다. 정치는 사람들의 행복을 위해 존재하는 것임을 잊지 마라.

35 부자를 더욱 부자로 만들지언정 부자의 것을 빼앗으려 하지 말고, 가난한 사람이 더 가난해지는 것은 너희의 책임이니 반드시 가난한 사람이 부유해지도록 이끌어 주어야 한다.

36 너희 정치인은 너희 사회에 부자와 가난한 사람이 섞여서 살면서 박탈감을 느끼지 않도록 사회를 조화롭게 만들어야 한다.

37 부자가 가진 돈을 거짓된 일이나 악한 일이나 불의한 일에 쓰지 못하도록 막는 법과 제도를 만들어라. 사기나 악덕이나 불의한 방법으로 돈을 벌지 못하게 법과 제도를 만들어라. 돈을 벌고 쓰는 일이 자랑스럽고 감사할 만한 일이 되게 하여라.

38 사회가 정의롭지 않으면 어떤 물질적 성공도 사회를 평화롭게 만들어 주지 못한다. 모든 사람의 행복을 위해서 정치가 해야 할 일을 하도록 너희의 신명을 다 바쳐라.

5 1 너희로 하여금 빨리 행복을 느낄 수 있게 해 주는 것으로 돈과 권력이 있지 않으냐. 그래서 너희는 태어나면서부터 죽음에 이르기까지 돈과 권력을 추구하며 살지 않느냐.

2 너희는 마치 돈을 벌기 위해서 사는 것처럼 살고 있고, 권력을 쟁취하기 위해서 사는 것처럼 다투고 있지 않으냐. 그것이 행복에 이르는 지

름길인 것처럼 말이다.

3 하나님께서 말씀하신다. 필요한 만큼 물질을 추구하여라. 필요한 만큼 권력을 확보하여라. 그것이 너희에게 필요하다. 그러나 조심하여라. 물질과 권력은 언제나 너희를 악마가 되도록 유인한다.

4 너희가 진실하고 선하고 의로움을 잃지 않고 물질을 취하며 권력을 쟁취한다면 너희는 거기서 행복을 찾을 수 있다. 그 물질과 그 권력이 많은 사람에게 이익을 줄 것이기 때문이다.

5 너희는 결코 물질에 취하거나 권력에 빠지지 마라. 물질이 주는 행복으로 할 수 있는 선을 행할 것이며, 권력이 주는 행복으로 할 수 있는 선을 행하여라. 너희는 거기서 행복을 얻을 수 있다.

6 그러나 너희가 거짓과 악과 불의를 행하면서 물질을 취하고 권력을 쟁취하면 너희는 거기서 행복을 얻을 수 없다.

7 너희가 향유하는 물질은 수많은 악을 생산해 낼 것이고, 너희 권력은 수많은 불의를 저지를 것이다. 너희가 가진 물질과 권력으로 말미암아 수많은 사람이 아픔을 겪고 너희의 부와 권력을 원망하리라. 그것이 어찌 너희에게 불행이 아니겠느냐. 부와 권력이 너희를 불행에 빠뜨렸음을 알게 되면 너희는 그때 겨우 때늦은 후회를 하게 될 뿐이다.

8 너희는 물질을 추구하되 정당한 방법으로 추구할 것이며, 권력을 쟁취하기에 힘쓰되 정당한 방법으로 쟁취하여라. 그렇게 해서 얻은 물질과 권력이 너희를 행복하게 해 줄 것이다.

9 정당한 방법으로는 바라는 만큼 물질을 얻을 수 없고 바라는 바 권력을 얻을 수 없느냐. 그 때문에 너희가 부당한 방법을 쓰려는 유혹에 이끌리느냐.

10 너희가 잊지 말아야 할 것이 있다. 너희는 하나님의 사람이다. 하나님의 사람은 얻는 물질의 크기나 권력의 강함에서 행복과 감사를 느끼는 것이 아니라 어떤 경우에도 진실함과 선함과 의로움의 가치를 훼손하지 않은 데서 행복과 감사를 느끼는 사람임을 명심하여라.

11 욕구가 한없이 크지만 하나님이 주신 계명 안에서 그 욕구를 제한하고 만족하는 것이 하나님의 사람이다.

12 네가 할 수 있는 최선을 다하여라. 그리고 얻어지는 것에 감사하여라. 이것이 하나님의 사람이 갖는 마음가짐이다. 너의 행복이 그 안에 있음을 알아라.

6 1 물질 획득으로 행복을 얻으려 하는 것은 질이 가장 거친 행복을 얻으려 하는 것이다.

2 물질로 얻은 행복은 물질을 잃거나 빼앗길지 모른다는 염려로 네 마음에 불안을 심어줄 수 있다. 불안은 행복의 적이 아니냐.

3 그렇다고 해서 물질을 적대시하지 마라. 물질이 아니면 너희가 생명을 어떻게 보존하겠느냐. 너희 삶은 물질의 조건에 좌우되는 것이므로 물질을 얻고 쓰는 문제에 무관심하거나 무능하면 안 된다.

4 물질은 네 삶을 안정시킬 정도면 충분하고 그보다 더 많은 물질은 너의 생각을 탐욕에 물들게 하고 그것을 방탕한 데에 쓰고 싶은 욕망을 일으킨다.

5 물질보다 사람을 소중한 가치로 여겨라. 탐욕과 방탕을 삼가고 너희의 물질을 세상과 아름다운 관계를 맺는 데에 써라.

6 세상과 즐겁게 말을 나누는 사람은 불행에 빠지지 않는다.

7 사람을 수단으로 사용하려 하지 마라. 너희의 불행은 거기서 싹튼다.

8 권력은 사람을 수단으로 만들려는 속성이 있다. 권력보다 사람을 소중히 여겨라. 권력을 탐하지 말고 권력을 휘두르지 마라. 너희에게 권력이 있으면 그것을 세상과 아름다운 관계를 맺는 데에 써라.

9 행복은 사람 사이에 있다. 이웃과 함께하여라. 너희가 홀로 있는 법도 알고 전체의 일부로 있는 법도 알아라.

10 공감에서 행복을 찾아라.

11 동행에서 행복을 찾아라.

12 너희는 모든 사람과 하나로 연결된 존재이다. 너희는 전체의 일부로서 즐거이 전체에 참여하여라.

13 이웃을 행복하게 해 주어라. 이웃에게 행복감을 가져다주는 것이 너를 행복하게 해 줌을 알아라.

14 적막 속에서 하나님을 만나는 것은 황홀한 행복이다.

15 사람들 속에서 함께 기뻐하고 함께 슬퍼하며 함께 즐기고 함께 괴로워하는 것도 행복한 일이다.

16 즐거움만 행복을 주는 것이 아니라 괴로움이나 고통스러움도 때로는 너희에게 행복이 될 수 있다.

17 사랑하는 사람을 만나는 것만 행복한 것이 아니라 이별하는 것도 행복할 수 있다는 사실을 알게 될 것이다.

18 너희가 간절히 바라는 것이 이루어질 때 느끼는 행복감은 그것이 실패했을 때에 느끼는 좌절감에 비할 바 아니겠지만 때로는 이 실패와 좌절감도 너희에게 행복한 순간이 될 수 있다.

19 증오는 너희에게 행복을 주지 않는다.

20 혐오 감정은 너희에게 결코 행복감을 주지 못한다.

21 행복은 어느 순간 갑자기 찾아와 너를 만족스럽게 해 주고 문득 떠나기도 한다.

22 너희가 어디에 있든지 무슨 일을 하든지 그 자리에서 너희가 꾸밈없이 진정을 쏟아 사람들과 동행하고 있다면 너희는 그 순간 행복감에 휩싸이게 될 것이다. 그것이 하나님이 너희에게 주시는 행복이다.

7

1 행복을 위하여 너희 탐욕을 억제하여라. 탐욕에서 자유로워야 행복을 얻을 수 있다. 폭력의 유혹, 사기의 유혹, 증오의 유혹, 차별의 유혹, 배척의 유혹을 이기는 사람에게 행복이 찾아온다.

2 거짓의 유혹을 떨쳐서 행복을 얻은 경험이 있느냐. 악의 유혹을 물리쳐 행복을 느낀 경험이 있느냐. 불의를 물리치고 행복을 누린 경험이 있느냐. 너희는 너희 마음이 주는 행복을 구하여라.

3 너희는 몸이 주는 쾌락을 통해서도 일시적 행복감을 맛볼 수 있을 것이다. 그러나 그 행복감은 너무나 순간적인 것이어서 쾌락의 맛이 지나면 곧바로 다시 그 쾌락을 찾게 된다. 마치 목마른 사람이 바닷물을 마시면 더욱 갈증이 생기는 것처럼 쾌락은 너희 몸을 쾌락의 수렁으로 몰아갈 것이다. 그러니 너희가 세상의 기쁨이나 몸의 쾌락으로 말미암아 너희 행복이 불행으로 바뀌지 않게 조심하여라.

4 너희 몸은 하나님의 우주가 만든 최상의 작품이다. 이것을 잘 관리하고 유지하는 것이 네 행복의 시작이다.

5 몸을 사랑하고 아껴라. 건강을 지켜라. 몸을 아름답고 깨끗하게 유지하여라. 몸이 늙을수록 더욱 더 몸을 아끼고 가꿔라.

6 질병에 걸리지 않게 조심하여라. 아픈 것을 방치하지 마라. 질병은 너를 불행하게 만드는 적이다. 네 가족이 네 건강 때문에 걱정하거나 시간을 들이지 않게 하여라. 네 가족에게 유익한 선물은 네가 건강하게 사는 것이다.

7 치매에 걸리지 않게 하여라. 기억력의 감퇴를 막는 데는 언약 말씀을 외우는 것보다 더 좋은 방법이 없다. 하루에 한 장씩 꾸준히 외워라. 외우고 묵상하며 하나님께 감사하여라.

8 언약 말씀을 자주 암송하여라. 언약 말씀을 혼자 암송하는 것도 좋고 여럿이 낭송하는 것도 좋고 곡을 붙여 노래로 부르는 것도 좋다. 언약 말씀을 외우는 것은 너희 영혼을 맑게 하고 너희 마음을 평안하게 해 줄 것이다.

9 너희가 죽기 전에 기억력을 잃으면 너희 하나님께 갈 길을 잃는 것과 같다. 죽음에 이르렀을 때에는 너희가 외워 둔 언약 말씀을 조용히 암송하면서 하나님께 가라.

10 몸의 건강은 건강을 지켜주는 의원이 하는 일이니 의원의 도움을 받기를 소홀히 하지 마라.

11 너희는 쾌락으로 몸을 상하게 하지 말고 게으름으로 영혼을 망가뜨리는 일이 없게 하여라.

12 행복은 건강에서 시작한다.

8 1 너희가 진정으로 행복해지고 싶으면 수시로 변하는 물질이나 세속적인 기쁨이나 몸의 쾌락에 행복의 바탕을 두지 마라.

2 물질은 있다가 없어지기도 하고 세상 사람은 오늘 친구가 내일 적이 되

기도 하여 너희를 괴롭게 하고 때로는 절망으로 몰아넣기도 한다.

3 세속적인 기쁨은 언젠가 그것이 슬픔을 만들어 내기도 하고 몸의 쾌락은 너희 몸을 상하게 하여 너희에게 큰 불행을 안길 수 있다. 그러니 이런 것들을 네 행복의 바탕에 두지 마라.

4 너희는 하나님에게서 오는 지혜로 행복의 바탕을 삼아라.

5 행복은 너희 만족 속에 있고 만족은 하나님이 주신 은혜로 얻을 수 있다.

6 너희는 억압적인 종교나 배타적인 종교에서 행복을 찾으려 하지 마라. 이런 종교는 너희를 행복하게 만드는 수단이 아니라 너희를 불행하게 만드는 수단이다. 그들의 교리는 너희들에게 수많은 쓸데없는 일을 하도록 요구하거나 가치 있는 일을 하지 못하게 막기도 하는데 이는 모두 종교를 위하여 그러는 것이지 너희의 행복을 위하여 그러는 것이 아니다.

7 종교가 강요하는 편협한 행동 규범은 너희의 자유를 얽매는 족쇄에 지나지 않는다. 그 족쇄에 너희의 손발을 끼우지 마라. 그 족쇄 안에서 자유를 즐기는 것은 새장 안에서 새가 누리는 자유일 따름이다. 그것이 진정한 새의 행복이겠느냐.

8 너희는 하나님이 주신 지혜를 사용하여 자유의지에 따라서 지혜롭게 행동하여라.

9 하나님의 충만한 지혜가 너희를 지속적인 행복으로 인도할 것이다. 그 지혜가 시키는 대로 오늘 지금이라도 밖에 나가서 외로운 노인의 친구가 되어 보아라. 그에게 즐거움을 선사해 보아라. 그 어떤 종교의 교리를 배우고 지키는 것보다 이 행위가 너희에게 주는 행복이 더 크다는

것을 알게 될 것이다.

10 행복은 너희의 자유로운 삶에서 오는 것이지 종교의 교리를 지키는 데서 오는 것이 아니다.

11 남이 너희에게 해 주기를 바라는 그대로 너희도 남에게 해 주어라. 너희가 이 말을 들어 알고 있을 것이다.

12 이제 나는 너희에게 이렇게 하나님의 말씀을 전한다. 사람을 기쁘게 하는 자가 복이 있다. 사람의 원한을 해소해 주는 자가 복이 있다. 사람의 아픔을 공유하는 자가 복이 있다. 갈등을 풀어주는 자가 복이 있다. 너희가 오래오래 행복해지고 싶거든 바로 이 말씀을 실천하여라.

13 사람이 남을 이롭게 해 주고 얻는 기쁨처럼 뿌듯하고 상쾌한 행복이 어디 있겠느냐. 그 상대가 그것을 간절히 바라는 경우에는 더 말할 것도 없거니와 기대하지 않은 경우에도 너희의 도움으로 기쁨을 얻고 너희에게 감사할 것이다.

14 이것이 네가 가질 수 있는 행복이 아니겠느냐. 행복은 내가 스스로 노력하여 얻는 것이지 남에게서 빼앗는 것이 아니다.

9 1 가진 것이 없어 남을 이롭게 해 줄 수 없음을 안타깝게 여기는 사람이 있느냐.

2 하나님께서는 모든 사람에게 크고 작은 능력을 주셨다. 너희는 대개 자기 능력을 자기만을 위해서 쓴다. 만일 네 능력을 남을 위해서 쓴다면 이것이 곧 남을 이롭게 해 주는 것이 될 것이다.

3 하나님이 모든 사람에게 두루 남을 돕고 봉사할 수 있는 능력으로 각자에게 주신 것은 바로 너희 몸이다. 너희가 마음만 먹으면 너희 몸의

머리끝에서 발끝까지 모두 남을 위해서 돕고 봉사하는 데 유용하게 쓸 수 있다.

4 너희 눈은 눈먼 사람들을 위해서 얼마나 유용하게 쓰일 수 있겠느냐. 너희 귀는 듣지 못하는 사람을 위해서 얼마나 유용하게 쓰일 수 있겠느냐. 너희 다리는 걷을 수 없는 사람을 위해서 얼마나 유용하게 쓰일 수 있겠느냐. 너희 머리는 아직 어리석은 사람을 위해서 얼마나 유용하게 쓰일 수 있겠느냐.

5 너희가 너희 몸을 다른 사람을 위하여 이롭게 사용하고자 한다면 수많은 사람에게 이익을 줄 수 있을 것이며 거기서 얻는 행복감은 이루 말할 수 없을 것이다.

6 겸손한 사람이 행복을 얻기는 마치 바닷가에서 모래를 얻는 것처럼 쉬운 일이다. 반면에 교만한 사람이 행복을 얻기는 나무에서 물고기를 얻는 것보다 어렵다.

7 겸손한 사람은 자신의 속을 비우기 때문에 날마다 새로운 기쁨이 물 흐르듯이 들어올 수 있지만 교만한 사람은 속을 온갖 욕심으로 채워 놓았기 때문에 새로운 기쁨이 그 안으로 들어갈 수 없다.

8 가진 것이 없더라도 겸손한 마음으로 다른 사람을 위하여 자기 몸을 사용하는 사람은 스스로 행복을 느끼고 다른 사람에게 행복을 전할 수 있다.

10 1 너희 중에 '나는 돈도 없고, 특별한 능력도 없고, 다른 사람을 위해서 봉사할 시간도 없어서 도무지 그런 방법으로 사람을 이롭게 하기 어려우니 나는 행복해지기 어렵겠다.'라고 말하는 사람이 있느냐. 그 사

람에게는 또 다른 행복거리가 있다.

2 너희 입은 돈 없이도 남을 도울 수 있는 신묘한 힘을 가졌다. 너에게서 나간 말이 행복으로 너에게 돌아오는 것을 느껴 보아라.

3 많은 사람은 자기 입을 다른 사람을 헐뜯고 욕하고 비난하고 무시하고 배척하고 상처를 내는 말을 할 때 사용한다.

4 너희가 욕을 하고 싶을 때에 그 욕을 참고 부드러운 말로 네 생각을 표현할 수 있다면 너는 조그만 행복을 얻게 될 것이다.

5 너희가 남을 헐뜯고 싶을 때에 그 헐뜯기를 참고 칭찬하는 말로 바꿀 수 있다면 너는 또 다른 행복을 느끼게 될 것이다.

6 너희가 사람을 무시하는 말을 하고 싶더라도 그것을 참고 좋은 말로 진지하게 이야기하면 너희는 거기서 새로운 행복을 찾게 될 것이다.

7 너희가 너희 말 중에서 다른 사람에게 상처를 주는 말이 무엇인지 알아 그 말을 자제하면 행복이 너희를 찾아올 것이다.

8 너희의 행복은 다른 사람을 욕하고 헐뜯고 비난하고 무시하고 상처를 주는 말을 하면 사라졌다가 칭찬하고 귀히 여기고 부드러운 말로 좋은 이야기를 해 주는 순간 사라졌던 행복이 다시 너희를 찾아오리라. 입을 잘 단속하는 것이 행복의 시작이다.

9 너희 입을 다른 사람을 칭찬하고 배려하고 북돋우고 존중하고 포용하고 위로하는 말을 하는 데에 사용하여라.

10 이처럼 너희 입을 긍정적으로 사용하면 너희 말을 듣는 사람은 모두 기쁨을 얻을 것이요 너에게 행복을 되돌려줄 것이다. 여기서 얻는 행복은 누가 가져갈 수도 없어 네가 살아 있는 동안 너와 함께 네 속에 있을 것이다.

11 너희는 사람을 이롭게 하는 말을 하는 능력을 길러라. 이것이 너희가 오래오래 행복을 누릴 수 있는 길이다.

12 너는 누군가의 힘이 될 수 있다. 너는 누군가의 기쁨이 될 수 있다. 그러니 이렇게 외쳐라. 나는 누군가의 힘이 되겠다. 나를 둘러싼 모든 사람이 나로 말미암아 기쁨을 얻게 하겠다.

13 너의 가족이 네 덕분에 기쁨을 얻고, 너의 이웃이 네 덕분에 행복해지고, 네가 속한 사회가 너로 인하여 평화를 누리는 것을 생각해 보아라. 이 얼마나 흥분되는 일이냐.

14 네가 무엇을 얼마나 많이 가지고 있더라도 너의 이웃과 기쁨을 함께 나눌 수 없다면 너의 가진 것이 무슨 가치가 있겠느냐.

15 다른 사람의 질시를 받고 험담을 들으며 사는 삶에 무슨 행복이 있겠느냐.

16 하나님이 네게 거저 주신 것을 너도 사람들에게 거저 줄 수 있어야 행복한 사람이 될 수 있다.

11

1 무엇보다 네 마음을 지켜라. 생명의 근원이 거기에 있다. 네 마음이 사악한 데에 빠지지 않고 하나님의 지혜를 얻어 그 말씀을 지키는 것이 네가 살아가는 길이다.

2 마음이 울적하고 서글퍼질 때면 너는 하나님의 지혜에 의지하여 마음을 바로 세워라. 하나님의 지혜에서 너는 힘을 얻으리라.

3 사랑하는 자야, 네 얼굴에 근심의 그늘을 지워라. 네 얼굴에 서려 있는 근심은 네 마음이 하나님의 지혜를 잃고 방황하고 있음을 나타낸다. 너의 명철로써 너의 마음을 바로 세워라.

4 네가 무엇에 화가 났느냐. 무엇이 네 마음을 상하게 하였느냐. 상하게 한 것은 그대로 있는데 네 마음만 망가졌구나. 네 하나님이 주신 이성이 네 마음을 치료하게 하여라.

5 너의 행복은 네 마음가짐과 함께 간다. 행복은 시련 속에서 싱싱하게 꽃 피는 줄 네가 모르느냐. 시련과 괴로움은 너에게 깊은 행복을 만들어 주는 연금술사다. 시련을 마음껏 아파하고 괴로움에 마음껏 눈물을 흘려라. 행복이 그 안에서 준비되고 있음을 보아라.

6 사랑하는 자야, 네가 너에게 행복을 주어라. 네게 행복을 줄 사람은 바로 너다. 네 얼굴에 웃음이 머물게 하여라. 네 웃음 속에서 기쁨이 배어나게 하여라.

7 웃는 얼굴로 사람을 대하여라. 너의 웃음이 다른 사람에게 기쁨을 주고 그 기쁨이 너에게 행복을 가져다줄 것이다.

8 너그러운 마음으로 사람을 대하여라. 너의 너그러움이 다른 사람에게 기쁨을 주고 그 기쁨이 너에게 행복을 가져다줄 것이다.

9 긍정적인 마음으로 사람을 대하여라. 너의 긍정이 다른 사람에게 기쁨을 주고 그 기쁨이 너에게 행복을 가져다줄 것이다.

10 네가 행복해지고 싶거든 다른 사람을 행복하게 해 주어라. 네 마음이 다른 사람을 기쁘게 하는 일을 즐기면 너와 네 이웃이 행복해질 것이다. 너 자신이 다른 사람을 불편하게 하거나 힘들게 하는 자가 되지 않게 하여라.

11 지금 네 옆에 있는 사람이 누구인지 그 얼굴을 보아라. 네가 그 사람에게 선한 마음을 품고 있으면 그에게 웃음을 보여라. 그가 너에게 선한 마음을 가지고 있으면 너에게 웃어 줄 것이다.

12 네가 옆 사람에게 악한 마음을 품고 있느냐. 너의 악한 마음이 네 얼굴에 드러나고 네 말속에 드러나 그를 언짢게 만들리라. 그도 너에게 악한 마음을 갖게 되지 않겠느냐.

13 그러므로 너희는 서로 사랑하여라. 서로 존중하여라. 서로 배려하여라. 서로 공감하여라. 너희 사이에 이루어지는 이런 아름다운 관계가 너희를 행복하게 해 주리라.

14 마음을 지키는 것이 행복의 근원이다. 네 마음이 거짓에 빠지지 않게 하고, 사악한 것에 빠지지 않게 하고, 불의에 빠지지 않게 하고, 슬픔에 빠지지 않게 하고, 좌절에 빠지지 않게 하여라. 너의 마음을 지키는 것이 너를 행복하게 해 주는 지름길이다.

12 1 너희 중에 어떤 사람은 최대 다수의 최대 행복이 가장 큰 미덕이라고 생각하나 소수의 불행에 무관심한 다수의 행복은 불의한 행복이다.

2 어느 누구도 한 사람의 희생을 가볍게 여기면서 다수의 행복을 추구하는 것은 옳지 못하다.

3 다수의 행복이 소수의 행복으로 확산될 수 있을 때에 다수의 행복이 의로운 행복이 될 수 있다.

4 사회가 돈과 권력으로 행복을 얻으려고 한다면 그 사회는 이미 병든 사회이다.

5 돈과 권력은 그 속성이 소수에게 집중되려 한다.

6 사회가 행복해지려면 돈과 권력을 가진 소수가 사회의 재화를 독점하지 못하게 관리할 수 있어야 한다.

7 모든 사람이 필요한 만큼의 돈과 권력을 확보할 수 있게 해야 그 사회가 건전한 행복을 누릴 수 있다.

8 너희는 사회의 구성원이라면 누구나 돈과 권력을 필요한 만큼 가질 수 있도록 기회의 평등을 구현할 법과 제도를 만들고 도덕과 정의 관념을 확립해야 한다.

9 먹고 살기 위해서라면 체면과 염치를 차리지 않는 것을 당연하게 생각하는 사회는 불의한 사회이다. 그들이 그렇게 된 것은 이미 사회가 불평등과 불공평으로 찌들어 있기 때문이다.

10 모든 사람이 사람으로서 갖추어야 할 것을 갖추게 하여라.

11 자기가 가진 돈을 다른 사람과 나누는 능력, 자기가 가진 권력을 다른 사람과 나누는 능력, 자기가 가진 지식을 다른 사람과 나누는 능력을 갖추는 것이 너희가 행복해지는 길이다.

12 이 말을 기억하여라. 나는 너의 행복을 위해 없어서는 안 될 존재이며 너는 나의 행복을 위해 없어서는 안 될 존재이다. 하나님은 너희 모두의 행복을 위해 영원히 한결같이 거기에 계시는 분이시다.

13 1 하나님을 사랑하기 위해서 너희의 행복을 옆으로 밀쳐놓지 마라. 그것은 하나님의 뜻이 아니다.

2 하나님을 사랑하는 것과 너희가 행복해지는 것은 동전의 양면처럼 하나의 일이다.

3 하나님을 진정으로 사랑하면 너희가 행복해질 것이고, 너희가 진정으로 행복하면 하나님을 사랑하게 된다.

4 하나님은 너희가 이 세상에서 영위하는 육신의 삶을 매우 소중히 여기

신다. 너희에게 한 번밖에 없는 삶이기 때문에 이 삶을 너희가 모두 가치 있고 행복하게 살아 내기를 바라신다.

5 어떤 교리는 이 세상을 빨리 벗어나야 할 곳, 하나님의 구원을 기다리는 정류소처럼 여기도록 가르치는데 이 세상은 너희에게 너무나 소중한 곳임을 알아라. 그리고 이 세상에서 너희가 행복하게 사는 것이 하나님이 바라시는 것임도 알아라.

6 너희 육신을 가볍게 여기는 교리는 하나님이 옳게 여기지 않으신다. 너희 육신을 만든 분이 하나님이 아니냐.

7 너희는 이 세상에서 사는 동안 이 세상을 낙원으로 만들어 모두가 행복하게 살다가 죽음에 다다라 이 세상에 태어나서 행복하게 살게 해 주신 하나님 은혜에 감사한 뒤 죽음 후의 세상으로 가라.

8 죽음을 앞두고 하나님께 감사하는 사람이 하나님과 가장 가까운 사람이다. 너희는 살아 있을 때에 진실하고 선하고 의롭게 살다가 하나님의 부르심에 응하는 것이 옳다.

9 이 세상에서의 삶은 하나님이 마련하신 바에 힘입어 행복한 삶이 되어야 한다. 그러면 저 세상에서의 삶도 행복해지리라.

14 1 개인의 자유는 사람이 행복해지는 데에 필요한 가장 기본적인 요소이다. 사람의 자유를 구속하는 어떤 행위도 하지 마라.

2 남에게 해를 끼치지 않는 한 다른 사람의 사생활을 존중하고 보호해 주어라. 개인의 자유는 사생활을 자기 뜻에 따라서 할 수 있는 자유에서 비롯하고 그런 자유를 확보함으로써 개인의 행복이 가능해진다.

3 남의 사생활을 까발리는 자들은 그들의 사생활도 까발림을 당해야 옳

으리라. 남의 사생활을 불법적으로 까발린 사람은 그의 사생활도 까발림을 당하도록 법과 제도를 만들어야 한다.

4 법을 다루는 경찰과 검찰은 사람의 사생활을 까발리는 행위를 가장 부끄럽게 생각하여라. 부정과 비리를 조사한다는 명분을 내세워 개인의 사생활을 까발리는 것은 그의 행복을 송두리째 날려버리는 일이 된다. 법과 제도에 어긋난 행위를 밝혀 응분의 처벌을 받게 하는 것이 정의를 실현하는 방법이다. 오로지 그 일에 충실 하여라. 피의자를 궁지에 몰아넣어 너희가 원하는 것을 얻으려는 행위는 불의하고 사악한 짓이다. 사회는 이런 경찰과 검찰을 엄하게 벌할 수 있는 법과 제도를 만들어야 한다.

5 언론이라는 이유로 사람의 사생활을 까발리는 자는 언론인으로서 일할 자격이 없다. 사람들이 궁금하게 여긴다고 해서 사람의 사생활을 까발려 공개할 권리는 누구에게도 없다. 남의 사생활 정보를 당사자의 동의 없이 공개함으로써 당사자가 입을 사회적 타격을 생각하여라. 공인에게는 공인으로서 국민의 알 권리를 충족하기 위하여 공개해야 할 사생활이 있을 수 있다. 그러나 사생활을 무차별적으로 낱낱이 까발리는 행위는 악행이다. 개인의 행복을 침해할 권리는 누구에게도 없다. 그가 불법과 비리를 저지르거나 그런 일에 연루되지 않은 이상 사생활을 침해하면 안 된다. 언론이 이런 일에 자정 능력을 발휘하지 못하면 법과 제도가 이를 강제하여야 할 것이다.

6 사적인 공간에서라도 개인의 사생활을 폭로하는 것은 불의한 짓이고 사악한 짓이다. 사생활 폭로는 사람들 사이에서 증오를 일으키고 배타적인 감정을 북돋우게 된다. 사회가 한 사람의 사생활을 엿보게 하는 불

의를 막기 위해서 사적으로 남의 사생활을 폭로하는 행위도 법과 제도로 통제해야 한다. 어떤 경우도 개인의 사생활은 보호를 받아야 한다. 행복은 자신이 하고 싶은 방식으로 살아갈 권리를 가지는 것에서 시작하기 때문이다.

7 너희는 다른 사람의 사생활에 간섭하려 하지 마라. 다른 사람의 사적 비밀을 캐려고 들지 마라. 다른 사람의 생각과 생활 방식을 존중하여라. 사랑한다는 이유로 다른 사람의 삶에 개입하려면 매우 신중히 해야 한다. 각자 간직하고 싶은 비밀을 간직하도록 내버려 두어라. 그것이 그를 행복하게 해 주기 때문이다.

8 너희는 흔히 너희가 하는 사생활을 하나님이 보신다고 믿는다. 그러나 하나님은 너희 사생활을 보시는 분이 아니다. 하나님은 너희가 진실하고 선하고 의로운 삶을 살면 너희가 행복해지도록 해 주는 분이지 너희 행위를 하나하나 감시하거나 통제하는 분이 아니다. 너희가 하나님의 뜻에 맞게 행동하면 너희에게 행복이 샘솟을 것이고 하나님의 뜻에 거슬러 행동하면 너희에게는 불안이 엄습하게 될 것이다. 너희의 행불행은 너희의 언행이 만들어 낸다.

15 1 가정은 처음부터 너희 행복을 일구는 가장 강한 토대가 되리라. 그 이유는 너희가 각자의 행복을 만들기 위해서 최선의 짝을 찾아서 가정을 이뤘기 때문이다.

2 그러나 두 사람이 만나서 함께 살아 보면 서로 맞지 않는 것이 수없이 많다는 것을 알 수 있게 된다. 차라리 헤어지는 편이 함께 있는 편보다 더 낫다고 생각하게 되기도 한다. 이런 가정으로는 너희가 결코 행복해

질 수 없을 것이다. 너희가 행복해지기 위해서는 서로 이해하고 아끼고 사랑해 줄 수 있는 짝을 만나서 가정을 이루는 것이 가장 중요하다. 각자에게 가장 잘 맞는 짝이 필요한 것이다.

3 그러나 안타깝게도 너희에게 가장 잘 맞는 짝을 찾는 기회가 한정되어 있다. 한때는 잘 맞는 것처럼 느껴졌지만 지나고 보니 잘 안 맞는다는 생각을 하게 되기 쉽다. 이때 너희는 서로의 기대를 채워 주도록 노력하는 지혜가 필요할 것이다.

4 남자는 여자의 행복을 위해서 최선을 다하고 여자는 남자의 행복을 위해서 최선을 다하여라. 서로 불만을 줄여 주려고 노력하고 서로 좋아하고 즐기는 것을 함께하여라.

5 가정에서 너희가 행복을 키우는 일은 너희 노력에 달려 있다. 하나님은 언제나 너희가 서로 지혜롭게 조화를 유지함으로써 최상의 행복을 유지할 수 있기를 기대하신다.

6 결혼을 해도 후회하고 결혼을 하지 않아도 후회할 것이라면 결혼을 하고 후회하라는 말을 너희가 하지만 나는 너희에게 말한다. 너희가 행복해지기 위해서 결혼을 하여라. 여자는 남자를 행복하게 해줄 수 있는 유일한 사람이고, 남자는 여자를 행복하게 해 줄 수 있는 유일한 사람이다. 이것이 하나님의 지혜가 아니냐.

7 하나님이 남자와 여자를 만든 이유가 바로 당신의 피조물이 최상의 행복감을 느낄 수 있게 해 주기 위함이 아니냐.

8 너희는 결혼을 하여 행복을 찾아라. 너희 행복이 결혼으로 더욱 굳건해지게 하여라.

9 결혼하지 않고 행복을 찾고자 하는 사람에게도 하나님은 길을 열어 두

셨다.

10 한 사람을 사랑하지 않고 모든 사람을 사랑하고, 한 사람의 행복을 위해서 애쓰지 않고 모든 사람의 행복을 위해서 애쓰고, 한 사람에게 봉사하지 않고 모든 사람에게 봉사하고, 사람에 대한 사랑을 자연이나 예술이나 학문에 대한 사랑으로 바꿔 행복을 찾는 길이 있다.

11 물론 결혼한 뒤에도 이런 것에서 행복을 찾는 일을 멈추지 않아도 된다. 사람이 행복해지기 위해서 하는 모든 일은 존중을 받을 일이고 가치 있는 일이다.

12 각 사람이 가진 행복감의 가치는 결코 높낮음을 평가할 수 없다. 각자의 행복은 각자에게 가장 소중한 것이기 때문이다.

13 하나님은 사람이 최선을 다해서 자신의 행복을 찾고 누리기 바라신다. 행복은 하나님이 너희에게 주신 선물이기 때문이다.

14 너희는 스스로 만족할 만한 행복을 얻기 위해서 너희가 할 수 있는 일을 하여라. 하나님이 너희를 도우신다.

15 그러나 너희 행복을 위하여 다른 사람의 행복을 짓밟거나 빼앗지 마라.

16 각자 자기의 행복을 찾되 남의 행복 찾기를 방해하지 마라.

16

1 결혼한 너희는 너희 자신이 행복을 찾았으니 이제 자녀가 너희를 행복하게 해 주기를 요구하지 마라. 자녀는 그들 자신의 행복을 찾아서 가야 할 사람이기 때문이다.

2 너희가 해야 할 일은 너희 자녀가 그들의 행복을 찾아 가는 일을 돕고 지켜봐 주는 것이다. 자녀가 좋아하는 것을 함께 좋아해 주고 자녀가 기뻐할 때에 함께 기뻐해 주고 자녀가 괴로워할 때에 함께 괴로워해 주

고, 자녀가 슬퍼할 때에 함께 슬퍼해 주는 것이 너희가 해야 할 일이다. 자녀와 공감하지 못하는 너희는 행복할 자격이 없는 부모이다.

3 너희의 욕망을 자녀에게 투영하지 마라. 자녀는 너희가 만든 인형이 아니다.

4 하나님께서 너희를 만드셨지만 너희가 자유롭게 각자의 행복을 찾아 살아가는 것을 간섭하지 않고 지켜보고 계시는 것을 너희가 알지 않느냐.

5 너희는 자녀에게 부족한 지혜를 일깨워 주는 것으로 만족하고 간섭을 하려 하지 마라. 오로지 자녀의 장점을 최대한으로 살리기 위해 힘을 쏟으면 너희와 자녀가 모두 행복해지리라.

6 하나님이 너희의 잘못을 나무라지 않으시고 지켜보시는 것처럼 너희 자녀의 잘못도 지켜보면서 그들이 제자리로 돌아올 때까지 참고 기다려 주어라. 좌절과 슬픔과 아픔을 품은 행복이 더욱 아름답지 않겠느냐.

17 1 너희는 한 노인의 기쁨과 낙담이 교차한 이야기를 들어 알고 있을 것이다. 이 노인은 자기가 기르던 말이 달아나서 몹시 낙심하였는데 어느 날 달아났던 말이 준마를 한 필 끌고 와서 뜻밖에 준마가 생긴 것으로 기뻐하였다.

2 그의 아들이 그 준마를 타다가 떨어져서 다리가 부러지니 준마가 생긴 기쁨보다는 아들의 다리가 부러진 것 때문에 더 괴로워하였다.

3 그러던 중에 나라에서 전쟁이 일어나 젊은이들을 다 붙잡아 전쟁터로 끌고 갔는데 그의 아들은 다리가 부러진 덕에 전쟁터에 끌려 나가지 않게 되어 죽음을 면하는 행운을 얻었다.

4 이처럼 한 사람의 행복과 불행은 대상의 상황 변화와 밀접하게 연결되

어 있다.

5 부부 사이에서 행복을 찾던 사람이 이제 자녀와 사회의 문제로 행복과 불행이 좌우됨을 볼 수 있다.

6 한 사람의 행복을 지키기 위해서는 말할 수 없이 많은 요인이 영향을 미친다. 이것이 너희 사람의 숙명임을 알아야 한다.

7 그래서 나만의 행복을 지키기 위하여 결혼을 하지 않고 홀로 사는 것을 택할 수도 있고, 더 멋진 행복을 찾기 위하여 다른 사람과 짝을 이루어 가정을 이룰 수도 있고, 자녀를 낳아 기르는 기쁨으로 또 다른 행복을 찾을 수도 있지만 그 기쁨과 행복이 재물의 드나듦이나 국가 사회와의 관계로 변하고 조정된다. 이런 과정을 무난히 지나가는 것이 행복일 수도 있을 것이다.

8 이 노인은 말의 소유와 아들의 안위에서 자신의 행복을 찾았다. 너희 모두도 이와 크게 다르지 않을 것이다.

18 1 너희가 가정을 이루어 자녀와 함께 행복을 누릴지라도 너희 행복을 시샘하는 사회가 있는 한 너희는 결코 그 행복을 오래 누릴 수 없을 것이다.

2 나뭇잎이 고요히 있고자 하나 바람이 이를 용납하지 않으면 뜻을 이룰 수 없는 것처럼 너희가 행복하고자 하나 사회와 국가가 이를 용납하지 않으면 너희의 뜻을 이룰 수 없다.

3 나뭇잎은 바람을 잠잠하게 할 수 없지만 너희는 사회와 국가를 너희의 행복을 보장할 수 있게 바꿀 수 있다.

4 학교로 가던 자녀가 난폭한 운전자의 실수로 해를 당하면 너희 행복이

어떻게 되겠느냐. 이를 막는 방법은 너희가 만들 수 있지 않으냐.

5 안정된 직장에서 열심히 일하면서 조그만 행복을 만들어가던 너희가 그 직장이 잘못되어 일자리를 잃게 되면 너희 행복은 어떻게 되겠느냐. 이를 막는 방법은 너희가 너희 직장 안에서 찾을 수 있지 않겠느냐.

6 너희 직장이 안정되어 소소한 행복으로 너희 삶이 윤택해지는데 나라의 경제가 망가져서 은행이 망해 사업체가 무너지는 일이 벌어지면 너희 행복이 어떻게 되겠느냐. 이를 막는 방법은 너희가 나라를 발전시킬 수 있는 정치 세력을 택함으로써 해결할 수 있지 않겠느냐.

7 너희 직장이 안정되고 너희 사회가 안정되어 모든 것이 너희를 행복하게 해 주는 것 같았는데 너희 옆에 있는 나라가 너희 나라의 적이 되어 너희 나라에 위해를 가하게 되면 너희 행복이 어떻게 되겠느냐. 혹시라도 전쟁이 일어나 너희 자녀가 전쟁터로 나아가 잘못된다면 너희 행복이 어떻게 되겠느냐. 이를 막는 방법은 너희가 국방을 튼튼히 하고 국가의 경제기반을 강력하게 하고 많은 나라와 우호관계를 맺는 방법으로 해결할 수 있지 않겠느냐.

8 한 사람의 행복에는 이렇게 크고 작은 수많은 일들이 관여하고 있음을 너희가 알고 있을 것이다.

9 너희가 행복해지려면 어떻게 해야 하겠느냐. 먼저 네 마음을 행복할 수 있는 조건에 맞춰라. 대상이 바뀌더라도 네 행복이 훼손되지 않도록 네 마음을 지키는 능력을 갖춰라. 그리고 너의 밖에 있는 것들이 네 행복을 좌우하지 못하도록 관리하여라.

10 자녀나 재산이 너의 행복을 지키고 키워 나가도록 만들어라.

11 직장과 국가와 세계의 모든 일이 너를 행복하게 해 주도록 그리고 불행

을 너에게 가져다주지 못하도록 네 목소리를 내어라.

12 남의 고통을 방관하면서 너만의 행복을 추구하는 것은 불의한 짓이다.

13 너 혼자만의 행복으로 네가 진정한 행복을 누릴 수 없다. 네 주위 사람
   이 행복하지 않고 어찌 네가 온전하게 행복을 누리겠느냐.

14 네 직장, 네 국가, 너와 동시대에 살고 있는 모든 나라의 사람들이 행복
   하게 살지 못하는데 네가 온전한 행복을 누릴 수 있겠느냐.

15 그러므로 너희는 나라와 민족과 세계가 함께 행복해질 수 있는 길을 찾
   는 일에 게을러서는 안 된다.

16 너희를 위하여 하나님은 이미 길을 예비해 두셨다. 모든 사람과 함께 서
   로 행복해질 수 있는 길을 찾아라. 행복을 위하여 서로 연대하여라. 너
   희들의 행복을 위한 연대에 하나님이 지혜와 용기를 주시리라.

17 전쟁을 부추기는 지도자를 끌어내리는 데 연대하여라. 전쟁은 전쟁을
   일으킨 자의 지배욕만 만족시키고 전쟁으로 무기를 팔게 될 몇몇 사람
   의 탐욕만 채워줄 뿐 그 전쟁에 동원되는 모든 사람을 불행하게 만든다.

18 국가 간의 갈등을 확대하여 정치권력을 쥐고자 하는 지도자를 끌어내
   리는 데 연대하여라. 그들은 결국 전쟁을 일으키는 모험을 감행하게 될
   것이기 때문이다.

19 사회적 갈등을 앞장서서 조장하는 지도자를 끌어내리는 일에 연대하여
   라. 사회적 갈등은 사악한 정치인이 가장 선호하는 권력 쟁취 수단이다.
   사회적 갈등으로 이익을 보는 사람은 그 갈등을 이용해서 권력을 농락
   하는 사람뿐이고 모든 사람은 그 갈등으로 자신의 행복을 훼손당한다.

20 빈부의 격차를 확대하고 사회적 편견을 조장하는 정책을 추진하는 지
   도자를 끌어내리는 일에 연대하여라. 가난한 자, 사회적 약자의 눈물이

넘치는 곳에 자신들만의 행복을 찾아 불나방처럼 아무 일이나 저지르는 자들의 부도덕이 넘침을 명심하여라.

21 너희가 진정으로 행복을 원한다면 너희는 서로 사랑하여라. 너희 이웃을 사랑하여라. 너희 동족을 사랑하여라. 너희 동족 밖에 있는 인류를 사랑하여라.

22 너희는 사람을 존중하여라. 너희를 행복하게 해 줄 자가 누구이냐. 바로 네 옆에 있는 사람들이 아니냐. 너희의 사랑이 그들의 사랑을 이끌어내면 너희 행복이 오래갈 것이고, 너희 미움이 그들의 미움을 이끌어내면 너희 행복이 곧 사라질 것이다.

23 너희는 스스로 행복을 위하여 노력하고 다른 사람과 연대하여 노력하여라. 지혜로우신 하나님이 너희를 도우신다. 너희의 행복을 위하여 강하고 담대하게 나아가라.

19 1 너의 목숨을 요구하는 어떤 말에도 귀를 기울이지 마라. 너에게는 너의 목숨처럼 소중한 것이 없다. 너의 목숨은 하나님께서 주신 것, 하나님의 것이다.

2 너의 목숨을 함부로 여기는 자는 너의 불행을 이용해서 자신의 욕심을 채우려는 자일 따름이다.

3 국가가 네 목숨을 요구하느냐? 그 국가는 너를 행복하게 해 주는 자가 아니라 너를 불행에 빠뜨리는 자이다. 모름지기 국가는 너의 행복을 위하여 있어야 한다. 그러나 다른 나라가 네 나라를 침략하거나 위협하여 부득이 이에 대처해야 한다면 너 또한 부득이 국가의 요구에 응하지 않을 수 없을 것이다. 다른 사람의 행복을 지켜 주기 위하여 네가 희

생하는 것이다. 그래서 너는 흔쾌히 네 목숨을 바칠 마음을 갖게 되리라. 너의 그런 생각은 가상하지만 그것은 하나님이 바라시는 것은 아니다. 너의 가족도 너의 죽음을 바라지 않는다. 너의 희생이 가족과 이웃의 자랑거리는 될 수 있어도 그들의 행복이 될 수는 없다. 하나님은 네가 삶의 모든 순간순간에서 행복을 누리기를 바라신다. 하나님께서는 너희 땅을 평화로운 낙원으로 주셨다. 너희는 너희 땅에서 행복하게 살 권리가 있다.

4 너희 땅에서 너희의 행복을 빼앗는 자가 누구냐. 바로 사악한 정치 지도자이다. 권력을 독점하고 재물을 독점하고 팽창주의를 부르짖고 전쟁을 부추기는 권력자 곧 너희 땅을 다스리는 사악한 정치인이 너희를 불행에 빠뜨리는 장본인이다.

5 사악한 정치 지도자는 너희를 이웃과 불화케 하여 자기에게 충성과 지지를 보내도록 유도한다. 너희의 정열을 이웃과 다투고 이웃을 비난하고 갈등하는 데에 쏟는다면 너희의 삶이 얼마나 불행해지겠느냐. 이런 정치인이 활개를 치는 한 그 안에서 사는 너희는 결코 행복해질 수 없다.

6 전쟁의 불안, 인권 억압의 불안, 이웃과의 불화와 갈등 이런 것을 해소하려는 지도자를 선택하여야 너희에게 행복이 찾아올 수 있다. 너희가 행복하게 되고자 한다면 먼저 너희 정치 지도자를 진실하고 선하며 의로운 자로 선정하여라. 화해와 상생의 원리로 사회를 강하고 의롭게 만드는 지도자를 선택하여라.

7 전쟁을 입에 달고 정치하는 자를 몰아내어라. 애국주의를 주창하며 대외 팽창을 꾀하는 독재자를 견제하여라. 독재자나 권위주의자나 절대

주의자를 몰아내어라. 종교 독재나 공산당 독재나 어떤 형태의 독재도 너희에게 불행을 가져다준다. 그들은 너희를 교묘한 언어로 유혹하여 너희 권리를 억누르고 재물을 빼앗으며 너희의 희생을 요구할 것이다. 너희의 희생은 그들의 독재를 강화할 뿐이다.

8 그러므로 너희의 보편적인 이익과 상반된 이해관계를 가진 자가 너희를 지배하지 못하게 하여라.

9 너희가 좋은 정치인을 선택하면 너희 땅에 하나님의 낙원을 세우는 시기를 앞당길 수 있다.

10 행복하게 살고자 하는 사람은 너희가 속한 나라의 정치를 바꾸고 정치인을 바로 세워라. 너희 나라의 정치가 바르게 행해지지 않는다면 너희에게 행복은 없다.

11 행복을 얻기 위하여 사악한 정치인과 싸워라. 불의한 정치인과 싸워라. 하나님은 너희의 노력을 지지하고 힘을 주신다. 하나님은 너희의 노력에 상응한 상급을 준비하여 두셨다.

12 하나님의 이름으로 정치인의 악에 맞서라.

13 사악한 정치인의 손에서 너희 자신을 구원하여라. 너희의 행복은 여기서부터 시작한다.

20 1 나는 네 목숨을 요구하는 곳이 또 한군데 있음을 알고 있다. 바로 종교의 교리이다.

2 종교는 교리를 전파하기 위해서 아니면 교리를 지키기 위해서 많은 순교자를 요구한다.

3 너희는 내 말을 잘 들어라. 너의 목숨을 요구하는 어떤 가치도 네 목숨

보다 소중하지 않다. 어떤 교리도 네 목숨보다 더 귀하지 않다. 이것은 하나님의 말씀이다.

4 하나님은 자신을 위해서 어떤 사람의 목숨이 희생되는 것을 요구하지 않으시고 바라지도 않으신다. 그것은 하나님의 본성에 맞지 않다.

5 하나님이 무엇이 부족해서 너희 목숨을 요구하시겠느냐.

6 십자가의 진리가 너희에게 순교를 요구하느냐. 그것은 거짓이다. 깨달음의 진리가 너희에게 순교를 요구하느냐. 그것은 거짓이다. 너희의 몸을 희생하기를 강요하는 어떤 교리도 진리의 교리가 아니다.

7 불법을 구하는 신광에게 달마가 이렇게 말했다. 불법을 얻으려면 오랜 세월 신명을 아끼지 않고 참기 어려운 것을 참으며 행하기 어려운 것을 행하지 않으면 안 되는데 어찌 가벼운 마음으로 불법을 구하는가. 그러자 신광이 망설임 없이 칼로 자기 왼팔을 잘라 달마에게 바쳤다.

8 이런 예화를 가볍게 생각하고 전하지 마라. 하나님의 진리는 그런 몸의 희생으로 얻을 수 있는 것이 아니다.

9 너희가 하나님의 최상의 진리를 얻고자 한다면 너희 마음을 다하여 진리를 사모하고 너희 이성을 총동원하여 진리를 구하는 삶을 살아라.

10 하나님의 진리는 산속에 있지 아니하고 멀리 세상 밖에 있지 않고 너희 세상 가운데 있음을 알아라.

11 죽음 이후에 있을지도 모르는 행복을 얻기 위하여 지금의 행복을 포기하지 마라. 지금의 의로운 행복은 너희를 죽음 이후에도 행복하게 만들 수 있는 길이 된다.

12 너희에게 미래의 행복을 약속하는 자의 말을 믿지 마라. 그들은 그 행복을 너희에게 가져다줄 능력도 없이 허황하게 너희를 속이고 있을 따

름이다.

13 행복은 누가 가져다주는 것이 아니라 너희가 만들어 내는 것이다. 너희의 말과 행동으로 너희가 얻게 되는 것이다. 이것은 하나님이 너희에게 내려주신 원리이다.

14 너희는 세상에서 행복하게 삶으로써 하나님의 기대에 부응하여라.

15 너희 종교가 너희를 구원해 주는 것이라면 너희의 행복을 보장하고 확장해 주는 것이라야 한다.

16 가치판단이 미숙한 사람을 속여서 자신의 목숨을 내놓게 만드는 것은 사악한 자들이나 하는 일이다.

17 너희 교리는 너로 하여금 바르게 살 수 있도록 권하는 것으로 충분하다. 혼자서는 바르게 살기 어려우므로 함께 모여서 서로 권하고 경계하여 바르게 살도록 애쓰는 것이 아니냐.

18 하나님 말씀도 혼자서는 따르기 어렵지만 여럿이 연대하여 노력하면 따르기 쉬워진다. 그래서 너희에게 교회가 필요하고 모임이 필요하다.

19 교회를 전쟁의 도구로 사용하려는 자를 끌어내려라. 그들은 교회를 이용하여 자신의 야욕을 채우려는 자들이다.

20 성전이라는 말에 속지 마라. 성전은 없다. 전쟁에 어찌 성스러움이 있겠느냐.

21 신이 원하신다는 말로 십자군을 일으켜 수많은 목숨을 전장에서 죽게 한 우루바누스 2세를 기억하여라.

22 이교도와의 싸움에서 목숨을 잃으면 죄를 용서하여 준다는 이 달콤하지만 황당한 꾐에 빠져서 얼마나 많은 사람들이 목숨을 버렸느냐. 그 후 많은 사람들이 하나님의 지혜를 얻어 이런 꾐에 빠지지 않게 되었지만

23 아직도 이런 성전을 부추기는 성직자들이 있다. 이들의 꾐에 넘어가지
   마라. 이들은 자신들의 욕심을 채우기 위하여 너희의 목숨을 요구하는
   것이다. 이들에게 속아 너희 목숨을 버리는 어리석음을 범하지 마라. 네
   목숨은 하늘보다 더 소중함을 잊지 마라.

24 하나님을 위하여 싸우자는 말은 둘 중 하나가 잘못이다. 그 하나님이
   참다운 신이 아니거나 그런 교리를 내세우는 자들이 사악한 자들이거
   나.

25 하나님은 너희를 총알받이로 내세울 만큼 약하지 않으시고 너희 죽음
   으로 하나님이 얻을 것이 없다.

26 그런즉 너희의 죽음은 아무런 의미가 없고 다만 너와 네 가족과 이웃
   에게 슬픔과 불행을 더할 뿐이다.

27 폭탄을 몸에 지니고 사람들 속으로 뛰어 들어가 많은 사람을 죽이는 것
   을 영광으로 생각하는 사람은 참으로 어리석다.

28 무엇이 그로 하여금 자기 목숨을 버리고 남의 목숨까지 빼앗게 하였
   느냐.

29 종교적 사명의식으로 그랬다면 그가 믿는 종교의 교리가 옳지 않은 것
   이고, 꾐에 빠져 그랬다면 그를 꾀어 낸 자들이 극도로 사악한 것이다.

30 그러므로 사랑하는 자들아, 너희는 너희 목숨을 하늘처럼 소중히 여겨
   라. 너희 목숨을 내놓기를 바라는 자의 꾐에 빠지지 마라.

31 너희는 이 우주보다 더 귀한 존재다. 너희 생명은 천하를 주고도 바꿀
   수 없이 존귀하다.

32 그러니 너희 자신을 사랑하여라. 너희 자신을 존귀하게 대접하여라. 너
   희는 너희 자신이기 때문에 존귀하다. 다른 사람과 비교하지 말고 너희

가치 자체를 존귀하게 여겨라.

33 너희 한 사람 한 사람은 특별한 사람이다. 하나님이 너희 각 사람을 모
두 특별하게 사랑하신다.

34 너희가 너희의 존귀함으로 다른 사람의 존귀함을 부정하겠느냐. 그럴
수 없다. 그것은 하나님의 뜻을 거스르는 짓이다.

35 너희 한 사람이 존귀한 것처럼 모든 사람이 존귀함을 잊지 마라. 너희
행복은 각 사람이 자신의 존귀함을 깨달을 때에 이루어지리라.

21

1 행복을 멀리서 찾지 마라. 행복은 너희 안에서, 너희 주위에서,
너희 이웃 사이에서 찾아라.

2 하나님은 너희가 행복할 수 있는 여건을 곳곳에 심어 두셨다. 너희 욕심
이 과하여 너희가 스스로 행복해질 수 있는 계기를 만들지 못하고 행
복해질 수 있는 기회를 잃고 있다. 너희는 하나님이 넣어 두신 행복을
너희 안에서, 너희 주위에서, 너희 이웃에서 찾아 누려라.

3 너희가 함께 모여 노래를 하고 그림을 그리고 사진을 찍고 연극이나 영
화를 감상하고 경기를 하면서 너희는 행복을 누릴 수 있다.

4 너희는 너희를 아프게 하고 괴롭게 하고 힘들게 하는 것을 하지 않을 자
유와 권리가 있다. 그런 것에 과감히 아니라고 선언하고 너희를 기쁘고
즐겁게 하는 일을 하여라.

5 '십자가 군병들아 주 위해 일어나 기 들고 앞서 나가 담대히 싸워라. 주
께서 승전하고 영광을 얻도록 그 군대 거느리사 이기게 하시네.' 이게
누구를 위한 노래냐. '죄인 구원하려고 피를 흘려주시고 거역하고
돌아서면 채찍으로 붙드셨네. 하나님의 크신 사랑 어찌 능히 헤아리며

하나님의 깊은 사랑 어찌 능히 감당할까.' 이게 누구를 찬양하는 노래이냐. 너희는 이런 노래를 부르며 카타르시스를 얻으려 하지 마라. 하나님에게 십자가 군병이 필요하지 않고, 주가 승전을 통해서 영광을 구하지 않으시며, 죄인을 구하기 위하여 피를 흘릴 필요가 없고, 하나님의 사랑은 거역하는 자를 채찍으로 때리는 사랑이 아니다. 너희는 너희 스스로의 감정에 휩싸여 하나님의 뜻을 왜곡하고 있다.

6 너희는 십자가 군병이 되기보다 영혼이 자유로운 빛의 일꾼이 되어라. 하나님은 군병이 필요하지 않고 일꾼이 필요하시다. 빛의 일꾼이 되어 너와 네 가정과 이웃과 세상을 구원하여라.

7 무화과에 열매가 열리지 않아서 화를 내기보다 열매가 열리기를 기다리며 행복을 찾아라. 성급함은 너희를 불안하게 만들지만 느긋함은 너희를 평안하게 해 준다.

8 너희는 자연을 다스리려 하지 말고 자연의 도움을 받는 데서 행복을 찾아라. 자연은 너희 행복의 원천이다. 자연을 파괴하는 행위는 너희 행복을 무너뜨리는 일이고 자연을 보존하는 행위는 너희 행복을 지키는 일이다.

9 너희는 꼭 종교가 있어야 행복해진다고 생각하지 마라. 종교는 너희를 행복하게 해 주기도 하지만 종교의 교리 때문에 힘들고 고통스러워질 때도 있고 교리 때문에 자유를 잃을 수도 있다. 너희의 자유로운 영혼이 종교 때문에 억압된다면 그것이 불행이 아니냐. 종교에서 행복을 얻기보다는 하나님의 말씀을 실천하는 생활 중에서 행복을 찾는 것이 더 유익하리라. 하나님이 주신 언약을 묵상하고 그 의미를 알아내어 사람들에게 이를 알리고 스스로 그런 삶을 실천함으로써 얻는 행복을 어디

에 비교할 수 있겠느냐.

10 너희는 다른 사람의 생활과 자기 생활을 비교하지 말고 스스로 유익하고 만족할 만한 삶을 사는 것이 너희를 진실로 행복하게 해 주는 길임을 명심하여라.

11 너희는 행복을 감성적인 것으로 생각하여 이성적인 것은 머리 아픈 것으로 멀리하고 기쁘고 만족스러운 감정을 통해서 행복을 느끼는 경향이 있다. 그러나 너희의 진정한 행복은 두 가지가 합해진 상태에서 만족감을 느낄 때에 가능해진다. 먼저 이성적으로 머리가 움직여 만족을 얻고 감성적으로 가슴이 움직여 만족을 느끼는 행복을 경험해 보아라.

12 너희는 꼭 몸이 정상적인 사람만이 행복할 수 있다고 생각하지 마라. 몸이 비정상적인 사람도 이성적으로나 감성적으로 높은 경지에 올라서 남에게 기쁨을 주고 스스로 행복을 얻을 수 있다.

13 스티븐 호킹은 아주 건강하고 멋진 젊은이였으나 21살 때에 루게릭병을 앓아 시한부 삶을 선고받았지만 강한 의지로 몸의 불편을 이겨내고 76살까지 살면서 너희 인류에게 엄청난 지식과 지혜를 선물해 주지 않았느냐. 그는 스스로 걷거나 말을 할 수 없었지만 너희에게 희망과 용기를 주었다. 그는 그렇게 행복을 얻었고 너희에게도 그 행복을 나눠 준 사람이다. 그가 신은 없다고 말했지만 하나님은 그를 무척 사랑하셨다. 왜냐하면 그는 진실하고 선하고 의로운 사람이었기 때문이다.

14 양팔이 없는 레나 마리아가 사람들에게 노래로 기쁨과 희망을 주며 스스로 행복을 가꾸는 것을 본받아라. 지금의 네 형편이 어떻든 그것을 다가올 행복의 시작으로 만들어라. 그러면 너는 곧 행복한 사람이 된다.

너를 좌절하고 절망하게 만드는 것은 네 속에 있는 악마이니 그것을 하나님의 언약의 빛으로 극복하여라.

15 하나님은 너희에게 생명을 주셨고, 생명이 자유를 바라므로 자유를 지키기 위해서 지혜가 필요하고 지혜가 갖춰지면 너희에게 비로소 행복이 찾아올 것이다.

16 지혜가 말씀하신다. 너희 땅에서 이웃을 사랑하여라. 이웃과 함께 살아가면서 행복을 일궈라. 행복을 하늘에서나 저세상에서 찾지 말고 네 이웃과 살고 있는 네 땅에서 일궈라.

17 너희가 정직하게 행동하고 선한 일을 하며 의로운 삶을 산다면 너희에게 마르지 않는 행복이 넘치리라.

18 너희가 이 땅에서 이웃과 함께 진정으로 따뜻하고 행복한 삶을 살게 되면 죽음 이후도 그러하리라.

22 1 너희 중에 어떤 사람은 말한다. 행복은 추구하는 일 자체에 기쁨이 있고 그것이 성취되면 덧없음을 느끼게 된다고 말이다.

2 만일 너희 중에서 행복을 얻어서 그 행복이 덧없음을 느낀 사람이 있느냐. 행복은 그 자체로 마르지 않는 샘처럼 솟구치는 기쁨과 정열을 수반한다. 덧없음을 느낄 여유가 어디 있겠느냐.

3 내가 너희에게 하나님이 주시는 참 행복을 누리는 방법을 일러 주겠다. 이 행복은 너희에게 수많은 일거리를 제공해 줄 것이다.

4 누구든 입으로 진실을 말하겠다고 결단을 해 보아라. 네 이익을 취하기 위하여 남을 속이는 일을 하지 않겠다고 다짐해 보아라. 그 다짐이 너를 하나님의 낙원 문 앞에 데려다 주리라.

5 네가 거짓말을 하고 싶은 충동이 일어나도 이를 참고 진실을 말하고, 남을 속이고 싶은 충동이 일어나도 이를 참고 진실을 말하면 네가 진실한 사람이 받을 복을 받고 낙원으로 들어갈 수 있다.

6 네가 하나님의 낙원으로 들어가는 길은 이 외에도 많이 있다.

7 남에게 좋은 말을 하고 좋은 일을 행하여라.

8 욕하고 악담하고 이간질하고 무시하고 배척하고 폭행하고 빼앗는 악행의 유혹을 누르고 좋은 말을 하고 좋은 일을 하면 너는 선한 사람이 받을 복을 받고 낙원에 들어갈 수 있다.

9 네가 다른 사람보다 더 대접을 받아야 한다는 생각을 버리고 네 몫보다 더 많이 챙길 수 있는 기회가 있더라도 자제하여 네 몫 이상을 가지지 않으면 너는 의로운 사람으로 낙원에 들어갈 수 있다.

10 네가 특권을 누리고 특혜를 받을 기회가 있더라도 겸손한 마음으로 다른 사람과 공정하게 경쟁하는 것을 마땅하게 여기면 너는 이미 하나님의 낙원에 들어와 있는 것이다.

11 진실함과 선함과 의로움이 너와 함께 있으면 너는 낙원에서 변하지 않는 행복을 누릴 수 있다.

12 하나님의 이 말씀은 비유가 아니니 너희는 이대로 행하면 된다. 너의 삶에 이 말씀을 그대로 적용하면 하나님의 약속은 조금도 어긋남이 없이 그대로 이루어진다. 하나님 말씀대로 시도해 보아라.

23

1 사람을 억울하게 만들어 그의 행복을 빼앗지 마라.

2 강한 자야, 너희는 약한 자를 억울하게 만들지 마라. 너희가 남들보다 힘이 센 것은 너희에게 힘자랑을 하라고 준 것이 아니다. 너희가 가진 힘

으로 다른 사람을 억눌러서 그에게 억울한 감정이 생기게 하지 마라. 그의 억울함이 하늘에 사무쳐 너의 악함을 징계하게 될까 두려워하여라.

3 너희가 누구를 억울하게 한 일이 있거든 가서 그에게 사죄하고 용서를 빌어라. 그가 용서할 만큼 진정으로 빌어라.

4 물질로 억울함을 당한 사람에게는 그 물질을 돌려주어 억울함을 풀어 주고 네 말 때문에 억울함을 당한 사람에게는 네가 사죄하여 그의 억울함을 풀어 주어라.

5 그가 억울함을 당할 때에 좌절감도 함께 맛보았을 것이니 그가 자존감을 찾을 수 있게 성심껏 사죄하는 것이 옳다. 그것이 너희가 두루 행복해지는 길이다.

6 너희는 다른 사람에게 모멸감을 주지 않도록 주의하여라. 모멸감은 사람을 수치스럽게 만들고 불행하게 만든다.

7 다른 사람에게 혐오 감정을 드러내지 마라. 너희의 혐오 감정이 상대에게는 모멸감과 수치심을 안기고 그것이 되돌아 너희에 대한 증오심을 유발하여 너희가 불행해지는 요인이 되리라.

8 강한 사람은 약한 사람이 모멸감과 수치심을 느끼지 않도록 배려함이 옳다.

9 혹 너희가 누구를 혐오하고 그에게 모멸감을 안겼다면 가서 즉시 사죄하여라. 너희의 진심어린 사죄로 용서를 받아야 한다.

10 강한 자야, 너희의 강함이 다른 사람의 기쁨이 되도록 힘써라. 그것이 너희가 두루 행복해지는 길이다.

24 1 너희가 의롭지 않은 사회에서 행복을 즐긴다면 너희 자신이 불

의한 사람임을 스스로 증명하는 것이다.

2 너희 이웃이 고통을 받고 불행을 느끼고 있을 터인데 네가 그와 함께 공기를 마시면서 아무런 아픔을 느끼지 않는다면 너는 불의한 사람이다.

3 불의한 자의 행복은 의로운 사람의 아픔이 된다.

4 너희 행복은 너희 이웃과 함께 느낄 때에 진정한 행복이 됨을 잊지 마라.

5 너희 행복을 위해서 너희 사회에 불의가 틈타지 못하게 하여라.

6 네가 부정과 부패로 행복해졌느냐. 너는 가짜 행복을 얻기 위하여 사회를 불행하게 만든 사악한 자로다. 너 때문에 얼마나 많은 사람들이 행복을 빼앗겼겠느냐.

7 네가 위선과 속임수로 행복해졌느냐. 너는 거품 같은 행복을 얻기 위해서 사회를 불행하게 만든 사악한 자로다. 너 때문에 얼마나 많은 사람들이 행복을 빼앗겼겠느냐.

8 불쌍한 자야, 너는 너의 불의를 깨우치고 가짜 행복에서 벗어나라. 참 행복은 네 이웃이 너에게서 진실을 보고, 너에게서 선을 보고, 너에게서 의를 보며 너를 사랑할 때에 네가 맛보게 되는 것이다.

25 1 사람들아, 사는 것이 죽는 것보다 나으며, 사랑하는 것이 미워하는 것보다 나으며, 함께 사는 것이 혼자 사는 것보다 나으며, 아이를 갖는 것이 아이 없이 사는 것보다 나음을 잊지 마라.

2 너희는 죽음을 생각하기 전에 삶을 생각하고, 증오심이 일어나기 전에 사랑을 일으켜라. 남녀가 헤어지려 하지 말고 함께 살기를 힘쓰고, 자녀를 낳아 가족을 이루기를 힘써라. 아름다운 가족의 행복한 삶이 너희가 하나님께 드릴 수 있는 아름다운 선물이니라.

3 행복의 시작은 아름다운 부부 사이에 있다.

4 그것이 네 육체의 행복을 가져다줄 뿐 아니라 네 영혼의 행복까지 이
르게 하리라.

5 부부의 행복을 가벼이 여기지 마라. 모든 행복의 시작이 거기에 있다.

6 하나님이 남자와 여자를 만든 것은 남자와 여자가 힘을 모아 행복을 이
루고 그 행복을 바탕으로 하여 너희가 세상에서 진실하고 선하고 의로
운 삶을 살게 하기 위함이다.

7 사랑 없이 진실이 없고, 사랑 없이 선함이 없으며, 사랑 없이 의로움이
없다.

8 진실과 선과 의는 모두 온전한 사랑을 이루기 위한 방편이다.

9 너희가 부부의 행복을 제대로 가꾸지 못하면 하나님이 바라시는 삶을
살 수 없게 된다.

10 사랑으로 하나 되는 부부와 사랑으로 하나 되는 가정이 세상의 기본이
요 세상의 기둥이다.

11 너희를 향한 하나님의 사랑은 바로 너희 가운데에서 부부 간의 사랑, 가
족 간의 사랑, 친구 간의 사랑, 이웃 간의 사랑으로 확대하여 인류 간의
사랑이 되고 결국 너희 사랑이 하나님에 대한 사랑으로 승화되도록 하
신다. 이들 사랑이 두루 이루어지지 않은 상태는 온전한 사랑이 아니다.

12 부부 간의 사랑 이전의 사랑은 이상적인 사랑이요 환상적인 사랑이다.
그 아름다운 사랑이 부부가 됨으로써 비로소 땅으로 내려온다.

13 너희는 땅 위에 발을 디디고 사는 육의 사람이니 땅 위에서의 사랑을
완성함이 옳다.

14 부부 간의 사랑 없이 하나님으로 향하는 사랑은 위태롭다. 그러므로 부

부는 결코 사랑을 잃어서도 안 되고 놓쳐서도 안 된다. 그 사랑이 몸과 마음을 오고가는 사이에 완전한 사랑이 되도록 힘써야 한다.

15 아내와 남편은 서로에게 기쁨이 되고 보람이 되고 의지처가 되어야 한다.

16 젊을 때에는 남편이 아내의 의지처가 되지만 늙어서는 아내가 남편의 의지처가 될 것이니 부부는 서로 의지를 품앗이하며 사랑을 완성하여라.

17 부부의 사랑이 사라진 자리에는 하나님의 사랑도 사라지게 된다.

18 이웃 간의 사랑은 강렬하지 않은데 하나님을 향한 사랑이 강렬한 것은 불안하다. 네 눈에 보이는 이웃을 사랑하지 못하는 사람이 어찌 눈에 보이지 않는 하나님을 진정으로 사랑할 수 있겠느냐.

19 하나님의 사랑이 온전한 것처럼 너희 사랑도 온전해야 한다.

20 부부와 가족과 이웃과 사회의 모든 사람들 사이에 사랑이 사라지지 않게 하여라. 이것이 온전한 사랑이다.

21 온전한 사랑을 하는 사람은 하나님이 주시는 행복을 마음껏 누리리라.

22 가정의 평화를 깨뜨리는 자는 하나님께 죄를 짓는 것이다.

23 자기 아들 또는 자기 딸을 위한다는 명분으로 그들의 부부생활에 개입하지 마라.

24 며느리의 일에 간섭하기 좋아하는 시어머니는 며느리의 행복을 갉아먹기 쉽다. 시어머니의 사랑과 관심을 거부하는 며느리는 시어머니의 행복을 무너뜨리기 쉽다. 그러니 서로 상대를 배려하고 예의를 갖춰 사랑으로 대하여라.

25 너희 속 좁음과 질투와 욕심이 가정의 평화를 깨뜨리는 요인이 되지

않게 하여라. 사랑과 이해, 절제와 희생이 가정의 평화와 행복을 지키는 바탕이다.

26 남자들은 가정에서 여자를 돕는 짝임을 잊지 마라. 남자들아, 가정에서 아내를 돕고 자녀를 돕는 것이 너희의 임무임을 잊지 마라. 가정은 너희가 권력을 마음대로 휘두를 수 있는 너희의 영지가 아님을 잊지 마라.

26

1 탐욕이 너희 마음에 불을 질러 죄를 낳고 죄는 사망을 낳는다.

2 너희에게 탐욕은 불행의 씨앗이 아니냐. 무릇 모든 죄는 탐욕에서 비롯된다. 그러므로 너희가 탐욕을 다스리는 것이 행복해지는 첫걸음임을 잊지 마라.

3 무엇보다도 너희는 너희 마음을 지켜 탐욕에 빠지지 않게 하여라. 마음을 지키지 못하는 사람이 세상을 이기는 경우는 없다.

4 마음을 지키는 일은 너희가 모든 욕심에서 자유로워지는 것이다. 자유로워지기를 바라는 사람은 마음을 지킬 수 있다.

5 너희 마음을 지키기 위하여 마음과 뜻과 정성을 다하여 참 하나님을 사모하여라. 참 하나님의 말씀을 외우고 묵상하여라.

6 너희 영혼이 자유를 얻고 탐욕의 굴레에서 벗어나 너희가 평화와 행복의 길을 걸을 수 있는 지혜를 얻게 되리라.

7 너희는 행복한 자들이다. 너희에게 행복해질 가능성이 있음이 얼마나 다행한 일이냐. 너희에게 가능성을 열어 주신 하나님께 감사하여라.

8 사람들아, 누가 너희를 행복에서 떼어놓을 수가 있겠느냐. 누가 너희에게서 하나님이 주신 행복을 가져갈 수 있겠느냐. 너희 행복을 빼앗을 자는 없다. 너희에게서 행복을 빼앗는 사람을 하나님이 용서하지 않으

신다.

9 너희는 좌절하지 마라. 너희는 스스로 행복을 포기하지 마라. 너희는 스스로 비탄에 빠지지 말고 절망의 늪으로 들어가지 마라.

10 하나님은 자신을 자랑스러워하는 사람을 도우신다. 스스로 행복해지려고 노력하는 사람을 도우신다.

11 너희가 무엇에 실패했느냐. 너희의 실패는 또 다른 성공을 위한 준비임을 잊지 마라. 하나님은 결코 실패의 어둠속에서 눈물 흘리는 너희를 모른 체하지 않으신다. 위로하는 하나님께서 너를 위로해 주시리라. 그리고 너에게 가장 알맞은 것을 주실 것이다.

12 어떤 경우에도 너 자신을 버리지 말고 너 자신을 사랑하기를 포기하지 마라. 하나님을 믿고 또 너를 믿어라.

13 사랑하는 자야, 눈물을 닦고 일어서라. 하나님이 너를 도우신다. 소망을 갖고 하나님을 바라라. 너를 이끄시는 하나님을 사모하여라.

14 사랑하는 자야, 희망을 눈앞에 그려라. 하나님을 믿어라. 그리고 너 자신을 믿어라. 행복은 진실한 자 선한 자 의로운 자에게 주시는 하나님의 선물이다. 너를 행복한 자가 되게 하여라. 너는 하나님의 자녀다. 하나님이 너를 사랑하신다. 너의 행복이 곧 하나님의 행복임을 알아라. ㅎ

화 해

1 1 너희는 과거에 있었던 수많은 불의와 그로 인한 증오와 차별과 배척과 학살의 유산 상속자다.

2 십자군 전쟁으로 만들어진 기독교인과 무슬림 간의 적개심은 수백년을 뛰어넘어 현재도 진행되고 있다.

3 "도움을 청하는 동방의 형제들에게 달려가라. 이것은 내가 명하는 것이 아니라 주 예수 그리스도가 명하는 것이다." 교황 우르바누스 2세의 호소에 기독교인들은 이슬람으로부터 예루살렘을 되찾기 위해 분연히 나섰다.

4 그러나 그것은 예수가 명한 것이 아니라 교황이 예수의 이름을 팔아 벌인 전쟁이었을 뿐이다.

5 당시 많은 기독교인은 십자군에 참여하면 모든 죄가 사면된다는 교황의 말을 믿고 성전에 참여하였다.

6 이에 맞서는 무슬림도 지하드라는 개념을 발전시켜 기독교인의 침입에 대응하였다.

7 이 전투로 말미암아 두 진영은 지금까지 앙금이 해소되지 않았고 더욱

이 근대국가의 발전 과정에서 기독교 국가가 이슬람 국가를 식민지화
한 후 그 앙금은 더욱 굳어졌다.

8 여기에 팔레스타인 땅에 이스라엘을 건국하는 사건까지 겹치면서 이들
사이에는 항거와 보복의 악순환이 계속되고 있다.

9 이들의 갈등을 그대로 두고 너희가 어찌 평화를 이야기할 수 있겠느냐.

10 너희는 이들이 서로 존중하고 배려하면서 협력하여 인류 평화와 번영
을 추구할 수 있는 방법을 찾아야 한다.

11 하나님은 너희 모든 사람의 평안과 행복을 바라시기 때문에 너희가 지
금부터 화해의 길을 가기를 바라신다.

12 화해는 의롭지 못한 과거를 청산하기 위해서 가해자가 피해자에게 사
과하고 피해자가 가해자를 용서하는 최고의 덕행이다.

2 1 기독교 국가들이 이슬람 국가들을 식민지화하기 훨씬 전에 이들은
아메리카에 진출하여 그곳 원주민을 학살하고 노예로 부렸다.

2 워낙 처참하게 원주민을 학살하였기 때문에 원주민들은 지금 자기 땅
에서 소수자로 몰려 보호를 받아야 하는 처지가 되었다.

3 기독교 국가들은 아메리카를 식민지로 삼아 부를 축적하는 것을 하나
님이 주신 축복이라고 생각했다. 그러나 그것은 하나님께 죄를 짓는 것
이지 하나님이 허락하신 은총이 아니었다.

4 아메리카 발견이 그들에게 은총이 되는 길은 성실한 마음과 선한 마음
과 의로운 마음으로 원주민들의 도움을 받아 그들의 삶을 평화롭게 시
작하는 것이었다. 그러나 그들은 무기로 원주민을 학살하면서 그들의
탐욕을 채웠다. 그런 행위를 하나님이 허락하실 리 없다. 그것은 하나님

의 정의에 어긋나는 불의였다.

5 하나님이 어떤 방식으로 이에 대응하시는지 너희가 알지 못하겠지만 아메리카 원주민을 학살하고 약탈한 죄를 지은 사람들에게 하나님은 분명히 응분의 죄를 물을 길을 예비해 두셨음을 알아라.

3

1 아메리카 대륙에서 인력난으로 식민지 경영이 어려워지자 기독교 국가들 일부는 아프리카에서 흑인들을 붙잡아 데려가서 노예로 부렸다. 영문도 모르고 흑인들은 아메리카로 끌려갔다. 이들 후손들이 지금 아메리카에 살고 있다. 이들은 지금도 차별과 질시 속에서 완전한 인권을 누리지 못하고 있다.

2 가해자들이 아직도 이들을 학대하고 있는 것이다.

3 가해자들이 자신을 하나님을 믿는 사람들이라고 자처하는 것은 참으로 부끄러운 일이다.

4 이들은 하나님을 부끄럽게 하고 자신을 부끄럽게 하고 있다.

5 자기 이익을 키우기 위해서 다른 사람을 희생시키는 사람을 하나님이 의롭다 하겠느냐. 그런 사람을 하나님이 선하다 하겠느냐. 그런 사람을 하나님이 진실한 사람이라고 하겠느냐.

6 가해자가 자신의 잘못을 뉘우치지 않고 피해자를 차별하고 사회 진출을 가로막는 사회에서는 사람들이 서로 화해하고 공존하며 평화를 누리기 어렵다.

7 아메리카 사회가 이런 갈등으로 어려움을 겪고 있음을 너희가 보고 있지 않느냐. 너희가 참 하나님을 믿는 사람들이라면 마땅히 너희 선조들이 저지른 죄악에 대해서는 물론이고 지금 너희들이 저지르고 있는 차

별적 행위에 대해서 진심으로 사과하고 용서를 빌어야 한다.

8 그러나 사과에 진정이 담겨 있지 않다면 오히려 피해자를 더욱 화나게 할 수 있으니 가해자는 꼭 진실하게 사과해야 한다.

9 하나님은 가해자의 진실한 사과와 피해자의 따뜻한 용서로 너희가 서로 화해하고 도우며 평화롭게 공존할 수 있기를 바라신다.

4
1 교황청과 가톨릭교회가 저지른 악행과 불의를 가볍게 지나칠 수 없다.

2 종교 재판으로 수많은 적대자를 죽인 행위는 만고에 지워지지 않을 불의요 악행이다. 또 그것을 하나님의 이름으로 시행한 것은 최악의 위선이요 하나님의 이름을 더럽히는 행위이다.

3 너희는 마땅히 이에 대하여 과거 교황청과 가톨릭이 행한 죄를 고백하고 사죄해야 한다.

4 너희 악행으로 죽음을 당한 사람의 후손을 찾아가서 일일이 사죄하고 배상하여야 한다.

5 너희들이 너희 교리와 다르다고 해서 새로운 지식을 전파하려는 사람을 가두고 화형에 처한 악행을 기억하여라.

6 교리가 사람을 죽이는 일은 있을 수 없는 불의요 악행이다. 지금이라도 그때의 교리를 샅샅이 고백하여 알리고 그것을 폐기하여라. 그리고 그 사실을 공표하여라.

7 너희가 이런 악행에 대하여 사죄하지 않고 하나님을 믿는다고 하면 너희 하나님은 불의한 하나님으로 낙인이 찍힐 것이다.

8 너희가 참 하나님을 믿는다면 그 하나님이 주시는 계명을 지켜 과거의

위선, 악행, 불의에 대해서 사죄하여라. 그리고 너희의 죄악으로 고통을
당한 사람들에게 사죄하고 용서를 구하여라.

9 칼뱅파를 비롯한 개신교 집단도 예외는 아니다. 너희는 너희 믿음이 진
리라는 망상에 사로잡혀 가톨릭과 전쟁을 벌이고 너희 교리와 맞지
않는 다른 개신교 집단을 이단으로 몰아 죽이는 일을 서슴지 않았다.

10 하나님은 가톨릭과 개신교와 너희들에게서 해를 당한 사람들 또 그 후
손들이 화해하고 서로 용서하는 날이 오기를 기다리신다.

5 1 참으로 안타깝게 이슬람 국가들은 자국 안에서 여성에 대한 차별을
시행하고 있다. 특히 너희 성직자들이 이슬람 율법을 이유로 이 차별을
주도하고 있는 것이 하나님의 노여움을 사기에 충분하다.

2 너희가 믿는 신이 분명하게 너희에게 그런 교리를 내렸다고 한다면 너
희의 신이 참 하나님이 아닐 것이고 너희가 믿는 신이 참 하나님의 속
성을 조금이라도 가지고 있다면 너희가 너희 신에게서 받은 내용을 왜
곡하여 전하고 있는 것이다.

3 너희는 여자들이 자유롭게 말하고 행동할 수 있도록 해 주어야 한다.
너희의 교리나 관습을 바꿔 모든 인간이 동등하고 평등하게 사회생활
을 할 수 있도록 해 주어야 한다.

4 이슬람 남자들아, 너희는 강간을 당한 여자를 명예살인으로 처벌하는
관습을 완전히 버려라. 어째서 불행을 당한 여성에게 그런 몹쓸 짓을 자
행하느냐. 오히려 그 여성을 측은히 보아야 하지 않으냐. 피해자를 보호
하고 가해자를 응징하는 것이 의로운 행위임을 모르느냐.

5 교리가 남녀 차별을 인정한다면 그 교리를 바꿔야 할 것이고, 성직자들

이 자의적으로 교리를 그렇게 해석하여 신자들을 교육했다면 성직자들이 책임을 지고 이 문제를 해결해서 이슬람의 모든 여성들이 자유롭게 삶을 살아 갈 수 있게 해 주어야 한다. 그리고 잘못된 관습으로 피해를 당한 모든 여성과 그 가족에게 사죄하고 용서를 구해야 한다.

6 이 일을 너희 성직자들이 앞장서서 하여라. 그러지 않으면 너희 종교와 너희 신이 비난을 받을 것이다.

7 하나님은 너희 남자와 여자가 동등하게 서로 존중하고 배려하며 행복하게 살아가기를 바라신다.

6 1 다른 민족에 대한 증오 때문에 우월한 힘을 인종 청소나 민족 말살 정책을 추진하는 데에 사용한 모든 민족은 들어라.

2 홀로코스트 범죄자 히틀러의 국가사회주의 독일, 홀로도모르 범죄자 스탈린의 공산주의 러시아, 생체 실험과 성노예 범죄자 히로히토의 군국주의 일본. 너희 학살자들의 후손들은 회개하여라.

3 독일인들아, 러시아인들아, 일본인들아, 너희 앞 세대가 저지른 반인륜적인 만행을 사죄하여라.

4 너희가 인류의 일원으로서 떳떳하게 살기를 바란다면 회개하고 피해자들에게 사죄하여라.

5 중국의 티베트인과 위구르족 탄압, 러시아의 체첸 탄압, 북한 김일성 가족의 자국민 탄압, 캄보디아 크메르루주의 자국민 학살, 미얀마의 로힝야족 학살, 세르비아의 코소보 학살, 터키의 아르메니아인 인종청소, 우간다나 수단을 비롯한 아프리카 여러 나라에서 일어난 학살과 탄압을 감행한 세력은 들어라. 하나님은 모든 사람을 동등하게 만드셨다. 사람

위에 사람 없고 사람 아래 사람 없다. 따라서 누구도 다른 민족이나 종족이나 정치적 반대자의 자유와 권리를 제약하거나 억압해서는 안 된다. 그들에게 자유를 주고 그들이 스스로 자기의 운명을 결정할 수 있도록 그들을 놓아 주어라. 그들과 함께 평화를 누리는 방법을 찾아라. 그들과 함께 공동 번영의 길을 모색해 보아라.

6 증오와 적대감을 키우는 길은 너희 육이 원하는 바여서 너희가 쉽게 빠지게 된다. 그 길은 넓은 길이어서 많은 사람이 그 길로 가서 죽음을 맞았다.

7 존중하고 배려하며 공동 번영으로 나가는 길은 이성이 이끄는 바여서 너희의 육이 이를 거부하기 때문에 그 길로 들어서기가 어렵다. 그 길은 좁은 길이어서 그리로 가는 사람이 드물다.

8 너희는 좁은 길로 가라. 그 길이 생명의 길이요 하나님께로 가는 길이다. 너희가 좁은 길을 가려 하면 하나님이 너희들에게 지혜를 주실 것이다.

9 쉬운 길을 가지 말고 어려운 길로 가라. 넓은 길로 가지 말고 좁은 길로 가라. 그 길에서 너희는 무한한 기쁨과 행복과 영광을 맛보게 될 것이다.

10 이제까지 너희들이 저지른 범죄를 너희 자손들에게 물려주지 마라. 너희 자손들의 핏속에 범죄자의 독이 섞이지 않게 하여라.

11 세계의 모든 지역에서 일어난 학살과 인종 청소의 가해자와 피해자들아, 너희는 사죄하고 용서하여 서로 화해하여라. 화해만이 너희를 평화와 행복으로 이끌어 주는 유일한 길이다.

12 하나님께서는 너희가 서로 화해하는 날을 기다리고 계신다.

13 화해의 날을 선포하고 화해를 시작하여라.

7 1 한국과 중국을 비롯하여 수많은 아시아 민족을 고통 속으로 몰아넣었던 일본은 들어라. 너희가 다른 나라를 침략하여 수많은 사람에게 고통과 피해를 준 것을 진정으로 사죄하여라.

2 너희가 무력을 갖추면 그러지 못한 나라를 무력으로 침략하고 너희가 경제력을 갖추면 너희보다 못한 나라를 무역으로 침략하는 것이 의로운 일이냐.

3 너희가 믿는 신도의 신은 이웃과 불화를 요구하고, 이웃을 침략하도록 부추기고, 사람들을 학살하고 장난삼아 목을 베는 것을 칭찬하고, 젊은 여성들을 끌어가 강간하도록 허락하고, 살아 있는 사람들을 칼로 해부하여 실험을 하는 것을 의로운 일이라고 하느냐.

4 너희가 한국인의 생명을 빼앗고 재산을 얼마나 약탈해 갔더냐. 만일 너희가 믿는 신이 조금이라도 참 하나님의 속성을 가지고 있다면 너희는 너희 신 앞에서 너희 행위를 부끄럽게 여기고 지금쯤 사죄로 입이 마르고 무릎이 까져야 하지 않겠느냐.

5 너희가 진정으로 평화를 입에 올리려면 지금이라도 피해자인 한국인들에게 진실한 마음으로 사죄하고 마땅한 배상을 해야 하지 않겠느냐. 즉시 고노 담화로 돌아가서 그보다 더욱 진전된 사과와 배상을 함으로써 너희의 정의를 한국인에게 보여 주어라.

6 지금 일본을 이끌고 있는 일본회의 극우파들은 들어라. 너희가 너희 나라를 패전 이전의 체제로 돌리고자 하는데 이것은 너희에게 재앙이 될 것이다.

7 팽창주의 일본을 다시 세우고자 혈안이 되어 있는 너희에게 머지않아

하나님의 철퇴가 내려질 것이다.

8 당시 미국이 의롭지 못하여 너희 전범들을 제대로 처리하지 않았지만 이제 너희 극우 지도자들에게는 세계 인류가 강력하고 결정적인 패배의 벌을 내릴 것이다. 이것은 하나님이 예비하신 길이다.

9 미국을 비롯하여 세계 곳곳에 위안부의 아픔을 기리는 평화의 소녀상이 세워지는 추세를 보아라. 이 소녀상이 너희의 범죄를 웅변하고 있지 않으냐.

10 너희는 이 소녀상을 세우지 못하도록 한국과 미국과 필리핀과 독일 등에서 갖은 회유와 압력을 넣고 있지만 너희 뜻대로 되지 않을 것이다.

11 바라건대 너희가 지금이라도 이성을 회복하고 피해자의 아픔에 공감하는 능력을 갖추어 과거 너희 앞 세대가 저질렀던 잘못을 대신 사과하고 마땅한 배상을 서둘러라.

12 그리고 너희 다음 세대에게 너희 앞 세대가 한국인과 아시아인들에게 저질렀던 만행을 가르쳐라.

13 너희는 전쟁과는 아무런 상관없는 너희 아이들과 손자 그리고 그 다음 세대의 아이들에게 계속 사죄의 숙명을 짊어지게 해선 안 된다면서도 너희 세대에서 사죄를 마무리하지 못하고 오히려 한국을 자극하는 망언을 일삼고 부적절한 합의를 근거로 하여 전범 국가의 오명에서 벗어나려 하고 있다.

14 너희가 너희 자녀들에게 역사를 왜곡하여 가르친다고 해서 일본이 정의로운 나라가 되는 것은 아니다.

15 너희가 전범국가의 오명에서 벗어나는 길은 오로지 진실한 마음으로 사죄하고 용서를 빌며 한국과 아시아의 미래를 위하여 힘을 보태는 것이다.

16 그러지 않으면 너희가 아무리 경제적으로 부강해도 전범 국가의 꼬리
표는 떨어지지 않는다.

17 일본의 자유인들아, 너희가 십자가를 지고 너희 나라를 구하여 자유
화하여라.

18 너희 일본인은 많은 장점을 가진 민족이다. 성실하고 철저하며 의리를
잘 지키기로 어느 민족보다 뛰어나다.

19 그러나 이런 장점이 하나의 단점으로 빛을 잃게 된다. 너희는 지배와 복
종의 인간관계에는 잘 적응하는데 평등한 인간관계에는 잘 적응하지
못한다. 그래서 너희는 지도자와 지배자를 동일시한다.

20 이 단점 때문에 너희는 지도자의 잘못을 바로잡는 것을 두려워하고 지
도자에 반대하는 것을 불충이나 배신으로 생각한다. 지도자에게 복종
하는 것이 너희의 문화가 되었다.

21 이 특성은 너희가 무쓰히토의 메이지 시대나 히로히토의 쇼와 시대에는
일사분란하게 국수주의를 추진하기에 유용했지만 지금처럼 개인의 자
유와 인권이 중요하고 이를 바탕으로 개방적이고 창조적인 능력을 발휘
해야 하는 지금은 결정적인 단점으로 작용한다.

22 일본 사회에 이지메라는 문화가 뿌리 깊이 박혀 있고 너희가 사회 혁신
보다는 구시대적인 충성과 복종에 향수를 느끼는 이유도 여기에 있다.

23 너희는 지도자의 잘못된 권위에 도전하는 용기를 가져라.

24 너희는 화산 폭발로 생긴 소화신산의 생성을 꼼꼼하게 기록한 미마쓰
마사오를 알 것이다. 미마쓰처럼 너희는 성실한 자질을 가진 민족이다.
그 성실함으로 세계인의 칭찬을 받고 있지 않으냐.

25 그런데 만일 미마쓰가 군인이 되어 조선에 갔더라면 그는 새벽에 서울

에 있는 경복궁으로 왕비의 침소에 쳐들어가 조선의 왕비를 시해하는 패악을 저지르고, 그가 중국에 갔다라면 난징에 들어가서 낮에는 거리에서 부녀자를 강간하고 중국인을 닥치는 대로 칼로 목을 베어 죽이고 저녁에는 한국과 중국 등지에서 성노예로 끌려온 여자들을 성폭행하는 야수와 같은 짓을 했을지도 모른다.

26 실제로 성실한 너희 할아버지들이 군인이 되어 국가의 명령을 받아 이렇게 짐승도 하지 않을 만행을 용감하고 자랑스럽게 한 역사를 너희가 아느냐. 이 역사적 만행을 너희가 들어 보았느냐.

27 그것은 너희가 너희 지도자를 잘못 만난 탓이다.

28 정치 지도자는 너희를 영웅처럼 부추겼고 종교 지도자는 너희에게 적의 목을 베어 극락에 가라고 충동하였다.

29 너희 지도자가 너희로 하여금 이웃을 침략하고 약탈하고 죽이고 강간하도록 부추겼기 때문이다. 악인이 따로 없다. 국가가 부추기면 누구나 양심의 가책 없이 악을 저지를 수 있다.

30 지금이라도 전쟁을 벌여 놓고 이웃 나라를 침략하게 해 주면 너희는 다시 그런 만행을 즐길지도 모르지 않느냐. 그러므로 너희는 너희 나라 안에서 과거의 반인류적인 만행을 자행한 너희 앞 세대의 과오를 사죄하고 진정어린 반성을 하여야 하며 다시 그런 지도자가 나타나지 않도록 너희 사회를 민주화해야 한다.

31 과거의 만행을 반성하지 않고 오히려 영광스러운 역사로 왜곡하는 지도자들을 너희 사회에서 몰아내야 한다.

32 만일 너희가 그런 지도자를 몰아내지 않고 그들의 무용담을 귀여겨들으며 그들을 지지한다면 너희도 그들과 똑같은 짐승이 되는 것이다. 스

스로 선하다고 믿는 일본인은 일어서라.

33 이제 너희는 지도자의 비민주적 의사 결정과 지도 방식에 과감하게 도전하고 너희 자신의 자유를 확보하기 위하여 분연히 나서라.

34 너희를 다시 전쟁의 수렁으로 몰아넣을 수 있는 일본회의 극우 세력을 몰아내어라.

35 너희에게 자유와 민주주의가 뿌리를 내린다면 너희는 과거와 같은 반인륜적인 행위를 이웃 나라에 행하지 않을 것이고 오히려 인류에 크게 긍정적인 이바지를 할 수 있을 것이다.

36 너희 민족이 받은 노벨상 수상자의 숫자를 보건대 너희는 분명히 세계 문명과 인류 이성의 발달에 이바지할 수 있는 능력을 가지고 있다.

37 그러니 너희는 사회를 개방화하고 자유화하고 민주화하는 데에 힘을 모아라. 너희의 능력을 마음껏 펼쳐 인류를 행복하게 만드는 일에 한 몫을 하여라.

38 폐쇄적 섬나라에서 과감하게 떨쳐 일어나 개방된 세계의 지도국으로 성장하여라.

8 1 일본의 젊은이들은 들어라. 너희는 너희 앞 세대들이 한국과 중국 등 아시아 각국에서 얼마나 야만적인 악행을 저질렀는지 아는 것이 너희 의무이다.

2 너희 앞 세대가 저질렀던 전쟁 범죄에 관한 책이 넘치고 있지만 너희는 그것을 너희 역사 시간에 배우지 않았다는 평계로 모른다고 하는 것은 너희 앞 세대가 너희를 어리석게 만든 탓도 있지만 너희의 게으름의 소치이기도 하다.

3 한국과 중국에서 출판된 수많은 증언들이 너희를 향하여 소리치고 있음을 들어라. 너희는 1945년 이전에 너희 앞 세대가 저질렀던 만행의 상속자이다.

4 일본은 들어라. 너희는 이제라도 너희 젊은이들이 떳떳하게 세계의 젊은이들과 사귈 수 있도록 너희의 잘못을 너희 젊은이들에게 넘기지 마라.

5 그러려면 너희가 사죄하고 너희 잘못을 너희 손으로 씻어 내야 한다.

6 너희가 하지 못할 사과라면 너희 다음 세대가 너희 세대의 잘못을 되풀이하지 않게 하기 위해서라도 너희의 잘못을 대신해서 사죄할 기회를 주어야 한다.

7 독일이 그랬던 것처럼 너희도 1945년 이전 세대들이 저질렀던 만행에 대해 그 가해자를 찾아서 처벌하고 그들의 만행을 부정하는 세력들에게 법적인 제재를 가할 수 있는 법을 만들어 시행하여라.

8 최근 너희가 한국에 대하여 일으킨 무역 전쟁은 너희가 얼마나 부끄러움을 모르는 불의한 집단인지 천하에 알리는 계기가 되었다. 이런 행위를 적반하장이라고 하지 않느냐.

9 너희가 극우 세력의 행동을 지지하는 이유는 역사에 무지하기 때문이고 너희가 역사에 무지한 이유는 극우 세력이 너희에게 역사를 바르게 교육하지 못하게 막았기 때문이다.

10 극우 세력들은 너희에게 일본은 언제나 옳다고 세뇌했다. 그러나 결코 일본은 전쟁 범죄를 가릴 수 없다. 너희는 곧 그 치명적 결과를 마주하게 될 것이다.

11 역사 왜곡을 일삼으면서 과거사를 부정하며 한국과 무역 전쟁을 일으키는 극우파는 들어라. 너희는 지금 너희 앞 세대가 저지른 만행의 시대

곧 전체주의적 팽창주의 시대로 일본을 되돌리려 하고 있다.

12 그것은 너희가 일본의 의로운 사람들과 한국인과 중국인 그리고 인류에게 죄를 짓는 일이다.

13 지금 너희의 잘못을 사죄하지 않으면 너희에게 사죄할 기회가 사라질 것이고 때문에 너희 자손들이 입을 정신적 피해는 상상할 수 없이 커질 것이다.

14 돌이켜라, 극우 세력들아. 타인의 고통을 즐기지 말고 공감하는 능력을 길러라.

15 세계가 너희를 돈만 아는 경제적 동물이라고 비아냥거린 적이 있었는데 이제 너희는 그렇게 해서 번 돈으로 세계인의 이성을 타락시키고 있다.

16 지금 일본의 극우 세력은 돈을 가장 사악하게 사용하는 본보기가 되고 있다,

17 너희는 세계가 너희의 불의를 지지하도록 은밀히 돈으로 학자와 언론인을 매수하고 있음이 만천하에 밝혀질 것이다. 이제 하나님께서 너희를 향하여 채찍을 드실 때가 가까이 오고 있다.

18 너희들에게는 오직 뉘우침과 사죄가 필요하다. 사죄 이후에 화해가 논의될 것을 기대하여라.

19 사죄와 화해만이 너희 나라와 국민의 평화를 보장하고 세계인과 떳떳하게 공존할 수 있는 길을 열어줄 것이다.

20 일본이 세계의 정상국가로 가는 길은 평화 헌법 개정이나 전쟁할 수 있는 국가가 되는 것이 아니라 침략의 역사를 반성하고 사죄하고 주변 국가와 선린 우호 관계를 맺는 일임을 알아라.

21 일본의 우익들아, 돌아서라. 천황을 믿는 믿음을 참 하나님을 믿는 믿음

으로 바꿔라. 천황은 너희의 위선과 불의를 승인할지라도 하나님은 너희 위선과 불의를 승인하지 않고 오히려 징계하실 것이다.

22 너희가 하나님의 정의를 세우는 데 앞장서라. 이것이 너희와 너희 민족이 가야 할 길이다.

23 일본의 젊은이들은 들어라. 너희가 지금 누리는 부와 평화와 행복은 너희 앞 세대의 노력의 결과이지만 그 속에는 그들이 이웃 민족을 침탈하여 빼앗은 전리품이 들어 있음을 알아라.

24 너희는 분명히 너희 앞 세대가 행한 악의 열매를 나눠 먹고 있음을 잊지 마라.

25 너희는 너희가 가져서는 안 되는 것을 가지고 풍요를 누리고 있다. 이제 너희는 너희가 향유하는 부의 본질을 이해하고 그에 합당하게 반성을 하여라.

26 너희는 다른 사람에게 피해를 주는 것을 경계하라고 귀에 못이 박이도록 교육을 받아 오지 않았느냐. 그런 너희가 이웃 나라 사람들에게 피해를 준 것에 대해서 사과하지 않는다는 것이 옳은 것이냐.

27 너희 앞 세대가 침탈한 이웃 나라에 대해서 사죄하고 그 부를 돌려 줄 것이며, 세계의 가난한 나라를 돕고 그들이 너희처럼 부유한 나라가 되도록 도와라. 인류가 너희의 도움으로 부유하고 평화롭게 되도록 힘써라. 그것이 너희가 너희 앞 세대의 죄를 조금이라도 갚는 길이다.

28 너희 일본인은 들어라. 너희는 아직 진실과 선과 의를 실천하는 데에 익숙하지 않다. 어서 하나님의 길로 나와라. 오직 진실과 선과 의를 실천하는 것만이 너희 자신의 평화와 번영을 담보하고 이웃 나라와 평화롭게 오고가는 즐거움을 가능하게 해 줄 것이다.

29 잘못된 정치권력의 세뇌로 너희 앞 세대가 전쟁터에 끌려가 말할 수 없는 고통 속에서 젊음을 탕진했으며 너희 사회가 쑥대밭이 되었음을 잊지 마라.

30 너희 안에서 나타난 모순과 실패를 감추기 위하여 한국인에게 누명을 씌워 증오의 감정으로 저질렀던 관동 대지진의 조선인 학살을 반성하여라.

31 지금도 너희 우익들은 그 증오의 망령을 되살려 혐한 감정을 부추기고 있다.

32 이런 상황을 너희가 제대로 알지 못하고 우익의 회색선전을 그대로 믿고 한국을 증오하는 정서는 너희를 불행하게 만드는 일이다.

33 이웃을 증오하고 배척하는 사람에게는 진실함도 없고 선함도 없으며 의로움도 없고 결국 스스로 불행에 빠지게 된다.

34 너희는 좀 더 과감하고 용감하게 그리고 철저하게 자유민주주의 정신을 확산하여 위선에 빠진 극우파 로비스트들의 모임인 일본회의 참여자들과 그들을 응원하는 언론인과 기업인을 응징하여야 한다.

35 너희 앞 세대가 동남아의 전쟁터에서 목숨을 잃고 불귀의 객이 되었던 100년 전의 불행과 히로시마와 나가사키에서 일어났던 처참한 불행을 21세기에 또다시 겪지 않으려면 반드시 일본회의에 참여한 정치인을 투표를 통해 민주적으로 응징하는 일부터 시작하여야 한다. 일본의 양심이 깨어야 하는 이유가 여기에 있다.

9

1 일본회의는 앞으로 아시아는 물론이고 세계의 평화를 무너뜨릴 소지가 있는 매우 위험한 극우 집단이다.

2 최근 일본 사회가 급격하게 우경화한 것은 아베의 등장과 일맥 통하는
데 그가 일본회의를 이끌어 온 인물이기 때문이다.

3 일본회의가 꿈꾸고 있는 것은 메이지 유신으로 국력이 급격하게 성장하
여 아시아를 재패했던 패전 전의 천황제 전체주의 일본으로 돌아가는
것이다. 그들은 욱일기를 펄럭이며 아시아와 태평양으로 팽창하던 군
국주의 일본에 대한 향수를 가지고 있다.

4 이들은 경제 발전기에 자신을 평화 애호 세력으로 위장하며 조용히 숨
을 죽이고 있다가 일본이 경제 부흥에 성공하게 되자 막대한 자금을 이
용하여 서서히 자신들의 목적을 위해 움직이기 시작했다.

5 일본 극우세력은 전후의 일본 사회에 대해서 불만이 많다. 자유 민주주
의 때문에 일본인의 애국심이 사라지고 그 대신 개인주의와 자유주의
가 넘쳐나 일본 정신을 부패하게 만들고 있다고 생각하는 것이다. 그리
고 그 원인은 승전국 미국이 일본이 바라지 않는 자유민주주의를 일방
적으로 강요하여 일본 정신 곧 전쟁 시기에 확립되었던 일본의 전체주
의 전통과 천황을 신으로 받들고 천황을 위하여 목숨을 바치는 가미카
제 정신을 망가뜨렸기 때문이라고 판단한다.

6 이들 우익 집단은 자유주의를 개인의 보신과 쾌락만을 추구하는 이념이
라고 생각하여 일본 정신에 어긋난다고 생각한다. 자유민주주의는 이
들의 몸에 맞지 않는 옷일 뿐이었다.

7 그들은 일본인들이 전쟁 시기의 황국신민처럼 자발적으로 천황을 중심
으로 하는 전체주의적 사고방식에 익숙해져야 한다고 믿는다.

8 전쟁 시기에 일본인들은 천황을 신으로 모시고 천황의 말에 절대 복종
하는 전체주의에 완전히 매몰되어 있었다.

9 일본은 자유민주주의 아래에서 국가의 부를 축적하였지만 이제 일본에
서는 자유민주주의 가치를 부르짖는 사람은 소수파가 되고 있어 머지
않아 여론도 민주시민의 자유민주주의보다는 황국신민의 전체주의 또
는 국수주의로 쏠리게 될 것이다.

10 다시 황국신민의 서사와 교육칙어가 일본 사회에 울려 퍼지게 될 날이
오고 있다. 우경화가 가장 극적으로 나타나는 계기는 아키히토의 즉위
와 도쿄 올림픽이 될 수 있다. 히틀러가 베를린 올림픽을 이용하여 나
치 정권을 확립했던 것처럼 일본 극우도 올림픽을 적극적으로 이용하
려 한다. 이를 계기로 그들이 꿈꾸는 1945년 이전의 천황중심 전체주의
일본으로 돌아가려는 것이다.

11 그러나 일본의 극우세력이 아무리 역사를 천황의 시대로 되돌리려 해
도 그렇게 되지 않을 것이다. 일본은 이미 천황 시대의 유산 때문에 사
회가 허약해져 있고 과거로 돌아가려 할수록 더욱 허약해진다.

12 이에 비해 한국은 동아시아에서 유일하게 자유민주주의와 시장경제를
성공적으로 시행하고 있다. 동아시아에서 시민 혁명을 성공시키고 언론
과 종교의 자유를 향유하는 나라는 한국이 유일하다.

13 일본이 이런 한국을 우방으로 삼지 않고 견제하는 것은 잘못이다. 현재
의 일본은 민주 국가이지만 자율적 전체주의 국가의 모습을 보이고 있
다. 정부의 잘못을 적극적으로 따지는 시민단체의 활동이 미약하고 여
론은 권위에 순종하는 것을 미덕으로 여긴다. 따라서 어쩌면 극우 세력
이 민주적 절차에 따라서 일본을 천황제 전체주의 국가로 바꿀 수 있
을지도 모른다. 일본이 천황제 전체주의 국가가 된다면 한국과 세계의
자유민주주의는 새로운 도전에 직면할 것이다.

14 세계의 자유 시민들아, 자유민주주의가 인류 역사에서 승리하는 것을 보고자 한다면 한국이 주변 나라와 외로운 투쟁을 하도록 내버려 두지 말고 적극적으로 지지하고 도와라. 한국과 일본이 자유민주주의로 하나가 되어 인류에 이바지하기를 바란다면 한국이 일본의 우경화를 견제하는 노력을 지지하고 한국의 노력에 동참하여라. 한국과 한국인이 자유민주주의의 최전선에 서서 강력하게 전진할 수 있도록 도와라.

10

1 한국은 들어라. 너희는 일본과 화해하여라. 반일 감정을 누그러뜨리고 화해하여라. 상대를 부정하면 상대도 너를 부정하게 되어 너희와 일본 사이에 증오만 커지게 된다.

2 너희가 일본 위정자의 무도함 때문에 분노를 느끼는 것은 이해할 수 있지만 분노와 분노가 부딪쳐 싸우는 곳에는 정의가 없다. 정의는 증오를 내뿜는 싸움 속에 있지 않다.

3 정의는 분노를 조절하여 화해를 이루는 곳에 있다.

4 일본 우익 세력은 국가 권력을 틀어쥐고 이 기회에 1945년 이전의 전체주의 체제로 일본을 되돌리려고 의도적으로 너희에 대한 혐오를 조장하고 무역으로 너희에게 싸움을 걸어오지 않았느냐.

5 너희가 이 공격을 이용하여 그들의 무도함을 세계에 알리는 기회로 삼으면 좋을 것이다.

6 강제 징용 배상은 일본 기업을 상대로 하는 것인데 일본 정부가 이를 가로막고 있는 것이니 너희가 일본 기업 대신에 재판의 원고들에게 우선 갚아 주고 일본 정부가 잘못을 깨닫고 물러서면 그때 갚으라고 하면 좋겠다. 그러면 대국적으로 대처하는 너희의 아량에 일본인도 박수

를 보내지 않겠느냐.

7 다만 여기에는 전제되어야 할 것이 있다. 너희가 일본에 융통성을 보이
는 것은 너희의 약함 때문이 아니라 일본을 포용하려는 관대함의 발로
여야 한다. 관대함은 강함에서 온다.

8 그러나 위안부 문제는 너희가 일본 정부와 국민을 설득하여 꼭 사죄
와 배상을 하도록 촉구하여야 한다. 이는 국가의 전쟁 범죄 중에서 가
장 사악한 것이니 이를 감추려 하는 일본을 끊임없이 설득하여 사죄
하게 하여라.

9 국가가 해서는 안 될 반인륜적인 일을 한 것에 대해서는 반드시 사죄하
게 해야 한다. 인간 사회라면 반드시 그래야 한다.

10 과거는 용서하되 잊지 말고 악의 뿌리인 일본 우익의 행보를 관찰하고
그들의 잘못을 일본의 민주시민이 알게 해 주어라.

11 이제 너희가 일본에 자유와 민주주의를 가르쳐야 할 때가 왔다. 일본
은 아직 자유와 민주주의의 중요성을 깨닫지 못하고 있기 때문이다.

12 이를 위해서는 너희가 지금보다 강해져야 한다. 너희가 진정으로 일본
우익이 참회하고 사죄하는 것을 보고 싶거든 너희가 그들보다 훨씬 더
강해져라. 그들은 너희가 강해지면 너희에게 사죄할 것이다.

13 독일이 철저히 과거 잘못을 사죄하고 거듭날 수 있었던 것은 단순히 그
들이 도덕적 진보에 기인한 것이 아니고 그들이 제대로 사죄하지 않으
면 안 될 정도로 유대인들이 강했기 때문이다. 유대인들은 전범 재판부
터 강력하게 독일의 과거를 응징하는 데 힘을 썼다.

14 너희가 아직 일본 우익의 사죄를 받지 못한 것은 일본 우익이 반성하
는 지적 문화 수준을 갖추지 못했을 뿐 아니라 너희가 일본 전범 재판

에 아무런 힘도 발휘하지 못했고 미국이 일본 전범을 강력하게 제거하지 않았기 때문이다.

15 독일의 전범에 비하면 일본의 전범은 미국에게서 특혜를 받았다고 해도 과언이 아니다.

16 따라서 너희는 일본 우익이 도덕적으로 성숙해져서 너희에게 사죄하기를 기다리지 마라. 일본 우익은 전범 집단에 뿌리를 두고 있기 때문에 너희가 강해지지 않으면 결코 너희에게 사죄하지 않는다.

17 그들은 복종 아니면 지배 두 가지밖에 모르는 사람들이다. 그들은 그들이 복종할 대상을 찾아야 마음의 평안을 얻고 반대로 지배할 대상을 찾아 힘을 과시하는 것을 즐긴다.

18 그들은 이웃과 사이좋게 지내는 방법을 모른다.

19 따라서 일본 우익이 스스로 달라져서 너희에게 사죄하기를 바라는 것보다 너희가 강해져서 그들이 너희의 힘을 보고 사죄하기를 바라는 것이 더 빠르고 쉬울 것이다.

20 그러므로 너희는 스스로 강해지기를 시작하여라. 너희의 부강함으로 자유와 민주의 가치를 그들에게 각인시켜라. 너희가 약하면 그들은 전체주의로 너희를 압박하려 하게 된다.

21 물론 일본 우익의 사죄를 받기 위해서 강해져야 하는 것이 아니라 너희가 정의를 실현하고 선을 행하며 진실을 지키기 위하여 강해져야 하는 것이다.

22 아직 너희 두 나라는 서로 좋은 이웃이 될 기회가 남아 있으니 너희의 분노를 거두기 바란다.

23 일본에는 황국신민만 있는 것이 아니라 민주시민도 있음을 잊지 마라.

일본의 민주시민과 연대하는 길을 찾아라.

24 너희가 먼저 일본에 화해의 손을 내밀어라. 일본의 황국신민은 포용할 수 없더라도 민주시민은 포용하여라.

25 과거 일본은 너희를 식민지화하여 무조건 복종을 강요하는 천황제 전체주의를 주입했지만 너희는 일본에게 국민이 전체주의 발호를 자유롭게 감시하는 민주적 통제의 기법을 가르쳐라.

26 너희의 노력으로 두 나라가 자유민주주의 아래에서 번영을 누리고 중국과 북한을 민주화하여 인류 번영에 이바지하게 되기 바란다.

11

1 한국과 일본의 모든 시민들은 들어라. 너희는 서로 화해하고 연대하여라. 연대하여 자기 나라에 있는 극우파를 제압하여라.

2 일본의 극우파는 이웃 나라와 갈등을 극대화하여 전쟁의 불씨를 만들려고 할 것이고 일본의 젊은이들을 전쟁터로 몰아갈 가능성이 크다.

3 한국과 일본의 극우파는 묘하게도 역설적으로 닮은 점이 있다. 전쟁 전의 사고방식을 그대로 가지고 있다는 점에서 닮았고 그들이 법의 심판대에 섰어야 했는데 그것을 피한 것도 닮았다.

4 일본 극우 세력은 미국의 전후 처리 실패로 살아남았다. 미국이 일본 전범을 느슨하게 처리한 것은 미국이 다른 이익을 실현하기 위해서 정의를 희생한 것이다. 그 결과 오늘날에 일본 극우세력의 발호가 가능하게 된 것이다.

5 한국의 극우 세력은 해방 후 들어선 이승만 정부가 친일파 처벌 법을 무력화함으로써 살아남았다. 이승만은 친일파를 등용함으로써 자기의 정치권력을 강화하는 방편으로 삼았다.

6 일본의 극우 세력은 경제 성장에 힘 입어 막강한 자금을 모을 수 있었고 이 자금을 바탕으로 하여 자유주의 정치인을 몰락시키고 자신들의 꿈인 대일본제국의 영광을 재현하기 위한 정책을 하나하나 추진할 수 있게 되었다.

7 한국의 극우는 중앙정보부를 앞세워 일으킨 증권 파동 등의 비리로 축재한 군사 쿠데타 세력과 한일협정에 따라서 받은 청구권 자금으로 경제 개발을 시행하면서 각종 특혜를 받은 친일 기업과 반공을 이념으로 하는 친일 보수주의자들의 연합 세력으로 형성되었다. 이들은 자신들이 축적한 부를 지키기 위해서 현재까지 친일 또는 대일 종속을 지향하며 자주적 정권을 공격하고 있다. 그들은 사회 민주화의 열매를 만끽하면서도 사회 민주화를 추구하는 정부를 끊임없이 좌파와 반미로 매도하며 비난한다.

8 일본의 극우가 일본의 영광 재현을 위해서 돈을 쓴다면 한국의 극우는 국가 권력을 자신들의 축재와 권력 유지를 위해서 남용할 뿐 자신이 가진 돈을 대의나 공익을 위해 사용하지 않는다.

9 일본의 극우는 국수주의적이고 한국의 극우는 대외 의존적이다. 이 상반된 두 극우가 한목소리를 내는 것은 신기한 일이다.

10 요즘 한국의 극우 이론가들이 목소리를 내고 있는데 대체로 일본의 극우가 주장하는 것과 비슷하다. 일본의 극우는 우월감으로 한국의 극우는 열등감으로 서로 통하고 있는 것이다.

11 이 때문에 한국과 일본 시민사회는 성격이 조금 다르게 성장했다. 한국의 시민 사회는 친일파 우익들의 파쇼적 정권에 반대하며 피를 흘리는 민주화 운동을 한 반면에 일본의 시민사회는 우익의 경제 번영 정책

의 성공 속에서 온실 속의 화초처럼 미국이 시행해 준 민주주의를 즐기면서 성장했다.

12 민주주의는 권력자와 싸워야 얻게 되는 것이어서 그 과정에서 피를 흘리지 않을 수 없는데 일본의 시민사회는 민주주의를 위해 피를 흘린 경험이 거의 없다. 그 결과 일본 시민사회는 자유를 지키기 위해서는 피를 흘릴 수도 있다는 결의가 약하다. 오히려 극우 세력의 집요한 역사 왜곡을 그대로 받아들여 일본이 그런 잘못을 저지를 리 없다는 논리로 일본의 전쟁 범죄에 무감각했고 주변국의 사죄와 배상 요구에 거부감을 드러내기 시작했다. 일본 시민사회 일부는 이렇게 해서 극우세력의 선전 선동에 넘어가고 말았다.

13 웬만큼 분별력이 있는 사람이 아니면 극우 세력이 퍼뜨리는 혐한론을 그대로 수용하는 것이 일본 시민사회의 현실이다. 이런 상황이기 때문에 내가 특별히 일본의 시민 사회에 말한다.

14 너희가 역사 인식이 부족하여 극우파들이 말하듯이 '일본이 난징 학살 같은 나쁜 짓을 했을 리 없다.' 또는 '천황의 군대인 일본 군인들이 위안부를 끌고 다니면서 강간을 했을 리 없다. 위안부들이 돈을 벌기 위해서 몸을 판 것일 뿐이다.' 따위의 주장을 의심하지 않고 받아들이는 것은 안타깝고 서글픈 일이다. 이는 너희를 위해서도 비극이고 인류를 위해서도 비극이 아닐 수 없다.

15 너희가 극우 세력을 극복하지 못한 것은 너희 일본 젊은이들에게는 불행이며 한국에는 위협이고 세계 평화에는 골칫거리가 될 것이다.

16 한국의 시민사회는 자국의 극우파 정권이 행한 외세 의존적 외교, 언론 탄압, 인권 유린, 부정부패, 정경유착, 지역갈등 조장 등 온갖 부조리에

저항하면서 피의 대가로 정치적 승리를 얻은 경험을 가지고 있다. 이것은 마치 프랑스 시민들이 일으킨 혁명과 같은 것이었다.

17 한국의 시민사회는 아시아에서 매우 특이한 민주화 투쟁의 이력이 있다. 이들은 자유와 민주주의를 지키기 위해서 피를 흘렸고 기어이 권위주의 정파가 장악하던 전체주의적 정치질서를 제거하고 서유럽이 제도화한 민주제도를 정립해 냈다.

18 이들의 성공은 다른 아시아 국가의 시민사회 활동에 상당한 영감을 줄 것이다.

19 그런 점에서 너희 일본의 시민사회는 한국의 민주화 투쟁의 역사를 배울 필요가 있다.

20 한국에는 아직도 태극기 부대나 아줌마 부대로 불리는 극우파와 '일베'로 통칭되는 반인륜적이고 반사회적인 젊은이들과 일부 개신교 집단 그리고 일부 극우 언론들이 안간힘을 쓰고 있지만 이미 판세는 되돌릴 수 없게 되었다.

21 한국 사회가 아직 특권과 특혜라는 정의롭지 못한 관행에서 벗어나지 못했지만 이것도 머지않아 극복해 낼 것이다.

22 한국인의 역동성은 하나님의 역동성과 닮아서 한국은 전체주의 국가로 떨어지는 것을 결코 용납하지 않을 것이며 사회의 불의한 제도와 관행도 정의롭게 바꿔 나갈 수 있을 것이다.

23 이런 점에서 너희 일본의 시민사회는 한국의 시민사회와 긴밀히 연대하여 일본 사회의 우경화를 막고 과거의 역사를 반성하는 바탕 위에서 일본을 재구조화하는 계기를 만들어라.

24 일본은 극우파들이 정치와 종교 세력을 장악하고 언론이 이에 우호적

이기 때문에 너희가 자유민주주의 가치를 확산하는 일이 쉽지 않을 것이다. 그러나 너희 사회가 아직 개방주의를 표방하고 있으므로 의로운 시민들을 모아 힘을 강화하고 한국과 미국 등 우호 세력과 연대하여 극우 세력을 제압하고 일본을 자유와 민주가 넘치는 사회로 만드는 노력을 기울여라. 이것이 너희가 너희 조국을 위해서 할 수 있는 가장 중요한 일이 아니냐.

25 일본의 민주화를 위해 한국이 많은 역할을 해야 한다. 한국은 일본이 자유민주주의 국가로 성장해 나갈 수 있도록 돕는 데에 심혈을 기울여야 한다. 그것이 한국과 동아시아와 세계 평화에 결정적으로 도움이 되기 때문이다.

26 지금 내가 하는 말이 지극히 정치적으로 들릴 테지만 사실은 이런 방법이 하나님이 너희에게 주신 이성으로 너희가 할 수 있는 가장 현실적이고 실천 가능한 방법임을 알아라. 너희에게는 이런 일을 할 수 있는 집단 지성이 필요하다. 평화는 인간의 집단 지성이 이룰 수 있는 최상의 상태이다.

12 1 자, 이 시점에 한국과 일본의 두 시민사회가 어떻게 연대하여 정치로 갈등을 지속하고 있는 한국과 일본을 화해시킬 것인지 가르쳐주겠다. 너희는 듣고 실행하여라.

2 너희 두 시민사회는 각자 자기 나라에서 개인의 자유를 확보하기 위하여 치열하게 활동하여라. 개인의 자유 중에서 가장 큰 것이 양심의 자유, 언론출판의 자유, 집회의 자유이다. 하나님이 너희에게 주신 가장 기본적인 자유이다.

3 일본 시민사회가 이 자유를 지켜내지 못하면 일본은 극우파가 지향하는 전체주의 국가로 떨어지고 한국과의 갈등은 더욱 심화된다. 곧 숨도 쉴 수 없는 일본이 되고 말 것임을 알아라.

4 그래서 일본 시민사회는 지금 크게 각성하고 치밀하게 준비하여 극우파의 도전에 온몸으로 저항하여라. 너희들이 희생하며 저항하지 않으면 잠자는 일본인의 자유의식은 영영 깨어나지 못하고 국가주의 속에서 국가의 부속물로 떨어지고 말 것이다. 일본 시민사회는 분발하여라.

5 너희는 한국의 시민사회와 미국의 시민사회와 군게 연대하여 난관을 돌파하여라. 한국의 시민사회가 극우파를 제압하게 된 경험을 공유하여라. 저항 경험의 유무는 시민사회의 강화에 매우 중요한 요소이다. 너희는 저항을 두려워하지 마라. 우리 하나님이 의로운 저항을 도우신다.

6 너희는 수직적 인간관계에서 수평적 인간관계로 빠르게 전환하여라. 너희가 가진 수많은 장점이 수직적 인간관계 때문에 결국 지도자의 탐욕을 위한 도구로 쓰이게 된다. 너희는 약한 자는 지배하고, 강한 자에게는 복종하는 것을 최고의 덕목으로 알고 있다. 이제부터는 자유민주주의 가치에 따라서 인권을 존중하고 확장하는 일을 과감하게 벌여라. 정부를 감시하고 우익의 발호를 견제하여라. 자유민주주의의 가치를 기리고 공유할 수 있는 시민 행사를 한국을 비롯한 세계의 시민사회와 연대하여 자주 벌이는 것이 좋겠다.

7 한국의 시민사회에 말한다. 너희는 극우파를 제압해 가고 있고 그렇게 되기까지 너희들이 많은 피를 흘리고 고통을 겪었음을 잘 안다. 그러나 아직 안심할 때가 아니다.

8 일본 극우파의 성공은 한국 극우파의 선망 대상임을 잊지 마라. 일본

극우파가 정권을 잡고 한국을 흔들 때가 바로 한국 극우파들이 준동할 좋은 때임을 알아라.

9 너희가 일정한 성공을 거뒀지만 너희를 둘러싼 사회는 아직 친일파가 온존해 있는 사회다. 친일파는 반공을 무기로 삼고 친미를 또 다른 수단으로 활용한다. 너희가 오로지 민주주의 이념으로만 승부를 내리려고 하면 너희가 질 수도 있다. 이런 때에 너희가 하나님의 지혜에 의지하여라. 하나님의 지혜에 의지하지 않고 너희 짧은 지식과 경험으로만 일을 하다가는 대사를 그르치기 쉽다.

10 지금의 한일 무역 갈등을 풀어 나가는 일도 너희에게 큰 도전이 되었다. 불매운동과 반일을 외치는 것만으로는 일본을 견제하기에 충분하지 못하다. 배타적 민족주의는 평화를 교란하는 보증수표이다. 따라서 너희는 하나님의 계명에 따라 굳게 서서 너희 스스로 지금보다 훨씬 더 강력하게 진실과 선과 의를 추구하여라. 거짓과 위선, 부정부패, 정경유착, 각종 갑질을 강력하게 제거하는 운동을 시작하여라. 스스로 강해지려는 노력을 강력하게 추진하여라. 그래서 세계인의 최전선에서 진실과 선과 의를 실천하여라.

11 너희는 높은 윤리의식을 가지고 일본 시민사회와 연대하고 일본의 개방과 민주화를 도와라. 너희 시민사회의 성숙도가 지극히 높아야 일본 시민사회를 이끌 수 있다. 너희 사회를 자유와 민주의 가치로 더욱 강력하게 무장하고 사회 각 부문이 자율과 질서 속에서 조화롭게 눈부신 발전을 실현해 나아가야 한다.

12 너희는 일본이 우경화하여 전체주의로 돌아가지 못하게 국제 여론을 환기하고 미국의 시민사회와도 긴밀히 연대하여라. 이를 위하여 일본

의 시민사회와 연대하여 일본의 자유민주주의를 지키는 행사를 일본에서 열어라.

13 너희는 일본 정부가 해마다 8월 15일에 히로시마에서 세계 평화의 날 행사를 열어 마치 일본이 세계 평화를 지향하는 것처럼 오해하게 만드는 일본 극우의 흑심을 폭로하여 일본인과 세계인이 일본 극우에 대한 경각심을 갖게 하여라.

14 이를 위하여 한국과 일본의 시민사회는 연대하여 해마다 8월 15일부터 일주일간 일본의 전쟁 범죄를 알리고 사죄하며 일본의 민주화를 진전시키기 위한 대대적인 행사를 도쿄에서 열어라.

15 이 행사를 통해서 일본 시민의 민주의식을 높일 수 있는 다양한 체험 프로그램을 제공하여라. 이 프로그램에 많은 일본 시민이 참여할 수 있게 하고 전 세계 민주시민이 자원봉사를 할 수 있게 하여라. 이 행사를 지구촌의 전쟁 반대와 민주화 전진 대회로 승화시켜야 한다. 중요한 것은 이 대회를 반드시 한국과 일본의 시민사회가 정부의 간섭 없이 자주적으로 서로 협력하는 바탕 위에서 진행해야 한다는 점이다. 만일 일본 정부가 이 대회를 가로막으려 하거든 일본 시민사회는 일본 정부와 강력하게 싸울 준비를 하여야 한다. 정의로운 일본 만들기를 위하여 피흘릴 준비를 하여야 한다는 말이다.

16 너희 활동 목표는 뚜렷하다. 일본의 우경화, 일본의 전체주의화, 일본의 국수주의화를 막는 일이다.

17 전쟁 시기에 일본이 저질렀던 만행을 일본인이 알게 하여라. 일본인을 야스쿠니 신사 참배에 동원하여 국수주의를 확산하려는 극우파들의 노력을 좌절시켜라.

18 일련종, 조동종, 임제종, 생장의 집 등의 종교인들이 극우 교리를 버리도록 압력을 가하여라.

19 중요한 것은 일본의 평범한 시민들이 이들의 극우 논리를 간파하고 그 문제점을 알도록 해야 한다는 것이다. 그래야 너희가 여론을 형성하여 일본 극우의 준동을 막을 수 있게 된다.

20 너희 삶을 지키는 것은 화해와 협력으로 이루는 평화와 공동 번영이다. 너희 한국과 일본 시민사회가 연대하여 두 나라가 화해와 협력의 길로 가도록 하여라. 그러면 아시아가 평화로울 것이고 세계가 평화로울 것이고 인류에게 큰 기쁨이 될 것이다.

21 너희 두 나라는 동아시아에 중국이나 러시아 또는 북한이라는 강력한 권위주의 국가들이 있음을 유념해야 한다. 강력한 권위주의 정권이 애국심을 앞세워 대외 팽창 정책을 펼칠 때에 너희의 안보가 가장 먼저 위험해질 수 있음을 알고 서로 협력하여 자유민주주의 확산에 노력함이 마땅하다.

22 너희의 성공은 수많은 지역에서 분쟁과 갈등을 해결할 수 있는 모델이 되고 인류를 행복하게 만드는 귀감이 될 것이다. 하나님께서는 너희의 화해 노력이 열매를 맺는 날이 오기를 기다리고 계신다.

13

1 한국의 우익들은 먼저 동족을 배려하고 동족의 아픔에 공감하는 능력을 길러라. 동족도 사랑하지 못하고 배려하지 못하는 가슴으로 무슨 일을 할 수 있겠느냐.

2 왜 너희는 동족의 약점을 공격하고 동족을 해코지하는 것을 즐기느냐. 왜 너희는 동족의 아픔을 함께 아파하지 않느냐.

3 일제 강점기에 너희 선조들이 일본 제국주의자들에게 당한 아픔에 공감하지 못하고 일본 제국주의 침략을 근대화로 찬양하는 이른바 뉴라이트 소속 일부 학자와 정치인과 종교인들아, 정신을 차려라. 타인의 고통을 공감하지 못하는 너희는 진정 불의한 자라.

4 특히 정치적으로 오염되어 있는 한국의 개신교인들은 크게 회개하여야 한다. 너희가 그렇게 할 일이 없어서 일제의 식민 지배를 찬양하고 일제 침략을 정당화하고 다니느냐. 그것이 너희 하나님의 정의이냐. 너희가 무지와 불의의 온상이 되고 있지 않느냐.

5 너희의 믿음이 무엇을 위한 믿음이며 너희의 지식이 무엇을 위한 지식이냐. 너희의 정치가 누구를 위한 정치이냐. 너희의 종교가 누구를 위한 종교이냐.

6 너희는 동족에게 어떤 유익함을 주고 있느냐. 너희 중에는 일본 극우 세력과 연계된 자들도 있구나. 그들에게서 자금을 받아 연구하는 학자도 있고 그들의 하수인 노릇을 하는 정치인과 군인도 있고 종교인도 있구나.

7 이완용, 이용구가 환생한 것이냐. 너희는 어찌하여 일본의 검은 돈을 받고 그들의 논리에 포섭되어 너희 동족을 괴롭히고 너희 동족을 부끄럽게 만드느냐.

8 일제의 침략과 약탈을 미화하고 일본군의 성노예로 고생한 할머니들의 아픈 상처에 소금을 뿌리는 너희가 진정 사람이냐 아니면 사람의 탈을 쓴 짐승이냐.

9 한국인을 반일 종족주의자라고 비하하는 너희를 도대체 무슨 말로 나무라야 할지 모르겠구나. 참으로 고약한 무리들이 아니냐. 너희는 차라

리 한국에서 태어나지 않은 것이 좋았을 법한 사람들이다. 너희는 하루 빨리 잘못을 사죄하고 선량한 한국인으로 거듭나라.

10 대부분이 고등학생인 승객 304명의 희생자를 낸 세월호 사고의 유가족들의 분노 표현이 그렇게 아니꼬워 이들의 단식 농성장 앞에서 보란 듯이 치킨과 피자를 시켜 먹은 천인공노할 젊은 일베들아, 너희는 어디에서 태어나고 자라며 그런 사악한 짓을 배웠느냐.

11 누가 너희를 낳아서 그렇게 길렀더냐. 너희는 누구에게서 그런 사악한 마음을 물려받았으며 누구의 언행에서 그런 사악한 행동을 배웠느냐. 너희는 정녕 짐승의 넋을 갖고 태어난 것이 아니냐.

12 한국인들아, 너희는 하루빨리 너희 사회에서 친일파, 독재자, 쿠데타 세력, 반동적인 뉴라이트 지식인, 극우 개신교 집단, 일베로 이어지는 악의 사슬을 제거하여라.

13 너희는 일제를 찬양하고 일제의 약탈과 동족의 피해를 부정하는 자를 처벌하는 법을 만들어라. 여기에는 일본의 사악한 전범 기업 및 극우 세력과 연계된 일본의 재단을 공개하고 그들의 돈을 받아 활동하는 것을 금지하는 내용이 포함되어야 한다.

14 지난 시기에 있었던 국가 권력의 억압과 학살 책임자 그리고 그 하수인을 명확하게 밝혀 처벌할 것이며 이들의 업적을 미화하거나 이들의 압제를 부정하는 자와 그에 동조한 자들을 처벌할 법을 만들어라. 국가가 이들에게 준 특혜가 있으면 모두 박탈하여라.

15 그 후에 그들이 진심으로 사죄하면 용서하고 평범한 한국인으로 살 수 있게 허락하여라.

16 이로써 너희가 의로운 나라로 쓰임을 받게 되리라.

14 1 한국의 가진 자들은 들어라. 왜 너희는 동족을 그리 모질게 대하느냐. 힘센 기업은 힘 약한 기업을 착취하고, 사장은 사원들을 착취하고, 교수는 조교를 노예처럼 부리고, 예술가는 제자를 성폭행하고, 목사는 교인들을 농락하고, 선임자는 후임자를 학대하고, 선배는 후배를 부려먹고, 너희의 악행이 끝이 없구나.

2 너희에게 조그만 권력이라도 주어지면 동족을 대상으로 온갖 못된 갑질을 하는구나. 너희끼리는 도무지 배려하고 존중하는 법이 없구나. 동족에게는 그리 모질던 너희가 부자 나라 사람들에게는 참으로 고분고분하구나.

3 또 너희들은 왜 그리 편 가르기를 좋아하느냐. 남과 북으로 갈리고 동과 서로 갈리고 거기에 좌와 우로 갈리고 진보와 보수로 갈리고 부자와 가난한 자로 갈리고. 아파트 부녀회까지 내 편과 네 편으로 갈리는 너희들, 도대체 너희에게는 너희 편 밖에 있는 사람들은 모두 너희의 적이 되는 것이냐.

4 국가의 행정을 하면서도 편 가르기를 하고, 정치를 하면서도 편가르기를 하고, 편 가르기로 너희가 이익을 본 것이 무엇이냐. 한줌밖에 안 되는 너희 편만 잠깐 이익을 볼 뿐 결국은 너희 모두의 손실로 귀결되지 않느냐. 너희는 그 편 가르기로 나라가 다시 망하는 날이 오지 않으리라고 생각하느냐.

5 너희 감정이 이성을 그리 유린해도 너희는 괜찮은 것이냐. 아서라. 너희는 왜 그리 모든 것을 정치적으로만 판단하느냐. 정치와 무관하게 사업을 하고, 정치와 무관하게 연구를 하고, 정치와 무관하게 공무를 성실

히 수행하는 것이 불가능한 것이냐.

6 정치가 개입하지 않으면 되는 일이 없고, 정치가 개입하면 안 되는 일이 없는 나라, 정치가 개입하지 않는 부문이 없는 정치 과잉 사회를 정상적인 사회라고 생각하느냐. 사회가 온통 정치로 도배되고 일상적인 일들이 정치에 그렇게 휘둘려도 너희가 행복하게 살 수 있겠느냐.

7 정치인은 엉터리를 뽑아 놓고 그 정치로 서로 싸우는 너희를 정상적인 사람들이라고 볼 수 있겠느냐.

8 너희가 이룬 경제적 성공도 너희를 그 편협함 속에서 구원하지 못하는구나. 언제까지 너희가 경제적 성공을 즐길 수 있겠느냐.

9 한국인들아, 너희는 어찌하여 그다지도 특권과 특혜 누리는 것을 자랑스러워하고 부러워하느냐. 그것이 너희 동족의 믿음을 배반하는 것임을 너희가 진정 모르느냐. 너희에게는 하나님의 공의가 공염불이 되는구나. 너희가 악의 온상이 되었구나.

10 진보나 보수를 막론하고 어떤 위선과 불의한 짓을 해서라도 자기 자식만은 잘되게 하려고 애쓰는 너희 가진 자들, 자녀를 위하는 일이라면 반칙과 특권과 편법을 거리낌 없이 동원하는 너희들, 너희들이 바로 너희 사회의 공공의 적이다.

11 너희가 너희 동족 사회의 결속을 무너뜨리고 너희 공동체의 가치관을 짓밟는 반공동체 인사들이다. 너희가 권력과 돈과 지위와 명예를 너희 자식이 특혜를 받는 데 쓰는 한 너희는 너희 공동체에서 권력과 돈과 지위와 명예를 도적질하는 것이다.

12 공동체의 건전한 발전을 위한 토론보다는 아파트 값을 올리기 위해 담합하는 너희들은 참으로 사악한 자들이다. 너희 공동체가 너희 때문에

안으로 골병이 들고 끝내는 무너지게 된다는 것을 모르느냐. 조선이 특
권층의 무능과 부도덕으로 망한 사실을 기억하여라.

13 정녕 너희는 너희 자식들에게 반칙과 특권의식이 불의한 것임을 가르칠
수 없느냐. 너희 아이들이 아파트 평수로 우월감이나 열등감을 갖는 것
이 옳은 것이냐. 너희 아이들이 부모의 재산과 지위 때문에 으스대거나
기가 꺾이는 것이 옳은 것이냐.

14 정녕 거짓말과 성실하지 못한 행동이 공동체에 악이 됨을 가르칠 수 없
었더냐.

15 사회를 움직이는 중요한 세력이 좋아하는 것과 싫어하는 것이 그 사회
가 형성하는 규칙의 실질적 원천이 된다고 말한 밀의 경고가 너희에게
는 쇠귀에 경 읽기가 되었구나.

16 너희의 잘못이 사회를 얼마나 병들게 하고 있는지 너희가 모른다면 너
희는 너희가 누리는 모든 권력과 재물과 지위를 내놓아야 할 것이다.

17 너희가 가진 권력이 사회를 부패하게 만들고 너희가 가진 돈이 사회
에 악을 퍼뜨리는 수단이 될 터이니 사회가 몰수해야 하지 않겠느냐.

18 그러한 너희를 너희 동족이 용서하지 않을 것이고 하나님도 용서하지
않으신다. 하루빨리 참회와 사죄로 너희 공동체의 용서를 구하여라.

15 1 한국인은 들어라. 너희 주위에 사기와 횡포와 무질서와 비양심
이 어찌 그리 많이 횡행하는 거냐.

2 이제 너희가 경제적으로 살 만해졌으니 예의와 염치를 차리는 것을 익
혀라. 주위 사람을 배려하고 너만을 위해서 규칙을 어기거나 공공질서
를 어지럽히는 일을 그만두어라. 부정한 방법으로 돈을 벌거나 특혜를

누리려 하지 마라. 자기 말과 행동에 책임을 지고 각자의 체면과 양심을 지키는 노력을 하여라.

3 너희가 평화를 얻고 번영을 누리고자 하면 먼저 너희끼리 사랑하고 배려하는 법부터 익혀라. 너희끼리 싸우지 않는 법부터 익혀라. 소수자를 혐오하는 비뚤어진 마음을 바로 세워라. 양보하는 법을 배워라. 용서하는 법을 배워라. 협력하는 법을 배워라. 공중도덕을 익혀라. 공공질서를 지켜라. 책임지는 능력을 길러라. 생색내고 으스대는 짓은 그만둬라. 동족에게 친절하고 예의를 지켜라.

4 상대의 잘못을 지적하기에는 그리도 능력이 있는 너희가 왜 자신의 잘못은 모른 척하느냐. 상대편의 조그만 실수도 용납하지 않는 너희가 왜 자기편의 커다란 잘못은 그리도 너그럽게 용납하느냐. 너에게 피해가 되는 일에는 요란스럽게 화를 내면서 네가 남에게 피해 끼치는 것은 왜 대수롭지 않게 여기느냐.

5 너희는 참으로 진실해져라. 너희가 진실해지도록 본받을 만한 사람을 알려 주겠다. 임진년에 일본이 침략해 왔을 때에 너희를 구원한 이순신이 그 사람이다.

6 그는 자기에게 주어진 일을 진실한 마음으로 한 사람이다. 누구에게 칭찬을 받기 위해서 한 것이 아니라 그것을 하는 자리에 있는 사람으로서 마땅히 해야 한다고 생각하여 한 것이다.

7 그는 그 자리에서 자기가 해야 할 일을 성심을 다해서 해냈다. 거짓이나 위선으로 자기를 치장하지 않는 진실한 사람이었다. 너희 중에 지금 너희에게 주어진 일을 이 사람만큼 성실하게 하는 사람이 있느냐. 이 사람이 바로 참 하나님의 사람이다.

8 그가 너희를 일본의 침략에서 구해 낸 것은 그의 이 진실이 승리한 기록이다.

9 그가 승전의 영웅으로 너희에게 대접을 받지 못하고 오히려 갖은 고문을 당해서 죽음의 문턱까지 갔던 것은 너희 위정자가 얼마나 악한 자들이었는지 증명해 주는 일이지만 그것마저 그는 묵묵히 받아들이고 너희의 멸망을 막기 위해서 그가 가진 모든 것을 쏟아 부어 일본의 침략을 저지했던 것이 아니냐. 거기에 사심이 끼어 있었다면 불과 13척의 배로 133척의 일본 함대를 무너뜨린 울돌목의 기적을 만들어 내지 못했을 것이다.

10 그가 마지막 전투에서 죽음을 택한 것은 그의 진실함이 너희들의 사악함에 꺾이는 것을 막기 위한 선택이었다. 하나님이 그에게 진실이 이기는 길을 열어 주신 것이다.

11 참 하나님은 당신이 사랑하는 사람을 이렇게 보호해 주신다.

12 무릇 너희 공직자들은 이 사람을 본받아라. 군인도 이 사람을 본받아라. 그의 삶을 너희 삶의 한 순간에 재현하기 위하여 노력하여라.

13 그는 하나님이 세우신 진실한 사람이니라.

14 너희는 이 사람을 본받아 너희가 군인이든지 공무원이든지 자기 일을 진실한 마음으로 성실하게 수행하여라.

15 요즘 너희 중에서 새롭게 진실한 사람들이 나타났음은 퍽 다행이다. 질병관리본부 사람들이 그들인데 그들은 신종 코로나 바이러스가 나타날 경우를 가상하여 대책을 세우고 부족한 점을 찾는 훈련을 하였다.

16 그런데 놀랍게도 그들이 가상했던 시나리오처럼 신종 코로나 바이러스가 중국 우한에서 발생하여 퍼지기 시작했다.

17 그들이 훈련 경험을 토대로 하여 신속하고 철저하게 이 바이러스에 대응한 결과 한국은 코로나 바이러스 방역을 가장 잘 한 나라라는 찬사를 듣게 되었다.

18 이처럼 진실함이 너희를 살리는 길임을 잊지 마라.

16

1 새로운 기득권 세력으로 발돋움하고 있는 민주 세력은 들어라. 너희는 이미 계층 간의 이동으로 운동권 젊은이에서 국가 권력을 쥔 지도적 인사가 되었다. 너희의 수고에 사회가 충분히 보상한 셈이다. 그런데 너희는 너희 다음 세대에게는 계층 간의 이동이 가능한 사다리를 모조리 없애어 젊은이들에게 꿈을 빼앗고 있지 않으냐. 이는 너희가 나라의 미래를 좀먹고 있는 것이다.

2 너희가 행한 정책이 신자유주의라는 사악한 이데올로기의 산물임을 알아라. 자유란 그 무슨 논리로 치장하든 약한 사람이 성공할 기회를 제공하지 못하는 불평등한 사회에서는 의미가 없다.

3 너희가 한 일은 오로지 독재 권력에 저항하며 정의를 부르짖었던 것인데 그 열매로 국민들이 너희들에게 국가 권력을 손에 쥐어 주었다. 한국인이 너희에게 준 권력은 너희의 역량에 비해 지나친 환대였음이 분명하다. 너희 앞 세대의 기득권자들의 실패가 너희에게 행운을 가져다준 것이다. 그런데 너희는 그 권력의 맛에 취하여 개혁이라는 이름을 내걸고 그 뒤에서 너희 스스로 사익을 추구하는 기득권 세력이 되어 너희를 반대하는 자를 반개혁으로 모는 데에 익숙해지고 있다.

4 너희 편이 저지른 부정과 부패는 불가피한 선택이어서 문제될 것이 없는 것이냐. 너희 편이 저지른 불의는 불의가 아니냐. 권력에 취하여 외

부와 담을 쌓고 너희끼리 싸고돌며 사회 정의와 사회 민주화는 도외시하고 권력 유지에 열을 올리는구나.

5 정의는 결코 기득권자가 되지 않는다. 정의는 결코 특혜를 받는 자가 되지 않는다. 정의는 결코 반칙하는 자가 되지 않는다. 정의는 결코 위선자가 되지 않는다. 정의는 결코 자유를 억누르는 자가 되지 않는다.

6 민주주의는 그 자체가 중요한 것이 아니라 그것의 보람이 중요한 것이다. 사회가 민주주의를 위해 전진하였다면 사회로 하여금 그 보람을 느끼게 하여라.

7 너희가 젊었을 때에 벌였던 고통스러운 투쟁의 열매는 이미 너희가 충분히 즐겼다. 이제부터 너희는 권력을 탐하지 말고 권력을 내려놓는 준비를 하여라. 그것이 민주주의 열매가 사회에 떨어지게 하는 첫걸음이다.

8 새로운 세력이 정의를 세울 수 있는 자리를 만들어 주고 그 자리에서 내려와라. 너희 손은 독재와의 싸움으로 피가 묻어 있다. 친일파의 피, 반공주의자의 피, 독재자의 피가 묻어 있다. 이제 그 피 묻은 손을 거둘 때가 되었다.

9 한국은 아직 독재와 수구 세력이 호시탐탐 반동을 노리는 불안한 민주국가이다. 군대의 쿠데타 가능성은 줄었지만 정정이 불안하면 어떤 무모한 군인이 나서서 불장난을 할지 모른다. 또 검찰과 경찰은 과거 관행에 물들어 있어서 쉽게 개혁되기 어렵다. 그들은 아직도 사정 권력을 그들의 개인적 출세나 집단 이익을 위한 도구쯤으로 행사하고 있다.

10 너희가 진정 정의로운 사회를 만들려면 구시대와 완전히 결별할 수 있도록 군대와 검찰과 경찰을 인적으로 과감하게 혁신해야 한다. 군대 안의 수구세력, 정부 안의 수구세력이 아직 광범위하게 널려 있다.

11 이들 중에는 일제 강점기에 그 뿌리를 둔 세력이 아직 남아 있어서 한국사회의 민주화를 갖은 수단을 동원하여 훼방하고 있다. 이들의 준동에 동조하는 일부 개신교계를 비롯한 기득권 세력이 아직 기회를 엿보고 있음을 너희가 잊지 말아야 한다.

12 독재와 억압적 권위주의 정권에 뿌리를 둔 세력이 너희를 강력하게 대적하고 있지 않느냐. 그들은 돈과 특권과 연줄로 서로 강력하게 뭉쳐서 사회를 자기들의 이익에 맞게 끌어가려 함을 한 시도 잊어서는 안 된다. 그들은 너희가 어떤 좋은 정책을 내놓더라도 이를 시비하고 폄훼하고 비난할 것이다.

13 그들의 실패가 너희에게 성공의 기회를 준 것처럼 너희의 실패는 곧바로 그들에게 성공을 가져다줄 것이다. 그걸 아는 너희는 정권을 오래 유지하고자 하지만 너희의 정권 유지가 한국 사회에 주는 의미는 미미하다. 이미 너희도 그들처럼 정치적 이익에 매몰되었기 때문이다. 너희에게 개혁은 너희 정권 유지용 슬로건으로 변하고 있다.

14 지금 한국에 필요한 것은 사심이 없는 정의로운 정치 세력이다. 유능하고 진보적인 선한 정치 세력이다. 실패를 감추기 위해 국민을 속이려 하지 않고 잘못을 인정하고 유능한 인재를 찾아 써서 과감하게 자기 혁신을 하는 정치 세력을 한국이 요구하고 있다. 국민을 어려워하고 하나님을 두려워하는 정직한 정치 세력을 바라고 있다. 너희가 이 요구에 부응할 수 있는지 자문해 보아라.

15 민주주의는 도덕적으로 성숙한 시민들이 누릴 수 있는 제도이다. 이런 점을 감안하여 너희부터 성숙한 민주 시민이 되어야 하고, 정직하고 선한 정치인이 되어야 한다. 그래야 한국이 정의로운 자유민주주의의 보

루로서 세계 인류 발전에 이바지할 기회가 생긴다.

16 너희 다음 세대가 자유와 민주주의를 만끽하고 안정적으로 평화를 구가할 수 있게 하기 위하여 너희가 지금 해야 할 일이 너무나 많다. 의로운 젊은이들이 너희를 대체할 수 있도록 자리를 깔아 주어라. 계층 간의 사다리를 다시 세우고 기울어진 운동장을 평평하게 고르며 증오와 갈등으로 갈라져 터진 상처를 감쌀 수 있는 진실하고 선하고 의로운 세력이 나타나도록 길을 만들어라. 이들이 너희를 부정하고 등장하지 않고 너희를 긍정하고 너희 어깨를 타고 등장할 수 있게 기회를 열어 주어라.

17 이를 위해 너희가 해야 할 일이 있으니 계층 간의 사다리를 다시 세우는 법과 제도를 만들고, 기울어진 운동장이 평평하게 될 때까지 기회를 약자들에게 우선 제공하고, 증오와 갈등으로 갈라서 터진 상처에 바를 수 있는 화해와 공감의 언어를 사회에 제공하여라.

18 그러면 그 속에서 한국인을 감동시킬 정치권력, 곧 진실하고 선하고 의로운 정치권력이 태어날 것이다. 이 정치권력이 한국 사회를 이끌고 나아가 아시아와 세계를 이끌게 될 것이다.

19 한국의 젊은이들아, 이에 대비하기 위하여 너희가 스스로 갈고 닦아 준비하여라. 너와 너희 주위가 위선과 악과 불의와 부정과 부패와 특혜에 물들지 않게 경계하여라. 하나님이 세우신 언약을 믿고 너희가 진실하고 선하며 의로운 길에 서서 강하고 담대하게 나아가라. 결코 권력의 달콤한 맛에 취하지 말고 굳세게 의를 지켜 세상을 바꿔라. 사회에 만연한 거짓과 악과 불의의 온상을 태워 버려라.

20 하나님께서 한국을 자유민주주의, 공정한 시장경제, 평화라는 삼박자

성공을 이룬 나라로 만들어 주실 것이다. 이것이 너희 한국을 향한 하나님의 언약이다. 이 약속이 실현되도록 너희 민주화 세력이 스스로 희생의 밑거름이 되어라.

17 1 한국인들아, 너희가 하나님의 복의 근원이 되어라. 너희가 하나님의 축복의 통로가 되어라. 너희는 가는 곳마다 만나는 사람마다 하나님의 복을 빌어 줄 것이며 너희가 하는 일이 사람들에게 하나님의 복을 안겨주는 일이 되게 하여라. 너희에게 하나님의 진실함과 선함과 의로움이 떠나지 않게 하여 너희에게서 하나님의 진리의 빛이 나오게 하고 그 빛으로 세상을 하나님의 나라로 이끌어라.

2 너희가 깨어서 바른 정치, 좋은 정치, 의로운 정치를 실현함으로써 너희 나라를 세상의 낙원으로 만들어 보아라. 이로써 하나님의 향기를 천리까지 퍼뜨리는 빛의 일꾼이 되어라.

3 하나님은 너희에게 온갖 은총을 베푸셨다. 너희가 망했을 때 일어설 힘을 주셨고, 너희가 굶주릴 때에 허기를 면할 음식을 주셨다. 그러나 너희는 배가 부르면 모든 과거를 잊는구나. 참으로 불쌍하고 안타까운 사람들아.

4 너희는 과거 너희가 저지른 잘못에 대하여 회개하여라. 압제한 자는 압제당한 자에게 사죄하여라. 폭행한 자는 폭행당한 자에게 사죄하여라. 핍박한 자는 핍박당한 자에게 사죄하여라. 사기를 친 자는 사기당한 자에게 사죄하여라. 훔친 자는 훔친 것을 돌려주어라. 빼앗은 자는 빼앗은 것을 돌려주어라. 그리하여 너희 모두가 서로 사랑하고 아끼고 배려하는 사람들로 거듭나라. 하나님의 사랑과 은총을 받고 싶으면 너희

잘못을 참회하고 너희 동족에게 행한 잘못을 사과하고 용서를 구하고 화해를 이뤄라.

5 너희는 참회와 화해의 날을 선포하여 스스로 잘못을 고백하고 억압한 자와 억압당한 자, 가해자와 피해자가 한 자리에서 만나 하나님 앞에서 서로 사과하고 용서하여라.

6 너희에게는 진실한 참회와 화해가 필요하다. 그러고 나서 너희가 일본인과 화해하고 세계인의 화해를 이끄는 사명을 감당하여라.

7 지금은 인류가 과거를 뉘우치고 화해하는 시대이다.

8 너희는 세상에서 가장 역동적인 사람들이다. 그 역동성을 서로 화해하고 존중하고 배려하면서 인류를 돕기 위해 써라.

9 너희가 그 역동성으로 아시아의 등불이 되어라.

10 너희는 아시아에서 유일하게 정당 정치를 시행하여 정권을 평화적으로 교체하는 민주주의 나라를 만들었다. 그 과정에 목숨을 담보로 한 끈 질긴 투쟁이 있었음을 안다. 그 투쟁의 경험이 너희에게 한없이 소중할 뿐 아니라 아시아 모든 나라나 인류에게도 소중한 자산이다.

11 너희는 그 자산을 아시아 주변 나라 사람들에게 전파하여라.

12 그들에게 자유와 민주주의가 얼마나 소중한지 알게 하여라.

13 그러기 위해서 먼저 너희 안의 불합리한 것, 부족한 것을 돌아 보는 지혜를 가져라. 그래서 너희가 경제적으로 부강해지고 군사적으로 강해져야 한다.

14 전체주의나 국수주의를 고집하고 있는 나라, 권위주의적인 정부를 가진 나라, 일당 독재 체제를 유지하고 있는 나라, 폭압과 독재에 신음하고 있는 나라 등 정치적으로 성숙하지 못한 나라가 경제적으로 성공하

여 너희를 경제적으로 흔들지 못하게 하여라. 그들이 군사력을 가지고
너희를 위협할 수 없게 하여라.

15 자유와 민주주의를 꽃피우면서 부강하고 발전된 나라들과 연대하여 너
희를 외롭지 않게 만들어라.

16 아시아 여러 나라의 민주화에 너희가 길을 열어 주어라. 그들의 민주화
를 위하여 너희가 혼신의 노력을 하여라.

17 일본이 지금보다 더 정의로운 나라가 된다면 너희는 참으로 좋은 이웃
을 하나 두는 것이다. 중국이 지금보다 민주적인 나라가 된다면 너희는
참으로 멋진 이웃을 하나 얻는 셈이다. 북한이 독재의 길에서 벗어나
민주주의로 나아간다면 너희에게는 말할 수 없는 큰 복이 될 것이다.

18 한국인들아, 이제 이 길을 가기 위해서 너희가 새로운 일을 시작하여라.
이 일은 진실과 선과 정의를 위한 투쟁이요, 너희의 삶과 죽음을 가르
는 투쟁이다. 너희는 일본의 극우를 경계하고 중국의 팽창을 막아야 하
며 북한의 도전에 응해야 한다. 깨어 일어나라.

19 한국의 젊은이들아, 너희 앞 세대가 너희에게 준 기득권에 편승하여 안
주하려 하지 마라. 너희는 새로운 가치관과 지혜로 너희 나라를 자유민
주주의가 완전히 성공을 거둔 나라로 만들어라. 시장경제가 정의롭게
작동하는 나라로 만들어라.

20 이 성공이 국민의 계층 간 차별화를 없애는 바탕에서 이루어져야 한다.
평평한 운동장에서 공정한 경쟁이 이루어지도록 하고, 경쟁에서 탈락
한 자가 재기할 수 있는 제도를 마련하여라. 어떤 특권과 반칙도 허용하
지 않는 정의로운 법과 제도에 따라서 너희의 성공이 이루어져야 한다.

21 한국의 젊은이들아, 너희는 세계를 품어라. 너희는 한국의 성공을 넘

어 인류의 성공을 위하여 나서라. 인류의 대의를 위하여 깃발을 올려라. 인류가 너희를 뒤따를 날이 올 것이다. 하나님이 너희를 지지하고 도우시리라.

22 이 일을 추진하기 위하여 하나님께 기도하여라. 온 교회, 성당, 사찰, 교당이 나서라. 온 지식인이 나서라. 온 국민이 나서라. 마음을 합하여 서로 북돋우고 격려하는 환경을 조성하여라. 하나님만이 너희를 그 길에서 승리할 수 있도록 도우신다. 너희가 아시아의 등불이 되고 인류의 희망이 되어라.

18 1 인류가 서로 화해하고 평화를 누릴 수 있도록 각 나라에 있는 종교 지도자와 시민들이 연대하여 나서라.

2 너희 교회가 나서라. 너희 회당이 나서라. 너희 사찰이 나서라. 모든 나라와 인류가 나서라. 기독교인과 무슬림과 불자와 유인들이 다 나서라. 종교를 가진 사람이나 안 가진 사람이나 다 연대하여 나서라. 모든 나라와 인류가 나서라. 참 하나님이 너희 모두에게 주신 명령이다.

3 너희는 담을 쌓지 말고 담을 헐고, 벽을 세우지 말고 벽을 치우고, 경계를 짓지 말고 경계를 없애라. 구별하려 하지 말고 섞여라. 하나님의 명령이다.

4 너희가 담을 헐고, 벽을 치우고, 경계를 없애면 너희에게서 편견과 차별이 사라질 것이다. 하나님이 모든 사람을 두루 사랑하시는 것처럼 너희도 다른 사람을 사랑하고 존중하여라.

5 너희가 옳은 생각을 하는 사람이라면 다른 사람을 편견의 눈으로 보지 않을 것이고 차별하는 일이 없어질 것이다. 편견과 차별은 갈등을 만들고 갈등은 다툼을 만들어 너희에게서 평화가 사라지게 한다.

6 너희는 다른 사람보다 특별히 대접을 받아야 한다는 생각을 버려라. 우
대를 받으면 너희는 기분이 좋겠지만 우대를 받지 못하는 사람은 마음
에 불만이 쌓이게 된다. 그러니 다른 사람과 동등하게 대접을 받는 것으
로 만족하는 습관을 들여라. 사람은 다 자신에게는 특별하다.

7 기록된 바에 따르면 특별한 민족만 선택되어 하나님의 사랑을 받는다
고 하거나 특별한 사람의 이름을 통해서만 구원을 받는다고 했는데 그
것은 하나님의 본성을 왜곡한 말이다.

8 아픈 사람을 고칠 때에 어찌 인종과 종족을 따지며 구원을 하는 데 어
찌 민족을 따지겠느냐. 한 사람의 이름을 통해서만 구원한다고 하는 것
이 하나님의 보편성에 맞는 말이냐.

9 참 하나님은 결코 차별과 편견을 갖지 않으시고 모든 민족을 두루 동
등하게 사랑하신다.

10 구원은 이미 모든 사람에게 차별 없이 주어졌다. 그것을 받아들이는 사
람은 구원을 받고 그것을 받아들이지 않는 사람은 구원을 받지 못한다.
차별하는 자야, 하나님을 팔지 마라.

19 1 너희에게 편견과 차별은 너무나 일상적으로 자주 그리고 광범위
하게 일어난다. 인종적 편견과 종교적 편견과 정치적 편견과 성적 편견
등 너희가 갖고 있는 편견은 참으로 다양하다. 그리고 그 편견은 부모에
게서 자식에게로 이어지고 있다.

2 너희가 편견과 차별을 극복하지 못하면 결코 하나님 나라에 들어갈 수
없고 땅 위에서 하나님의 낙원을 건설할 수 없다.

3 작은 일에서부터 커다란 일에 이르기까지 곳곳에서 나타나는 편견과 차

별을 지혜롭게 극복하도록 노력하여라.

4 너희 자녀가 편견을 갖지 않도록 그가 성년에 이를 때까지 다양한 문화를 경험하게 하여라. 다른 관습을 가진 사람들을 만나게 하고 다른 종교를 믿는 사람들과 섞여 사귀게 하며 다양한 인종, 다양한 모습의 친구들을 사귀게 하여라.

5 자녀들이 성인이 될 때까지 특정 종교의 교리나 특정 이념에 빠지지 않게 하여라.

6 그들의 인생에서 가치 있는 것이나 소중한 것이나 해결 방법이 하나밖에 없다는 생각을 하지 않게 하여라. 그리고 너희 부모부터 편견과 차별 관념에서 벗어나 자녀의 모범이 되어라.

20 1 너희 남성들은 여성에 대한 편견과 차별을 그만둬라.

2 여성에 대한 성희롱과 성폭력이 빈번한 이유가 남성의 여성에 대한 편견 때문이 아니냐.

3 이슬람 국가들은 여성에 대한 심각한 차별을 중단하여라.

4 남성과 여성은 서로 사랑하고 돕고 아끼고 위해 주어야 하는 관계이다.

5 여성의 생리적 문제 때문에 여성을 차별하지 마라.

6 모든 국가는 여성의 능력에 상응하는 대접을 할 법과 제도를 확립하여라. 여성의 기여를 단순히 출산과 육아에 국한하려는 인식을 거두어라.

7 하나님이 남성보다 먼저 여성을 만드셨다는 점을 중요하게 인식하여라. 여성이 없는 사회는 상상할 수 없다. 그러므로 너희 남성들은 여성에 대한 편견과 차별 의식을 없애고 동등하게 대접하여라.

8 남녀 간이나 부부 간의 협력은 인류 생존의 기본임을 명심하여라.

21 1 인종에 따른 편견을 가지고 차별을 일삼는 사람들은 그 옹졸함
에서 벗어나라.

2 인종이 다른 것은 하나님이 만드신 사람이 흩어져서 오랫동안 다른 지역
에서 살았기 때문에 변했을 뿐 모두 같은 조상에게서 태어난 가족이다.

3 누가 너희가 백인으로 태어나고, 흑인으로 태어날 줄 알았느냐. 너희가
백인이나 흑인으로 태어날 때 기여한 바가 무엇이냐. 너희는 스스로 태
어난 것이 아니라 너희를 태어나게 한 사람을 통해서 태어났다. 그리고
그 기원을 거슬러 올라가면 한 부모의 자손이 되는 것이다.

4 오래 헤어졌다가 만나게 된 형제나 자매처럼 모든 인종에 대하여 동류
의식을 가지고 서로 사랑하고 아껴라.

5 스킨헤드 백인우월주의 집단은 들어라. 너희가 무슨 근거와 권리로 유
색인종을 배척하느냐. 미국의 백인들은 들어라. 너희가 무슨 이유로 흑
인들을 차별하느냐. 너희들에게는 너희와 다른 인종을 차별할 권리가
없다. 또 너희들에게 차별받아도 될 인종도 없다.

6 너희가 다른 인종을 차별하는 것은 하나님의 자녀를 차별하는 것과 같
다. 하나님의 책망을 너희가 피할 수 없으리라.

7 인종 간 화해와 상생의 길을 모색하는 너희는 하나님이 주시는 복을 받
을 것이다.

22 1 종족 분쟁을 일으키고 있는 너희는 들어라.

2 너희들은 한 나라에서 오랫동안 함께 살다가 정치적 상황이 바뀌자 서
로 상대를 증오하고 있다.

3 너희가 서로 적대감을 가지고 상대를 학살하고자 하는 이유가 무엇이냐. 이제까지 공존하던 너희가 왜 공존이 불가하여 상대를 말살하려 하느냐.

4 너희가 증오를 불태워 상대를 제압하면 너희에게 평화가 오고 행복이 오느냐. 오히려 너희가 서로 화해하고 도우며 함께 번영의 길로 나아가면 너희에게 더 좋은 기회가 오지 않겠느냐.

5 분쟁을 일으키고 조장하는 자들은 그들의 정치적 야욕을 채우기 위하여 너희들을 끊임없이 적대감과 증오심으로 몰아간다. 그들의 정치적 야욕을 너희가 채워 주어야 할 이유가 없지 않으냐.

6 너희는 지금부터라도 그들을 멀리하여라. 적대와 증오를 일으키고 조장하는 자를 멀리하여라.

7 너희는 서로 차이를 인정하고 존중하는 마음으로 분쟁을 중단하고 함께 번영할 수 있는 방법을 찾아라.

8 세상에는 하나님이 주신 엄청난 기회가 널려 있다. 너희가 힘을 모은다면 과거에 경험하지 못할 엄청난 번영을 누릴 기회가 올 것이다.

9 하나님은 너희에게 약속하신다. 분쟁을 중단하고 서로의 존재를 인정하고 함께 번영의 길로 나아갈 청사진을 만들어라. 하나님이 너희에게 복을 주신다.

23 1 다른 종교를 적대시하는 종교 지도자들아, 너희는 영적 활동을 돕는 사람으로서 이교도에 대한 적대감을 조장하는 것이 옳은 일이라고 생각하느냐.

2 너희 종교의 교리가 이교도를 증오하고 때로는 제거하라고 했다면 너희

종교는 사악한 종교일 뿐이다.

3 모름지기 종교는 사랑과 관용을 최우선 가치로 삼아야 한다.

4 너희 종교에 진실과 선과 의를 지향하는 교리를 갖춰라. 진리와 선과 의
를 추구하는 교회와 사원을 만들어라.

5 이렇게 종교 간에 가치를 공유함으로써 연대하여 지구 곳곳의 모든 나
라와 사회를 진실하고 선하고 의롭게 바꿔라.

6 특히 기독교와 이슬람은 들어라. 너희는 배타적 교리를 바탕으로 너희
신만을 믿는 것을 당연시하는 집단이다. 그러나 그런 교리는 하나님이
주신 교리가 아니다. 하나님은 사랑의 교리 외에는 아무 것도 주시지 않
는다. 그 사랑 안에는 진실과 선과 정의가 들어 있음을 알아라.

7 그러니 너희 종교가 하나님의 사랑을 어기는 교리를 갖지 않게 하여라.
종교가 서로 적대시하고 분쟁을 일으키는 것은 종족 간의 분쟁이나 인
종 간의 학살 행위보다 더욱 사악한 일임을 알아라.

8 하루빨리 종교 간에 화해를 하고 서로 존중하면서 하나님의 계명 곧 진
실과 선과 의를 지키도록 노력하여라.

9 너희가 주장하는 교리는 결코 완전하지도 않고 절대적이지도 않음을 알
아라. 그것은 진리의 지극히 작은 부분일 뿐이다.

10 화해를 방해하는 종교는 종교가 아니고 화해를 거부하는 교리는 이단
이다.

24 1 하리다야, 네가 걱정한 남북한의 통일 문제는 지금까지와는 다
른 방향에서 생각하여라.

2 이제까지 너희는 통일을 지상과제로 여겼지만 실제로 통일을 위하여 한

걸음도 더 떼지 못했다. 정치권력은 통일을 이념으로 활용할 뿐 실제로
는 통일을 원하지 않기 때문이다.

3 통일이라는 이념에 너희 모두가 매몰되어 나쁜 정치에 휘둘린 경험을
잊지 마라.

4 이제부터는 통일을 이념에서 제거하면 도움이 될 것이다.

5 통일을 염두에 두지 말고 남과 북이 각각 자기 내부의 발전을 향해 나
아가도록 하여라.

6 남과 북이 서로에게 무엇을 요구하지 말고 독자적으로 발전을 위해 노
력하여라. 서로 적대 행위를 자제하고 각자 부강한 나라를 만들기 위
해서 국력을 결집해 나아가라. 마치 한국과 일본 또는 한국과 중국이
서로 잘살기 위하여 노력을 하면서 교류하고 협력하는 것과 같은 수준
이면 된다.

7 남북한이 하나의 민족이라고 해서 꼭 통일을 해야 한다는 강박 관념을
가질 필요가 없다. 한 민족이 두 개의 나라를 독립적으로 가진다고 해
서 무엇이 문제가 되겠느냐.

8 너희가 굳이 통일을 하려고 하니 누가 주도권을 잡을지에 대해서 서로
의심하고 경계를 하지 않느냐. 남한의 흡수통일도 북한의 적화통일도
모두 버려라. 통일을 이루지 못한다고 조급해하지 마라.

9 남한의 통일부나 북한의 통일전선부는 별로 도움이 되지 않을 테니 폐
지하는 것이 좋다.

10 급할수록 돌아가라는 말이 있지 않으냐. 통일을 논하지 말고 각자 독립
한 나라로서 세계에 떳떳이 멋지게 발전해 나가라.

11 남쪽의 너희는 지금보다 더 강력한 민주 국가로 발전시키고, 북쪽의 너

희는 지금의 허약한 경제력을 하루빨리 강화해서 남쪽과 대등하게 만들어라.

12 특히 북쪽의 너희는 내부의 통제를 거두고 인민이 자유롭게 활동할 수 있도록 민주적으로 사회 체제를 바꿔라.

13 현재의 약탈적 국가 체제는 너희의 존립을 보장하지 못하고 핵 억제력은 시간을 너희 편으로 만들지 못한다.

14 중국이 민주화한다면 너희가 어찌 되겠느냐. 그러니 너희가 중국보다 먼저 민주화하여라.

15 공산 독재 국가인 중국이 민주 국가인 타이완을 침공하여 통일하려는 것은 무모한 일이다. 그것은 중국판 6·25 전쟁이 될 것이기 때문이다.

16 중국이 무력으로 타이완을 침략하여 통일을 이루는 것보다는 중국이 민주화하여 두 나라가 공동번영을 이룬 뒤에 스스로 동의하여 통합하는 것이 중국에게 유익한 일이다.

17 같은 논리로 남과 북도 서로 인위적으로 통일을 이루려 하지 말고 독립 국가로서 민주적으로 경제 번영을 이룬 뒤에 남과 북이 동의하여 통합하는 길을 열어라.

18 남과 북에는 새로운 기회가 다가오고 있다. 남쪽이 전례 없는 경제 성장을 이루어 북이 남의 도움으로 경제 발전을 하기 매우 좋은 여건이 되었고 남이 북을 도울 준비를 하고 있다. 북이 사회를 민주화하기만 하면 너희는 화해와 협력을 통해 평화를 실현하고 통일까지 성취한 멋진 민족으로 우뚝 설 수 있으리라. 하나님께서 너희의 선택을 마음 졸이며 지켜보고 계신다. 너희의 선택이 너희의 미래를 결정하리라. ㅎ

함께

1 1 하나님은 사랑이시다. 하나님이 너희를 사랑하는 것처럼 너희도 서로 사랑하여라.

2 너희가 자신을 사랑하고 아끼는 것처럼 너희 이웃을 사랑하고 아껴라.

3 사람을 외모로 판단하여 차별하고 배척하지 마라. 모두 너희 가족이요 형제자매요 이웃이다.

4 이방인을 멀리하지 말고 외국인을 싫어하지 마라. 모두 너희 이웃이다.

5 그러나 너희는 모르는 사람을 경계하고 의심하며 배척하려 한다. 그가 너희에게 어떤 해코지를 할지 모른다고 생각하기 때문이다.

6 너희 역사를 보면 너희에게는 이방인에 대한 경계심을 늦추면 안 된다는 생각이 옳을 수도 있을 것 같다. 아메리카 대륙에서 원주민이 이방인인 백인들에게 학살당한 경험이 있었기 때문이다.

7 콜럼버스가 인도로 가는 항해 끝에 도착한 도미니카 섬에서 그는 원주민의 친절하고 따뜻한 대접을 받았다. 그러나 콜럼버스 일행은 그 원주민을 학살하고 그들을 노예로 만들었으며 그들의 재산과 모든 것을 빼

앗는 만행을 저질렀다.

8 오늘날까지 너희는 콜럼버스의 아메리카 발견을 천지창조 이후 가장 중
요한 사건이라고 경축하고 그를 영웅으로 떠받든다. 이런 불의가 어디
있느냐. 그런데 그보다 더욱 잔인한 일을 코르테스가 멕시코에서 저질
렀고 피사로가 페루에서 저질렀다.

9 오늘날 세계에서 가장 부유한 나라가 된 미국에서도 이와 같은 일이 벌
어졌다. 종교의 자유를 찾아 영국에서 청교도들이 이방인으로서 뉴잉
글랜드에 도착했을 때에 원주민들은 그들에게 씨앗을 주고 농경법을 가
르쳐 주며 선대하였지만 이방인들은 자신을 선대한 원주민들을 무참히
학살하고 그들의 땅을 차지하였다.

10 이로써 너희는 이방인을 멀리하지 말고 선대하라는 하나님의 말씀을
보잘것없는 잠꼬대로 만들고 말았다.

11 콜럼버스는 죽었고 그의 업적으로 돈을 번 사람들은 지금 부강한 나라
를 만들어 세계의 부러움을 사고 있지만 콜럼버스, 코르테스, 피사로,
청교도들을 환대해 주었던 원주민들은 그들이 선대해 준 사람들의 총
칼 앞에 무너져 멸종에 이르렀다.

12 무엇이 의로운 일이냐. 하나님은 당신의 의지가 이처럼 처참하게 유린
된 상황을 어떻게 판단하시겠느냐. 너희는 하나님의 이름으로 그들에
게 다가가서 한편으로는 선교하고 다른 한편으로는 이교도라고 핍박
하고 학살하였다.

13 너희들은 살인하지 말라, 도둑질하지 말라, 네 이웃의 집을 탐내지 말
라는 십계명도 헌 신짝처럼 버리고 너희 탐욕을 채우기 위하여 원주민
들의 재산을 탈취하고 그들을 죽이지 않았느냐.

14 머리 검은 짐승은 거둬 주면 배신한다는 속담이 결국 이렇게 증명된 것이냐. 그러면 하나님이 너희들을 파멸시켜야 하겠느냐.

15 너희가 선교사를 보내어 외지인을 구원하려 하기 전에 너희 사회의 사악한 무리들, 탐욕에 찌든 정치인과 귀족들을 먼저 구원했어야 했다.

16 너희가 이방인에게 사랑을 베풀고 공존하는 길을 가려면 너희가 먼저 구원을 받은 자가 되었어야 했다.

17 너희 혼과 육이 탐욕에 찌들어 있으면서 어찌 너희가 다른 사람을 구원할 수 있겠느냐. 거듭나지 못한 너희가 아메리카와 아프리카 원주민들에 만행을 저질렀던 것이 아니냐.

18 너희 종교가 너희를 진실한 사람, 선한 사람, 의로운 사람으로 바꿔 주지 못했다면 너희 종교는 사이비 종교일 따름이다.

19 이제 과거의 잘못을 되풀이하지 않기 위해서 너희는 새로운 각오를 다짐해야 한다. 돌아서라. 과거의 잘못을 뉘우치고 돌아서라.

20 너희 유럽인들은 지금의 우월한 지위를 즐기려 하지 말고 과거의 배신과 만행의 잘못을 뉘우치며 학살의 책임을 아프게 느끼고 그에 대한 치유책을 세워라.

21 너희가 과거의 잘못을 사죄하고 마땅히 원주민들에게 배상하여 그들의 용서를 받아야 한다. 그것이 너희가 거듭날 수 있는 길이다. 그 후에 너희에게 평화가 찾아올 것이다.

22 백인들과 기독교인들은 들어라. 너희가 믿는 하나님이 참 하나님인지 거짓 하나님인지 너희가 증명해야 할 때가 왔다. 너희의 하나님이 참 하나님이라면 너희는 지금이라도 너희 하나님의 이름으로 과거 너희 앞 사람들이 지은 죄를 대신 사과하고 지금 너희가 행하고 있는 우월적이고

배타적인 인종차별적 태도를 뉘우치며 구체적으로 피해자들에게 사죄하고 배상해야 할 것이다. 지금 너희가 누리고 있는 물질적 풍요의 상당 부분은 그 사람들의 피땀을 착취하여 이룬 성과이기 때문이다. 그렇게 함으로써 이방인이 반가운 손님이 될 수 있게 하여라. 그것이 너희에게 내린 참 하나님의 명령이다.

23 너희에게는 본성적으로 약한 사람에게 자기의 위세를 드러내려는 속성이 있다. 그래서 백인은 흑인에게 우월감을 갖고 흑인을 무시하려 한다. 특히 미국에서 백인의 흑인에 대한 차별은 심각하다. 백인의 인디언에 대한 차별, 유색인에 대한 차별도 여전하다. 그런데 놀랍게도 차별을 받는 흑인이나 유색인도 자기보다 약하다고 판단되는 사람에 대해서 차별한다. 차별을 받는 자가 또 차별을 하는 위치에 서기도 하는 것이다. 이것이 너희 인간의 한계이다. 이런 차별 의식은 너희가 미개한 상태에 있을 때에 가졌던 동물적 특성이자 야만인의 본성이다. 만일 너희가 하나님의 지혜를 갖추고 진실함과 선함과 의로움의 가치를 추구한다면 이런 미개한 야만 상태에서 벗어나야 한다. 인류는 모두 하나님의 자녀로서 한 형제이다. 이것을 너희 과학도 증명하지 않았느냐. 이제 너희는 형제의 사랑으로 모든 인종이 서로 돕고 아끼면서 세상을 하나님의 낙원으로 만들어라. 약한 자를 차별하지 마라. 무식한 자를 차별하지 마라. 가난한 자를 차별하지 마라. 약한 자는 강해지기 위하여 노력하고, 무식한 자는 유식해지기 위하여 노력하고, 가난한 자는 부유해지기 위하여 노력하여라. 이미 강한 자는 약한 자가 너희처럼 강해지도록 돕고, 이미 유식한 자는 무식한 자가 너희처럼 유식해지도록 돕고, 이미 부유한 자는 가난한 자가 너희처럼 부유해지도록 도와라. 도움을 받아 강해진

자, 유식해진 자, 부유해진 자는 도움을 받은 것에 감사하고 아직 약한 상태에 있는 자, 무식한 상태에 있는 자, 가난한 상태에 있는 자를 도와라. 이것이 하나님의 정의와 사랑이 작동하는 방식이다.

2 1 너희들 중에 이런 생각을 공유하는 사람들이 있음을 안다. '오, 위대한 돈이여. 돈을 가진 자는 원하는 것을 모두 가질 수 있고, 자신의 뜻을 세상에 강요할 수도 있으며, 영혼을 천국에 들어가도록 도울 수도 있다.'

2 이 생각이 너희들에게 받아들여지는 이유가 있을 것이다. 실제로 부유한 나라가 되면 가난한 나라를 돈으로 좌우할 수 있고, 돈이 있는 사람은 죄를 지어도 감옥에 가지 않고 가더라도 쉽게 풀려나는 것을 보게 되고, 가난한 사람은 돈 있는 사람의 사치를 부러운 눈으로 바라보는 것이 사실이다.

3 그러니 사람들이 돈을 최우선으로 생각하는 것이 무리가 아닐 것이다. 그래서 모든 나라가 돈벌이에 사활을 거는 상황이 펼쳐지고 있는 것이다.

4 성경에 기록된 바에 따르면 너희 보물을 땅에 쌓아두지 말고 하늘에 쌓아두라고 했지만 그것은 공염불이 되었다.

5 재물이 땅에서 위력을 발휘하고 있는 것을 보면서 그것을 땅에 쌓지 않을 사람이 어디 있겠느냐.

6 너희는 돈을 가볍게 여기지 마라. 돈은 너희 생명을 담보하는 물질이 아니냐. 하나님이 주신 재물이 돈으로 환산됨으로써 여러 나쁜 문제를 일으키고 있더라도 돈이 너희에게 나쁜 것만은 결코 아니다.

510 제 2 권 사람(The Human)

7 돈은 너희를 평등하게 해 주는 무기가 된다. 무식한 자도 지위가 없는 자도 돈이 있으면 무시를 당하지 않을 뿐 아니라 지식과 지위를 얻을 수 있도록 자신의 능력을 키울 수 있게 된다.

8 돈의 선한 영향력을 가볍게 여기지 마라.

9 가난한 자, 병든 자를 돕는 것도 돈이 아니냐.

10 교회와 사찰을 유지하는 것도 돈이 아니냐.

11 너희 성직자들이 성직을 수행할 수 있는 것도 돈의 도움 덕이 아니냐.

12 돈이 모든 사람을 지배하는 것처럼 보일 것이지만 너희가 돈의 선한 영향력을 위해 노력한다면 돈이야말로 너희에게 모든 것을 가능하게 해 주는 하나님의 선물이 된다.

13 너희는 진실함과 선함과 의로움으로 돈을 벌어라.

14 하나님이 예비해 두신 물질이 너희에게 선한 재물로 주어지는 것은 이를 통해서이다.

15 거짓과 위선과 사악과 불의로 모은 돈은 너희를 시기와 질투와 참소와 죽음의 싸움으로 몰아넣을 것이다.

16 불의한 돈은 무기를 만들고 전쟁을 일으키며 너희가 사는 환경을 파괴할 것이다.

17 돈을 벌기 위해서 환경을 무너뜨리는 행위는 결국 너희가 돈의 폐해로 망하는 길이다.

18 하나님은 쓸 수 없는 쓰레기를 만들지 않으신다. 그런데 너희는 만드는 것마다 쓸 수 없는 쓰레기가 아니냐. 쓸 수 없는 쓰레기는 결국 너희 삶을 망가뜨릴 것이다. 재생이 가능하지 않은 상품을 생산하고 소비하는 너희들은 지금 죽음의 길을 걷고 있는 것이다.

19 너희는 돈을 벌기 위해서 자기 삶을 갉아먹는 일을 하게 되는 경제 구조, 사회 구조를 바꾸는 지혜를 발휘해야 한다.

20 너희는 오로지 진실함과 선함과 의로움의 터전 위에서 돈을 벌어야 한다.

21 그 돈만이 너희에게 행복한 삶을 보장해 줄 것이고 그런 재물이 하나님의 뜻을 이룰 때 유용한 보물이 될 것이다.

3
1 돈을 낳는 것은 사기와 부정과 비리가 아니라 지식이다. 폭력과 부패로 돈을 만들려 하지 마라. 돈을 만드는 것은 지식이고 지식은 하나님이 주시는 지혜가 그 원천이 되어야 한다.

2 지도자의 거짓과 위선과 불의, 부정과 부패와 비리를 경계하여라. 그들의 사악함으로 말미암아 너희가 돈의 노예가 되고 세상이 돈을 벌기 위한 아귀다툼을 하는 지옥이 되었다.

3 그들의 사악함으로 인하여 너희가 권력의 개가 되고 악마의 하수인이 되어 수많은 무고한 사람을 괴롭혔다.

4 어른들의 거짓과 위선과 불의와 사악함이 천사 같던 어린아이들을 거짓과 불의와 돈의 노예로 만든다.

5 하나님을 사랑하는 자들아, 너희가 먼저 진실한 사람이 되어라. 너희가 먼저 선한 사람이 되어라. 너희가 먼저 의로운 사람이 되어라. 너희가 참 하나님의 사람으로서 정당하게 돈을 벌어라. 너희가 먼저 진실한 마음으로 돈을 벌어라. 그리고 너희 자녀를 진실한 사람으로 교육하여라.

6 너희가 참 하나님의 사랑을 너희 이웃에 베풀어 그들로 하여금 하나님의 말씀을 따르게 하여라. 너희 덕에 너희 주위가 진실해지고 선해지

고 의로워지면 너희에게 진실한 지도자, 선한 지도자, 의로운 지도자가 나타나게 될 것이다.

7 너희는 사업을 하거나 장사를 하거나 상품을 생산하거나 돈을 버는 어떤 일을 하든 먼저 나의 계명을 지켜라. 너희는 진실함을 너희 언행의 기초로 삼아라. 너희는 선함을 너희 행동의 기초로 삼아라. 너희는 의로움을 너희 선택의 기초로 삼아라. 이 세 계명이 너희 사업을 번창하게 해 줄 것이며 너희가 번 돈을 의롭게 해 주리라.

8 돈을 선한 일에 써라. 돈을 선한 일에 쓰는 사람을 존경하여라. 돈이 선한 일에 쓰이도록 너희 사회를 재구조화하여라.

4 1 너희는 탐욕자의 희생물이 되지 마라. 물건을 도둑질한 자도 나쁘지만 도둑맞은 사람도 책임을 면할 수 없다. 왜냐하면 도둑에게 훔칠 빌미를 제공했기 때문이다.

2 너희의 부주의와 무방비가 탐욕자에게 기회를 주는 것이니 너희는 스스로 주의하고 방비하여 탐욕자의 도둑질과 침략 의욕을 꺾어 놓아라.

3 이를 위하여 너희가 해야 할 일이 지식을 갖추어 경제와 방비를 튼튼히 하는 것이다.

4 너희는 탐욕자보다 게으르지 마라. 탐욕자보다 더 노력하고 더 애써야 탐욕자를 능가할 수 있다.

5 스스로 약자라고 생각하는 너희는 들어라. 너희의 약함이 너희 지식 없음에서 비롯된 것임을 알아라. 그래서 너희 모든 수고를 지식 얻기에 쏟아라.

6 강자가 너희를 가벼이 볼 수 없는 정도까지는 너희 지식수준이 높아져

야 함을 명심하여라.

7 하나님이 만드신 세계는 수많은 사물과 생명체가 그물처럼 얽혀져 움직이는 유기적 체계이다.

8 사람도 수많은 세포와 기관이 유기적으로 결합하여 이루어진 정교한 생명체임을 너희가 다 알고 있을 것이다.

9 너희들이 이루는 사회도 이와 같이 모든 사람이 유기적으로 연결되어 있기 때문에 모든 사람이 정성을 다하여 자기 일을 열심히 하여야 한다.

10 서로를 잇는 끈은 복이 있다. 그것이 너희를 결합하리라. 정치인과 경제인, 과학자와 기술자, 생산자와 소비자 등 사회의 모든 주체 하나하나가 이 끈에서 자신의 노릇을 제대로 하지 않으면 이 끈은 제구실을 하지 못하고 끊어지기 쉽다.

11 약한 나라는 이 끈이 탄탄하지 못하여 강한 나라의 힘에 쉽게 끊어져 탐욕자의 희생물이 되고 만다.

12 그러므로 너희 약한 자는 자신의 끈을 강화하여라. 이를 위하여 지식을 확보하는 일에 총력을 기울여라. 학문을 발전시키고 기술 능력을 높이며 사회적 갈등을 해소하는 일에 최선을 다함으로써 스스로 강한 자가 되어라.

5 1 너희는 독재자와 침략자를 숭배하지 마라.

2 독재자는 자국 안에서 사람의 자유를 억압하고 인권을 유린한 죄를 저지른 자이고 침략자는 자국 밖에서 사람의 자유와 목숨을 빼앗은 죄인이다.

3 선한 독재자가 없고 선한 침략자가 없다.

4 훌륭한 독재자가 없고 훌륭한 침략자가 없다.

5 존경할 독재자가 없고 존경할 침략자가 없다.

6 독재자와 침략자가 존경과 영광을 독차지하던 시기는 끝났다. 모든 독재자와 모든 침략자는 악이다.

7 너희가 독재자와 침략자를 기리고 숭배하는 것은 하나님을 거역하는 행위이다. 그들의 동상을 세우지 말 것이며 그들의 동상 앞에서 절하지 마라. 그들을 존경하고 숭배하는 것은 우상을 섬기는 것과 같은 행위이다.

8 너희 주위에서 독재자와 침략자를 기리기 위하여 세운 동상을 철거하여라. 독재자와 침략자를 도와 독재의 주구가 된 자, 침략의 책사가 되고 그 선봉에 선 자의 동상이나 기념물을 폐하여라.

9 조금이라도 다른 사람의 자유와 권리를 침해한 자, 다른 나라를 침략하여 수많은 사람을 죽이고 죽게 한 자가 존경이나 칭찬이나 기림을 받게 해서는 안 된다.

10 너희의 자유를 빼앗고 너희의 평화를 짓밟은 자를 기리는 사회는 스스로 멸망으로 가는 사회이고 이웃나라까지 괴롭게 만들 위험이 있다.

11 너희는 독재자와 침략자를 너희 자녀에게 영웅으로 가르치지 않도록 너희 아이들이 읽는 교과서에 독재자와 외국을 침략하여 그곳 사람들의 자유와 인권을 유린한 침략자를 영웅으로 찬양하고 기리는 내용을 없애라.

12 아이들에게 그런 교육을 하지 마라. 무릇 누구든지 사람의 자유를 억압하고 인권을 유린하고 평화를 깨뜨리는 자는 인류를 멸망의 구렁텅이로 몰아넣을 수 있는 악마일 뿐이다.

13 다른 나라의 침략자는 배척하면서 자기 나라의 침략자는 영웅으로 떠

받드는 사회는 위선이 가득한 사회요 불의한 사회이다.

14 너희는 모든 독재자와 침략자를 배척함으로써 너희 중심에 진실과 선과 의로움이 자리 잡게 하여라. 그때에야 모든 사람에 대한 사랑이 너희 가운데에서 흘러넘치게 될 것이다. 이것이 하나님의 정의이다.

6

1 세계의 모든 의로운 시민은 연대하여 하나님의 정의를 실현하여라. 함께 모여 거짓을 밝히고 악을 고발하며 불의를 꾸짖어라.

2 세상의 모든 나라에서 횡행하고 있는 자유 억압과 인권 유린을 규탄하여라. 억압하는 자들에게 그들의 죄를 알게 하고 억압 받는 자들이 자유를 찾도록 도와라.

3 극우와 극좌 세력의 준동을 막아라.

4 국내적으로나 국제적으로나 돈으로 여론을 조작하려는 사악한 무리의 시도를 막아라.

5 인류의 평화와 번영에 해를 끼치는 지도자를 끌어내려라.

6 팽창주의 정책을 추구하는 나라를 견제하여라.

7 독재자를 물리쳐라.

8 위선적인 종교인을 쫓아내라.

9 불의하고 부도덕한 정치인을 끌어내려라.

10 탐욕과 착취에 눈이 먼 기업인을 고발하여라.

11 환경을 파괴하는 정책을 추진하는 국가와 정부를 규탄하여라.

12 갈등과 배타적 감정이 만연한 곳에 화해와 협력이 시작되도록 힘써라.

13 인종 갈등을 끝내도록 힘을 모아라.

14 분쟁 지역의 화해를 촉구하여라.

15 종교 갈등을 없애도록 종교인들에게 호소하여라.

16 남녀 차별, 지역 갈등 등 온갖 갈등 현장에서 너희들의 목소리를 내어 사람들이 화해와 사랑을 시작하도록 해라.

17 이를 위하여 화해와 사랑의 계기가 될 사죄와 용서 운동을 펼쳐라.

18 사과할 사람에게 사과할 기회를 주고 용서할 사람에게 용서할 기회를 주는 자리를 마련하여라.

19 해마다 화해의 날 행사를 하여 나라 안에 화해를 심어라. 너희가 심은 '화해의 나무'가 너희의 집단 이성을 성장시켜 너희 땅을 푸르게 만들고 너희에게 평화를 가져다줄 것이다. 너희 이성이 너희에게 부르짖는 외침을 들어라. '화해하라. 서로 존중하고 배려하라.'

20 세계인이 참가하여 개인과 개인, 개인과 국가, 국가와 국가, 인종과 인종, 종족과 종족 사이에 사과와 용서를 나누는 인류 화해의 행사를 시행하여라.

21 이날 모든 나라와 인류가 축제를 열어 너희가 하나가 될 것임을 선포하고 경축하며 하나님께 감사하는 예를 올려라.

22 서울과 평양, 서울과 도쿄, 서울과 베이징, 인도와 파키스탄, 팔레스타인과 이스라엘, 시리아와 예멘, 세르비아와 코소보, 티베트, 위구르, 수단, 콩고, 아프가니스탄, 쿠르디스탄까지 세계 방방곡곡에서 모두 하나 될 것임을 외쳐라.

23 이슬람 세계의 여성들이 해방되고, 미국 안의 인디언과 히스패닉 그리고 유색인종이 하나가 되고, 세계의 모든 정치 세력이 하나가 될 것임을 선포하여라.

24 무장 투쟁 세력이 사라질 것임을 선포하여라. 티베트인과 쿠르드족을

포함하여 이민족의 압제를 벗어나 독립을 원하는 모든 종족으로 하여
금 독립된 나라를 갖게 할 것임을 선포하여라.

25 안정된 정치가 세계 각국에서 완성될 것임을 선포하여라.

26 너희가 서로 손에 손을 잡고 우주를 여행하며 하나님을 찬양할 날이
오게 되리라. 우주가 비로소 온전히 너희의 무대가 되는 시기가 바로
이때다.

27 너희는 서로 화해하고 함께 힘을 모아 새로운 도약을 준비하여라. 너희
가 함께 노력하면 우주와 그 안의 삼라만상은 너희에게 신비하고 비밀
스러운 것들을 한없이 보여 줄 것이다.

28 무한하신 하나님의 지혜를 너희가 지금보다 수백 배 더 많이 알고 이
용하는 날이 오리라.

7 1 누가 이 일을 주도하겠느냐. 한국인들아, 너희가 이 일을 감당하여
라. 너희가 빛의 일꾼이 되어라.

2 너희는 다른 나라를 침략한 일이 없었으니 이 사명을 맡기에 적합하고,
너희에게 왕이나 천황이나 독재자가 없으니 이 사명을 맡기에 적합하
고, 너희가 자유민주주의를 실현하였으니 이 사명을 맡기에 적합하고,
너희가 경제 성장을 이루었으니 이 사명을 맡기에 적합하다. 중국 우한
에서 발생하여 세계를 휩쓴 코로나 바이러스 질병 퇴치에 너희는 개방
적이고 민주적이고 과학적인 방법을 사용함으로써 하나님의 뜻에 맞는
나라를 세울 수 있는 가능성을 보였다. 너희는 종교적 맹신으로 질병을
퇴치하려는 무지를 하나님의 지혜로 떨쳐내었다. 폐쇄와 증오로 자기만
을 보호하려는 배타적인 이기주의를 억누르고 서로 배려하며 모두를

보호하는 지혜를 사용하였다. 그 지혜로 모든 사람이 자유롭게 자기 완전을 추구하는 하나님의 나라가 되도록 세계 여러 나라를 이끌어라. 이제 너희가 정신 혁명, 종교 혁명을 이루어 사도 국가로서 모범을 보여라.

3 너희는 하나님의 사랑 안에서 서로 사랑하는 사회를 만들어라. 강한 자와 약한 자, 높은 자와 낮은 자, 가진 자와 못 가진 자가 함께 어우러질 수 있는 사회를 만들어라.

4 너희는 증오와 배척과 갈등을 없애고 서로 존중하고 배려하며 아껴 주는 사회를 만들어라. 성공한 자와 실패한 자가 함께 어우러질 수 있는 사회가 아름다운 사회가 아니냐.

5 불공정과 불평등으로 억울함과 부당함을 하소연하는 사람이 없게 하여라. 모두가 웃으며 교제할 수 있는 행복한 사회를 만들어라.

6 너희는 세계에서 가장 자유로운 나라, 가장 공정하고 정의로운 나라, 가장 평화롭고 안전한 나라가 되어라.

7 한 영국인의 기도에 응답하여 내가 영국인에게 지혜를 준 후 그 지혜가 프랑스인과 독일인에게 퍼졌으나 그들은 그 지혜를 자신들의 이익을 위해서만 사용했다.

8 그 지혜가 미국인에게도 퍼졌으나 그들도 똑같은 잘못을 저지르고 있다. 그들은 평화를 이야기하면서도 자국의 이익을 위해서 전쟁을 서슴지 않았다.

9 내가 준 지혜를 이용하여 국부를 이룬 뒤 그것을 약한 나라와 나누지 않고 오히려 그 힘으로 약한 나라를 침략하여 자유를 억압하고 재산을 착취하는 악을 저질렀다.

10 그들이 잘못을 뉘우치고 악행을 배상하지 않으면 그들에게 하나님의

벌이 내려질 것이다.

11 무릇 강한 힘을 이용하여 약한 나라를 침략하고 괴롭히는 나라에게는 하나님께서 반드시 벌을 내리실 것이다. 그런 나라는 하나님의 정의에 맞지 않기 때문이다.

12 너희 한국인은 먼저 부자가 된 나라 사람들을 일깨워 이 일에 동참하게 하여라. 그럼으로써 그들이 하나님의 벌을 피할 길을 알려 주어라.

13 너희는 그들처럼 강하지도 않을 뿐 아니라 그들처럼 지도적 위치에 있지도 않다.

14 미약한 너희를 하나님께서 들어 쓰시려 하는 것은 너희가 가장 역동적으로 자유와 정의 그리고 평화를 위해 싸우고 있기 때문이다.

15 너희는 인류에게 높이 외쳐라. "사람들아, 서로 화해하고 사랑하자. 지금은 전쟁할 때가 아니다. 우리 젊은이들을 죽음의 전쟁터로 몰아갈 때는 더더욱 아니다. 나라들아 서로 화해하고 평화를 이루자. 우리가 하나 되어 이 땅에 하나님 나라를 세우자. 자유와 정의와 평화가 넘치는 세상을 이루자. 하나님의 구원이 가까이 왔다."

16 베트남과 폴란드 헝가리 사람들아, 너희도 한국인과 함께 화해와 평화를 위한 여정에 동참하여라. 너희도 주변의 침략에 신음한 일이 있지 않았느냐. 너희도 이 운동을 주도하여 지구를 평화로운 세상으로 만들기 위해 힘써라. 너희는 지금보다 더 열심히 자유와 정의를 구현하는 일에 나서고 경제 발전에도 성공하여야 한다. 그러기 위해서 한국과 협력하여라.

17 세계의 모든 의로운 사람들아, 깨어 일어나라. 너희 정치인들이 만든 갈등과 전쟁의 역사를 너희가 화해와 평화의 역사로 바꿔라. 너희 하나님

께서 너희를 강하고 지혜롭게 만들어 주시리라.

18 너희는 새로운 일을 시작하여라. 무엇보다 사심 없이 새로운 일을 시작하여라.

19 서로 잘못을 사과하고 용서하고 화해하는 일을 시작하여라. 조금이라도 다른 사람이나 민족이나 국가에 진 빚이 있으면 갚아라. 너희 안에 미움과 증오와 시기와 질투가 사라지게 하고 폭력과 해악과 억울함이 사라지게 하여라.

20 개인과 개인이 서로 사과하고 용서하여 화해하여라. 국가와 국가, 민족과 민족이 사죄와 용서로 서로 화해하여라. 가해자는 피해자를 찾아가 용서를 구하여라. 사기를 친 자는 사기를 당한 자를 찾아가 사죄하여라. 억압한 자는 억압을 당한 자를 찾아가 사죄하여라. 사죄와 용서가 너희를 하나 되게 하리라.

21 다른 사람에게 상처를 주었거나 해를 끼친 행위에 대해서 당사자에게 사과하고 화해하는 일을 시작하여라. 너희가 서로 화해한 뒤에 다른 사람도 서로 화해하도록 권하는 일을 시작하여라.

22 개인과 개인, 집단과 집단, 국가와 국가, 인종과 인종이 서로 화해하도록 힘쓰는 일을 시작하여라.

23 너희는 국경을 무너뜨리는 일을 시작하여라. 국경이 사람들을 증오하고 차별하고 싸우는 경계선이 되지 않게 하여라.

24 너희는 자기가 가진 것을 다른 사람과 나누는 일을 시작하여라. 너희가 가진 지식, 능력, 재산 그 모든 것을 너희보다 못하고 약한 사람을 위해서 사용하는 일을 시작하여라. 무식하다고 무시하지 말고 그들을 도와 너희처럼 유식하게 만들어 주어라. 가난하다고 무시하지 말고 그들을

도와 너희처럼 부유하게 만들어 주어라.

25 너희가 마음은 있지만 가진 것이 없다고 말하느냐. 그렇지 않다. 누구나 다른 사람보다 더 나은 것 한 가지를 가지고 있을 것이다. 그 한 가지를 다른 사람과 나누는 일을 시작하여라. 그것은 하나님이 너희에게 주신 은총이기 때문이다.

26 다른 사람에게 줄 수 있는 것 가운데 가장 귀한 것은 그들에게 하나님의 사랑을 알게 해 주는 일이다. 스스로 하나님의 사랑을 깨닫고 감사와 찬양을 드릴 수 있는 계기를 만들어 주는 것이다. 그래서 그들 스스로 하나님의 지혜를 얻어 자신의 앞날을 개척해 나갈 수 있게 해 주는 것이다.

27 너희가 가진 것 곧 하나님의 은총을 이들에게 나누는 일을 시작하여라. 가진 것을 나누어 주는 자가 복이 있다. 너희 한두 사람이 모여 이 일을 시작하는 곳에 하나님이 함께하신다.

28 너희 시작이 미미할지라도 그 끝은 창대해지리라. 시간이 너희 편이기 때문이다. 하나님의 이름으로 나서라. 외쳐라. 행하여라. 하나님의 구원의 역사가 너희를 통해서 실현되는 기적이 있을 것이다.

8

1 교회야, 깨어나라. 목사들의 기복적 설교에 아멘으로 화답하며 하나님의 은총을 받았다고 기뻐하는 생활에서 깨어나라.

2 너희끼리 기쁨을 나누며 안주하는 생활에서 벗어나라.

3 하나님은 그런 너희의 기도와 찬양을 기쁘게 받지 않으신다.

4 하나님은 그런 너희의 배타적이고 차별화된 삶을 좋아하지 않으신다.

5 세상으로 나아가라. 세상의 부조리를 타파하고 세상의 거짓과 악과 불

의를 타파하여라.

6 하나님의 이름으로 담대하게 세상의 악과 싸워라.

7 세상을 사탄의 세력에게 빼앗기고도 너희가 죽어서 하늘나라에 가는 것을 구원으로 착각하지 마라.

8 세상을 악의 세력에게 넘기는 것은 너희 하나님의 마음을 아프게 하는 일이다. 세상을 악의 세력에서 빼앗아 진실과 선함과 의로움으로 채워라. 너희 삶으로 하나님의 사랑을 드러내라.

9 성당도 깨어나라. 모스크도 깨어나라. 신사도 사당도 깨어나라. 너희 모든 종교인은 세상을 변화시키는 일에 적극적으로 나서라.

10 다툼의 교리를 벗어나 세상을 구하는 교리로 연대하여라.

11 세상을 사악한 정치인과 사악한 기업인과 사악한 종교인과 사악한 지식인의 손에서 구해 내어라.

12 너희는 그들 사악한 자들의 앞잡이가 되지 마라.

13 너희 믿음이 너희 자신의 명예와 이익을 추구하는 방향으로 나아가지 않게 하여라.

14 너희가 삿된 이익을 위하여 하나님을 믿는다면 그 믿음은 미신이 된다.

15 미신이란 하나님의 뜻과 다른 것을 바라고 믿는 것을 가리킨다.

16 너희는 너희 믿음을 새롭게 하여 참 믿음의 사람이 되어라.

17 참 믿음이란 하나님의 완전성에 따라서 너희도 완전에 이를 수 있다는 믿음이다. 곧, 하나님의 도우심으로 너희가 진실의 지극한 경지, 선의 지극한 경지, 의의 지극한 경지에 다다를 수 있으리라는 믿음이 참 믿음이다. 불완전한 너희가 완전에 이를 소망을 가질 수 있는 것은 바로 하나님이 너희를 도우시기 때문이다.

18 너희의 진실함과 선함과 의로움이 완전에 이를 때까지 하나님이 너희를 도우심을 믿어라. 너희의 사랑이 완전에 이를 때까지 하나님이 너희를 도우심을 믿어라. 이 믿음이 너희를 구원해 줄 것이다.

19 이 믿음으로 너희가 빛의 일꾼이 되어 세상에서 사탄을 몰아내어라.

20 너희 종교인도 이 언약의 복음에 따라서 새로운 믿음 생활을 시작하여 세상을 하나님의 낙원으로 바꾸는 일에 함께 나서라.

9

1 너희 진실하고 선하고 의로운 사람들아, 함께 모여라.

2 너희가 함께 세상을 낙원이 되도록 하는 일을 시작하여라. 너희 삶의 현장에서 진실하고 선하고 의로움을 추구하기로 하나님께 서약한 너희들이 모여서 세상을 구원하여라. 하나님이 너희로 하여금 세상을 구원하시기를 원하신다.

3 너희가 만일 상품을 만들어 파는 일을 한다면 너희의 상품은 불량품이 없는 가장 정직하게 만든 상품이어야 한다.

4 너희가 만일 공직을 맡아 일을 한다면 너희의 근무 자세는 가장 진실하고 선하고 의로워야 한다. 시민을 배려하고 존중하고 때로는 희생을 마다하지 않아야 한다.

5 너희가 장사를 하는 사람이라면 속임수가 없이 정직한 장사꾼이 되어야 한다.

6 너희가 학자라면 공동체 사회에 필요한 지식을 성실하게 찾는 연구를 게을리하지 말아야 한다. 위선이 있어서는 안 되고 지식을 이용하여 재물이나 권력을 탐하면 안 된다.

7 너희가 정치인이라면 상대방을 헐뜯고 비방하는 방법으로 권력을 잡

으려 하지 마라. 너희가 잡은 권력을 너희 탐욕을 채우기 위하여 낭비
하지 마라.

8 너희 진실하고 선하고 의로운 사람들아, 너희가 있는 곳, 가는 곳에는
부정과 부패와 불의, 특권과 특혜와 반칙, 억압과 배척과 차별이 있어
서는 안 된다.

9 오직 너희에게는 진실과 선함과 의로움을 기반으로 하여 사랑과 배려와
존중과 협력과 연대가 있을 뿐이다.

10 너희는 시기하고 미워하고 흠집 내고 다투는 짓은 하지 마라.

11 너희는 하나님의 자녀로서 하나님의 구원의 역사를 이 땅에 구현할 사
명을 띤 귀한 사람들이다.

12 함께 모여서 이 사명을 감당하여라. 기도회로 모이고, 토론회로 모이고,
강연회로 모이고, 봉사회로 모이고, 화해 행사로 모여라.

13 이 언약을 외워라. 이 언약을 강론하고 토론하여라. 가족이 함께 읽어
라. 이웃과 함께 읽고 외우기를 반복하여라. 너희가 연대하여 읽고 기도
하고 다짐하여라. 거짓을 멀리하자고. 선을 행하자고. 정의를 지키자고.

14 서로 뜻이 맞지 않는다 해도 적대감을 갖지 마라. 자기가 이해하는 범위
에서 진실하고 선하고 의로움을 실천하는 것으로 뜻을 모아라.

15 너희는 하나님 말씀 안에서 하나가 됨이 옳다.

16 너희 중에 이런 사람이 있으면 그를 멀리하여라. 그는 너희 중에서 분
란을 일으키고 너희 영혼을 어지럽힐 것이다. 스스로 하나님이라고 하
거나 스스로 메시야라고 하는 사람을 멀리하여라. 사람이 하나님이 될
수 없고 하나님처럼 완전할 수도 없으며 하나님이 사람이 되어 이 세
상에 오실 이유도 없다. 하나님은 하나님이고 사람은 사람일 따름이다.

17 또 자신을 옛 선지가의 화신이라고 하는 사람도 멀리하여라. 하나님은 결코 누구에게 옛날의 누구를 부활시키거나 누구를 대신하여 태어나게 하지 않으신다. 사람은 모두 그 아비와 어미의 아들과 딸일 뿐 그 이상도 그 이하도 아님을 알아라.

18 하나님의 말씀을 새긴 돌판을 가졌다는 사람이나 그것을 번역하였다고 말하는 사람을 멀리하여라. 하나님은 결코 사람의 언어로 어디에 글을 써서 당신의 뜻을 너희에게 읽히시는 분이 아니다. 하나님은 그런 구차한 방법을 사용하시지 않으신다.

19 하나님은 당신을 변명할 이유가 없으신 분이다. 하나님은 당신의 일을 설명할 필요가 없으신 분이다. 다만 너희가 세상을 어떻게 이해하고 받아들이는가의 문제일 뿐이다. 너희 지혜가 성장하여 하나님을 올바로 인식할 날이 이를 것이다. 그때까지 너희는 다음 말을 명심하여라.

20 너희는 하나님의 완전하심을 훼손하는 주장을 하는 사람과 논쟁하지 말고 그를 멀리하여라.

10

1 너희는 이 언약의 말씀을 듣고 나서라. 사람들에게 새로운 언약의 소식을 전파하여라. 이 말씀을 전하는 사람은 복이 있다. 너희가 무슨 일로 모이건 먼저 언약의 말씀을 읽고 묵상하여라.

2 너희가 모일 때에 권위를 위한 위계질서를 세우지 마라. 위계질서는 돕고 안내하고 가르치고 베푸는 일을 하기 위해서만 만들어라.

3 거기에 지시와 복종이 있어서는 안 된다. 참여와 동의와 공감의 협동체를 만들어라.

4 함께 즐기고 함께 걱정하며 한 곳을 바라보는 공동체를 만들어라.

5 너희는 하나님 앞에서 모두 평등하다. 누가 누구를 지배하고 누가 누구에게 복종하겠느냐. 모두 하나님의 말씀 안에서 평등한 지체로서 하나가 되어라.

6 편견과 고정관념으로 사람이나 집단을 평가하지 마라. 이는 너희 영혼을 감옥에 가두는 것과 같아 너희의 진보를 가로막는다.

7 우월감으로 사람을 무시하지 마라. 너희의 우월감과 상대의 열등감은 너희를 갈라놓아 악한 정치가 끼어들 빌미를 주게 된다.

8 지위나 의례라는 형식에 좌우되어 너희 자유를 양보하지 말며 남의 자유를 억누르지 마라.

9 너희는 하나님 앞에서 겸손하여라. 누구도 하나님의 이름으로 스스로 진리를 가진 자라고 말하지 마라.

10 서로가 서로에게 진실을 말하고 서로가 서로에게 선을 행하며 서로가 서로에게 의로움을 보여라.

11 너희 거대한 자유의 무리가 세상을 변화시킨다. 빛의 일꾼들아, 하나님의 언약을 믿고 세상을 하나님의 나라로 바꾸는 일에 나서라.

12 너희는 진실의 빛이 되고, 선한 바람이 되고, 정의의 그늘이 되어라. 너희로 말미암아 세상이 하나님의 평화를 누리게 되리라.

13 너희는 한 사람을 경배하는 것을 삼가라. 너희가 사람을 경배하면 그의 모든 것을 미화하고 절대화하여 그의 잘못까지도 요설을 늘어놓으며 정당화하려 하게 된다.

14 그러므로 사람이 어떤 일로 너희에게 존경을 받게 되더라도 그를 경배하는 데까지 나아가는 것은 너희가 하나님의 길 곧 진리의 길을 가는

것을 어렵게 만든다.

15 절대적으로 경배를 받을 분은 오직 참 하나님 한 분밖에 없으니 너희는 하나님께 이렇게 기도하여라. '나의 하나님. 창조주이시며 나를 길러 주시는 참 하나님. 하나님께 감사드립니다. 나에게 날마다 양식을 주시어 내 몸과 혼이 더욱 자라게 해 주세요. 오늘의 나보다 내일의 내가 더 진실하고 선하고 의롭게 되기를 바랍니다. 나의 속사람이 하나님으로 기뻐하고 나의 겉사람이 이웃에게 기쁨이 되게 해 주세요. 이 기도를 들어 주시니 감사합니다. 나의 하나님.' ㅎ

지은이 _ 하리다

나는 하나님의 사람이다. 그분이 나를 하나님의 사람으로 이끌어 주시고 내게 하나님의 새 언약 말씀을 전해 주셨다. 그분의 지시에 따라서 모든 사람에게 하나님의 언약을 전한다. 이 복음은 천국의 언어를 세상의 언어 가운데 하나인 한국어로 번역한 것이다. 나에게 하나님의 말씀을 전해 주신 그분의 뜻에 따라 그분의 이름은 밝히지 않는다. 사람들이 하나님의 말씀보다 그분에게 집중하는 것을 피하려고 당신의 이름을 쓰지 말라 하셨다. 또 그분이 나에게 '하리다'라는 새 이름을 주시고 이 이름으로 하나님의 새 언약을 전하라고 지시하셨다. 그리고 모든 사람이 이 언약을 외우고 묵상하고 실천하도록 하라고 하셨다. 하나님의 은혜가 이 언약을 읽고 실천하는 모든 분에게 임하리라.

언약

2020. 7. 30. 초 판 1쇄 인쇄
2020. 8. 14. 초 판 1쇄 발행

지은이 | 하리다
펴낸이 | 이종춘
펴낸곳 | BM (주)도서출판 성안당
주소 | 04032 서울시 마포구 양화로 127 첨단빌딩 3층(출판기획 R&D 센터)
       | 10881 경기도 파주시 문발로 112 출판문화정보산업단지(제작 및 물류)
전화 | 02) 3142-0036
     | 031) 950-6300
팩스 | 031) 955-0510
등록 | 1973. 2. 1. 제406-2005-000046호
출판사 홈페이지 | **www.cyber.co.kr**
ISBN | 978-89-315-8937-5 (03230)
정가 | 30,000원

이 책을 만든 사람들
진행 | 최옥현
교정·교열 | 조경숙
본문 디자인 | 김인환
표지 디자인 | 박원석
홍보 | 김계향, 유미나
국제부 | 이선민, 조혜란, 김혜숙
마케팅 | 구본철, 차정욱, 나진호, 이동후, 강호묵
마케팅 지원 | 장상범, 조광환
제작 | 김유석

※ 잘못된 책은 바꾸어 드립니다.